우리 고대 국가
위치를 찾다
〈제9권〉

## 우리 고대 국가 위치를 찾다 〈제9권〉

**초판 1쇄 인쇄** 2023년 10월 5일
**초판 1쇄 발행** 2023년 10월 10일

**지은이** 전우성
**펴낸이** 金泰奉
**펴낸곳** 한솜미디어
**등 록** 제5-213호

**편 집** 김태일, 김수정
**마케팅** 김명준

**주 소** (우 05044) 서울시 광진구 아차산로 413(구의동 243-22)
**전 화** (02)454-0492(代)
**팩 스** (02)454-0493
**이메일** hansom@hansom.co.kr
**홈페이지** www.hansom.co.kr

ISBN 978-89-5959-580 8 (03900)

*책값은 표지에 표시되어 있습니다.
*잘못 만들어진 책은 구입하신 서점에서 친절하게 바꿔드립니다.

# 우리 고대 국가 위치를 찾다

⟨제9권⟩

전우성 지음

주류 강단 사학계의 '젊은 역사학자 모임'의
(『욕망 너머의 한국 고대사』 비판&반론&올바른 비정)

한국&중국 정사 기록에 의하여 왜곡과 날조로 뒤엉킨
주류 강단사학의 식민사학을 파헤치다.

한솜미디어

| 목 차 |

〈1권〉------------------------------------------

[이 글을 쓰는 이유]_16

- 해방 후 한반도에서의 역사학 갈래_19
- 현재 주류 강단 사학계가 표방하는 실증주의 역사관의 실체_23
- 우리나라 주류 강단 사학계가 일제 실증주의 역사학을 추종하고 있다는 증거_30
- 우리나라 역사 인식의 문제_43

I. "고조선 역사 어떻게 볼 것인가(기경량)" 글을 반박하여 비판한다_64

[소위 고조선 전문가 논문과 역사 논리를 비판한다]_84
1) 『관자』 사료 이용과 해석을 비판한다_92
2) 『전국책(戰國策)』 사료 이용과 해석을 비판한다_98
3) 『산해경(山海經)』 사료 이용과 해석을 비판한다_107
   ■ 습수에 대하여_123
   ■ 산수에 대하여_125
   ■ 열수에 대하여_126
4) 『사기(史記)』 사료 이용과 해석을 비판한다_141
   ■ 요수(하)에 대하여_151
   ■ 요동 개념 변화에 대하여_151
   ■ 『후한서』 「군국지」 연5군 및 한2군의 거리 수치 조작에 대하여_207
      - 백랑수가 소위 연5군 및 한2군에 대한 주류 강단 사학계의 비정을 부정한다._207
      - 소요수가 역시 소위 연5군 및 한2군에 대한 주류 강단 사학계의 비정

을 부정한다._212
- 사서기록상 소위 한4군의 위치에 있다는 요수, 백랑수, 압록수가 흐르는 곳은 하북성이다._213
- 중국사서는 후대로 올수록 우리 역사를 동쪽으로 조작하여 이동시킨 채 왜곡하였다._232
■ 요수와 관련된 사항(대요수, 소요수, 압록수, 안평현) 왜곡에 대하여_234
■ 중국사서 주석(『사기』 삼가주석)에 대하여_316
■ 양평에 대하여_336
■ 영주에 대하여_360
■ 연 · 진장성에 대하여_364
■ 연나라 위치에 대하여_366
■ 연장성, 연5군에 대하여_384
■ 고조선 이동설의 허구_385
  1) 불확실한 기록을 후대의 '춘추필법'에 의하여 과대포장한 채 확실한 것으로 하였다._389
  2) 다른 여러 가지 증거에 의하여도 연나라 진개의 고조선 공략 1,000리 내지는 2,000리 사실은 신빙성이 없다._399
(1) 현재 중국과 우리나라 학계에서 강대국으로 비정하는 연나라는 약소국이었다._399
(2) 같은 기사를 다른 열전에도 쓴 것은 둘 중 한 기사는 허위일 가능성이 높다._403
(3) 설사 연의 진개 조선 공략이 사실일지라도 이내 고조선이 탈환하였다._407
(4) 중국사서상의 기록에 의하더라도 연의 동호 내지는 조선 침략과 연5군, 연장성 설치는 신빙성이 없다._415
(5) 유적, 유물에 의하더라도 식민사관의 '고조선 이동설'은 허구이며 식민사관의 변형물이다._420

· 인용 사료 목록_434 / 참고 자료 목록_448
· 지도 목록_453 / 도표 목록_455

〈2권〉----------------------------------------
- ■ 요동군에 대하여_16
- ■ 요서군에 대하여_27
- ■ 임유관(현, 궁, 임삭궁)에 대하여_31
- ■ 마수산(책)에 대하여_63
- ■ 마읍산에 대하여_76

(1) 고조선_85

(2) 고구려_87
- ■ 중국사서 해석상 유념할 사항에 대하여_88
- - 신뢰성 부족
- - 왜곡과 혼란에 빠지지 않을 사전 인식 필요, 사서와의 교차검증 필요
- - 사전 인식과 교차검증 결과 우리 민족 활동 지역은 산동성 확인
- ■ 고구려와 관련된 중요한 사항에 대하여_100
    - ① 고구려 관련 천리와 요동 개념 인식 제고_100
    - ② 고구려와 현토군과의 관련성_102
    - ③ 고구려 발상지 졸본 지역_103
    - ④ 낙랑 개념에 따른 위치 비정_111
    - ⑤ 말갈의 위치에 따른 비정_111
- ■ '『삼국사기』 초기 기록 불신론'에 대하여_148

(3) 백제_172
- ■ 백제의 요서 진출에 대하여_263
- ■ 양직공도에 대하여_292
- ■ 임나에 대하여_303
- ■ 백제의 도읍 두 성에 대하여_309

(4) 신라_355

- 한반도 신라를 입증하는 경주 고분과 유물에 대하여_402
- 탁수, 탁록의 왜곡에 대하여_416
- 삼한에 대하여_427

· 인용 사료 목록_457 / 참고 자료 목록_473
· 지도 목록_476 / 도표 목록_479

〈3권〉―――――――――――――――――――――――――――
- 중국사서 기록상 바다[海] 기록에 대하여_16
- 신라 진흥왕 순수비에 대하여_38
- 백제 무령왕릉에 대하여_41
- 신라의 길림성 영역에 대하여_50
- 신라와 고려의 하북성 영역에 대하여_60
- 신라 9주 설치 기록 조작에 대하여_72
- 삭주에 대하여_83

(5) 낙랑_91
- 예와 옥저에 대하여_120
- 예와 예맥에 대하여_134
- 개마대산, 단단대령, 영동 7현에 대하여_183
- 죽령과 남옥저에 대하여_214

(6) 말갈_250
- 서여진, 동여진, 생여진, 숙여진에 대하여_321
- 『고구려-발해인 칭기스 칸 1·2』 비판_361
- 평주에 대하여_363
- 패서도, 패강에 대하여_378
- 거란의 위치에 대하여_422

· 인용 사료 목록_435 / 참고 자료 목록_451
· 지도 목록_454 / 도표 목록_456

⟨4권⟩―――――――――――――――――――――
- 하슬라, 니하, 우산성에 대하여_16
- 말갈 관련 중국사서 기록 비판_50

(7) 왜_62
- 독산성에 대하여_89
- 구천에 대하여_103
- 상곡군에 대하여_112
- 어양군에 대하여_128
- 우북평군에 대하여_130
- 현토군에 대하여_134
- 주류 강단 사학계의 현재 어설픈 시도에 대하여_153
- 『삼국사기』 평양성 기록상 패수 오류 비정에 대하여_170
- 낙랑군에 대하여_204
- 대방(군)에 대하여_209
- 낙랑군 교치설에 대하여_242
- 중국의 우리 민족 역사왜곡 비판_256
- 고구려 천리장성의 조작에 대하여_271
- 칠중성에 대하여_290
- 온달과 온달의 활동 지역에 대하여_362
- 아차성, 아단성에 대하여_396
- 나당전쟁의 위치에 대하여_406
- 묘청의 반란 지역 서경에 대하여_447

· 인용 사료 목록_459 / 참고 자료 목록_474
· 지도 목록_477 / 도표 목록_480

⟨5권⟩―――――――――――――――――――――
- 중국사서 왜곡 기록에 대하여_16
- 『삼국사기』의 올바른 해석 방법에 대하여_56
- 안동도호부의 실체_61
- 고려 천리장성의 조작에 대하여_92

- [1] 서해 압록강 도출 근거 두 가지 : 1)인주 2)의주_105
- [2] 천리장성 동쪽 끝 동해안 도련포 도출 근거 한 가지_161
- 신라의 서쪽 국경인 호로하와 칠중성에 대하여_178
- 호로하에 대하여_181
- 패강에 대하여_192
- 소위 통일신라의 영역 - 발해와의 국경_248
- 신라의 동쪽 경계인 철관성에 대하여_250
- 압록강에 대하여_256
- 이병도가 비정한 통일신라의 동쪽 경계 철관성에 대하여_273
- 책성에 대하여_300
- 고구려, 백제, 신라의 위치 관련 사서기록의 해석 일례에 대하여_331
- 발해에 대하여_352
- 궁예의 활동 지역에 대하여_401
- 발해가 당나라를 공격한 등주에 대하여_423

· 인용 사료 목록_433 / 참고 자료 목록_450
· 지도 목록_453 / 도표 목록_456

〈6권〉──────────────────────────
- 유주에 대하여_16
- 『신당서』「가탐도리기」에 대한 바른 재해석에 대하여_49
- 산동성 하슬라 지역에서 활동한 후삼국에 대하여_57
- 거란에 대하여_97
- 요택에 대하여_104
- 발해 5경에 대하여_121
- 고려의 영역에 대하여_132
- 고려 윤관의 동북 9성에 대하여_160
- 고려 서희의 강동 6주(8성)에 대하여(1)_170
- 의무려산에 대하여_217
- 고죽국에 대하여_229

- ■노룡현과 창려현에 대하여_263
- ■백랑수에 대하여_277
- ■비여현에 대하여_294
- ■용성과 선비족에 대하여(1)_303
- ■소위 서희의 강동 6주(8성) 위치에 대하여(2)_333

(1) 흥화진_333
- ■살수에 대하여_368

(2) 용주와 통주_425

(3) 철주_436

· 인용 사료 목록_439 / 참고 자료 목록_456
· 지도 목록_459 / 도표 목록_462

## 〈7권〉

- ■안시성에 대하여_16

(4) 귀주_27

(5) 곽주_33

(6) 장흥진_35

(7) 귀화진_36

(8) 안의진_38

(9) 맹주_38
- ■쌍성총관부, 동녕부, 자비령, 철령에 대하여_49
- ■레지선, 당빌선, 본느선에 대하여_71
- ■고려 지방행정 조직 '5도 양계'에 대하여_90
- ■진장성에 대하여_102
- ■갈석산에 대하여_137
- ■패수에 대하여_197
- ■서안평에 대하여_231
- ■중국 '만성한묘'에 대하여_256
- ■『구당서』및『신당서』「고구려전」의 올바른 해석에 대하여_327

5) 『위략』 사료 이용과 해석을 비판한다_363
6) 『염철론』「벌공편」과 『사기』「흉노열전」 사료 이용과 해석을 비판한다_373
7) 『삼국유사』「고조선조」 사료 이용과 해석을 비판한다_382
8) 젊은 역사학자 모임 일원의 『염철론』「벌공편」 사료 이용과 해석을 비판한다_392
9) 『삼국지』〈위서〉「동이전」 및 『위략』과 『사기』「흉노열전」 그리고 『삼국유사』 사료 이용과 해석을 비판한다_395
   (1) 동호에 대한 정의 그리고 '고조선 이동설'을 비판한다._395
   (2) 소위 연 5군(진 5군)의 위치 및 양평에 대한 주장을 비판한다._400

10) 고조선 유적, 유물에 대한 왜곡된 해석을 비판한다_405
    (1) '고조선 이동설'은 낙랑군 평양설을 유지하기 위한 식민사학의 왜곡된 변형물이다._405
    (2) 초기 고조선 중심지는 대능하 지역 내지는 요하 일대라는 설정은 잘못이다._407
    (3) 고조선 지표 유물에 대한 해석이 잘못되었다._409

11) 고조선과 한나라의 전쟁 기사 해석을 비판한다_419
    (1) 고조선이 패한 전쟁 기사를 이유 없이 장황하게 나열하였다._419
    (2) 조한전쟁 당시 고조선의 위치 문제_421
        ① 전쟁 시작 이유_421
        ② 전쟁 시작 및 경과 그리고 결과_422

12) 결론에 대한 비판_434

II. "낙랑군은 한반도에 없었다?(기경량)"를 반박하여 비판한다_446

1. 낙랑군 위치에 대한 왜곡된 주장_447

1) 기자조선의 실체_454
· 인용 사료 목록_467 / 참고 자료 목록_482
· 지도 목록_485 / 도표 목록_488

〈8권〉────────────────────────
■ 우리 민족 고대 국가 수도 평양에 대하여_16
■ 한산주, 한주 한반도 왜곡 비정에 대하여_44

2) 한사군의 실체_89
2. 실학자들도 식민 사학자?_103
3. 사이비 역사가의 엉터리 '1차 사료' 활용_119
4. 진짜 '당대 사료'가 증언하는 낙랑군 위치_127
5. 낙랑군 이동과 교치_170
■ 낙랑군 고조선 주민 자치설에 대하여_196

6. '스모킹 건' 평양 지역 낙랑군 유적과 유물_201
7. 열린 접근이 필요한 낙랑군_230

III. "광개토왕비 발견과 한·중·일 역사전쟁(안정준)"
  을 반박하여 비판한다_239

1. 고구려 초기 도읍지 및 위치 그리고 천도 사실_243
■ 졸본성에 대하여_249
■ 고구려 수도 천도 사실에 대하여_402

· 인용 사료 목록_427 / 참고 자료 목록_442
· 지도 목록_445 / 도표 목록_448

〈9권〉------------------------------------------
- 국내성에 대하여_16
- 환도성에 대하여_33
- 평양성에 대하여_51
- 부여에 대하여_67
- 선비에 대하여(2)(고구려와의 관계)_133
- 부여의 약수에 대하여_154
- 동부여의 위치에 대하여_162

2. 광개토대왕 비문 재해석_193

 1) 신묘년조 해석_194
 2) 전체 비문 재해석_214
- 고구려 시조에 대하여_217
- 고구려 시조 출처에 대하여_217
- 비려에 대하여_233
- 부산에 대하여_246
- 신묘년조에 대하여_255
- 치양, 주양에 대하여_265
- 양평도에 대하여_324
- 관미성에 대하여_329
- 백제 한성 함락과 관련한 사실에 의하여 그 위치를 조명하면_356
- 광개토대왕 비문상의 아리수와 사서상의 욱리하, 사성에 대하여_383
- 광개토대왕 비문상의 아리수에 대하여_390
- 하평양(남평양)에 대하여_394
- 고구려 하북성 평주 지역 도읍 시기에 대하여_415
- 백제의 남한 지방 옮김에 대하여_421

· 인용 사료 목록_440 / 참고 자료 목록_456
· 지도 목록_459 / 도표 목록_462

〈10권〉-------------------------------------------------
- 백제의 천도지이자 남쪽 경계였던 웅진(웅천)에 대하여
- 백제 성왕 죽음 장소인 관산성에 대하여
- 백제 도읍에 대한 고고학적 측면에 대하여
- 나당연합군의 백제 공격에 대하여
- 바다를 통한 당나라의 백제 공격에 대하여
- 당나라 소정방 출발지 성산에 대하여
- 제1차 도착지인 덕물도에 대하여
- 제2차 도착지인 웅진구와 백강에 대하여
- 백제 항복 주체에 대하여
- 임나가라에 대하여
- 임나일본부의 왜의 외교 사절설 논리의 근거 비판
- 대가야 설정의 허구성에 대하여

  [대가야의 존속여부]
  [대가야의 멸망 사실 허구]

- 왜의 외교 사절설 실체 비판

  [안라의 한반도 가야 비정 근거]
  [외교 사절 역할에 대하여]

- 『일본서기』 신뢰성에 대하여
- 고대 시기 한반도와 일본열도의 상황에 대하여
- 왜가 침입한 대방계에 대하여
- 407년 광개토대왕의 기병 5만에 의한 공격에 대하여
- 가야와 포상팔국에 대하여
- 가라의 기록에 대한 고찰

[맺는 말]

# 우리 고대 국가 위치를 찾다

■**젊은 역사학자들을 학문적으로 비판한다.**
(『욕망 너머의 한국 고대사』 비판&반론&올바른 비정)

한국&중국 정사 기록에 의하여 왜곡과 날조로 뒤엉킨
주류 강단사학의 식민사학을 파헤치다.
오랜 기간 이어져 온 논란 사항 정립
(고조선 및 삼국의 위치, 연진장성, 패수, 낙랑, 평양 등)
고구려, 통일신라, 고려 영역 재정립/
고구려 및 고려 천리장성 조작 확인

# [국내성에 대하여]

> 【사료499】『삼국사기(三國史記)』 권 제37 잡지 제6 지리(地理)四 고구려(高句麗) '국내성'
>
> 주몽(朱蒙)이 홀승골성(紇升骨城)에 도읍을 세움으로부터 40년이 지나 유류왕(儒留王) 22년(3년)에 도읍을 국내성(國內城) (혹은 이르길 위나암성(尉那巖城)이라고도 하고 혹은 불이성(不而城)이라고도 한다.)으로 옮겼다. 《한서(漢書)》를 살펴보건대 낙랑군(樂浪郡)에 속한 현으로 불이(不而)가 있고, 또 총장(總章) 2년(669년)에 영국공(英國公) 이적(李勣)이 칙명을 받들어 고구려의 모든 성에 도독부와 주·현을 설치하였는데, 목록(目錄)에서 이르길, "압록(鴨綠) 이북에서 이미 항복한 성이 열하나인데, 그중 하나가 국내성(國內城)이며, 평양(平壤)으로부터 이 성에 이르기까지 17개의 역(驛)이 있었다."라 하였으니, 곧 이 성 역시 북조(北朝) 경내에 있었으나, 다만 그곳이 어느 곳인지를 알 수 없을 뿐이다.

북조 경내 즉 남북조시대의 북쪽 경내인 하북성과 산서성 일대에 있음을 기록하고 있다. 물론 이 북조에 대하여도 주류 강단 사학계의 도저히 이해할 수 없는 왜곡된 비정은 앞으로 비판하여 설명하겠다. 국내주 위나암성은 돼지가 졸본성에 도망가서 위나암성에서 찾을 만큼 초기 도읍지와 멀리 떨어진 곳이 아니다.

> 【사료510】『삼국사기(三國史記)』 권 제13 고구려본기 제1 유리왕(琉璃王) 21년 3월
>
> 설지가 천도를 건의하다 (2년 03월(음))
>
> 21년(2) 봄 3월에 교사에 쓸 돼지가 달아나자 왕이 장생(掌牲) 설지(薛支)에게 명하여 이를 뒤쫓게 하였다. 〔설지가〕 국내(國內) 위나암(尉那巖)(註 003)에 이르러 찾아내어 국내 사람의 집에 가두어 기르게 하고는 돌아와 왕을 뵙고

> 말하기를, "신이 돼지를 쫓아 국내 위나암에 이르렀는데, 그 산수가 깊고 험하며 땅이 오곡을 키우기에 알맞고, 또 큰 사슴·사슴·물고기·자라가 많이 나는 것을 보았습니다. 왕께서 만약 도읍을 옮기시면 백성의 이익이 무궁할 뿐 아니라, 전쟁[兵革]의 걱정도 면할 만합니다."라고 하였다.
>
> 註 003
> 국내(國內) 위나암(尉那巖) : 고구려에서 지역명으로 나타나는 '국내'가 오늘날 중국 지린성[吉林省] 지안시[集安市] 집안평야(集安平野) 일대를 가리킨다고 보는 데 큰 이견은 없다.

따라서 초기 도읍지인 졸본성을 제대로 비정하면 이에서 멀지 않은 곳에 국내성이 위치한다. 반대로 국내성을 제대로 비정하면 이에서 멀지 않은 졸본성을 제대로 비정할 수 있다. 이 국내성은 『당서』상의 고구려 수도 3경인 평양성, 국내성, 한성 중의 하나이다. 국내성의 경우 앞서 살펴본 바와 같이 『삼국사기』 「지리지」상에나 『삼국유사』, 중국사서에는 위나암성, 불이(내)성 등으로 기록되어 있어 같은 것으로 기록되어 있는 반면, 『삼국사기』 「본기」상과 또 다른 『삼국사기』 「지리지」상에는 국내(주)에 있는 위나암성 혹은 불이(내)성으로 국내성과는 구분하였다. 이러한 가운데 국내성이 불이 내지는 불내성으로 기록되어 있는 것과 연관되어 환도성을 불내성이라고 기록하고 있고 환도산을 불내성과 연관 지어 기록하고 있다. 또한 고구려가 천도한 곳은 국내(주)이지 국내성이 아니다. 국내(주)와는 다른 국내성은 환도성과 가까운 곳에 있는 것으로 파악된다. 국내주는 초기 도읍지인 졸본성과 가까운 곳에 있다. 이곳은 원래 처음의 현토군 자리이자 동옥저 자리이자 예맥의 자리인 지금의 호타하 및 석가장시 동남부이다. 그리고 이와는 다른 채 고구려가 천도는 아니 하였지만 3경 체제의 하나인 국내성은 하북성 호타하 북부에 있었으며 이 인근에 환도성이 있었던 것으로 파악된다.

국내성의 경우 특히 『삼국사기』 동천왕 20년(246) 위나라 관구검이 침략하였을 때 관구검이 환도산에 불내성을 새기고 돌아갔다는 기록이 있고, 이 기록상에 『괄지지』를 인용하여 불내성이 곧 국내성이고 환도산과 국내성이 가까이 있다고 기록하고 있다. 또한 『삼국사기』 고국원왕 12년(342) 모용황이 침략하여 환도성을 헐어버리고 갔다고 기록되어 있는데 이에 대하여 중국사서 『한원』은 환도성을 허물고 갔는데 이가 바로 불내성이라고 하였다.

따라서 국내성과 환도성은 같거나 인접한 곳에 위치한 것으로 비정된다. 이에 따라 주류 강단 사학계는 길림성 집안시의 평지성을 국내성에 비정하고 이웃인 환도산의 산성자성을 환도성 및 위나암성으로 비정하고 있다. 이는 확인 결과 전적으로 일제 강점기 일본인 학자와 해방 후 중국인 학자들에 의하여 주장된 것을 그대로 현재 따른 잘못된 설정이다.

동북아역사재단에서 개설한 "동북아 역사ㆍ넷"의 「세키노 다다시의 1913년 조사」에 의하면 일제 강점기에는 야쓰이 세이이쓰[谷井濟一]와 이마니시 류[今西龍]가 길림성 집안시의 국내성 및 환도성에 대한 현지 실지조사 결과 환도를 산성자로 문헌학적으로 비정한 도리이 류조[鳥居龍藏]의 주장마저 비판한 채 산성자성은 험하여 성내에 왕궁 등을 만들 공간이 없으며 겨우 창고지 정도가 인정된다고 하여 도저히 성내의 지형이 도성으로는 적합하지 않다고 부정하였다.

한편 이러한 결과에 대하여 세키노 타다시[關野 貞]는 집안(통구)성이 국내성이지만 산성자성은 위나암성이라고 주장하였고, 시라토리 구라키치[白鳥庫吉]는 환도성이 산성자에 있다는 도리이의 주장에 동조하는 등 일정한 결론을 내놓지 못하였다. 한편 광복 후 중국 학자들은 집안의 성을 유리왕이 천도한 국내성이라 인정하고, 천도 동시에 쌓았다는 위나암성은 본래 산성자산성인데, 산상왕 재위 시에 산성자산성을 석성으로 고쳐 쌓은 다음 이를 환도성이라 불렀다고 결론을 내린 바 있다.

이러한 중국 학자들의 결론이 결국 일제 강점기 학자들의 연구 결과를 바탕으로 현재 주류 강단 사학계의 통설이 되었다. 하지만 일제는 식민사학 논리에 의하여 그리고 중국 학자들은 그들의 전통적인 '춘추필법'의 역사왜곡 논리에 의하여 무리하더라도 즉 역사 논리의 결정요소인 문헌학적이나 그다음 요소인 고고학적 근거에 부족하더라도 자기들 논리에 유리하거나 적합하면 정하는 원칙에 의하여 이곳으로 정하였다.

이를 그대로 따르는 것은 일본의 식민사학 왜곡, 중국의 '춘추필법'에 따르는 또 다른 왜곡이자 조작이자 자기 역사를 스스로 훼손하는 행위이다. 위에서 확인한 대로 길림성 집안시의 환도성이나 위나암성으로 비정한 산성자산성은 도저히 한 나라의 도읍성이 들어설 자리가 아니라는 것이 사실로 드러난 곳이다. 더군다나 이곳 집안시는 고구려의 이 시기인 1세기는 물론 3세기 후반까지의 관련 유물이 나오지 않는다.

> 일제 식민 사학자들이 자기들도 인정한 아무런 근거 없이 국내성, 위나암성, 환도성을 길림성 집안시 인근에 비정하였다. 이후 중국 학자들도 아무런 근거 없이 일제 학자들의 근거 없는 사실을 알면서도 따라 비정하였다. 이러한 사실이 분명히 연구 보고서에 있는데도 주류 강단 사학계가 그대로 따른 것이 현재의 고구려 환도성과 국내성의 집안시 비정이다.

그리고 문헌학적으로 이곳은 다른 것은 몰라도 불내(이)에서 알 수 있듯이 한나라 낙랑군 불이현과 관련된 곳으로 기록된 곳이다. 물론 본 필자는 이 불내(이)가 낙랑군이 아니라 고조선의 낙랑 땅인 개마현, 옥저, 예맥, 국내주 지역으로 비정한다.

> 【사료508】『삼국사기(三國史記)』 권 제13 고구려본기 제1 유리왕(琉璃王) 22년 10월
>
> 국내로 천도하고 위나암성을 쌓다 (3년 10월(음))
>
> 22년(3) 겨울 10월에 왕이 국내(國內)로 도읍을 옮기고 위나암성(尉那巖城)을 쌓았다.

이 기록에서 확인할 수 있듯이 국내로 천도한다고 하였지 국내성으로 천도한다고 하지 않았듯이 국내주와 국내성은 별개이다. 고구려는 국내성으로 천도한 사실이 없다. 국내주의 위나암성으로 그리고 다음으로 국내성이 가까이 있는 환도성으로 천도하였다. 이것을 『삼국사기』「본기」 외의 「지리지」 및 『삼국유사』 그리고 중국사서들이 착각하고 있다.

> 고구려는 국내성으로 천도한 사실이 없다. 국내주(국내 지역) 위나암성(혹은 불내(이)성)으로 천도하였다.
> 다른 천도지인 환도성 가까이에 국내성이 있었던 것뿐이다.
> 이를 모든 사서들과 이후 혼돈 착각하고 있다.

> 【사료38】『삼국사기(三國史記)』卷第三十七 雜志 第六 지리(地理)四 백제(百濟)
>
> 압록수 이북의 항복한 11성.
>
> 국내주(國內州) (한편 불내(不耐)라고도 이르고 혹은 위나암성(尉那巖城)이라고도 이른다.)

물론 이에 대하여도 앞에서 설명한 바 있다. 국내주 지역인 낙랑 땅에 위나암성이 있고 국내성은 환도성과 같이 이보다 북쪽인 안시성 인근 가까이에 비정된다. 이러한 비정은 주류 강단 사학계가 국내성은

별도로 한 채 위나암성과 환도성을 같이 비정하는 것과는 차이가 있다. 물론 그 위치도 길림성 집안시로 비정하는 주류 강단 사학계는 역사적 왜곡으로써 이곳은 하북성 호타하시 남부의 국내주와 북부의 국내성, 환도성인 안시성이 있다. 이는 국내성과 별도로 환도성이 있음은 물론 가깝게 있다는 것이 앞서 살펴본 중국사서『괄지지』에 기록되어 있다고『삼국사기』가 기록하고 있으며,『삼국사기』상에도

> 【사료511】『삼국사기(三國史記)』권 제18 고구려본기 제6 고국원왕(故國原王) 十二年春二月
>
> 환도성을 수리하고 국내성을 쌓다 (342년 02월(음))
>
> 12년(342) 봄 2월에 환도성을 수리하여 지붕을 새로 이고, 또 국내성을 쌓았다.

기록되어 있듯이 국내성은 국내주로 천도한 이후 한참 뒤의 시기인 342년에 쌓은 성이다. 이곳을 쌓은 후 이곳 국내성으로 천도한 사실은 사서기록상 없다. 단지 중국사서『신당서』,『통전』상에 고구려의 3경 체제상에 국내성이 들어간다. 그런데『통전』기록상에는 동진(317~420년) 이후로 평양성에 고구려가 도읍한 다음 모용황이 침공한 이후 국내성으로 옮겼다가 다시 평양성으로 왔다고 되어 있다. 그러나 이것에 대하여『삼국사기』는

> 【사료512】『삼국사기(三國史記)』권 제18 고구려본기 제6 고국원왕(故國原王) 十三年秋七月
>
> 평양 동황성으로 천도하고 동진에 사신을 보내다 (343년 07월(음))

가을 7월에 평양 동황성(東黃城)(註 018)으로 옮겨 살았다. 성은 지금의 서경(西京) 동쪽 목멱산(木覓山)(註 019) 중에 있다. 진(晉)에 사신을 보내 조공하였다.(註 020)

註 018
이 부분을 '(平壤) 동쪽의 黃城'으로 해석하는 견해도 있다. 이 경우 平壤을 國內 즉 지금의 集安으로 여기고 黃城을 그 동쪽에 있는 지금의 중국 길림성 東台子遺蹟으로 본다. 그러나 평양을 지금의 자강도 강계로 보고 동황성은 그곳에 있는 성명이라 여기는 견해도 있다(이병도,《한국고대사연구》, 박영사, 1976, 370~373쪽 참조). 또는 이것을 지금의 평양으로 볼 가능성을 제기하기도 한다(차용걸, 「고구려 전기의 도성」,《국사관논총》 48, 1993).

註 019
평양의 동남방에 있는 산이다.《삼국사기》의 편찬자는 平壤 東黃城의 위치를 현재의 평양 근처로 보고 고려시대 당시 西京(平壤)에 木覓山에 있는 城을 언급한 것이다. 그런데 장수왕대에 도읍한 곳은 지금의 평양 대성구역의 大城山 밑이었다는 것이 일반적인 견해이다.《동국여지승람》권51 平壤府에 "九龍山: 在府北二十里 或云 大城山 或云 魯陽山… 木覓山: 在府東四里 有黃城古址 一名 絅山"라는 기록에 의하면 木覓山과 大城山은 별개의 산이었다.《동국여지승람》도《삼국사기》와 마찬가지로 木覓山城=黃山이라는 입장을 취하고 있는데, 黃山을 후에 고구려가 도읍한 곳으로 바로 연결시키기는 어려울 것이다.

註 020
《진서(晉書)》권7 康帝 建元 원년(343) 12월조에《高句驪遣使朝獻》이라 하였다.

모용황의 침공 이후 평양 인근의 동황성으로 천도한 것으로 되어 있어 차이가 있다. 그리고『신당서』,『통전』상에 국내성의 서쪽『신당서』내지는 남쪽(『통전』)으로 마자수인 압록수가 흐른다고 하였다. 주류 강단 사학계는 이 압록수를 지금의 한반도 압록강으로 비정하고, 이 국내성을 압록강 북부의 집안시 통구성지로 보고 이 기록과 맞추고 있다. 즉 이 통구성지의 서쪽과 남쪽을 압록강이 흐르고 있다.

하지만 비록『신당서』는 후대의 가필 조작이 확실한 위치 수치를 제외하고는 압록수가 국내성의 서쪽을 흐른다는 것은 주류 강단 사학계의 비정대로 한반도에 적용되는 것이 아니라 고구려의 원래 국내성은 고구려의 여러 도읍 중 북도에 해당하는 것으로 국내주의 위나암성과는 달리 이곳 국내주 북쪽의 압록수인 호타하 북쪽에 비정된다.

따라서『통전』상의 국내성 남쪽을 흐른다는 기록도 맞게 된다. 그런데 주류 강단 사학계는 이 기록의 모든 사항을 한반도로 비정하듯이 한반도로 비정하여 지금의 압록강 북쪽인 길림성 집안시로 비정하고 있다. 한마디로 이 사서기록과 위치에 얽매여 있다. 하지만 당시 압록수는 지금의 한반도 압록강이 아니고, 국내성은 고구려 수도인 사실이 없다. 그러므로 주류 강단 사학계의 국내성 비정은 잘못인 것으로 당연히 바꾸어야 한다,

한편【사료25】『통전(通典)』「변방」'동이 하 고구려'는 압록수의 위치를 "평양성 서북 450리에 있다. 요수 동남 480리에 있다."고 하북성 평양성이 아닌 산동성 졸본성을 평양성(남평양성)으로 착각하여 이를 기록하고 있지만, 고구려 도읍 평양성은 같은 기록상에 평주인 하북성에 고구려가 도읍한 기록, 갈석산과 장성이 있다는 것을 기록한 것은 하북성 위치의 평양성을 기록한 것이 틀림없다. 이 같은 사실은 같은 기록상에

> 평양성(平壤城) 동북쪽에 노양산(魯陽山)이 있고 그 정상에 노성(魯城)이 있다. 서남쪽으로 20리에 위산(葦山)이 있는데 남쪽에 패수(浿水)가 가깝다. 대요수는 말갈국 서남산에서 나와 남으로 흘러 안시현에 이른다. 소요수는 요산에서 나와 서남으로 흘러 대양수와 만난다. 대양수는 나라의 서쪽에 있다. 새 밖에서 나와 서남으로 흘러 소요수로 흘러간다. 마자수는 일명 압록수이다. 물이 동북 말갈의 백산에서 나온다. 물의 색이

> 기러기 머리색을 닮았기 때문에 속되게 부른 이름이다. 요동에서 5백 리 떨어져 있다. 국내성 남쪽을 지나 서쪽으로 흘러 염난수와 만나 두 물이 합하여 서남으로 흘러 안평성에 이르러 바다에 들어간다. 고구려에서 이 강이 제일 크다. 물결이 이는데 푸르고 맑으며, 나루터마다 큰 배가 서 있다. 그 나라에서 이를 천참(천연요새)으로 여긴다. 강의 너비가 3백 보이고, 평양성 서북 450리에 있다. 요수 동남 480리에 있다. (한나라 낙랑군, 현도군 땅이다. 후한 때부터 위나라 때까지 공손씨가 점거하고 있다가 공손연 때 멸망했다. 서진 영가(307~312) 이후 다시 고구려에 함락되었다.~(생략))(생략)

마자수이자 압록수가 국내성 남쪽을 지난다고 하였다. 이 기록상에 위의 평양성 거리 수치 기록과 마찬가지로 그 흐름 방향이 하북성의 호타하와 반대이고 한반도 압록강에 맞게 기록되어 조작되었지만 이 기록은 분명히 지금도 그 이름이 남아 있는 하북성 형수시 호타하 안평현으로 흘러 들어가는 호타하이다. 이 안평현은

> **【사료30】**『신당서(新唐書)』「가탐도리기」
>
> 영주에서 출발하여 안동도호부로 가는 길
>
> 또한 (연군성으로부터 동쪽으로) **여라수착(汝羅守捉)**을 지나서 요수(遼水)를 건너면 옛날 한국(漢)의 양평성(襄平城)이었던 안동도호부(安東都護府)에 이르기까지 500리이다. (안동도호부에서) 동남쪽으로 평양성(平壤城)까지 800리이고, (안동도호부에서) 서남쪽으로 도리해구(都里海口)까지 600리이며, (안동도호부에서) 서쪽으로 옛 중곽현(中郭縣)이었던 건안성(建安城)까지 300리이며, (안동도호부에서) 남쪽으로 압록강(鴨淥江) 북쪽에 있는 옛 안평현(安平縣)이었던 박작성(泊汋城)까지 700리이다.

당나라 및 고구려시대 박작성의 옛 명칭이다. 이곳은

> 【사료22】『한서』「지리지」 1. 유주
>
> ⑨ 현도군(玄菟郡)
>
> 3) 서개마현(西蓋馬縣), 마자수(馬訾水)가 서북쪽으로 염난수(鹽難水)로 들어가는데, 서남쪽으로 요동군 서안평현(西安平縣)에 이르러 바다로 들어간다. (이 강은) 2개의 군(郡)을 지나고 1100리를 흐른다. 왕망은 현도정(玄菟亭)이라고 했다.

위의 『통전』기록과 같이 마자수가 들어가는 서안평현이다. 이곳은,

> 【사료22】『한서』「지리지」 1. 유주
>
> ⑧ 요동군(遼東郡)
>
> 12) 안시현(安市縣),
> 13) 무차현(武次縣), 동부도위(東部都尉)가 다스린다. 왕망은 환차(桓次)라고 했다.
> 14) 평곽현(平郭縣), 철관(鐵官)과 염관(鹽官)이 있다.
> 15) 서안평현(西安平縣), 망(莽)은 북안평(北安平)이라고 했다.

안시현과 함께 유주 요동군에 있었던 현으로 이곳은 한반도 북부 지금의 압록강이 절대 아니다. 그리고 요령성 요하도 아니다. 이곳은 하북성 호타하 인근이다. 물론 주류 강단 사학계는 이 안평현도 조작하여 한반도 북부 현재 압록강의 북안인 단동시로 비정하고 있다. 그런데 서안평, 안평, 안시에 있던 안시성은 만주 요령성 안산시 해성시 동남쪽에 있는 영성자산성으로 비정하고 있다. 인근이 아니라 멀리 떨어졌다. 이러한 비정은 맞지 않은 절대 조작이다. 더군다나 『한서』「지리지」, 【사료21】『수경주』「대요수」, 「소요수」상의 기록상 소(요)수,

25

대(요)수와 압록수 즉 마자수, 백랑수는 서로 인접한 채 흐르다가 만나는 것이 확실한데도 멀리 떨어진 것으로 기록되어 있어 조작을 스스로 드러내고 있으므로 일고의 가치도 없는 것으로 무시되어야 한다. 그리고 국내주에 있었던 위나암성, 불이성은 개마, 옥저, 제1 현토 지역이었던 지금의 석가장시 동북쪽부터 그 동남쪽인 형수시 심주시 인근까지 위치해 있었다.

> 국내성, 환도성, 안시성은 서안평현, 안평현, 안시현, 북안평인 하북성 형수시 안평현 북쪽이자 고구려 평양성인 하북성 보정시 만성구 남쪽 지방 사이에 있었다. 위나암성(불내(이)성)은 제1 현토군 지역인 국내(주) 지역인 하북성 형수시 심주시 인근에 있었다. 이곳은 산동성 고구려 졸본성 동북쪽이다. 돼지가 졸본성에서 도망가자 위나암성에서 찾은 곳이다.

이러한 사실 즉 주류 강단 사학계가 비정하는 한반도가 아니라 하북성이라는 사실을 입증하는 사료는 직접적으로도 수없이 많다. 사실 국내성의 위치에 대하여 주류 강단 사학계의 비정 이외에는 비주류 강단 사학계와 재야 민족 사학계에서는 확실한 비정을 아직 못 하고 있다. 하지만 주류 강단 사학계의 비정은 중국의 춘추필법과 주자학 제일주의에 의한 소중화 사대주의 그리고 일제 식민사학 논리에 의하여 조작된 것으로써 연나라 옆에 위치한 고조선과 이곳에 설치된 낙랑군과 현토군 그리고 이 근방에서 활동한 고구려 등 이 모든 것을 동쪽으로 옮겨 요령성 요하 동쪽 및 한반도로 옮겨 왜곡하여 비정한 것은 너무나 명백하다. 이러한 작업의 일환으로 『구당서』의 원본에 조작의 손을 댄 이후 『신당서』 및 『신당서』 「가탐도리기」 그리고 『통전』에까지 원본은 그대로인 실제의 역사를 전하고 있는 것에 조작의 손을 댄 흔적이 너무나 명백히 드러난다.

분명 평주에 도읍하고 평주에서 활동한 고구려 관련 기록이 머나먼 동쪽의 요하와 요양 그리고 지금의 압록강으로 비정되는 기록이 있을 수 없다. 그것도 조작된 거리 수치와 일부뿐인 기록에 의해서이다. 분명 『삼국사기』는 평양성 기록에서 볼 수 있듯이 명백히 『신당서』와 『신당서』「가탐도리기」를 적극 인용 참조하여 기록하였다. 확실한 것이 『신당서』의 원본은 하북성 평주에서의 고구려 위치를 나타내고 있는데 반하여 거리 수치 및 압록수, 요수의 위치와 흐름 등 조금의 기록이 조작되어 한반도 위치를 비정하는 데 이용되고 있음에도 불구하고 분명히 『삼국사기』는 '평양성'의 위치 기록에 있어서 고구려의 도읍 위치를 요령성 요양으로 비정하고 있다.

그러면서도 『삼국사기』는 위의 【사료499】『삼국사기(三國史記)』권 제37 잡지 제6 지리(地理)四 고구려(高句麗) '국내성' 기록에서는 적극 참조한 『신당서』의 기록과는 달리 압록수와의 연관성 기록이 없을뿐더러 그 위치가 북조 경내에 있었다면서 평양 간 17개 역을 가리키며 자신이 비정한 평양과의 거리 즉 요양과의 거리를 따져보니 북조 즉 하북성 지역이 아닌 것 같은데 다른 기록상으로는 북조 경내에 있는 것이 분명하므로 도저히 모르겠다고 실토하였다. 이러한 『삼국사기』의 모르겠다는 등의 표현은 많은 곳에서 나타난다. 즉 원래의 기록은 하북성을 가리키는데 그 이후 중국의 춘추필법에 의하여 왜곡된 기록은 동쪽 요령성 지방을 가리키고 있으니 혼돈되어 솔직히 모르겠다고 하고 있다.

> 중국사서는 '춘추필법'에 의하여 후대로 올수록 왜곡하였고, 『삼국사기』는 인용한 중국사서의 원래의 기록은 하북성을 가리키는데 그 이후 중국의 춘추필법에 의하여 왜곡된 기록은 동쪽 요령성 지방을 가리키고 있으니 혼돈되어 솔직히 모르겠다고 하고 있다.

이러한 사례에 대해서는 본 필자가 기회가 있으면 자세히 종합하여 언급하도록 하겠다. 가장 대표적인 예가

---

**【사료52】**『삼국사기(三國史記)』「잡지 지리」'고구려' '평양성과 장안성'

국내(國內)로 도읍하여 425년이 지나 장수왕(長壽王) 15년(427)에 평양(平壤)으로 도읍을 옮겼다. 156년이 지나 평원왕(平原王) 28년(586)에 장안성(長安城)으로 도읍을 옮겼으며, 83년이 지나 보장왕(寶臧王) 27년(668)에 멸망하였다. (옛사람들의 기록에 시조 주몽왕(朱蒙王)으로부터 보장왕(寶臧王)에 이르기까지의 역년(歷年)은 틀림이 없고 상세한 것이 이와 같다. 그러나 혹은 이르기를 "고국원왕(故國原王) 13년(343)에 (왕이) 평양 동황성(東黃城)으로 이거하였는데, 성은 지금[고려] 서경(西京)의 동쪽 목멱산(木覓山) 가운데 있다"라 하니, 옳고 틀림을 알 수 없다.) 평양성(平壤城)은 지금[고려]의 서경(西京)과 같으며 그리고 패수(浿水)는 곧 대동강(大同江)이다. 어찌 이를 알 수 있는가?《당서(唐書)》에서 이르기를 "평양성(平壤城)은 한(漢)의 낙랑군(樂浪郡)으로 산굽이를 따라 외성을 둘렀고, 남으로 패수(浿水)가 근처에 있다."라 하였으며, 또한《지(志)》에서 이르기를 "등주(登州)에서 동북으로 바닷길을 가서, 남으로 해안에 연하여, 패강(浿江) 입구의 초도(椒島)를 지나면, 신라의 서북에 닿을 수 있다."라 하였다. 또한 수양제(隋煬帝)의 동방 정벌 조서에서 이르기를 "창해(滄海) 방면 군대는 선박이 천 리에 달하는데, 높직한 돛은 번개같이 나아가고, 커다란 군함은 구름처럼 날아 패강(浿江)을 횡단하여 멀리 평양(平壤)에 이르렀다."라 하였으니, 이렇게 말하는 것으로써 지금[고려]의 대동강(大同江)이 패수(浿水)인 것은 명백하며, 곧 서경(西京)이 평양(平壤)이었던 것 또한 가히 알 수 있다.《당서(唐書)》에서 이르기를 "평양성(平壤城)은 또 장안(長安)이라고 불렀다."라 하였고 그리고 고기(古記)에서 이르기를 "평양(平壤)으로부터 장안(長安)으로 옮겼다"라 하였으니, 곧 두 성이 동일한 것인지 아닌지, 서로 멀리 떨어져 있었는지 가까웠는지에 대해서는 곧 알 수가 없다.

---

이 기록이다. 참조한『신당서』,『신당서』「가탐도리기」의 모든 기록은 하북성 위치를 나타내는데 정작『신당서』는 그 위치를 요령성 요

양 인근으로 비정하는 것에 대한 혼란이다. 『삼국사기』가 기록한 국내성은 분명히 북조 경내에 있다. 이 북조는 분명히 중국의 남북조시대를 가리키는 것의 북조이다. 이곳은 그 주요 무대가 하북성이다. 그런데도 주류 강단 사학계의 해설을 보면 가관이다. 『삼국사기』 편찬 시기를 기준으로 삼아 금나라 즉 고구려 국내성이 있는 만주 지방에서 발흥한 금나라를 가리켜 결국 자신들이 비정한 만주 집안시로 해석해 버렸다. 분명 『삼국사기』는 그때 당시 편찬 시기를 기준으로 기록한 것이 아니라 고구려 당시를 기준으로 그 당시인 남북조시대의 북조를 가리킨 것이 분명하다.

그런데도 이를 자기들의 논리에 맞는 것으로 편의적으로 해석한 것은 학문적인 해석이 아니라 왜곡 조작된 해석이다. 중국 역사상 북조와 남조는 남북조를 가리키고 북조는 하북성 지방을 가리키는 것은 너무나 당연하다. 그런데도 이것이 자기들이 설정한 한반도 북부 지방의 비정에 맞지 않는다고 이를 자기들의 입장에 맞추어 해석하는 것은 학문상 있을 수 없다. 이 기록은 『삼국사기』 기록상 어느 곳인지 모른다고 하였으나 분명히 북조 경내 즉 하북성에 위치하고 있었음을 기록하였다. 그런데 주류 강단 사학계는 이러한 기록을 고의로 부정하고 있다. 이는 단지 해설상의 문제가 아니라 주류 강단 사학계의 공식적인 입장이다.

> 주류 강단 사학계의 국내성 위치 기록상의 '북조'의 금나라 비정은 학문이라고 할 수 없는 비학문적 자기 편집적, 자기 편의적 해석에 의한 것으로 도저히 있을 수 없는 해석이다.

위의 【사료499】『삼국사기(三國史記)』권 제37 잡지 제6 지리(地理)四 고구려(高句麗) '국내성' 기록에서는 국내성이 위나암성 혹은 불이성이라고 하였으면서

【사료38】『삼국사기(三國史記)』卷第三十七 雜志 第六 지리(地理)四 백제(百濟)

압록수 이북의 항복한 11성. 국내주(國內州) (한편 불내(不耐)라고도 이르고 혹은 위나암성(尉那嵒城)이라고도 이른다.)

이 기록에서는 국내주를 불내성 혹은 위나암성이라고 하였다. 그리고 국내성은 분명히 압록수인 호타하 북쪽에 있다. 하지만 이 국내성과 다른 불내, 불이 혹은 위나암성이 있는 국내주는 분명히 압록수인 호타하 동남쪽에 있다. 그런데도 위의 기록에서 보듯이 압록수 이북에 있는 것으로 기록하는 등 『삼국사기』 편찬자들은 국내주와 국내성에 대한 확실한 구분을 못 하는 등 개념이 없다. 이러한 인식은 『삼국사기』를 그대로 많이 인용한 『삼국유사』에서도

【사료513】『삼국유사』 권 제1 왕력(王曆)

전한(前漢) 평제(平帝) 원시(元始) 칠년(七年) 후한(後漢) 장제(章帝) 장화(章和) 이년(二年)(1~87년)

高句麗 AD3년
계해(癸亥)년 도읍을 국내성(國內城)으로 옮겼는데, 또한 불내성(不而城)이라 불린다.

고구려가 국내성으로 천도하여 도읍으로 삼은 것으로 기록하고 있다. 물론 중국사서 『신당서』, 『통전』 등은 고구려가 국내성으로 천도한 것으로 기록하고 있다. 하지만 사실 국내(주) 지역의 위나암성으로 천도한 것이지 국내성으로 천도한 것이 아니다. 물론 앞에서 살펴보았듯이 『신당서』, 『통전』상의 국내성 천도 기록과 『삼국사기』의 천도 기록은 그 시기 등이 서로 다르다.

앞에서 살펴본 기록인 【사료510】『삼국사기(三國史記)』권 제13 고구려본기 제1 유리왕(琉璃王) 21년 3월, 【사료508】『삼국사기(三國史記)』권 제13 고구려본기 제1 유리왕(琉璃王) 22년 10월에 의한 대로 졸본에 이어 고구려의 두 번째 도읍은 국내 지역의 위나암성이다.

> 【사료511】『삼국사기(三國史記)』권 제18 고구려본기 제6 고국원왕(故國原王) 十二年春二月
>
> 환도성을 수리하고 국내성을 쌓다 (342년 02월(음))
>
> 12년(342) 봄 2월에 환도성을 수리하여 지붕을 새로 이고, 또 국내성을 쌓았다.

그리고 국내성은 세 번째 천도지인 환도성에 천도하기 전 수리를 할 때 쌓았다.

> 【사료514】『삼국사기(三國史記)』권 제18 고구려본기 제6 고국원왕(故國原王) 十二年秋八月
>
> 왕이 거처를 환도성으로 옮기다 (342년 08월(음))
>
> 가을 8월에 환도성으로 옮겨 살았다.

이 환도성은 기록상 나중에 수당전쟁 시 안시성으로 비정되는 하북성 형수시 안평현 북쪽으로 비정되는 곳이다. 이곳은 기록상 한나라 시기의 안시현으로 요수의 하류에 위치해 있었다. 이에 대하여는 나중에 자세히 설명하고자 한다. 이러한 국내(㈜) 위나암성이 있는 곳은 소위 동옥저의 땅이었다. 첫 번째 현토군이 고구려의 서북쪽으로 옮기고 난 후 옮기기 전의 장소로 불내성이 있는 곳이었다. 불내성은 【사료513】『삼국유사』권 제1 왕력(王曆) 전한(前漢) 평제(平帝) 원시(元始) 칠년(七年) 후한(後漢) 장제(章帝) 장화(章和) 이년(二年)(1~87년) 기록상으로 국내성이다. 이는 착오에 의한 것으로 이 국내성은 사실 국내주에 있었던 위나암성이다. 따라서 국내주의 불이(내)성과 위나암성보다는 국내성과 이 국내성 인근에 있었던 환도성이 나중의 평양성 즉 하북성의 평양성이 가까웠다. 반대로 천도 바로 직전의 도읍인 이전의 평양성 즉 옛 평양성인 첫 도읍지 졸본성과는 국내주가 국내성보다 가까웠다. 또한 국내성은 고국원 땅으로 비류왕의 옛 땅인 비류국 송왕의 땅이다. 이 고국원 땅이자 비류국 송왕의 땅에 있는 국내성은 환도성과 함께 있으면서 이곳의 동남쪽에 있는 국내주 즉 위나암성, 불내성이 있는 지역과 함께 고구려의 중요 지역이다.

■ [그림] 고구려 (주요) 지역도

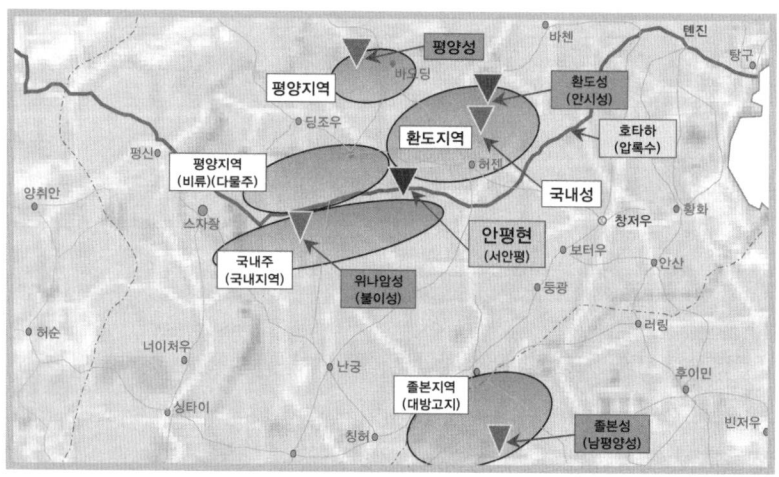

## [환도성에 대하여]

> 【사료509】『삼국사기(三國史記)』 권 제16 고구려본기 제4 산상왕(山上王) 13년 10월
>
> 환도로 도읍을 옮기다 (209년 10월(음))
>
> [13년(209)] 겨울 10월에 왕이 환도로 도읍을 옮겼다.

첫 번째 도읍지 졸본성에서 국내주 위나암성(불내(이)성)으로 천도한 후 여기서 다시 이곳 환도로 옮겼다가 247년(동천왕 21) 평양으로 천도하였다가 다시

> 【사료514】『삼국사기(三國史記)』 권 제18 고구려본기 제6 고국원왕(故國原王) 十二年秋八月
>
> 왕이 거처를 환도성으로 옮기다 (342년 08월(음))
>
> 가을 8월에 환도성으로 옮겨 살았다.

이 환도성으로 천도하였다. 세 번째 천도지이자 다섯 번째 천도지인 환도성은 이곳으로 두 번째 천도하기 전에 국내성을 쌓으면서 수리하였다.

> 【사료511】『삼국사기(三國史記)』 권 제18 고구려본기 제6 고국원왕(故國原王) 十二年春二月
>
> 환도성을 수리하고 국내성을 쌓다 (342년 02월(음))

> 12년(342) 봄 2월에 환도성을 수리하여 지붕을 새로 이고, 또 국내성을 쌓았다.

> 【사료55】『삼국사기(三國史記)』卷第三十七 雜志 第六 지리(地理)四 백제(百濟)
>
> 압록수 이북의 항복하지 않은 성
>
> 안시성(安市城)은 옛날 안촌홀(安寸忽) (혹은 환도성(丸都城)이라고도 이른다.)이다.

　더군다나 앞에서 위치상 환도성이 안시현과 마찬가지로 압록수 북쪽에 안시성과 같은 위치에 있는 것으로 확인되었다고 하였듯이 이 환도성은 기록상 나중에 수당전쟁 시 안시성으로 비정되는 하북성 형수시 안평현 북쪽으로 비정되는 곳으로 확인된다. 주류 강단 사학계는 이 안시성을 요령성 요하 인근의 요령성 해성시 영성자산성으로 비정하고 있다. 주류 강단 사학계의 비정대로라면 이곳 요하 인근의 안시성을 나당연합군이 점령 안 했을 리 없다. 이곳은 기록상 한나라 시기의 안시현으로 하북성 요수의 하류에 위치해 있었다.

> 【사료22】『한서』「지리지」 1. 유주
>
> ⑧ 요동군(遼東郡)
> 12) 안시현(安市縣).
> 13) 무차현(武次縣), 동부도위(東部都尉)가 다스린다. 왕망은 환차(桓次)라고 했다.
> 14) 평곽현(平郭縣), 철관(鐵官)과 염관(鹽官)이 있다.
> 15) 서안평현(西安平縣), 망(莽)은 북안평(北安平)이라고 했다.

　앞에서 살펴본 마자수이자 압록수인 호타하가 들어가는 (서)안평현과 함께 유주 요동군에 있었던 현으로 이곳은 한반도 북부 지금의 압록강이 절대 아니다. 그리고 요령성 요하도 아니다. 이곳은 하북성 호타하 인근이다. 물론 주류 강단 사학계는 이 안시성을 만주 요령성 안산시 해성시의 동남쪽에 있는 영성자산성으로 비정하고 있다. 그리고 같이 인근에 있는 안평현도 조작하여 한반도 북부 현재 압록강의 북안인 단동시로 비정하고 있다. 서안평, 안평, 안시에 있던 안시성은 가까운 곳에 있었다. 그런데 주류 강단 사학계의 비정에 의하면 이미 확인한 안평현과 마찬가지로 인근이 아니라 멀리 떨어졌다. 이러한 비정은 맞지 않은 절대 조작이다.

> 주류 강단 사학계의 환도성, 국내성과 가까운 곳에 있는 안시성을 멀리 비정한 것은 왜곡된 비정이다. 이 왜곡된 비정으로 우리 역사가 왜곡되었고 사서기록과 그들의 현재 비정은 맞지 않는다. 이는 그들의 역사 사항이 잘못되었음을 입증해 준다.

이곳 국내성은

【사료309】『고려사』권82 지 권제36 병2(兵 二) 성보

평장사 유소에게 명해 북쪽 국경 지역에 관방을 설치하게 하다

〈덕종(德宗)〉 2년(1033)에 평장사(平章事) 유소(柳韶)에게 명하여 북방 경계에 처음으로 관방(關防)을 설치하였다. 서해 바닷가의 옛 국내성(國內城)의 경계로서 압록강이 바다로 들어가는 곳에서부터 시작하여 동쪽으로는 위원(威遠)·홍화(興化)·정주(靜州)·영해(寧海)·영덕(寧德)·영삭(寧朔)·운주(雲州)·안수(安水)·청새(淸塞)·평로(平虜)·영원(寧遠)·정융(定戎)·맹주(孟州)·삭주(朔州) 등의 13개 성(城)을 거쳐 요덕(耀德)·정변(靜邊)·화주(和州) 등의 세 성(城)에 이르러 동쪽으로 바다에 이르니, 길이가 1,000여 리에 뻗었고, 돌로 성을 쌓았는데 높이와 두께가 각 25척(尺)이다.

또한 환도성인 안시성은

> 【사료29】『요사』「지리지」
>
> 2. 동경도
> 철주 건무군
> 철주(鐵州) 건무군(建武軍)이 설치되었으며 자사를 두었다. 본래 한나라 안시현(安市縣)으로 고구려 때는 안시성(安市城)이었다. 당나라 태종이 공격하였으나 함락하지 못하였다. 설인귀가 흰옷을 올려놓은 곳이 바로 이곳이다. 발해가 주를 설치하였는데, 옛 현은 위성(位城)·하단(河端)·창산(蒼山)·용진(龍珍) 등 넷이 있었는데 모두 폐지되었다. 호구수는 1,000이며 동경에서 서남쪽으로 60리 떨어져 있다. 관할 현은 하나이다.

고려의 천리관성은 이곳에서부터 시작되었다. 이러한 국내성과 환도성에 대하여 주류 강단 사학계는 길림성 집안시의 평지성을 국내성에 비정하고 이웃인 환도산의 산성자성을 환도성 및 위나암성으로 비정하고 있다. 이는 전적으로 일제 식민 사학자들에 의한 근거 없이 꾸며낸 비정에 의한 것이라는 것이 그들의 조사 연구서에서도 밝혀졌다. 이곳에는 소위 비록 왜곡되어 위치 변동되었지만 요령성 해성시로 비정되는 안시성도 없다. 이것은 학문이 아니다. 이에 대하여는 앞에서 상세히 입증하여 설명하였다.

당시 고구려의 수도는 첫 번째 도읍지인 졸본성에서 국내주 위나암성(불내성(불이성))으로 옮긴 후 다시 세 번째 도읍지로 209년(산상왕 13)에 옮긴 환도성이었다. 이곳에 위나라 관구검이 침범하여 환도성을 함락하고 왕비와 왕모를 납치하자 동천왕은 남옥저 죽령 지방 즉 신라의 북쪽으로 신라가 개척하여 245년에 고구려가 차지한 땅에 246년 관구검의 장군 왕기에 쫓겨 이곳으로 도피하였다. 이곳은 하북성 환도성의 남쪽으로 산동성 졸본성 동쪽에 위치하였다. 이에 관구검은,

**【사료61】**『삼국사기(三國史記)』卷第十七 高句麗本紀 第五 동천왕(東川王) 20년 10월

밀우와 유유가 동천왕을 지키다 (246년 10월(음))

이 싸움에서 위(魏)의 장수가 숙신(肅愼)(註 017)의 남쪽 경계에 이르러 그 공을 돌에 새기고, 또 환도산(丸都山)(註 018)에 이르러 불내성(不耐城)(註 019)을 새기고(註 020) 돌아갔다.(『괄지지(括地志)』에는 "불내성이 곧 국내성이다. 성을 돌로 쌓아 만들었다."라고 하였다. 이런 즉 환도산과 국내성이 서로 가까이 접하였을 것이다. 『양서(梁書)』에는 "사마의(司馬懿)가 공손연을 토벌하자 왕이 장수를 보내 서안평(西安平)을 습격하였는데 관구검이 침략해 왔다."라고 하였다.)

註 017
숙신(肅愼) : 본서 권15 고구려본기3 태조대왕 69년(121) 10월조 및 본서 권17 고구려본기5 서천왕 11년(280) 10월조 참조.

註 003
숙신(肅愼) : 상기 기사에서 보듯이 숙신은 태조왕이 부여에 행차한 기간에 사신을 보냈다. 태조왕이 행차한 부여를 원고구려 지역인 압록강 중상류 일대로 보기도 하지만, 숙신이 사신을 보내왔다는 것으로 보아 동해 바닷가에 위치하였다는 동부여일 가능성이 더 높다고 생각된다. ~ 따라서 이 기사에 나오는 숙신의 실체는 읍루로 보아야 하며,

註 018
환도산(丸都山) : 현재의 중국 지린성[吉林省] 지안시[集安市]에 있는 산성자산성(山城子山城)이 고구려의 환도성(丸都城)으로 비정되기 때문에, 산성자산성이 자리 잡은 산이 환도산일 것이다. 1906년 도로공사 중에 「위관구검기공비(魏丘儉紀功碑)」가 발견된 샤오반차링[小板岔嶺]이 이 주변에 위치한다.

註 019
불내성(不耐城) : 불내(不耐)는 중국 한대 낙랑군 동부도위의 치소였으며 현

재의 강원도 안변(安邊)으로 비정된다. 본문의 문맥에 따르면 환도산과 불내성이 인접한 것처럼 보이나, 이는 『삼국지』 권28 위서28 관구검전에 "至肅愼氏南界, 刻石紀功, 刊丸都之山, 銘不耐之城."이란 문장을 본 서 편찬자가 잘못 이해하여 "魏將到肅愼南界, 刻石紀功, 又到丸都山, 銘不耐城而歸."라고 기술한 때문이다(鄭求福·盧重國·申東河·金泰植·權悳永, 1997, 『譯註 三國史記 3-주석편(상)-』, 韓國精神文化硏究院, 472~473쪽).

註 020

위(魏)의 장수가 … 불내성(不耐城)을 새기고 돌아갔다 : 관구검(毌丘儉)이 세운 기공비의 하나가 1906년에 중국 지린성[吉林省] 지안시[集安市]의 샤오반차링[小板岔嶺]에서 발견되었다. 비면의 아래와 왼쪽 부분이 떨어져 나가, 7행만 남아 있어 전체 문장은 알 수 없다. 남아 있는 부분의 크기에 대해서는 학자들의 보고마다 제각각이지만, 최대 기준점에서 측정된 결과는 세로 39㎝, 가로 30㎝이다. 글씨는 예서체로 쓰여 있다.

현재 남아 있는 비문의 내용은 다음과 같다. "正始三年高句驪反」督七牙門討句驪五」復遣寇六年五月旋」討寇將軍巍烏丸單于▨」威寇將軍都亭侯▨」行裨將軍領▨」▨裨將軍"(판독문은 韓國古代社會硏究所 編, 450쪽 참조). 최근에는 이승호가 실물사진자료와 탁본에 의거하여 다음 판독문을 제시한 바 있다. "正始三年高句驪反」督七牙門討句驪五▨…復遣寇六年五月旋▨…討寇將軍魏烏丸單于▨…威寇將軍都亭▨…行裨將軍領玄▨…▨裨將軍"(이승호, 20쪽). 『삼국지』 권28 위서28 관구검전에 "至肅愼氏南界, 刻石紀功, 刊丸都之山, 銘不耐之城."이란 문장에 의거하여 이때 관구검은 환도산과 불내성에 따로 기공비를 세운 것으로 보는 견해도 있다(李丙燾, 202~203쪽).

〈참고문헌〉
李丙燾, 1976, 『韓國古代史硏究』, 博英社
韓國古代社會硏究所 編, 1992, 『譯註 韓國古代金石文 Ⅰ』, 駕洛國事蹟開發硏究院
이승호, 2015, 「「毌丘儉紀功碑」의 해석과 高句麗 · 魏 전쟁의 재구성」, 『목간과 문자』 15

이 환도성에 있는 환도산에 불내성을 새기고 돌아갔다고 기록하고 있다. 이 사건을 왜 거론하는가 하면 『삼국사기』도 혼돈하여 기록하고 있지만 원래 국내주에 위나암성(혹은 불내성)이 있고 별도로 국내성이 있는데, 중국사서는 위나암성은 별도로 보고 국내성과 불내성을 같이 보고 있기 때문이다. 이러한 가운데 이 사건의 기록은 환도성이 곧 불내성이라는 것을 나타낸다. 그러므로 국내성과 환도성이 같거나 적어도 이웃에 위치해 있음을 드러내고 있다.

그런데 주류 강단 사학계는 환도성은 길림성 집안시의 산성자산성으로 비정하여 국내성 이웃에 있는 것으로 하지만, 불내성은 소위 영동 7현의 속현으로 보고 이곳에 속한 낙랑군의 불내현으로 보아 단단대령 내지는 개마대산으로 비정하는 개마고원의 동쪽인 함경남도 원산만 이남의 강원도 안변으로 비정하고 있다. 이 불내현에 대하여는 앞의 [개마대산, 단단대령, 영동 7현에 대하여]에서 비판한 바 있다. 주류 강단 사학계는 『후한서』 및 『삼국지』의 「동옥저전」, 「예전」상의 기록을 그들의 교리인 '낙랑군 평양설'에 함몰되어 해석하거나, 원체 우리 고대사에 대한 인식 부족에 의하여 해석한 관계로 커다란 오류를 범했다. 즉 여기서의 영동 7현과 아울러 불내성 내지는 불내예에 대하여 영동 7현은 낙랑군의 속현으로 설치한 것으로, 불내성 내지는 불내현은 원래의 낙랑군 속현인 불이현으로 영동 7현에 속한 것으로 해석하였다. 그리고는 여전히 이병도의 논리에 따라 불내성 내지는 불내현을 낙랑군이 있는 한반도 평양의 동쪽에 비정하였다.

> 주류 강단 사학계의 불내성을 소위 영동 7현의 속현으로 보고 이곳에 속한 낙랑군의 불내현으로 보아 단단대령 내지는 개마대산으로 비정하는 개마고원 동쪽인 함경남도 원산만 이남의 강원도 안변으로 비정하는 것은 낙랑 개념의 무지에 의한 일제 식민 사학자들의 비정을 그대로 추종한다.
> 불내성은 하북성 호타하 이남의 고구려 국내주 지역에 있었다. 이곳은 동옥저 지역이기도 하고 제1 현토군 지역이기도 하다. 그래서 『후한서』 및 『후한서』「동옥저」전에 기록되어 있다.

하지만 이는 낙랑의 개념에 대한 무지에서 초래하였다. 모든 사서를 살펴보면 낙랑은 낙랑군만을 의미하는 것이 아니라 낙랑군이 설치되기 이전에 위만조선의 전체 땅을 중국사서는 낙랑이라고 하였다. 이 낙랑 땅에 낙랑군과 편토군 등이 나중에 세워지고 또한 여기에 옥저, 예, 개마국, 구다국 등 원래 고조선 계열 국가들이 있었다. 그리고 나중에 이 낙랑이 남쪽으로 옮겨져 산동성 지역으로 옮기자 여기에 있던 옥저와 말갈 그리고 맥족의 한 세력도 옮겨 이곳 남쪽에 (최씨)낙랑국이 생기고 남옥저가 생기고 여기 (최씨)낙랑군 옆에 신라국이 생겨 계속 낙랑 시호가 따라다니고 남갈도 생겨 초기 백제와 신라를 괴롭혔다. 그래서 낙랑은 지역적으로 보면 큰 낙랑과 옮겨진 후의 작은 낙랑이 있다. 그리고 집단 세력으로 보면 큰 낙랑 지역에 설치한 한나라 군현인 낙랑국이 있고, 옮겨진 후의 작은 낙랑 지역의 (최씨)낙랑국이 있다. 이것이 모든 사서기록을 전부 망라한 그리고 전부 포함하고, 모든 기록이 나타내는 낙랑의 개념이다.

이를 모르고 낙랑 관련 자료를 해석하면 혼란이 오고 오류가 있다. 물론 이를 알면서도 자기들 논리에 배척되기 때문에 혹은 이용하기 위하여 고의로 이에 따르지 않을 수도 있다. 또한 많은 사서의 종합적인 판단에 의한 것이지만 이를 나타내는 많은 중국사서들은 이에 대한 정확한 인식 부족 내지는 기록 착오로 제대로 기록을 못 하는 사례가 많다. 따라서 해석하는 사람이 제대로 된 인식을 가지고 해석하여야 한다. 따라서 위의 불내성 내지는 불내현의 것은 낙랑군의 것이 아니라 큰 낙랑 즉 위만조선의 전체 땅인 옥저, 예 땅에 있다. 그래서 『후한서』 및 『삼국지』의 「동옥저전」, 「예전」상에 기록되어 있다. 그리고 그 구체적인 장소는 동옥저 지방인 지금의 태행산맥 동쪽인 원래 처음 현토군 자리인 지금의 호타하 남부이자 석가장시 남부와 동남부 자리이다. 이곳이 바로 고구려의 국내주 지역으로 여기에 위나암성 즉 불내성이 있었다.

결국 『후한서』 및 『삼국지』의 「동옥저전」, 「예전」상 불내성 내지는 불내현은 고구려 국내주의 불내성(불이성)이다. 따라서 주류 강단 사학계가 낙랑군의 속현으로 그 동쪽인 강원도 동해안으로 낙랑군의 범위를 확대한 채 이곳에 비정한 것은 한마디로 가소로운 조작이다. 이곳은 한반도에 비정될 수 없다. 그 이유는 지금까지의 제대로 된 개념에 의한 옥저 지방 즉 고구려 국내주 지방에 대한 올바른 이해 말고도 수많은 차고 넘치는 증거가 있지만 결정적인 자료로

> 【사료100】 삼국사기(三國史記)』 卷第一 新羅本紀 第一 유리(儒理) 이사금 (尼師今) 17년 9월
>
> 화려와 불내가 침략해 오다 (40년 09월(음))
>
> 17년(40) 가을 9월에 화려현(華麗縣)과 불내현(不耐縣) 두 현의 사람들이 연계하여 모의하고서는 기병을 이끌고 북쪽 변경을 침범하였다. 맥국(貊國)의 거수(渠帥)가 군사를 내어 곡하(曲河)의 서쪽에서 기다리고 있다가 쳐서 물리쳤다. 왕이 기뻐하여 맥국과 더불어 우호 관계를 맺었다.

가 있다. 앞에서도 살펴보았지만 주류 강단 사학계의 비정대로라면

이병도가 소위 영동 7현으로 비정한 것에 의하여 강원도 안변에서 당시 주위 나라를 겨우 병합하는 수준에 있으면서 경상도 구석인 경주 지방에 있던 신라를 침범하는 것이 된다. 이러한 잘못된 별도의 소위 영동 7현의 불내현 비정에 의해서도 잘못되었지만 원래 주류 강단 사학계가 비정하는 한반도 평양의 낙랑군과 신라의 한반도 경상도 비정에 의해서도 안 된다. 더군다나 이 신라를 공격한 낙랑군 소속의 화려현과 불내현을 중국사서가 착오로 동옥저 지방의 단단대령 소위 영동 7현 소속으로 기록한 것을 식민 사학자 이병도가 한반도 동쪽 지방으로 왜곡하여 비정하였지만, 착각한 원래의 낙랑군 소속 불내현과 화려현과는 달리 소위 영동 7현 기록이 기재된 『후한서』 및 『삼국지』 「동옥저」전의 불내는 위의 낙랑국 소속의 불내현이 아니라 넓은 개념의 낙랑 지역인 고구려 국내주 지역 즉 예전의 제1 현토군 지역이자 동옥저 지역이었다.

중국사서가 이곳 고구려 국내주 지역의 불내 지역을 낙랑군 소속의 불내현으로 착각하여 「동옥저」전에 기록하였다. 이를 그대로 받아들인 이병도가 이를 낙랑군으로 왜곡 비정한 한반도 평양 지방의 동쪽으로 다시 비정한 동옥저의 동쪽인 안변 땅에 불내를 비정하였다. 하지만 이 불내는 지금의 호타하 남쪽 지방이다. 이 불내가 있는 고구려 국내주 지방의 위나암성 지방은 옥저 지방 즉 동옥저 지방으로

【사료94】 『삼국유사』 권 제1 제1 기이(紀異第一) 말갈(靺鞨)과 발해(渤海)

살펴보건대 동명제(東明帝) 즉위 10년에는 북옥저(北沃沮)를 멸망시켰으며, 온조왕(溫祚王) 42년(24년)에는 남옥저(南沃沮)의 20여 가호가 신라로 귀순해 왔다. 또 혁거세 53년(5년)에는 동옥저(東沃沮)가 와서 좋은 말을 바쳤다고 하였은즉 또 동옥저도 있는 것이다. ≪지장도≫에서는 "흑수는 만리장성 북쪽에 있고, 옥저는 만리장성 남쪽에 있다."고 하였다.

【사료67】『후한서(後漢書)』「동이열전(東夷列傳)」 부여(夫餘)

> 夫餘國은 玄菟의 북쪽 千里쯤에 있다. 남쪽은 高句驪와, 동쪽은 挹婁와, 서쪽은 鮮卑와 접해 있고, 북쪽에는 弱水가 있다. 국토의 면적은 방二千里이며, 본래 濊[族]의 땅이다.

사서의 기록대로 동옥저가 말 20필을 신라에 선사하는 등 가까이 있어 신라와 교섭하다가 제1 현토군과 같이 서북쪽으로 옮겨 여기에 제2 현토군이 되고 동옥저도 이곳으로 명칭이 옮겨진 채 일부는 북쪽으로 올라가 북옥저가 되어 당시 지금의 하북성 북경 지방에도 미치지 못했던 만리장성 남쪽 지방인 하북성에 있게 된다. 불내성은 국내주의 위나암성이다. 그리고 이와는 다르고 위치도 다른 국내성이 환도성과 이웃에 있었다. 따라서 관구검이 환도산 즉 환도성의 환도산에 불내성을 새기고 갔다는 것은 잘못이다. 하지만 올바른 위치 비정에 따르면 국내성과 환도성은 고구려의 고국원 지방에 있는 것으로 국내주 지방 북쪽에 있었다.

> 환도성, 국내성, 안시성은 고구려 고국원 지역에 있었고, 위나암성인 불내(이)성은 그 남쪽인 국내주 지역에 있었다. 이것을 수많은 중국사서는 물론 이병도를 비롯한 식민 사학자들과 현재 주류 강단 사학계도 오류를 범하고 있다.

그리 멀지 않은 곳에 같이 하북성 호타하를 남북으로 두고 있었다. 따라서 한반도의 길림성 집안시와 강원도의 안변은 절대 맞지 않는다. 더군다나 여기서 경상도의 경주와 소통한다는 것은 도저히 있을 수 없다. 더군다나 이러한 불내성이 환도성이라는 인식과 기록 그리고 그 같은 사건은 다른 여러 사서에도 기록되어 있다.

【사료367】『한원(翰苑)』 번이부 고려(蕃夷部 高麗)

〈고려기〉가 말했다.: 불내성의 지금 이름은 국내성이다. 나라 안 동북녘 670리에 있는데, 본디 한나라 불이현이다. 〈한서지리지〉가 말했다.: 불이현은 낙랑군에 속하며, 동부도위의 치소가 있던 곳이다. 뒷날 한나라에서 빠졌다. 〈위지〉가 말했다.: 정시 [연간] 중, 관구검이 고구려를 치러갔다. 마침내 말을 묶고 수레를 매달아 환도[산]에 올라 [고]구려의 서울을 박멸하였다. 사로잡거나 목을 벤 것이 1천을 헤아린다. [정시] 6년(AD246), 다시 고구려를 쳤다. [고구려]왕 궁은 마침내 매구(買溝)로 도망갔다. [관구]검은 현도태수 왕기를 시켜 그를 뒤쫓게 했다. [왕기는] 옥저를 지나 1천 리 남짓 [쫓아가] 숙신의 남쪽 경계까지 이르렀다. 돌에 공훈을 새겨 써넣으니, 환도산(註 018)에 이르러 불내성을 새겼다.
〈십육국춘추 전연록〉이 말했다.: "연왕 모용황 9년(342), [모용]황이 [고]구려를 치니, 승세를 타고 쉴 새 없이 몰아쳐 마침내 환도[성]에 들어간다. ~ 환도[성]을 허물고 돌아온다."라고. 바로 불내성이다.

註 018
환도산(丸都山) : 현재의 중국 지린성[吉林省] 지안시[集安市]에 있는 산성자산성(山城子山城)이 고구려의 환도성(丸都城)으로 비정되기 때문에, 산성자산성이 자리 잡은 산이 환도산일 것이다. 1906년 도로공사 중에 「위관구검기공비(魏丘儉紀功碑)」가 발견된 샤오반차링[小板岔嶺]이 이 주변에 위치한다.

즉 이 사서기록 역시 고구려 국내주에 불내성이 있는 것을 국내성이 불내성이라고 착각하고 있다. 그래서 국내성, 환도성에 가서 불내성을 새겼다고 하는가 하면, 환도성을 불내성이라고 하고 있다. 이는 모두 착오에 의한 기록이다.

본인이 연구한 이 불내와 관련한 사항에 대한 결론은 많은 중국사서가 그들에게는 동이족 계열이자 다른 나라인 우리 민족 계통 국가에 대한 인식과 기록 부족에 의하여 잘못 기록한 것이 많은데도 불구하고, 현재 많은 우리 학자나 연구가들이 이를 그대로 해석하여 혼란이 오고 있는 것으로 파악된다. 이러한 잘못 중 하나가 이 불내 사항으로 중국사서는 낙랑군에 불내현이 있는 것에 의하여 불내성도 낙랑군 소속 불내현으로 같이 보고, 나중의 고구려 도읍인 환도성도 낙랑군 소속 관내 지역으로 보아 결국 환도성=불내성이라고 하였으나, 낙랑군 불내현과 불내성은 다른 것이며 더군다나 환도성은 불내성이 아니다.

『삼국사기』 및 『삼국유사』 기록에 의하면 불내성은 유리왕 시기에 도읍을 옮긴 국내주의 위나암성이다. 이 국내주의 위나암성 즉 불내성이 고구려 산상왕 13년(209) 환도성으로 천도하기 이전에 천도한 성으로 이곳은 나중에 고구려가 낙랑군 등 북쪽 지방을 점령하여 환도성 자리로 천도하기 이전에 확보한 낙랑군 남쪽 지역이다. 그러므로 결론적으로 불내현=낙랑군 소속현/불내성=고구려 첫 번째 천도지인 두 번째 도읍인 국내주 위치의 위나암성이다. 이러한 것을 잘못 인식하여 특히 중국사서가 환도성=불내성이라고 한 것을 이후 사서와 사가들이 그대로 따른 것으로 확인된다. 더군다나 이 낙랑군 위치를 한반도 평양 인근으로 왜곡하여 정한 관계로 이 (낙랑군)불내현을 환도성인 불내성과 같이 보면서 엉뚱하게도 【사료39】『삼국지(三國志)』〈위서〉「동이전」東沃沮의 주석과 같이

> 一統志, 不耐故城, 在咸興府北. 隋書外國傳, 新羅, 兼有沃沮不而韓濊之地. 丁謙曰, 不耐城, 爲今江原道之江陵府, 本濊王都.

와 같이 명일통지와 청나라 학자 정겸은 불내성 위치를 한반도 함흥이나 강원도 강릉 위치로 보는 한편,

국사편찬위원회 한국사 데이터베이스상의 해설과 같이

> 현재의 강원도 통천 또는 안변 일대로 추정하기도 한다(李丙燾, 1976, 『韓國古代史研究』, 博英社, 195~202쪽).

이병도의 경우 당연히 불내성과 불내현을 달리 보아서, 일제 학자들을 추종하여 불내성인 환도성은 길림성 집안시 산성자산성으로 보면서도 불내현은 신라와의 관계로 인하여(신라 침범 사실) 강원도 북부의 통천과 안변 일대로 비정하는 이중성을 보이고 있는 것이다.

그러므로 결국 "불내현=낙랑군, 불내성=고구려 도읍 국내주 위나암성"이다. 그리고 이러한 중국사서의 이에 대한 인식과 기록 오류는,

1. 고구려 및 고구려 도읍 위치 내지는 고구려의 성장 과정 및 위치를 잘못 설정함.
2. 한사군 전체는 물론 낙랑군 등의 사실과 위치 설정함.
   에 따른 오류이다.

그러므로 역사는 일부 인식과 지식에 의하여 파악하면 결국 수많은 사실 아니 전체 세세한 사실에서 오류가 발생한다.

분명히 하북성 호타하 남쪽인 국내주 지역에 위나암성(불내(이)성)이 있었고, 하북성 호타하 북쪽이자 고구려 평양성인 보정시 만성구 남쪽인 고국원 지역에 국내성과 안시성인 환도성이 있었다. 일제 식민 사학자들이 '낙랑군 평양설' 논리를 수립하기 위하여 평양의 낙랑군 유적과 유물을 많이 조작하고 왜곡하였듯이 마찬가지로 이 환도성을 한반도 북부의 길림성 집안시의 산성자산성에 비정하기 위하여 조작한 사실이 있다는 놀라운 사실이 있다. 더욱 놀라운 사실은 위의 '낙랑군 평양설' 입증 유적·유물 조작과 왜곡을 해방 후 지금까지 수많은 비판 속에서도 이를 옹호하고 지켜온다는 사실도 놀랍지만 이 환도성 논리 조작 사실을 그대로 옹호하고 굳건히 지켜온다는 사실도 놀랍다.

조금이라도 근거가 있으면 학문에 있어서 다른 의견도 중요하기 때문에 가치가 있다고 하겠지만 이는 전혀 근거 없이 편의적인 자기 논리에의 이용 관계로 왜곡 해석하였기 때문에 다른 견해로 받아들일 수 없는 것을 수많은 학자들이 그대로 수용하고 있다는 것이 우리나라 주류 강단 사학계의 현실을 그대로 보여주는 것이기 때문에 안타깝다.

이는 위의 **註 020 1906년에 중국 지린성[吉林省] 지안시[集安市]의 샤오반차링[小板岔嶺]에서 발견되었다.**와 같이 그들이 비정하는 곳에서 위의 246년 관구검 침입 사건의 주인공인 관구검의 공을 기리는 비석 파편이 발견되었다. 그런데 억지로 연결하려고 하여도 그 비석 파편 내용상 '정시 3년(正始三年)' 외에는 관구검과 연결할 수 없는 것들뿐이다. 더군다나 정시 연호는 관구검 시기인 조나라 연호(240~249년)이자, 북연의 연호(407~409년) 내지는 북위의 연호(540~508년)이다. 설사 조나라 연호라고 하여도 정시 3년이면 242년으로 관구검이 고구려를 침범한 246년 이전 시기이다.

그리고 그 내용을 보면 관구검에 대해서는 전혀 없고 오히려 같은 시기라 해석하여도 관구검과 같은 시대에 살았던 낮은 직급의 다른 장군의 공적 비석이라고 해석하는 것이 맞는 것으로 밝혀졌다. 더군다나 이 비석 파편에서 겨우 확인할 수 있는 "오환선비, 숙신" 등의 내용으로 보아 이 비석 파편이 발견된 지점은 이곳이 아니라 산서성 태행산맥 인근이다. 이는 '낙랑군 평양설'이라는 식민지 사관 이론을 수립하기 위하여 낙랑군을 평양 위치로 조작하기 위하여 봉니, 점제현 신사비, 효문묘 동경 등 수많은 유적·유물이 원래 있어야 할 위치인 하북성을 이곳 한반도 평양으로 조작하는데 이용한 바와 같이 고구려 환도성의 원래 위치인 하북성의 위치를 이곳 길림성 집안시 산성자산성 위치로 조작하기 위하여 사용한 것이 틀림없음이 확인되었다.

이 관구검 기공비의 조작 사항은 다음과 같다.

■ 관구검 기공비 조작 사항

1. 이것이 관구검 기공비로 여기게 된 이유는 단지 그 비편 중의 "정시 3년에 고구려가 반(反)했다"는 기록이다. 당시 일제 일본인 식민 사학자들이 고구려 환도성을 책정할 당시에 이것이 극히 필요하였을 것인데, 이것이 우연히 발견되었는지, 아니면 만들었는지 다른 문구인데도 필요한 문구로 해석한 것인지도 의문이다. 하지만 많은 '낙랑군 평양설' 관련 유물을 조작한 것에 의하면 당시 상황상 환도성 책정에 이용하여 이 비편이 위나라가 고구려 환도성을 공격할 당시의 '관구검 기공비'의 일부라고 해석한 것에 의하여 정해진 것이 분명하다. 그러나 이 구절을 비롯하여 관구검과 관련된 비석이라고 볼만한 그 어떤 문구가 없다. 오히려 아닌 것으로 판단하여야만 되는 것이 명백하다.
2. 위나라 관구검과 관련되었다는 유일한 위(魏)나라 군사로 판독하는 글귀인 "토구장군(討寇將軍) 위오환선우(魏烏丸單于)"도 도저히 위(魏)나라로 해석하지 못하는 것이 분명하다.
3. 또한 다른 문구로써 위(魏)나라 장군으로 해석하는 글귀인 장군의 명칭인 장군 오군 내지는 장군 위군으로 해석되는 것을 위나라 군사로 해석한 것. 이는 다른 구절상의 장군 호칭과 같이 이는 장군 명이지 위나라 군사를 칭하는 것이 전혀 아니다. 더구나 관구검의 호칭은 도요장군 3품이었고 나중에 진동장군 2품으로 승진했기 때문에, 비석상의 토구장군·위구장군·행비장군 등은 관구검보다 낮은 직급의 전혀 다른 사람이다.
4. 사서기록상에 분명히 관구검이 고구려를 침략하고 돌아간 것은 정시 7년으로써 서기 246년인데도 이 비석에서는 정시 6년으로 서로 시기 상으로 맞지 않는다.
5. 기본적으로 사서기록에 의하면 관구검 기공비는 환도산의 절벽이나 환도산에 붙어 있는 바위에 불내성이라고 새긴 것인데, 이것은 그저 동떨어진 비석의 조작으로써 원래의 사서기록에 전혀 맞지 않는다.
6. 이 비석상에는 위나라가 동원하였거나 관련된 세력으로 오환선우로

나와 있는데 비하여 사서기록상에는 도착 장소가 숙신의 남쪽 경계라고 하였다. 그런데 오환선우의 경우 원래 위치가 '삼국지 위지 동이전 부여전'의 위치대로 당시 장성의 북쪽에 있었던 부여의 서쪽이자 산서성의 서쪽인 산서성 흔주시 일대이지만 숙신의 경우 부여의 동쪽으로써 지금의 산서성 대동시 동쪽이다. 이곳 남쪽이 바로 고구려 지역으로써 이곳에 환도성 즉 국내성이 있었다. 따라서 사서기록과 비석 파편 글귀가 맞지 않는다.

그런데도 주류 강단 사학계는 중국 측의 역사왜곡 이동을 그대로 추종하여 오환선우의 위치를 지금의 요령성 요하 인근, 숙신의 경우 흑룡강성 인근으로 비정하는데 이에 의하더라도 이 비석 파편 조작의 위치와는 그들의 논리에 의하더라도 맞지 않는다. 이러한 위치로 보아 이 비석 파편이 있어야 할 원래 위치는 적어도 하북성과 산서성 경계지역에 해당된다.

7. 기본적으로 조조의 위나라가 이곳 지금의 한반도 압록강 인근까지 왔다는 것은 소설책이다. 당시 조조의 위나라는 자기 보전도 바빴고, 주류 강단 사학계의 비정대로라면 요하 동쪽에 있는 고구려는 그 위협 대상이나 정벌 대상이 못 된다.

8. 환도성을 길림성 집안시 환도산에 비정할 당시의 일제시대 일본인 학자들의 조사 결과 보고서에 의하여도 이곳이 고구려 도읍인 환도성에는 어울리지 않는다고 하였을 뿐 아니라, 이후 중국 측에 의한 각종 발굴조사 결과 소위 통일신라시대 및 고려시대 유적·유물만 발굴되는 실정이다. 이러한 곳에 환도성을 입증할 만한 유물이 존재할 수가 없다.

이렇게 명확히 확인할 수 있는 환도성, 안시성의 위치는 물론 이러한 사항은 이와 어긋나는 파편 조각 역시 관구검 기공비라고 할 수 없다는 명확한 반대 논리가 있음에도 불구하고 주류 강단 사학계의 이에 대한 논문이나 글을 보면 이러한 반론에는 전혀 언급 없이 자기들 논리에 의하여만 이를 해석하고 있다.

이는 우리 고대사 전반에 대한 그들의 논문이나 글 그리고 인식과 일맥상통한다. 이러한 사실로 인하여 오히려 이 비석 파편의 출처에 대한 조사를 벌이는 것이 당연한데도 주류 강단 사학계는 해방 후 78년 동안 전혀 이러한 움직임이 없다. 이는 세계 역사학상 유일하고도 아이러니한 현상이다. 78년 전 논리에 대한 재평가나 비판 없이 그대로 세습하는 것은 우리 역사학계가 유일하다.

설사 일제 강점기 일본인들이 졸속으로 이를 관구검 기공비로 해석하였다 하더라도 현재에 와서는 이를 제대로 밝혀야 하는데도 그대로 한다는 것은 자기들의 잘못된 논리를 그대로 이어가겠다는 비학문적인 행태로써 이는 학문이 아니다. 이것을 알려주는 것이 바로 관구검 기공비이다.

> 일제 식민 사학자들의 잘못된 해석에 의한 관구검 기공비를 근거로 환도성을 비정하는 것은 정상적인 학문이 아니다. 이러한 근거로 비정한 주류 강단 사학계의 환도성 비정은 잘못으로 수정되어야 한다.

이것뿐만 아니다. 앞에서도 언급하였지만 일제 식민 사학자들이 당시에 고구려 국내성 및 환도성을 비정한 근거가 그들의 조사 보고서에 나와 있는 바에 의하더라도 한반도 북부 집안시에 국내성과 환도성을 비정할 근거가 학문적 즉 문헌학적으로나 고고학적으로 전혀 없는데도 이를 비정하였음을 알 수 있다. 이곳은 고구려의 수도가 아니다. 그런데도 지금까지 그대로 따르는 한편 젊은 사학자가 이 글에서처럼 그대로 따라 강조하는 것은 세계 역사학상 아이러니한 비정상적인 희귀한 현상이다.

## [평양성에 대하여]

평양성에 대하여는 여러 차례 살펴보았다. 고구려가 천도한 사실 중 위의 두 가지 사항 즉 국내성과 환도성을 제외한 나머지로 주류 강단 사학계는 이 두 가지 사실 외에 평양성과 관련된 여러 천도 기록에 있어서 장수왕의 한반도 평양으로의 천도 이외에는 정하여 놓고 있지 않다. 즉 공식적으로 인정하지 않는다. 그렇다고 인정하지 않는 것도 아니다. 단지 이전한 평양성 천도지를 국내성과 환도성이 있는 집안시로 비정한 채 장수왕 이전에는 집안시를 벗어나지 않은 것으로 하고 있다. 이는 그들의 기본 교리인 '낙랑군 평양설'에 위배되기 때문이다. 즉 그들의 논리에 의하면 313년 한반도에서 축출된 낙랑군이 그들의 또 다른 논리인 '낙랑군 교치설'에 의하여 요서 지방에 새로 설치되기 전에는 한반도 평양에 있어야 하기 때문에 그 이전에 천도한 평양은 그대로 고구려 국내성, 환도성 지역에 있어야 한다.

물론 평양에의 도읍은 중국사서가 불명확하게나마 광개토대왕 내지는 장수왕이 천도한 것이 처음이 아니라 그 이전의 247년(동천왕 21) 평양, 343년(고국원왕 13) 평양성 동쪽 (동)황성 그리고 그 이후에는 427년(장수왕 15) 평양성, 586년(평원왕 28) 평양 장안성으로의 천도 등 장수왕 이전에 두 차례, 장수왕 이후 장수왕 포함 두 차례 도합 네 차례 이루어진 것으로 『삼국사기』는 기록하고 있다. 주류 강단 사학계는 장수왕 이전에 평양으로 천도한 247년(동천왕 21)의 평양 천도를

---

註 002

평양성(平壤城) : 이 기사의 평양성 위치에 대해서는 현 북한 평양설(채희국, 25~26쪽 ; 정찬영, 14쪽; 손영종, 153~154쪽), 현 북한 자강도 강계설(이병도, 373쪽; 徐永大, 114~137쪽), 현 지안시 동대자(東台子)유적설(魏存成, 33쪽), 현

> 지안시 양민지역설(張福有, 14~15쪽; 임기환, 252쪽), 환런[桓仁] 지역 나합성설(조법종, 188~194쪽), 현 집안현성[국내성]설(심광주, 181쪽; 김희선, 154~155쪽; 여호규, 76쪽, 강진원, 211~213쪽; 기경량, 254~260쪽) 등이 있다.
> 현 북한 평양설은 북한학계의 주류 견해인데, 당시는 북한 평양 지역에 낙랑군이 존재하고 있었으므로 수용하기 어렵다. 여러 견해 중 현 지안시 평지성인 집안현성[국내성]이 다수의 지지를 받는 견해이다. 그런데 현재 남아 있는 이른바 국내성에 대한 지금까지의 성벽 및 성 내부 발굴 조사 결과 3세기 후반 이상으로 올라가는 유적을 찾기 힘들다. 이 때문에, 동천왕 때에 과연 현존 국내성의 성벽이 축조되었는지에 대해서는 의문이 남아 있다. 성벽 축조는 인정하지 않더라도 현 국내성 일대가 도읍으로서 거주지가 되었다는 점은 인정할 수 있다고 본다. 그리고 '평양'이란 이름은 고구려왕의 장지명인 동양(東壤), 중양(中壤), 서양(西壤), 호양(好壤)이란 지명에서 유추하자면 집안 일대의 너른 평지를 가리키는 뜻으로 해석할 수 있을 것이다. 동천왕 21년(247)의 평양성 위치에 대한 논란에 대해서는 권순홍, 5~14쪽 참조.

라고 해설하고 있다. 이에 대하여는 앞에서도 언급하여 비판한 바 있듯이 이 해설상에도 나타나 있는 바와 같이 그들의 기본적인 논리인 '낙랑군 평양설'에 어긋나기 때문에 이 평양을 한반도 평양으로도 비정하지 못하고 다른 곳으로 비정한다. 주류 강단 사학계의 많은 사람들이 고구려 국내성이 있다고 하는 현 길림성 집안시로 비정한다. 이곳에는 당시 유적·유물이 없는데도 말이다. 이는 변명 회피 논리이다. 그들의 절대 교리인 '낙랑군 평양설'을 보호하기 위해서이다. 이렇게 하니 또 문제가 생긴다. 이곳이 이 평양 천도 기록상에, "**평양은 본래 선인(仙人) 왕검(王儉)의 땅이다.**"라는 기록이 있기 때문이다. 이것은 '낙랑군 평양설'상의 기본 논리 구조 속에 들어가 있다. 즉 한반도 평양에 고조선 왕험성이 있었고 위만이 이를 찬탈하였다가 여기에 낙랑군이 세워진다는 것이 기본 논리 구조이다. 그러면 이때 평양 천도를 그들의 논리상 한반도 평양으로 비정하여야 한다.

그런데 그들의 제1 수호 대상인 낙랑군이 이곳에 313년까지는 있어야 한다. 그래서 이 평양 즉 왕험성을 '낙랑군 평양설'을 보호하기 위하여 다른 곳에 비정하면 그 낙랑군도 비정한 곳에 따라가야 한다. 그러면 절대 안 된다. 그러나 이를 그냥 보고 둘 전문가들이 아니다. 그래서 들고나온 것이 주류 강단 사학계의 '낙랑군 평양설'을 비판하면서 재야 민족 사학계가 내세운 논리인 너른 평지라는 보통명사 이론을 집안 일대로 한정한 채 도입하여 이용하였다. 주류 강단 사학계는 제대로 비정하지 못한 채 왜곡되어 엉뚱한 곳에 비정하다 보니 어긋나게 되어 있고 이것을 변명 논리로 일관하다 보니 말을 어렵게 하는 것이 그들의 주특기이다. 그래서 웬만한 전문가가 아니면 그 말을 잘 이해하지 못한다. 그들은 이것을 또 이용한다. 못 알아듣는 것을 원한다. 그래야 전문가들이 이야기하는 것을 모르고 잘못되어도 그냥 따르기 때문이다. 위의 주류 강단 사학계의 비정은 결국 이 이야기이다. 동천왕 평양 천도는 한반도 평양으로 천도한 것이 아니다. 왜냐하면 그곳에는 낙랑군이 있기 때문이다. 천도한 평양은 집안시의 너른 평지를 가리키는 것으로 이곳도 평양이라고 불렸다고 한다. 모두가 거짓이고 변명이다. 그들의 교리인 '낙랑군 평양설'을 지키기 위하여 거짓으로 역사를 조작하고 있다.

> 주류 강단 사학계는 장수왕 평양 천도 이전에 이루어진 평양 천도에 대하여는 그들이 비정하는 평양에 비정하지 않는다. 이는 있을 수 없는 일이다. 더군다나 사서기록상 그들의 논리대로 고조선 수도(평양)라고 하였다. 그런데 이를 이유로 들어 평양으로 비정하지 않는다. 이는 오로지 '낙랑군 평양설'을 지키기 위함이다. 이것은 역사 조작이다.

고구려가 천도한 평양은 모두 한곳이다. 그곳은 한반도 평양도 아니고 집안시도 아니다. 그리고 낙랑군은 이 한반도 평양에 없었다. 이것이 역사적 진실이다. 어느 사서에 어느 근거에 의하여 집안시의 너른 평지를 평양이라고 하였다는 것인가. 그리고 고구려가 옮긴 수도 평양이 집안시, 한반도 평양 등 여러 곳에 위치한다는 것은 어느 근거에 의한 것인가. 밝혀야 한다. 그리고 두 번째 평양 천도인 343년(고국원왕 13) 평양성 동쪽 (동)황성에 대하여도,

> 註 018
> 平壤을 國內 즉 지금의 集安으로 여기고 黃城을 그 동쪽에 있는 지금의 중국 길림성 東台子遺蹟으로 본다. 그러나 평양을 지금의 자강도 강계로 보고 동황성은 그곳에 있는 성명이라 여기는 견해도 있다(이병도, 《한국고대사연구》, 박영사, 1976, 370~373쪽 참조). 또는 이것을 지금의 평양으로 볼 가능성을 제기하기도 한다(차용걸, 「고구려 전기의 도성」, 《국사관논총》 48, 1993).

또 다른 곳으로 보고 있는 것이 다수설이다. 또한 마지막 586년(평원왕 28) 평양 장안성으로의 천도에 대하여는, 『삼국사기』상에 평양 장안성이라 하지 않고 장안성이라고만 하였기 때문에 이에 대한 해설은 없다. 하지만 중국사서인 『신당서』상에,

> 그 나라의 임금이 살고 있는 곳은 平壤城으로 長安城이라고도 부르는데, 漢代의 樂浪郡

라는 기록에 평양성과 같은 것으로 하여 있는 것에 대하여,

> 註 167
> 平壤城 : 高句麗가 首都를 平壤으로 옮긴 것은 長壽王 15年(427)의 일로 이때의 都城은 지금의 平壤市가 아니라 그 東北인 大城山城과 그 아래

> 소위 安鶴宮址로 비정된다. 이후 陽原王 8年(552)에 長安城을 수축하고, 平原王 28年(586)에 이 長安城으로 首都를 옮겼는데, 이곳이 지금의 平壤市로 비정된다.

라고 해설을 붙여 같은 한반도 평양으로 비정하고 있으면서 지금의 평양시로 보고 있으며, 이전의 장수왕의 평양성은 평양시가 아니라 그 이웃인 대성산성과 안학궁지로 비정하고 있다. 이러한 주류 강단 사학계의 어설프고 난잡한 설명이 필요 없이 명쾌하고 분명하게도 낙랑군은 한반도에 없었고 고구려가 여러 번에 걸쳐 천도한 평양은 한반도 평양이 아니다. 중국사서상의 평양은 앞서 졸본성을 나타낸 옛 평양성을 제외하고 나면 모두 고구려의 천도지인 평양성으로 그곳은 『당서』상의 고구려 수도 3경 중의 하나인 평양도, 『삼국사기』「본기」상의 기록은 물론 「지리지」상의 평양도 모두 하북성 평양이다. 물론 『삼국사기』「지리지」상의 평양은 당시의 왜곡된 역사 인식에 의하여 왜곡 이동된 요령성 요양으로 기록하고 있다. 그런데 주류 강단 사학계는 이 『삼국사기』「지리지」상 평양의 비정을 대동강이라는 기록을 빌미로 왜곡 해석하여 한반도 평양으로 비정하고 있다. 이 대동강은 요령성 요양에 있었던 대동강이 한반도 평양으로 위치 이동된 것임을 모르고 있다. 더군다나

> 【사료29】『요사』「지리지」
>
> 2. 동경도
> 1) 동경요양부
> 동경요양부(東京遼陽府)는 본래 조선(朝鮮)의 땅이었다. 주(周)나라 무왕(武王)이 기자(箕子)를 감옥에서 풀어주자 (기자는) 조선으로 갔고, ~ 아들 보(寶)는 고구려왕 안(安 ; 광개토왕)을 평주목(平州牧)에 임명하여 거주케 하였다.

【사료28】『원사』「지리지」 요양등처행중서성 동녕로

동녕로(東寧路). 본래 고구려(高句驪) 평양성(平壤城)으로 또한 장안성(長安城)이라고도 하였다. 한(漢)이 조선(朝鮮)을 멸하고 낙랑(樂浪)·현토군(玄菟郡)을 설치하였는데, 이것이 낙랑 지역이었다. 진(晉) 의희(義熙) 연간 후반에 그 왕 고련(高璉)이 처음으로 평양성(平壤城)에 머물렀다[居]. 당(唐)이 고려(高麗)를 정벌할 때 평양(平壤)을 공략하여 그 나라가 동쪽으로 옮겨 압록수(鴨綠水)의 동남쪽 1,000여 리 되는 데에 있었는데, 평양의 옛터가 아니었다. 왕건(王建)에 이르러 평양이 서경(西京)이 되었다. 원(元) 지원(至元) 6년(1269)에 이연령(李延齡)·최탄(崔坦)·현원열(玄元烈) 등이 부주현진(府州縣鎭) 60개 성(城)을 가지고 와서 귀부하였다. 〈지원〉 8년(1271)에 서경을 고쳐 동녕부(東寧府)라고 하였다.

【사료32】『통전(通典)』「주군 안동부」

안동대도호부(安東大都護府) 순임금(舜)이 청주(靑州)를 분할하여 영주(營州)를 두고 관리를 두었는데 마땅히 요수(遼水)의 동쪽이 맞는 것이다. (已具注序篇) 춘추전국시대에는 연나라에 속하였고 진나라와 전후 한나라의 요동군이며 동쪽으로 낙랑과 통하였다. (낙랑은 본래 조선국(朝鮮國)인데 元封三年(기원전 108년) 조선 사람이 그 왕을 죽이고 항복하였는데 그 땅을 낙랑, 현도군으로 하였다. 이후 또 대방군(帶方郡)을 두었는데 요수의 동쪽이다.) 진(晉)나라도 그리하였는데 평주(平州)를 겸치하였다. 군국(郡國)을 5개로 하고 주(州)의 치소를 이곳으로 하였다. 후한 말에 공손탁(公孫度)은 자칭 평주목(平州牧)이라 했고 아들 공손강(康), 그 아들 공손문헌(文懿) 모두 요동을 점거하였고 동이(東夷) 9종(九種)이 모두 복종하고 따랐다. 조위(魏) 때에 동이교위(東夷校尉)를 양평(襄平)에 두었고 분할하여 요동(遼東), 창려(昌黎), 현도(玄菟), 대방(帶方), 낙랑(樂浪) 5군으로 하여 평주(平州)를 두었다가 후에 과거처럼 유주(幽州)와 합쳤다. 공손문헌이 멸망하고는 호동교위(護東校尉)를 양평에 두었다. 咸寧二年(276) 창려, 요동, 현도, 대방, 낙랑 5군에 평주를 두었고 모용외(慕容廆)는 영가지란(永嘉之亂 307~312) 때에 무리의 추대를 받아서 자사(刺史)가 되었다. 그 손자 모용준(俊)은 도읍을 계(薊)(현)로 옮겼다. 그 후 모용수(慕容垂)의 아들 모용보(寶)는 또 화룡(和龍)으로 천도하였다.

[영인본에 없는 내용]
당나라 때에 안동도호부(安東都護府)를 두었고 상원년간(674~676)에 그 위치를 옮겼다. (지금 요동성에 있다.)

[영인본 추가 내용]
후위(북위(後魏)) 때에 고구려가 그 땅에 도읍하였고 668년 이세적이 고구려를 평정했다. 1백76성(城)을 취하고 고구려를 분할하여 9도독부, 42주, 1백 현으로 만들고, 평양성(平壤城)에 안동도호부(安東都護府)를 설치하여 그들을 통치하게 하였다. (현지인) 추거(酋渠)를 발탁하여 도독, 자사, 현령으로 삼았다.
675년(上元二年) 요동 옛 성(遼東故城)으로 옮겼다. 677년(儀鳳二年) 또 신성(新城)으로 옮겼다. 698년(聖曆元年) 안동도호부(安東都護?府)라고 이름을 바꿨다. 705년(神龍元年) 다시 옛 이름으로 하였다. 714년(開元二年) 평주(平州)로 옮겼다. 743년(天寶二年) 요서고군성(遼西故郡城)으로 옮겼다. 758년(至德) 이후에 폐했다. 관할 기미주(羈縻州)는 14주이다.

【사료47-1】『통전』「변방」'동이 하 고구려'

또한 평양성(平壤城) 동북쪽에 로양산(魯陽山)이 있고 그 정상에 로성(魯城)이 있다. 서남쪽으로 20리에 위산(葦山)이 있는데 남쪽에 패수(浿水)가 가깝다. 대요수는 말갈국 서남산에서 나와 남으로 흘러 안시현에 이른다. 소요수는 요산에서 나와 서남으로 흘러 대양수와 만난다. 대양수는 나라의 서쪽에 있다. 새 밖에서 나와 서남으로 흘러 소요수로 흘러간다. 마자수는 일명 압록수이다. 물이 동북 말갈의 백산에서 나온다. 물의 색이 기러기 머리색을 닮았기 때문에 속되게 부른 이름이다. 요동에서 5백 리 떨어져 있다. 국내성 남쪽을 지나 서쪽으로 흘러 염난수와 만나 두 물이 합하여 서남으로 흘러 안평성에 이르러 바다에 들어간다. 고구려에서 이 강이 제일 크다. 물결이 이는데 푸르고 맑으며, 나루터마다 큰 배가 서 있다. 그 나라에서 이를 천참(천연요새)으로 여긴다. 강의 너비가 3백 보이고, 평양성 서북 450리에 있다. 요수 동남 480리에 있다. (한나라 낙랑군, 현도군 땅이다. 후한 때부터 위나라 때까지 공손씨가 점거하고 있다가 공손연 때 멸망했다. 서진 영가(307~312) 이후 다시 고구려에 함락되었다.~(생략))(생략)

비록 일부 기록은 후대에 조작 왜곡되었지만 모두 하북성 평주 지역에 고구려가 도읍한 것으로 되어 있다. 특히 서진시대와 광개토대왕 내지는 장수왕 시기에는 이곳을 완전히 장악한 것이 틀림없이 기록되어 있다. 이 시기에 고구려가 요동 지방 즉 평주 지역을 확보하자 백제는 요서 지역을 확보하여 진출하였다. 첫 도읍지인 졸본성은 한반도가 아닌 산동성이고 두 번째 도읍이자 첫 천도지인 국내주 위나암성(불이성)이 하북성 호타하 동남부에 있고, 세 번째 도읍이자 두 번째 천도지인 환도성은 안시성으로 고국원 땅인 호타하 북부 즉 지금의 하북성 형수시 안평현 북쪽에 있었다. 그리고 평양성은 지금의 하북성 보정시 만성구로 이곳이야말로 위만조선의 왕험성이 있었던 곳이다. 이곳은 처음의 247년(동천왕 21)("평양은 본래 선인(仙人) 왕검(王儉)의 땅이다.") 그리고 나중의 343년(고국원왕 13) 평양성 동쪽 (동)황성 그리고 427년(장수왕 15) 평양성 그리고 마지막 586년(평원왕 28) 평양 장안성 모두에 해당한다. 이곳이 고구려 평양성이 있다는 평주 지역이다. 이곳 평주에 낙랑군이 있었고 이전에 위만조선 왕험성이 이웃에 있었다. 그래서 동천왕 시기 천도지인 평양이 선인왕검의 땅이라고 하였고, 나중의 당서가 한 대의 낙랑군 지역이라고 하였다.

> 고구려 평양성은 모두 한곳으로 하북성 평주 지역인 위만조선 왕험성이 있었던 하북성 보정시 만성구 지역이다. 이곳에서 수당전쟁을 치렀다.

여기서 수당전쟁을 치르고 난 다음 나당연합군과의 싸움에서 멸망할 즈음 일부 세력은 이 사서상에 기록된 고구려 평양성, 고려 서경 기록대로,

【사료28】『원사』「지리지」 요양등처행중서성 동녕로

동녕로(東寧路). 본래 고구려(高句驪) 평양성(平壤城)으로 또한 장안성(長安城) 이라고도 하였다. 한(漢)이 조선(朝鮮)을 멸하고 낙랑(樂浪)·현토군(玄菟郡) 을 설치하였는데, 이것이 낙랑 지역이었다. 진(晉) 의희(義熙) 연간 후반 에 그 왕 고련(高璉)이 처음으로 평양성(平壤城)에 머물렀다[居]. 당(唐)이 고려(高麗)를 정벌할 때 평양(平壤)을 공략하여 그 나라가 동쪽으로 옮겨 압록수(鴨綠水)의 동남쪽 1,000여 리 되는 데에 있었는데, 평양의 옛터가 아니었다. 왕건(王建)에 이르러 평양이 서경(西京)이 되었다. 원(元) 지원 (至元) 6년(1269)에 이연령(李延齡)·최탄(崔坦)·현원열(玄元烈) 등이 부주현 진(府州縣鎭) 60개 성(城)을 가지고 와서 귀부하였다. 〈지원〉 8년(1271)에 서경을 고쳐 동녕부(東寧府)라고 하였다.

평주 지방에 있었던 고구려 평양성에서 나당연합군에 의한 고구려 공격 시 압록수 동남쪽 1000여 리 되는 곳으로 옮겼다고 하였다. 그곳이 고구려 마지막 도읍 내지는 피난처였다. 이곳이 나중에 고려 서경이 되었다. 물론 주류 강단 사학계에서는 이 평양성을 지금의 한반도 평양으로 비정하는 한편, 여기서 옮겨 나중의 고려 서경이 된 이곳에서의 압록수 동남쪽 1000여 리 되는 곳인 고려 서경도 같은 한반도 평양으로 비정하고 있다. 이는 절대 모순이다. 평양에서 다른 곳으로 옮긴 곳이 나중에 고려의 서경이 되었다고 하여 다른 곳인데도 같은 곳으로 본다. 이는 원래의 고구려 평양 위치도 잘못이고, 압록수의 위치도 잘못이고, 고려 서경의 위치도 잘못이라는 결정적 증거이다. 즉 주류 강단 사학계는 압록수 또한 지금의 한반도 북부 압록강으로 보고 있지만, 이는 모든 사서기록에 맞지 않는다. 또한 원래 고련 즉 장수왕이 도읍한 평양성은 모든 중국사서가 기록한 듯이 평주 즉 낙랑군이 있었고 이전에 위만조선 왕험성이 이웃에 있었다. 그래서 동천왕 시기 천도지인 평양이 선인왕검의 땅이라고 하였고, 나중의 당서가 한 대의 낙랑군 지역이라고 한 하북성 지역이다. 이곳을 한반도 평양에 가져다 놓아 모든 것을 이에 맞추다 보니 진실을 밝히는 사서기록 하나에 모든 게 틀어지게 되었다. 압록수 또한 지금의 압록강이 아니라 재야 사학계에서는 현재 요령성 요하로 보고 있지만 이 또한 말갈의 백산 발원지 사항, 소요수, 대요수 합류 사항, 안평현 사항 등 맞지 않는 관계로 이에 맞는 압록수의 위치는 단 한 군데 하북성 호타하밖에는 없다. 이에 의하여만 모든 사항이 맞게 된다.

여기서 비주류 강단 사학계인 인하대 고조선 연구소는 장수왕의 평양성을 요령성 요양으로 보고 있다. 그러는 한편 고려 서경 또한 요령성 요양으로 보는 등 제대로 비정하지 못하고 있다. 이는 옮겼다는 위의 사서기록에도 어긋나거니와 그들의 비정상 압록수를 지금의 요령성 요하로 보는 것에 의하여도 옮긴 후의 위치가 압록수 동남쪽 1000여 리 사항과도 맞지 않는다. 그들은 압록수의 위치를 요령성 요하로 보고 있기 때문이다. 이는 주류 강단 사학계를 비판하면서 맞는 위치를 비정한다고 하면서 내놓은 것이 더욱 맞지 않는 것이 우리 역사가 아직도 바뀌지 못하는 주요 원인이라는 사실을 극명하게 보여주는 사항이다.

그러므로 맞는 위치인 장수왕의 평양성 평주 위치인 하북성 지역과 압록수의 하북성 호타하에 의하면 하북성 평양성에 옮긴 압록수 동남쪽 1000여 리는 산동성 지역밖에는 될 수 없다. 물론 나중의 고려 서경을 주류 강단 사학계가 비정하는 지금의 한반도 평양이 아닌 요령성 요하로 비정하면 압록수 동남쪽 사항에서 동남쪽 방향이 맞지 않는다. 그러므로 이를 따를 경우 흔히 중국사서가 저지른 방향 실수에 의한 이 동남쪽 방향을 무시하면 이곳 요령성 요양이 맞는다. 하지만 그렇지 않다면 분명히 고려 서경은 하북성 평양성 및 압록수에서의 동남쪽은 산동성 지방이 될 수밖에 없다. 이는 고려가 그대로 물려받은 소위 통일신라의 산동성 위치 및 이후 나중의 고려 지방에서 활동한 후삼국의 궁예, 견훤, 왕건의 활동 기록과 위치에 의하면 이곳 산동성이 틀림없다.

또한 이렇게 나당연합군에 의한 하북성 고구려 공격 시 고구려의 많은 세력이 하북성에서 원래 건국지이자 첫 도읍지인 졸본성이 있었던 산동성 지역으로 내려가 저항한 것으로 확인된다.

따라서 사서기록상의 모든 고구려 평양성을 요약하면 다음과 같다. 앞에서 확인하였듯이 주류 강단 사학계는 사서기록상에 분명히 기록되어 있는 고구려 장수왕 이전에 이루어진

- 고구려 동천왕 21년(247)(선인왕검의 땅인 평양성)
- 고구려 고국원왕 13년(343)(평양 동황성)

에 대하여는 ①길림성 집안시로 비정하는가 하면

- 백제 근초고왕 26년(371) 평양성 (공격 고구려 고국원왕 전사)
   (『삼국사기』 지리지 및 『삼국유사』상 남평양으로 기록)
- 『신당서』 「동이열전 고구려」상의 고구려 3경 중 한성

에 대하여는 ②한반도 황해도 재령시로 비정하는가 하면

- 백제 근구수왕 3년(377) 평양성 (공격)
- 고구려 장수왕 15년(427) 평양성 천도

에 대하여는 ③한반도 평양으로 비정하는가 하면

- 백제 근초고왕 26년(371) 평양성 (공격 고구려 고국원왕 전사)
  (『삼국사기』 지리지 및 『삼국유사』상 남평양으로 기록)
- 광개토대왕 비문상의 하평양 순시(399)
- 551년 백제와 신라가 연합하여 고구려를 공격하여 백제 한성 및 신라의 남옥저 죽령 지방 탈환 시 백제의 고구려 평양성 선제공격 시 평양성

에 대한 남평양 내지는 하평양에 대하여는 이병도의 비정을 따라 한반도 서울의 ④북한산성으로 비정하고 있다. 이병도는 이러한 고구려 남평양의 북한산성 비정은,

【사료498】『고려사』지 권제10지리1(地理 一) 양광도 남경유수관 양주

연혁

남경유수관(南京留守官) 양주(楊州)는 본래 고구려(高句麗)의 북한산군(北漢山郡)【남평양성(南平壤城)이라고도 한다.】으로, 백제(百濟)의 근초고왕(近肖古王)이 차지하였다. 〈근초고왕〉 25년(370)에 남한산(南漢山)에서 〈이곳으로〉 도읍을 옮겼다.

이 기록을 따른 것에 의한다. 하지만 이 사서기록은 이 글에서 확인한 여러 사항과 같이 중국 하북성의 사항을 한반도로 왜곡 비정하였다. 여기서의 고구려 북한산군은 산동성 백제의 한수 북쪽인 북한산 지역으로 고구려 산동성 졸본성 지역이다. 이 남평양성이 산동성 졸본성이다. 이곳을 한반도 양광도 남경유수관인 양주 즉 지금의 경기도 양주로 왜곡 기록한 이 사서기록을 이병도는 그대로 따랐다.

결론적으로 고구려 수도로써의 천도지 평양은 하북성 평양성(하북성 보정시 만성구)과 요령성 평양성(요령성 요양시, 고구려 멸망 당시 나당연합군과의 전쟁

시. 고려 서경)밖에 없다. 한반도 평양은 전혀 없다. 주류 강단 사학계가 한반도 평양으로 비정하는 【사료52】『삼국사기(三國史記)』「잡지 지리」 '고구려' '평양성과 장안성'상의 고려 서경과 대동강이 있는 평양성은 한반도 평양이 아니라 이 사서가 중국 측의 왜곡을 받아들여 기록한 요령성 요양이다.

그리고 위의 백제 근초고왕, 근구수왕 시의 공격 대상인 평양성(남평양), 고구려 광개토대왕 비문상의 하평양 순시상의 하평양, 551년 백제가 공격한 평양 등 고구려에 대한 수나라와 당나라 그리고 나당연합군의 고구려 공격에 있어서 등장하는 평양(성)은 수도인 하북성 평양성 공격 일부 기록을 제외하고는 모두 산동성 고구려 졸본성으로 중국사서 기록상에 평양성으로 기록된 이곳이다.(중국사서가 고구려 산동성 졸본성을 고구려 평양성으로 기록) 특히 패강, 패수와 관련된 고구려 평양성은 산동성 고구려 평양성인 졸본성이다. 즉,

【사료30】『신당서(新唐書)』「가탐도리기」

1 영주에서 출발하여 안동도호부로 가는 길

영주(營州) 서북쪽 100리는 송형령(松陘嶺)이라고 하고 그 서쪽은 해(奚)이며 그 동쪽은 거란(契丹)이 떨어져 있다. 영주(營州)에서 북쪽으로 400리를 가면 황수(湟水)에 이르고 영주(營州)에서 동쪽으로 180리를 가면 연군성(燕郡城)에 이른다.
또한 (연군성으로부터 동쪽으로) 여라수착(汝羅守捉)을 지나서 요수(遼水)를 건너면 옛날 한국(漢)의 양평성(襄平城)이었던 안동도호부(安東都護府)에 이르기까지 500리이다. (안동도호부에서) 동남쪽으로 평양성(平壤城)까지 800리이고,

【사료29】『요사』「지리지」

2. 동경도(東京道)
해주 남해군
해주 남해군
해주(海州) 남해군(南海軍)이 설치되었으며 절도를 두었다. 본래 옥저국(沃沮國) 지역이며 고구려 때 비사성(沙卑城)으로 당나라 이세적이 공격하였던 곳이다. 발해는 남경남해부(南京南海府)로 불렀다.

①임명현(臨溟縣)
②요주(耀州)에는 자사를 두었다. 본래 발해의 초주(椒州)이며 옛 현은 초산(椒山)·초령(貂嶺)·사천(淅泉)·첨산(尖山)·암연(巖淵) 등 다섯인데 모두 폐지되었다. 호구수는 700이며 해주(海州)에 예속되었다. 동북쪽 200리에 해주가 있다. 관할 현은 하나이다.
암연현(巖淵縣) 동쪽으로 신라와 경계하고 있다. 옛날 평양성이 현 서남쪽에 있다. 동북쪽 120리에 해주가 있다.

여기서의 평양성이 산동성 고구려 졸본성으로 이곳 동북쪽에 산동성 신라가 있었다. 각 사서기록상의 평양성에 대한 비정은 그때마다 전부 다 비정한 바 있다.

■ [도표] 2개의 고구려 평양성

### 2개의 고구려 평양성

| 하북성 평양성 | 위만조선 왕험성, 낙랑군 패수 동(북)쪽<br>(현재 : 하북성 보정시 만성구) |
|---|---|
| 산동성 평양성 | 산동성 졸본성(남평양, 하평양)<br>산동성 패수 남쪽 흐름<br>(현재 : 산동성 덕주시 평원현) |

■ [지도] 고구려 평양성

【사료29】『요사』「지리지」

2. 동경도(東京道)
1)동경요양부(東京遼陽府)

고구려왕 안(安 ; 광개토왕)을 평주목(平州牧)에 임명하여 거주케 하였다. 원위(元魏 ; 북위) 태무제(太武帝)가 그들이 거주하는 평양성(平壤城)에 사신을 보냈으니, 요(遼)나라 동경(東京)이 바로 이곳이다. 당(唐)나라 고종(高宗)이 고구려를 평정하고 여기에 안동도호부(安東都護府)를 설치하였지만, 나중에 발해(渤海)의 대씨(大氏)가 차지하였다. ~ 홀한주는 바로 옛 평양성으로, 중경현덕부(中京顯德府)라고도 한다.

또한 이 기록에 의하면
①주류 강단 사학계는 요나라 동경을 지금의 요령성 요양으로 왜곡 비정하고 있다. 하지만 이곳은 평주 지역이다. 하북성 유주를 나누어 설치한 평주이다.
②설사 왜곡되었지만 적어도 요령성 요양이다. 이곳이 고구려 장

65

수왕이 천도한 평양성이다.
③그리고 여기서 고구려가 멸망하여 안동도호부를 설치하였다고 한다. 그러면 주류 강단 사학계가 비정하는 대로 한반도 평양성은 고구려 멸망 당시의 평양성도 아니고 당나라 안동도호부 설치 지역도 아니다.
④그리고 발해가 여기에 세워졌고 발해의 중경 현덕부가 이곳 요나라 동경으로 즉 왜곡되었지만 요령성 요양이다. 그런데도 주류 강단 사학계는 중경 현덕부를 길림성 돈화시 인근 경박호 지역으로 비정하고 있다.

이와 같이 왜곡된 사항도 주류 강단 사학계의 비정과 맞지 않는 스스로의 자체 모순이 있다. 이와 같은 모순은 우리나라 모든 고대사에 해당한다. 그러나 이러한 요령성 요양의 왜곡되기 전의 원래의 맞는 위치는 평주로 하북성 지역이다. 이곳에 요나라 동경이 있었고 고구려 장수왕 평양성이 있었고, 당나라가 안동도호부를 설치하였고 발해 역시 이곳에서 나라를 건국하였으며, 발해의 중경 현덕부도 하북성에 있었다.

## [부여에 대하여]

다음으로는 부여에 대하여 살펴보기로 한다. 앞에서 고구려를 살펴보면서 언급하였듯이 고구려의 위치 비정, 고구려의 초기 도읍지를 비정하는 데 있어 부여의 위치 재조명은 필수적이다. 왜냐하면 모든 사서기록에 고구려 북쪽에 부여가 있는 것으로 되어 있기 때문이다. 물론 이에 따라 주류 강단 사학계는 고구려를 한반도 북부 압록강 중류 지방에 비정하였으므로 부여는 이 북쪽에 비정하고 있다. 과연 이것이 맞는 것인가. 만약 이것이 틀린다면 고구려 위치도 틀린 것이 된다. 부여에 대하여 살펴보기 전에 부여 위치에 대한 기록을 먼저 확인해 보자.

【사료68】『삼국지(三國志)』〈위서〉「동이전」 부여(夫餘)

夫餘는 長城의 북쪽에 있는데,

당시 장성은 하북성 북경시에도 미치지 못하였다. 지금의 진황도시 산해관까지 이어진 장성은 명나라 때에 완성한 장성이다. 부여는 요령성에도 길림성에도 없었다. 그런데도 주류 강단 사학계는 부여를 한반도 북부 압록강 북부 고구려의 북쪽인 길림성 장춘 지방으로 비정하고 있다. 사서기록을 무시함이다. 그래서 중국 측은 최근에 우리나라 주류 강단 사학계의 부여 비정과 이 사서기록에 맞추어 만리장성을 한반도 북부 만주 지방으로 연장하고 있다. 이럼으로써 부여 및 부여에서 파생된 고구려와 백제를 역사적으로 자기들 지방정권화시킴으로써 장래 유사시에 연고권 주장의 근거로 삼고자 하고 있다. 이는 우리나라 주류 강단 사학계의 왜곡된 역사 논리에 의한다. 이것은 고구려 위치를 사서기록을 무시하고 한반도 북부에 비정하는 바와 같은 맥락이다. 이렇게 만든 것이 우리 고대사이다.

> 【사료31】『구당서(舊唐書)』「동이열전 고구려」
>
> 서북으로는 遼水를 건너 營州에 이른다.

이 사서기록에 의하면 고구려의 영역은 그들의 왜곡된 바에 의하더라도 요수인 요령성 요하를 건너 영주인 요령성 조양까지이다. 하지만 주류 강단 사학계는 광개토대왕 시의 최대 영역도 요령성 요하 동쪽까지로 하고 있다.

> 【사료331】『삼국사기(三國史記)』 권 제15 고구려본기 제3 태조대왕(太祖大王) 3년
>
> 요서에 10개 성을 쌓다 (55년 02월(음))
>
> 3년(55) 봄 2월에 요서(遼西)에 10성을 쌓아 한나라의 군대에 대비하였다.

그들이 왜곡한 대로 하더라도 요령성 요하 서쪽인 요서 지방에 이미 55년에 10성이나 쌓았다. 그 남쪽에 적국인 낙랑군과 대방군을 놔두고서. 그런데 이보다 350년이 지난 최대 전성기인 광개토대왕 시기에 이보다 물러서서 요하 동쪽까지만 고구려 영역이다. 이를 어떻게 설명할 수 있단 말인가. 사서기록을 무시하는 것이 주류 강단 사학계이고 그렇게 만들어 어린 학생들을 가르치고 있는 것이 한국 고대사이다. 이를 시정해 달라고 비판하니 교수직을 앞둔 박사 출신 강사들인 젊은 사학자들을 행동대장으로 내세워 주류 강단 사학계를 비판하는 재야 민족 사학자들을 **"국력과 영토만 크고 위대하기만을 바라는 욕망과 환상 그리고 식민지 콤플렉스를 가진 채 근거 없이 역**

사를 주장하는 쇼비니즘을 가진" 사이비, 유사 사학자라고 비난하는 것이 우리나라 현재 역사학계 현황이다. 그러면 욕망과 환상과 콤플렉스를 버리고 근거 있게 이러한 부여에 대하여 연구하여 같이 살펴보기로 한다. 그동안 누가 비학문적으로 역사를 연구했는지 확인해 보도록 하자.

그동안 부여에 대한 연구의 소홀과 홀대가 여실히 드러나고 있다. 그리고 부여에 대한 인식과 비정이 얼마나 잘못되었는지도 여실히 밝혀지고 있다. 그럼에도 불구하고 이러한 잘못을 감추려고 그들은 부여 관련 기록을 감추고 있다. 왜냐하면 이에 의하면 그들의 부여 위치 사항과 고구려 위치 사항 그리고 그들이 정한 모든 우리 고대 국가 관련 위치 사항이 맞지 않게 되기 때문이다. 부여는 광개토대왕 비문 및 각종 중국사서가 입증하듯이 고구려의 선조 국가이며 고조선의 한민족 국가 계통을 이어받은 나라로 고구려는 물론 백제의 선조 국가로 중요한 개념이다. 그 자체만으로도 중요성이 있지만 이 글의 주제인 고구려의 위치를 설정하는 데 좌표가 되기에 중요하므로 여기에서 거론하고자 한다.

이렇게 두 가지 측면 즉 백제와 고구려의 선조 국가이자 단군조선을 이어받은 우리 한민족 정통 계통 국가이자 고구려의 선조 국가로 고구려 역사 및 그 위치 연구에 중요한 국가임에도 우리나라 고대 역사를 연구하는 주류 강단 사학계 연구자들은 부여에 대한 연구 성과가 극도로 부족한 상황이다. 특히 고구려 역사 전문가들의 연구가 없거나 그 성과가 미미한 상황이다. 왜냐하면 부여에 대한 역사적 정립이 없기 때문이다. 그래서 우리 역사는 뿌리인 단군조선도 부정되거나 의심되는 수준이고 그다음은 계통도 없이 열국시대로 흩어진 채 중국 한사군의 높은 문화 영향 아래 그 옆에 있었던 고구려가 고대 국가로 성장하는 데 도움을 받아 고구려가 탄생하고 이후 여기에서 삼국이 형성되는 것으로 꾸며져 있다. 이는 일제 식민사학이 노리는 바이고 그래서 만든 논리가 바로 이것이다.

　이 글의 비판 대상인 소위 '젊은 역사학자 모임' 일원들을 비롯한 소위 고구려 전문가들도 부여에 대한 연구를 하지 않는다. 그 이유는 주류 강단 사학계가 추종하는 일제 식민 사학자들이 고조선과 고구려에 대한 연구에 비하여 부여에 대한 연구는 별로 하지 않았기 때문이다. 그래서 부여에 대한 연구가 축적되어 있지 않아 연구할 수 없다. 왜냐하면 식민사관 논리에 의한 연구가 축적되어 있지 않은 부여에 대한 연구를 섣불리 진행할 수 없고 설사 진행한다고 하면 자기들의 논리가 깨어질 염려도 있기 때문이다. 그러나 더 중요한 이유가 있다. 그들이 추종하는 식민사학 논리는 중국에서 넘어온 세력에 의한 위만조선이 한나라에 멸망하여 여기에 중국의 식민지가 세워진다. 이 구도에 부여가 끼면 안 되기 때문이다. 만약 여기에 부여가 끼면 고조선의 정통성이 인정되어 한민족의 역사가 위만조선에 이은 한사군이 아니라 고조선에 이은 부여 그리고 고구려가 되기 때문이다. 그들의 식민지 논리가 무색해진다.

　그래서 부여에 대한 연구가 배척 대상이 되어 연구 진행이 없다. 물론 부여에 대한 자료도 부족하다. 그런데 부여에 대한 연구를 하다 보면 고조선과의 연계성 그리고 고구려에 대한 연계성 그리고 부여에서 백제와의 연계성이 밝혀져 그들의 식민사관이 방해받게 된다. 또한 부여를 연구하다 보면 부여는 물론 고구려와 한나라 소위 한사군(한이군)이 한반도나 만주에 있었던 것이 아니라 하북성에 있었다는 것이 밝혀질 염려가 있기 때문이다. 우리 한민족 역사에 있어서 고조선의 전문가이고 고구려의 전문가라면 당연히 고조선의 후계자이고 고구려의 선조라고 분명히 고구려와 백제의 역사를 다룬 중국 및 우리나라의 사서에서 언급한 부여를 연구하지 않는 것은 학자로서 있을 수 없는 일이다.

그런데도 일제 식민사학을 추종하는 우리나라에서는 부여에 대한 연구를 소홀히 하고 있으며 이러한 관계로 우리 역사학 체계에서도 소홀히 다루어지고 있다. 외국에서 보면 아이러니요 도저히 있을 수 없는 현상이 우리나라에서는 해방 후 78년이 지난 현재까지도 벌어지고 있다. 이러한 상태이므로 새로 학문을 하는 대학생이나 대학원생들도 연구를 할 수 없다. 봐줄 사람도, 인정해 줄 사람도 없다. 이것은 좋게 말하는 것이고, 부여사를 연구하면 인정을 못 받거니와 더 나아가 학계에서 배척당하기 때문이다. 이것이 우리나라 사학계의 풍토이다. 이 글에서 비판하는 고조선 전문가 논문이나 고구려 전공인 소위 '젊은 역사학자 모임' 일원의 부여에 대한 연구 성과를 본 필자는 공개적으로 질문해 보고자 한다.(주류 강단 사학계에 대한 공개 질문22) 부여에 대하여 피력하자면 이러한 책 1권이 필요하다.

따라서 간략히 고구려와 관련된 사항과 그 위치를 중심으로 살펴보고자 한다. 왜냐하면 앞에서 살펴본 대로 신라의 영역 및 위치가 뒷 시기의 고려의 영역 및 위치를 살펴봄으로써 파악될 수 있듯이 일제 식민사학에 의하여 충분히 왜곡되어 있는 고구려의 역사를 비교적 왜곡이 덜 된 부여의 역사를 살펴봄으로써 고구려를 제대로 파악해 볼 수 있기 때문이다. 주류 강단 사학계가 추종하는 일제 식민사학은 고조선에서 고구려로 이어지는 계통으로 역사를 세우기 위해 부여에 대한 연구나 비정을 한 것이 아니라 그들의 교리인 '낙랑군 평양설'에 맞춘 고구려에 다시 맞춤으로 부여를 정리하였다. 이러한 정리 사항이 해방 후 78년이 지난 지금까지 한마디도 바뀌지 않고 그대로 이어져 오고 있다. 그동안 학문적 성과가 전혀 없음을 입증하는 것이다.

물론 그 활동무대가 접근하기 힘든 예전의 공산국가인 중공 영역이라는 점이 작용하였지만 문헌학적 성과가 전혀 없는 것은 이전의 논리를 그대로 추종한다는 의미일 수밖에 없다. 부여를 다루면 우리 한민족 역사가 식민사학의 논리인 식민지론이 아님이 확인되고 그 활동 위치가 한반도나 만주가 아니라 중국 본토라는 사실이 확인된다. 그래서 일제 식민사학과 이를 추종하는 주류 강단 사학계에서는 다루지 말아야 할 대상이 되어 버렸다.

> 주류 강단 사학계는 부여를 부여, 동부여, 졸본부여, 남부여로 구분하나 사서기록상 부여는 (본)부여, 북부여, 동부여, 우태부여(위구태), 졸본부여, 남부여로 구분한다.

부여는 주류 강단 사학계가 정한 바로는 부여, 동부여, 졸본부여, 남부여로 분류된다. 하지만 우리나라 정통성 계승 차원에서는 잘못된 분류이다. 즉 부여는 (본)부여, 북부여, 동부여, 우태부여(위구태), 졸본부여, 남부여 등으로 분류된다. 여기서 부여에 대한 자세한 역사는 생략하고 단지 이 부여국에 대하여만 간단히 살펴보고 넘어가기로 한다. (본)부여는 위만조선이 세워지는 B.C. 194년 이전까지는 지금의 하북성 석가장시를 중심으로 그 동남부와 동북부에 걸쳐 있다가 위만조선 이후 본 세력은 지금의 산서성 대동시 인근으로 올라가서 북부여가 되고 잔여 세력은 여전히 남아서 일부는 국가 단위로 일부는 세력 단위로 있으면서 행인국, 개마국, 구다국, 비리국, 옥저, 송양의 비류국 등으로 사서에 기록되어 있다.

이러한 잔여 세력 중 일부는 동쪽으로 옮겨가 동부여가 되고 일부는 남쪽 산동성 지역으로 내려가 졸본부여가 되는 것으로 파악된다. 이후 동부여가 고구려에 병합되어 속국으로 그 명맥만 남게 되고 이 세력 중 일부가 따로 독립하여 기존의 하북성 석가장시 남부에 남아 있던 비리국 세력과 함께 중국사서 기록상의 우태부여(위구태)가 된다. 이 우태부여(위구태)가 중국사서상에 요동고지에서 건국한 백제의 시조로 잘못 불리게 된다. 또한 산동성 졸본부여 지역에는 고구려 시조 추모대왕이 내려와 이 세력을 기반으로 세력을 키운 다음, 북으로 진출하여 비류국을 병합하여 고구려를 확립한 것으로 사서에 기록하였다.

백제를 일으킨 세력은 다시 백제 세력과 별개로 있다가 동부여 세력이 고구려에 병합되면서 동부여 세력 중 일부가 고구려의 관직인 우태(고구려 상대부, 차대형, 4품)를 받고 있었던 이 세력과 합하여 중국사서 기록상의 위구태 세력이 된다. 한편 백제를 건국한 세력은 산동성 지역에 있다가 하북성을 점령하는 등 활발한 활동을 펼치다가 중국사서에 기록된 바와 같이 동성왕 내지는 무령왕 시기에(실제는 백제 개로왕 시기) 원래의 발상지인 산동성 한성 지방에서 그 남쪽 즉 남한 지방인 원래 백제의 남쪽 경계지방이었던 웅진(웅천) 지역 및 사비 지역으로 옮겨간 후 나라의 호칭을 남부여라고 칭하였다.

여기서 산서성 대동시 인근으로 가 있던 북부여 세력은 초기에는 『후한서』「부여전」, 『진서』「부여국전」 등 중국사서 기록상에 나타났으나, 이내 고구려의 속국이 되어 별도의 활동 내역이 사서에 기록되지 않았다. 그러나 앞에서 중국사서의 왜곡 사항을 설명하면서 거론한 바와 같이 111년 태조대왕 시절 고구려가 현토군을 공격할 때 고구려의 지시를 받아 낙랑군을 공격한 것으로 『후한서』「부여전」에 기록되고 있다. 이 고구려 현토군 공격 및 부여의 낙랑군 공격 사실은 앞에서 살펴본 바와 같이 중국사서의 왜곡성 및 일제 식민사학 및 이를 그대로 추종하는 주류 강단 사학계의 우리 고대사 폄하 성향을 확인할 수 있는 계기가 됨과 동시에 주류 강단 사학계의 낙랑군 및 부여의 한반도 위치 비정에 문제가 있음을 알려주는 기록이다.

즉 111년 태조대왕 고구려의 현토군 공격 사실에 일부 중국사서와 이를 그대로 인용한 『삼국사기』는 **"현도군(玄菟郡)에 속하기를 요청하였다."** 라고 기록함으로써 왜곡성을 보이는가 하면 『삼국사기』는 침입과 속하기를 요청하였다는 기록이 같이 존재하는 것에 대하여 입장을 정하지 못하는 기록을 남기기도 하였다. 한편 이를 계기로 이루어진 부여의 낙랑군 공격 기록은,

---

**【사료67】**『후한서(後漢書)』「동이열전(東夷列傳)」부여(夫餘)

安帝 永初 5년(A.D.111; 高句麗 太祖王 59)에, 夫餘王이 처음으로 步兵과 騎兵 7~8千명을 거느리고 樂浪을 노략질하여 관리와 백성을 죽였으나, 그 뒤에 다시 歸附하였다.

註 046
永初五年 夫餘王始將步騎七八千人寇鈔樂浪 :『後漢書』「光武帝紀」에는 '夫餘夷犯塞 殺復吏人'이라고 하여 樂浪을 塞로만 기술하고 있어 樂浪을 玄菟의 잘못으로 보는 견해가 타당한 것으로 여겨지고 있으며, (李丙燾,「夫餘考」p. 219) 이를 樂浪郡의 遼東說의 중요한 근거로 보는 견해도 있으나, (리지린,『고조선연구』) 이는 後漢의 쇠퇴와 高句麗·百濟의 흥기로 인하여 일시적으로 遼東 지역에 후퇴한 樂浪으로 보는 것이 어떨까 생각된다. 한편, 本文의 '始'를 夫餘王의 이름으로 보는 견해도 있다.(千寬宇,『人物로 본 韓國古代史』p. 85)

≪參考文獻≫
『後漢書』卷1「光武帝紀」1 下.
리지린,『고조선연구』1964, 사회과학원 출판사.
李丙燾,「夫餘考」『韓國古代史研究』1976, 博英社.
千寬宇,『人物로 본 韓國古代史』1982.

---

앞에서 확인하였듯이 주류 강단 사학계가 비정하는 우리 고대사의 한반도 인근 비정과는 맞지 않는 것으로 이는 주류 강단 사학계의 한반도 비정이 잘못임을 알려주는 강력한 증거가 된다. 왜냐하면 한반도에서는 부여와 낙랑군 사이에는 고구려가 있어서 이것이 불가능한 상태가 되기 때문이다. 하지만 바른 위치이자 원래의 위치인 부여의

산서성 위치, 고구려의 하북성 동북부 위치 그리고 낙랑군의 이 고구려 서남부 위치에 의하면 부여의 낙랑군 공격은 가능하다. 이는 다른 사건인 백제의 부여 공격 사건의 경우에도 같이 적용된다. 즉 한반도에서는 백제의 부여 공격이 백제의 북쪽으로 대방군, 낙랑군 그리고 고구려 그다음에 부여가 있기 때문에 백제의 부여 공격은 불가능하다. 하지만 원래의 위치이자 바른 위치에서는 가능하다. 대방군과 낙랑군 그리고 고구려 서쪽을 통하여 산동성 및 고구려의 서남쪽인 요서 지방에 진출한 백제는 산서성의 부여에 대한 공격이 요서 지방을 통하여 가능하기 때문이다.

이러한 부여의 낙랑군 공격이 식민 사학자인 이병도에게는 상당한 부담이 되었다. 이는 자기들의 한반도 비정의 오류가 있음을 입증하기 때문이다. 그러나 그들의 통상적인 방법이 있다. 무조건 아니라고 우긴다. 이들의 비정에 맞지 않는 불명확한 기록이 나오면 얼버무리지만 명확한 기록이 나오면 예외 없이 딴 것으로 한 채 부정해 버린다. 이는 고구려 모본왕의 산서성 태원을 비롯하여 도저히 부정할 수 없는 머나먼 산서성과 하북성에 확실히 있는 것으로 명확히 되어 있는 북평, 어양, 상곡 습격 사건에 대하여 이병도가 공격 주체를 맥인으로 보아 고구려 주체 가능성이 낮은 것으로 한 것과 같은 맥락이다. 그러나 이러한 비상식적인 식민지 이론에 따른 자기 논리 합리화 비정보다 더 문제인 것은 이러한 비정을 현재 우리 강단 사학계가 그대로 추종하고 있다는 것이다.

그래서 위의 **註 046**와 같이 남북한 통틀어 최초의 고조선 전문 박사 학위를 중국 학계로부터 받은 북한의 리지린 교수의 낙랑군 한반도설을 부정하는 낙랑군 요동설의 중요한 근거로 보는 견해를 무시한 채, 예의 이병도의 낙랑군 부정이라는 반복적인 부정이 있었고 현재 우리 강단 사학계는 반복적인 이병도 논리 추종을 하고 있다. 이 모든 사항은 주류 강단 사학계의 이병도 등 일제 식민사학을 추종하는 논리인 우리 고대 국가 및 소위 한사군(한이군)의 한반도 비정이 잘못되었음을 다른 수많은 아니 모든 사항과 함께 입증하는 것으로 명백한 사서기록을 부정하거나 변명하거나 왜곡할 것이 아니라 근본원칙으로 세운 한반도 비정을 수정하고 산동성, 하북성, 산서성 비정으로 대체하여야 한다는 것을 의미한다.

그래야만 모든 사건 기록을 그대로 인정할 수 있다. 이와 같이 위의 거론한 사항 외에 모든 사항에 의하여 고구려와 낙랑과 함께 부여는 한반도가 아닌 산서성을 비롯한 하북성, 산동성에 걸쳐 활동한 것으로 이에 비정하여야 한다. 이 부여와 관련하여 앞으로 거론할 백제의 부여 공격 사실을 비롯하여 모든 사항이 이에 해당한다.

> 부여는 낙랑군을 공격하였다. 이는 주류 강단 사학계의 한반도 비정에 맞지 않는다. 이는 부여, 낙랑군, 고구려가 한반도가 아니라 산서성, 하북성에 위치함을 입증한다. 이는 또한 이뿐만 아니라 백제의 부여 공격, 백제의 전연 공격 등 모든 사항이 이를 증거하고 있다.

이후 346년 모용황의 공격에 의하여 이곳 산서성에서 일단 괴멸되었다가 다시 회복한 것으로 기록되어 있다.

> 【사료69】『진서(晉書)』 卷九十七 「列傳」 第六十七 東夷: 夫餘國
>
> 夫餘國은 玄菟의 북쪽 천여 리에 있는데, 남쪽은 鮮卑(註 005)와 접해 있고,(註 006) 북쪽에는 弱水가 있다. 국토의 면적은 사방 2천 리이고, 戶數는 8만이다. 城邑과 宮室이 있으며, 토질은 五穀이 자라기에 적당하다. 그 나라는 매우 부강하여 先代로부터 다른 나라와의 전쟁에서 패한 일이 없다. 그 王의 인장에는 「穢王之印」이라는 글이 새겨져 있다. 나라

가운데에 옛 穢城이 있으니, 그것은 본래 穢貊의 성이다.

[西晋]의 武帝 때에는 자주 와서 朝貢을 바쳤는데, 太康 6년(A.D.285; 高句麗 西川王 16)에 이르러 慕容廆의 습격을 받아 패하여 [夫餘]王 依慮는 자살하고, 그의 자제들은 沃沮로 달아나 목숨을 보전하였다. 武帝는 그들을 위하여 다음과 같은 조서를 내렸다.

이듬해에 夫餘後王 依羅는 하감에게 사자를 파견하여, 현재 남은 무리를 이끌고 돌아가서 다시 옛 나라를 회복하기를 원하며 원조를 요청하였다. [하]감은 戰列을 정비하고 督郵 賈沈을 파견하여, 군사를 거느리고 [夫餘의 사자를] 호송하게 하였다. [모용]외 또한 그들을 길에서 기다리고 있었으나, [개]침이 [모용]외와 싸워 크게 깨뜨리니, [모용]외의 군대는 물러가고 [의]라는 나라를 회복하였다.(註 019)

註 005
鮮卑 : 鮮卑는 古代 北Asia 유목민족의 하나로 그 種族들이 鮮卑山에 주거하였기 때문에 鮮卑라는 族名이 생겼다는 傳說이 있다. 그러나 他民族에 관한 유례나 鮮卑山이라고 칭하는 山은 數個가 있는 것이 보여 오히려 鮮卑族이 살고 있는 곳에 鮮卑山이라는 名稱이 만들어지게 된 것 같다. 鮮卑의 명칭이 中國의 史書에 처음 나타나는 것은 前漢 末(1세기 初)이었지만, 『後漢書』등에 鮮卑는 烏桓과 함께 戰國時代 蒙古地方에 번영한 東胡의 子孫으로 기록되어 있다. 鮮卑는 B.C. 3세기 初頃에는 東胡를 구성하는 한 部族으로서 東胡가 匈奴에게 멸하였을 때(B.C.206) 흉노의 治下에 들어갔다. 1세기 초에 그들은 흉노에게 통솔되어 後漢을 침입하였지만, 흉노가 쇠하여지자 後漢으로부터 賞賜를 받고 互市를 허락받는 대신으로 北匈奴 烏桓의 中國侵入을 방어하였다.

習俗은 목축·수렵 등에 종사하였고, 소규모의 농경도 행하였다. 처음에는 다수의 부족이 分立하여 각 부족의 酋長이 세습하여 통치하였으나, 後漢 桓帝時(A.D.147~167)에 檀石槐라는 자가 大人이 되어 鮮卑 諸部를 병합하여 全蒙古를 다스리기에 이르러서는 後漢을 침입하는 등 그 勢力을 떨치게 되었다. 檀石槐 死後에는 통일세력을 잃어버리고 곧 분열되어 東·西·中部의 3地區가 서로 對立·鬪爭하기에 이르렀다. 일시 中部 地區의 軻比能은 傳統的인 選擧制에 따라 大人이 되어 漢民族

과 그 文物을 폭넓게 받아들여 그 세력을 떨쳤지만, 그의 死後에는 각 부족군장의 세습제가 성립하여 3세기 초에는 慕容·段氏·宇文·乞伏·拓跋·禿髮 등 세습군장 씨족을 중심으로 하는 鮮卑系 部族연합체가 內蒙古의 각지에 세력을 가져, 流亡 中國人 중에는 여기에 귀부하는 자가 많았다. 鮮卑 諸部는 晋朝의 無力化에 힘입어 華北에 入居하여 5胡 16國시대에 주요한 역할을 해왔다. 즉, 慕容氏의 前燕·後燕·南燕·西燕과 乞伏氏의 西秦, 禿髮氏의 南凉을 비롯하여 中國 北朝(北魏·北齊·北周)가 모두 鮮卑 諸族에 의하여 형성된 국가들이었으며, 이들은 中國은 물론 滿洲와 韓半島의 諸國에도 많은 영향을 주었다.

≪參考文獻≫

『後漢書』卷80「鮮卑傳」

『晋書』卷108「慕容廆載記」

『魏書』卷1「序紀」

李龍範,「大陸關係史 : 古代篇(上)」『白山學報』19, 1975.

池培善,『中世東北亞史硏究-慕容王國史-』1986, 一潮閣.

方壯猷,「鮮卑言語考」『燕京學報』8, 1930.

內田吟風,『北アジア史硏究, 鮮卑·柔然·突厥篇』1975, 同明舍, 京都.

註 006

南接鮮卑 : 『後漢書』나『三國志』夫餘傳의 '西與鮮卑'와는 달리 남쪽으로 鮮卑와 접하였다는 것은 高句麗 또는 鮮卑 慕容氏의 흥기와 관련하여 夫餘의 중심 위치가 변동된 사실을 반영하는 기록으로 보인다.

즉, 鮮卑 諸族 중 南滿洲에서 활동하였던 慕容氏는 慕容廆시대부터 팽창하기 시작하여 285년에는 부여를 攻破하는 등 遼西·遼東에 세력을 확장하여 遼河 동부 지역 일부도 그 판도 안에 넣었던 것으로 보인다.(池培善,『中世東北亞史硏究』) 따라서 本傳의 '南接鮮卑'는 夫餘가 이와 같이 遼東 지역까지 진출한 鮮卑와 국경을 접하였던 사실을 반영한 기록으로 이해될 수 있다. 한편,『資治通鑑』「晋紀」永和 2년(346)條에는 '初 夫餘居于鹿山 爲百濟所侵 部落衰散 西徙近燕 而不設備 燕王皝遣世子儁帥慕容軍·慕容恪·慕容根三將軍·萬七千騎襲夫餘'라는 기록이 보이는데, 여기에 보이는 百濟를 百濟의 遼西進出의 증거로 보려는 경우도 있으나,(鄭寅普,『朝鮮史

硏究)』 高句麗의 誤記로 보는 것이 일반적이다.(李丙燾,「夫餘考」)

따라서, 이와 같이 본다면 夫餘가 高句麗의 압력에 밀려 서북쪽으로 그 중심을 이동하였기 때문에 남쪽으로 鮮卑와 국경을 접하였을 가능성도 있다고 보인다.

≪參考文獻≫

『晋書』 卷108 「慕容廆載記」 8 ; 卷109 「慕容皝載記」 9.

『資治通鑑』 卷97 「晋紀」 19 穆帝 永和 2年條.

鄭寅普, 『朝鮮史硏究』(上·下), 1947, 서울신문사.

李丙燾, 「夫餘考」 『韓國古代史硏究』 1976.

李基白·李基東, 『韓國史講座』 1982.

池培善, 『中世東北亞史硏究』 1986.

池內宏, 「夫餘考」 『滿鮮史硏究』 1951.


註 019

慕容廆掠其種人 賣於中國 : 慕容廆에 의한 夫餘人의 약탈은 당시 北中國의 경제 상황과 밀접한 관련이 있었던 것으로 보이나, 한편으로는 夫餘가 西晉의 도움을 입어 국가를 재건하였음에도 불구하고 그 국세가 전과 같지 못하였음을 단적으로 보여주는 것이다.

이후 北夫餘는 『資治通鑑』「晋紀」의

燕王皝遣世子儁帥慕容軍·慕容恪·慕容根三將軍·萬七千騎襲夫餘 儁居中指授軍事皆以任恪 遂拔夫餘 虜其王玄及部落五萬餘口而還 皝以玄爲鎭軍將軍 妻以女

에서 보는 바와 같이 346년 慕容氏에 의해 멸망한 것으로 생각된다. 그 故土는 370년까지 慕容氏의 통제 아래 있다가 前燕이 멸망한 370년 이후에는 牟頭婁墓誌의 高句麗가 北夫餘를 鎭守하였다는 기록으로 미루어 보아 高句麗에 통합되고,(李丙燾, 『韓國史』pp.416~417) 그 잔류는 서북쪽으로 옮겨가 豆莫婁國을 건설하였던 것이 아닌가 생각된다.(『魏國』豆莫婁國傳) 『晋書』「慕容暐載記」에 苻堅이 前燕의 수도인 鄴을 쳤을 때 夫餘質子가 있었던 점으로 보아 北夫餘가 완전히 멸망하지 않았을 것이라는 견해가 있으나,(金毓黻, 『東北通史』pp.256~257) 이는 오히려 慕容氏가 夫餘를 공멸한 뒤 그 舊土를 통치하기 위한 수단으로 잡아 놓은 人質일 가능성이 보다 높으므로,(池培善,『中世東北亞史硏究』p.204) 속단할 수 없는 문제이다. 이후에도 『魏書』에 457년 夫餘가 北魏에 使臣을 보낸 기록이 보이는데, 여기서의 夫餘는 東夫餘일 가능성이 보다 높은 것으로 생각된다.

<참조>

1. 『晋書』夫餘傳 註 16)

護東夷校尉

校尉는 前漢시대부터 설치되었던 官名이며, 後漢代에는 주변 민족을 통할하기 위하여 護烏桓校尉·護羌校尉 등을 두었으며, 대체로 祿秩은 2千石이었다. 西晋도 이를 계승하여 護羌·南蠻·西戎·南夷·東夷校尉를 두었다. 東夷校尉는 魏 말기에 公孫氏를 멸하고 襄平(遼陽)에 두었으며, 西晉도 이를 계승하여 平州(昌黎·遼東·玄菟·帶方·樂浪)를 관할케 하였다.

≪參考文獻≫

『晋書』卷14「地理志」上; 卷24「職官志」

2. 『魏書』勿吉傳 註 7)

豆莫婁

豆莫婁는 옛 夫餘 땅에 濊·貊人이 세운 나라로,『魏書』「列傳」에 豆莫婁國傳이 실려 있다. 그 내용을 살펴보면

豆莫婁國 在勿吉國北千里 去洛之千里 舊北夫餘也 在失韋之東 東至於海 方二千里 其人土著 有宮室倉庫 多山陵廣澤 於東夷之域最爲平敞 地宜五穀 不生五果 其人長大 性强勇 謹厚 不寇抄 其君長皆以六畜名官 邑落有豪帥 飮食亦用俎豆 有麻布衣 制類高麗而幅大 其國大人 以金銀飾之 用刑嚴急 殺人者死 沒其家人爲奴婢俗淫 大惡妬婦 妬者殺之 尸其國南山上至腐 女家欲得 輸牛馬乃與之 或言本穢貊之地也라 되어 있다. 위의 기록에서 豆莫婁國은 勿吉의 북쪽에 위치하였는데, 그곳은 옛날 北夫餘 땅이었다. 따라서 豆莫婁人들은 夫餘의 土着人들이었으며, 夫餘가 滅亡한 다음에 그 遺民들이 그대로 安着하여 다시 政治勢力을 形成하여 나라를 세웠음을 알 수 있다. 또한『三國志』夫餘傳과 비교하여 보면 거의 同一한 내용의 글이 실려 있는데, 이는 豆莫婁가 夫餘의 후예이기 때문에 옛 夫餘의 기록을 그대로 인용하여 豆莫婁傳에 기록한 것이라 생각되며 단지 君長과 君主라는 차이를 보일 뿐이다. 이는 단순한 用語의 代替로 볼 수도 있으나, 옛 夫餘國에 비하여 豆莫婁國이 君主라고 일컬어질 만큼 强大하

지 못하였기 때문에 君長이라 표현한 것이 아닌가 추측된다.

또한 『三國志』 夫餘傳에 의하면 夫餘에서는 毛皮로서 衣服을 만들었으나, 豆莫婁에서는 麻布로 만들어 입었다. 위의 기록에서 '制類高麗而幅大'라고 하여 服式이 高麗의 제도를 본받은 것은 당시 高句麗가 강력한 政治勢力을 形成하면서 발전하고 있었으므로, 그 文物制度를 받아들인 결과라고 짐작된다. 그리고 '或言本穢貊之地也'란 기록은 豆莫婁 지역이 濊貊의 本據地였을 가능성이 많다는 뜻이다.

豆莫婁라는 國號에 대해 살펴보면 『通鑑』에서는 '麗語謂復舊土爲多勿'이라 하였으니, 豆莫婁라는 國號도 바로 '다물(多勿)'을 나타내는 것으로 곧 濊貊人들이 잃어버린 夫餘의 옛 땅을 收復한 나라라는 뜻이다. 勿吉과 豆莫婁의 관계를 보면, 勿吉은 狩猪·漁撈生活을 爲主로 한 반면, 豆莫婁는 상당한 農耕生活로 들어갔기 때문에 勿吉의 侵入과 약탈이 심하였던 것 같은데, 이것을 가지고 '勿吉이 豆莫婁 등의 나라들을 가볍게 보고 侵入하기 때문에 여러 나라들이 勿吉의 侵入을 나라의 患으로 생각하였다'라고 표현한 것이다.

≪參考文獻≫

『三國志』卷30「東夷傳」夫餘條.

『魏書』卷100「列傳」豆莫婁國條.

『資治通鑑』卷1.

≪參考文獻≫

牟頭婁墓誌

『晉書』卷110「慕容皝載記」

『魏書』卷5「高宗文成帝本紀」; 卷100「豆莫婁國傳」

『資治通鑑』卷102「晉紀」24 海西公 太和 5年條.

李丙燾,『韓國史』(古代篇), 1959.

李基白·李基東 共編,『韓國史講座』(古代篇), 1982.

池培善,『中世東北亞史研究』1986.

金毓黻,『東北通史』1971.

하지만 이때의 부여 멸망은 모용황이 아니라 백제의 공격에 파멸되어 흩어진 상황이 되었을 뿐이다.

## 부여 멸망은 모용선비족에 의한 것이 아니라 백제의 공격에 의한다.

> **【사료134】**『자치통감(資治通鑑)』卷九十七 晉紀十九 孝宗穆皇帝上之上
>
> 처음에 부여는 녹산에 거주하였는데 백제의 침략을 받아 부락이 쇠퇴하고 흩어져서 서쪽의 연 가까이로 이주하였으나 미리 방어를 하지 않았다. 연왕 황은 세자 준을 파견하여 모용군·모용각·모여근 세 장군과 군사 1만 7천 명의 기병을 이끌고 부여를 습격하도록 하였다. 준은 중군에 있으면서 지휘를 하고 군대의 업무는 모두 각에게 맡겼다. 마침내 부여를 빼앗고 그 왕 현과 부락 주민 5만여 명을 사로잡아 가지고 돌아왔다. 모용황은 현을 진군장군으로 삼고 그의 딸을 처로 삼도록 하였다.[()안 주석 부분은 생략]

그래서 서쪽의 연 가까이로 피하였고 원래 녹산에 거주한 것으로 보아 북부여임을 알 수 있다. 백제가 진(晉)나라 시기(265~316년)에 고구려가 요동 즉 지금의 석가장시 동부를 차지하자 소위 요서 지역 즉 요서 진평 지역으로 당나라 시대에는 유성과 북평 사이 지역이자 나중에 금주, 영원, 광녕 일대인 현재의 석가장시 서북부 일대를 차지하면서 고구려의 속국으로 있으면서 북쪽에 있던 북부여의 위협을 제거하고자 부여를 공격하였다. 당시 낙랑을 공격한 부여는 당연히 한반도 북부에서는 고구려가 그 남부 및 낙랑 북부에 있어 공격할 수 없으므로 그 위치는 당연히 산서성에서 이루어졌다.

따라서 이러한 부여의 위치 즉 산서성 대동시를 중심으로 있었던 것에 의하면 이는 부여와 백제의 한반도설을 부정하는 증거이기도 하고 백제의 요서 진출 증거가 된다. 하지만 주류 강단 사학계는 역시 이를 부정하고 있다. 그러나 이 사건뿐만 아니라 위의 부여의 낙랑 공격, 백제의 전연 공격 사실을 비롯한 수많은 사실 아니 모든 사실과 더불어 주류 강단 사학계의 모든 우리 고대사 비정이 잘못임을 입증하는 증거이다. 그런데도 이 모든 것을 부정한 채 자기들 논리를 고수하고 있다. 그러므로 부여에 대한 연구를 하지 않는다. 하면 할수록 자기들의 모든 논리가 잘못되었음이 확인되기 때문이다.

> 주류 강단 사학계가 부여 연구를 안 하거나 소홀히 하는 이유는 연구를 하면 할수록 주류 강단 사학계의 모든 논리가 잘못임이 드러나기 때문이다. 이렇게 부여의 역사적 활동은 한반도 북부 고구려 북부에서 이루어지지 않았다.

백제가 먼저 부여를 공격한 후 이곳을 차지하자 부여는 그 서쪽으로 옮겨 위치하였는데, 다시 전연이 세워지기 전 전연을 세운 모용황의 아버지인 모용외(269~333년)에 패하여 멸망 직전까지 간 상태였다. 한편 고구려 동천왕이 위나라 관구검에게 쫓기어(286년) 간 죽령과 우산성이 있고 낙랑국과 신라가 세워진 곳인 옥저 즉 남옥저 지방으로 피난 갔다가 다시 모용외를 물리치고 나라를 회복하였다. 그러나 346년 백제가 고구려의 부용국이었던 부여를 침략하여 쇠퇴시키자 이후 전연이 다시 부여를 침략하여 거의 괴멸시키자 이들 세력은 고구려 동쪽인 지금의 요령성 조양시 동북쪽 북표시 인근으로 가서 라마동 유적을 남겼으며 일부 세력은 한반도로 진출하여 가야 지역인 김해의 대성동 고분에 동일한 유적·유물을 남겼다. 그런데 여기서 갑자기 사라진 후 일본열도로 진출하여 여기에 부여계 유적·유물 및 기록을 남기게 된다. 따라서 원래의 북부여는 이러한 세력들이 빠진 채 고구려의 부용국이 되어 나라의 명맥만 유지하다가 494년 고구려 문자명왕 3년에 고구려에 병합되어 공식적으로 멸망하게 된다. 이 사실만으로도 백제가 이곳 요서 지방에 있었다는 증거가 되고 이는 다시 부여도 이곳 인근에 있었다는 증거가 된다. 주류 강단 사학계의 비정대로라면 한반도 북부 길림성에 치우쳐 있던 부여가 어떻게 요서백제와 역사적 활동을 할 수 있다는 말인가. 이러한 모든 것은 하북성에서만 가능하다. 그런데도 주류 강단 사학계는 맞지 않는 한반도 인근 비정을 철회하지 않는다. 또한 부여의 산서성 위치를 입증하는 녹산을

> 【사료368】『삼국사기(三國史記)』권 제13 고구려본기 제1 시조 동명성왕(東明聖王) 一年
>
> 상의 동부여에 대한 주석인
>
> 註 013
> 《삼국사기》의 내용에 따르면 東扶餘라는 이름은 원래의 扶餘에서 解夫婁가 동쪽으로 옮겨 나라를 세운 데에서 나온 것이다. 그 외 東扶餘에 대하여는 기록 간에 차이가 나타난다. 1)《魏書》등 중국 자료에서는 高句麗가 夫餘에서 나왔다고만 할 뿐, 北夫餘 또는 東夫餘로 구분하는 예가 전혀 나타나지 않는다. 2)《舊三國史》나 古記類의 기록은 東夫餘는 夫餘로부터 피난한 사람들이 세운 나라라고 하고 朱蒙은 이 동부여로부터 나왔다고 하였다. 지금의 吉林인 鹿山에 중심하고 있던 扶餘가 3세기 후반 慕容의 침공을 받음으로써 北沃沮 방면으로 옮겨가게 되었는데(《晉書》권97 夫餘國傳), 그 후 吉林 지역으로 되돌아간 후에도 이 지역에 계속 남은 부류를 東扶餘라고 부른 것 같다(노태돈,「부여국의 경역과 그 변천」)).

에 나와 있는 바와 같이 주류 강단 사학계의 대표적인 학설로 인정받고 있는 노태돈 교수에 의하면 길림성에 있는 것으로 비정하고 있다. 그래서 이러한 비정과 더불어 여기의 주석에 나와 있는 바와 같이 위의 『자치통감』기록을 이곳 길림에 있던 부여를 모용이 침공하여 부여가 북옥저 방면으로 옮겨가게 되고 나중에 길림 지역으로 되돌아가는데도 남아 있는 세력이 동부여라고 한다는 논리를 편다. 그러나

이 논리에 의하면 위의 『자치통감』 기록에 의한 바와 같이 백제가 여기 길림까지 와서 부여를 쳤다는 것이 그들의 비정대로 하면 가능한 것인지와 그리고 모용(선비) 세력이 요하 서쪽에 있었다고 비정하므로 과연 요하 동쪽 만주 지역인 요령성을 지나 길림성으로 부여를 공격한 것이 가능한지 문제가 된다.

그들의 비정대로라면 요하 동쪽 요령성 지방에는 고구려가 있었을 텐데 고구려를 경과하여 부여를 공략한다는 것은 불가능하다. 따라서 이러한 주장에 의한 녹산의 위치를 길림에 비정하는 것은 잘못이다. 부여는 당시에 선비가 그 서쪽 내지는 남쪽에 있었다는 『후한서』 및 『삼국지』 「부여전」의 기록과 같이 선비인 모용, 탁발, 우문의 위치인 산서성 흔주시부터 하북성 석가장시에 이르는 지역인 '자몽지야'와 대나라 위치 즉 선비들의 근거 지역 동쪽에 인접하여 있었던 것이 확실한 것으로 입증되는 사항과 배치된다. 따라서 이 녹산 역시 앞에서 인용하여 살펴본

【사료21】『수경주』「대요수」, 「소요수」

지리지에서 말하기를 우북평군에는 석성현이 있다고 했다. (석성천수는) 북쪽으로 돌아서 백록산(白鹿山) 서쪽을 지나는데 즉 백랑산(白狼山)이다.

상의 백록산에 비정될 수 있다. 이 백록산은 현재 하북성 보정시 역현에 있는 홍애산(洪崖山)에 비정될 수 있는데 위의 기록상에 이 백록산 혹은 백랑산인 록산의 서쪽을 지나는 강은 거마하로 이는 예전의 탁수이다. 따라서 이 거마하이자 탁수는 위의 기록상 석성천수로 그 흐름이 현재의 거마하와 일치한다. 따라서 부여는 이곳 하북성 보정시 인근에 있었던 것을 중국사서가 기록하고 있는데 이곳은 부여의 근거지인 산서성 대동시 영구현의 동쪽으로 현재 직선거리로 110km 지점이다.

### ▌부여의 위치인 녹산은 하북성의 백록산이자 백랑산인 홍애산이다.

또한 이곳은 백제가 점령하였다는 요서 지역 즉 요서 진평 지역으로 당나라 시기에는 유성과 북평 사이 지역이자 나중에 금주, 영원, 광녕 일대인 현재의 하북성 석가장시 북부 일대로부터 동북쪽에 있는 지역으로 현재 직선거리로 150㎞ 떨어진 곳이다. 이곳 사이에 있는 부여를 백제가 공략한 것이다.

또한 앞에서 인용하여 설명한 바 있듯이,

【사료135】『선화봉사고려도경(宣化奉使高麗圖經)』「시봉편」

康帝建元初 廆子皝帥師伐之 大敗 後爲 百濟所滅
강제 건원(343~344년) 초에 모용외의 아들 모용황이 군사를 거느리고 쳐들어가 (고구려를) 크게 격파시켰는데, 뒤에 백제에 멸망되었다.

이 기록에 의하면 백제가 전연을 멸망시켰다는 기록도 충격이지만 전연 국가와 백제가 역사적 활동을 하였다는 사실이 현재 기록에는 남아 있지 않고 후대에 북위와의 활동만 남아 있지만, 이 남은 기록에 의해서도 그렇고 당시의 위치로 보아서 이 기록이 신빙성이 있다. 그리고 이곳 위치는 당연히 하북성 요서백제 지역이다. 요서백제는 하북성 석가장시 인근 지방이다. 모용선비족이 도읍을 삼은 지금의 하북성 석가장시 정정현에 있었던 용성 근처이다. 따라서 중국사서와 우리 사서가 조작하여 전하지 않지만 당시 각국의 위치 비정에 따르면 태행산맥 동쪽으로 해서 석가장시 인근에 전연이 있었고, 이곳 인근에 백제가 진출해 있었으며 그 동쪽에 고구려가 있었고 고구려 북쪽 및 전연 북쪽에 부여가 있었다.

백제가 이곳 요서 진평 지역 즉 석가장시 북부에 진출하기 위해서는 이곳 용성 즉 석가장시 북부에 도읍을 정하였던 전연을 축출하여야만 가능하다. 그렇기 때문에 전연이 370년에 전진의 공격을 받아 멸망하였다고 기록하고 있는 중국사서의 기록은 사실일지 모르나 부여와 마찬가지로 백제의 공격에 거의 멸망 직전에 있던 전연이 전진에 항복한 것만을 기록한 것이지, 역사적 진실은 백제에 의하여 여기에서 축출되었다. 비록 전연이 백제의 공격에 결정적으로 멸망한 것은 아니지만 백제에 의하여 약화되어 있던 차 전진에 무너져 망하게 되었다.

> **전연은 전진에 멸망한 것이 아니라 실질적으로 백제에 멸망하였다.**

더군다나 전연을 370년에 멸망시킨 전진이 전연을 공격하기 위해서는 백제가 끼어 있을 수밖에 없다. 그런데도 이와 관련한 백제에 대한 아무런 기록도 없이 전진이 전연을 멸망시켰다는 사실보다는 이 기록에 의하여 백제가 전연을 공격하여 피폐해지자 전진이 전연을 공격하여 멸망시킨 것이 더 사실에 적합하다. 370년경은 백제의 근초고왕 시절이었다. 『삼국사기』에 기록에 의하면 근초고왕은 346년 9월 즉위한 후 이듬해인 347년 1월 하늘과 땅의 신들에게 제사를 지내고, 진정을 조정좌평에 임명한 이후 20년 동안 전혀 기록이 없다. 366년 3월 신라에 사신을 보내는 기록을 시작으로 369년 9월에는 고구려 고국원왕의 치양 침략을 태자이자 후일의 차대왕인 근구수를 보내 격퇴하도록 하고, 같은 해 11월에는 한수 남쪽에 군대를 사열하면서 누런 깃발을 썼다. 2년 후인 371년 침입한 고구려 군사를 패하가에서 물리쳤고, 고구려 평양성을 공격하여 고국원왕을 죽인 다음, 같은 해에 도읍을 한산으로 천도하고 372년에 진나라에 조공한 것으로 되어 있다.

20년 동안이나 기록에 없다는 것은 이상한 현상이다. 이 시기는 백제가 346년 부여를 공격하고, 370년 전연이 멸망하는 데 있어 백제의 역할이 있었다고 중국사서에 기록되어 있는데 『삼국사기』의 기록은 특이하게도 이 시기 기록이 부실하다. 여기서의 첫 번째 사건 즉 부여 공격 사건이 있었던 346년 초는 근초고왕(346년 9월~375년 11월) 이전인 계왕(344년 10월~346년 9월) 시기이다. 그런데 계왕 시기의 기록은 계양 즉위 기사와 죽은 기사밖에 없다. 그리고 근초고왕 시기의 기록은 앞서 설명한 바와 같이 347년 1월 이후 366년 3월 이전까지 20년 동안 기록이 없다. 더군다나 다른 중국사서에는 없으나 거의 유일하게 자세히 백제의 요서 진출을 기록하고 있는 중국사서 남제서의 2쪽에 걸친 15줄 320자의 완전 삭제 사실에 의하면 중국인들은 백제의 요서 진출 사실을 극도로 피하려 한 것으로 보인다. 왜냐하면 이곳 백제의 요서 진출 지역이 수나라와 당나라 건국 주체 세력인 선비족의 발상지인 '자몽지야' 땅이기 때문이다. 그들의 조상들이 생겨난 땅을 동쪽 오랑캐라고 하는 백제가 차지한 사실을 역사에서 지우고자 하였다. 그럼에도 불구하고 다른 사실에 의하여 명백히 드러나는 백제의 요서 진출에 대하여 주류 강단 사학계는 물론이고 객관적으로 역사를 평가한다는 사람들에 의하여 이를 회의적으로 보는 것은 과연 객관적이라고 보아야 할지 지극히 의문이다.

한편 두 번째 사건 즉 전연 공격 당시인 370년의 기록은 없다. 없는 기록에 대하여 어떠한 다른 판단을 섣불리 내릴 수는 없지만 부여의 남쪽이자 전연의 중심지인 요서 지방에 진출한 백제에 대한 당시의 사건 기록이 없는 것은 석연치 않다. 이 시기는 소위 요서 진출 사실의 유력한 시기이다. 왜냐하면 부여 공격과 전연에 대한 공격 기사에 의하면 이는 같은 지역에 대한 진출 사실과 맞아떨어지기 때문이다.

> 백제의 요서 지역 진출 기록을 중국사서는 고의적으로 누락시켰고, 『삼국사기』는 이를 그대로 따르기 때문에 요서 진출 기록이 없다.

그런데 이러한 기록이 없는 것은 많은 중국사서 들이 기록하고 있는 백제의 요서 진출 사실이 없는 것과 일맥상통한다. 단지 동성왕조에 『삼국사기』 편찬자들의 실수로 보이는 북위와의 전쟁 기록과 최치원 열전상의 기록만 존재하는 것이 이를 증명하고 있다. 고의로 백제의 요서 진출을 누락한 것으로 판단된다. 요서 진출과 더불어 나타날 수밖에 없는 부여와 전연에 대한 공격 사실이 백제의 요서 진출 사실과 함께 누락되었다. 한편 부여는 백제 및 전연 세력에 의하여 약해지고 피폐해진 채 고구려의 부용국 수준으로 명맥을 유지하면서 고구려의 부용 세력으로 있다가 494년 고구려 문자왕 시기에 공식적으로 멸망하지만,

【사료515】『삼국사기(三國史記)』 권 제19 고구려본기 제7 문자왕(文咨王) 三年春二月

부여가 항복해 오다 (494년 02월(음))

2월에 부여의 왕과 왕비, 왕자가 나라를 들어 항복해 왔다.(註 010)

註 010
부여는 전연의 慕容廆에게 攻破당하여 그 왕 依慮가 자살하고 子弟는 옥저로 달아났으나 依慮의 아들 依羅가 晉나라의 東夷校尉 何龕의 도움을 받아 나라를 회복하였다. 그 후 다시 後燕의 慕容詵에게 멸망되어 後燕의 소유가 되었다가 後燕의 몰락과 더불어 고구려에 병합되었다(《진서(晉書)》 권108 載記 慕容廆 |《진서(晉書)》 권109 載記 慕容詵 |《진서(晉書)》 권97 부여전). 따라서 본문에서 이때에 이르러 부여왕이 고구려에 투항하였다고 한 기

> 록은 많은 의문을 남긴다. 이에 대해 이 기록은 오류인 것으로 보는 견해가 있다(이병도, 《국역 삼국사기》). 그러나 부여의 잔존 세력이 오늘날의 阿城(阿勒楚喀) 지역에 있다가 이때에 와서 勿吉에 의하여 쫓겨 그 지배 세력이 고구려로 투항하게 된 것이라고 보는 견해도 있다(池內宏,「夫餘考」및「勿吉考」,《滿鮮史研究》上世 제1책, 1979(1951)). 후자의 견해를 따르면 본문의 내용은 본 왕 13년의 "부여는 勿吉에게 쫓기는 바 되었다"는 기사와 대응된다.(정구복 외, 《역주 삼국사기》 3 주석편(상), 한국정신문화연구원, 400쪽)

이 세력의 일부는 공식 멸망 전에 요령성 조양시 동북쪽 북표시 라마동 지역으로 이동하여 여기서 유적·유물을 남긴 다음, 다시 한반도 김해의 대성동 고분에 동일한 유적·유물을 남겼다가 갑자기 사라진 후 일본열도에 부여계 유적·유물 및 기록을 남겼다. 이 라마동 유적·유물 경우도 당초에는 선비족 유적·유물로 취급되었다. 하지만 한반도 남해안 김해 대성동 고분에서 북방민족 계통의 유적·유물이 발견되었다. 그 결과 이 유적·유물과 같은 것이지 선비족 것과는 다른 것으로 밝혀졌다. 이것은 단순한 사건이 아니다. 즉 이 사건으로 그동안 선비족 것으로 인정된 것이 부여 것으로 밝혀진 것에 의의를 찾는 한편, 부여가 이곳으로까지 이동하여 세력을 형성하고 있었다는 것이 밝혀진 것으로만 의의를 삼아왔다. 하지만 이는 역사적 왜곡에 의한 조작된 역사 인식에 의한 단순한 인식이다.

그동안 중국 측은 요령성 조양을 삼연 즉 모용선비의 나라인 전연, 후연, 부연의 나라의 수도인 용성이 유성현에 있다고 한 것에 의하여 유성을 원래의 위치인 하북성 석가장시 정정현에서 이곳 요령성 조양으로 옮겨 놓고 이곳을 용성이라 한 채 삼연의 수도라고 하였다. 따라서 이곳 조양 일대는 그들의 중심부라고 하여 왔었다. 하지만 『한서』「지리지」, 『후한서』, 『삼국지』 등 여러 중국사서에 기록되어 있듯이 예맥족인 모용선비족은 이곳 하북성 호타하 인근의 소요수 지역을 근거로 성장한 후 이곳 호타하 인근에서 활동하였고, 이 호타하 북부가 바로 영주 유성현 지방이다. 이러한 사항은 위에서 확인한 대로 『후한서』, 『삼국지』, 『진서』「부여전」의 선비가 부여의 서쪽 내지는 남쪽에 있다는 사실과도 일치한다. 당시 이들 사서가 기록하고 있는 부여는 북부여로 산서성 대동시를 중심지로 하였기 때문에 이 부여의 서남쪽은 석가장시 서북부이다.

이러한 모용선비족과 삼연의 활동무대를 동쪽으로 옮겨 요령성 조양은 물론 고구려의 경계인 요하 서쪽까지 왜곡하여 이동시킨 결과 라마동 유적·유물을 선비족의 것으로 중국 측은 판단하고 있었다가 한반도 김해 대성동 고분의 북방민족 유적·유물이 발견되고 나서야 수정하게 되었다. 단지 그 유적·유물만 수정하였다. 그러나 이 조양 지역은 고구려 지역으로 고구려의 부용국이었던 북부여의 일부 세력을 이곳에서 살게 해준 것으로 보아야 한다. 기존의 주장대로 선비족 국가가 이 부여 세력이 여기에 살도록 허락해 준 것이 아니다. 이렇게 역사가 달라진다. 더군다나 이러한 모용선비와는 달리 나중에 북조를 통일한 것으로 알려진 북위를 세운 탁발선비의 경우에는 그 선조가 대나라를 하북성 흔주시 일대에 338년에 세웠다가 376년경 전진에 멸망당하였으나 383년 전진이 비수 전투에서 동진에 패하자 386년 대나라를 재건하여 칭왕함으로써 북위가 세워졌다.

그런데 중국 측은 선사시대인 황제 헌원과 동이족 치우가 싸운 탁록, 안문, 거용관, 갈석, 요수, 압록수 등 수없이 그 위치를 원래의 위치에서 동쪽으로 조작하여 옮겨 놓았다. 그러나 이 탁발선비족의 선조 국가인 대나라의 위치는 원래의 위치인 이곳 산서성 흔주시에서 옮기지 못하고 그대로 놔둔 채 역사를 꾸미고 있다. 그 이유는 북위 즉 북조를 통일한 북위의 역사를 기록한 사서가 워낙 방대하고 확실하여 이를 옮기지 못하기 때문이다. 심지어 다른 선비족인 삼연의 모용선비족과 수나라와 당나라 건국 세력의 원조인 우문선비족의 원래 발상지이자 근거지는 동쪽으로 옮겨 놓았던 것과 대비된다. 북위의 역사가 그동안의 다른 북방민족과 비교하여 방대하다는 것은 그 선조의 나라인 대나라의 선조 국가 역사 또한 확실하기 때문이기도 하고 북위가 북조를 통일하여 있었던 관계로 자료가 비교적 풍부하기 때문이다.

그러나 선비족의 역사는 중국 측이 정리하여 알려진 것과는 사뭇 다르다. 중국 측이 정리하여 알려진 바는 실제적으로 중국사서들이 기록한 선비족 역사와는 다르다. 중국 측이 현재 정리하여 알려진 바에 의하면 선비족의 시작이자 선비족을 통일하여 국가 차원의 활동을 시작한 것을 단석괴로 하고 있다. 하지만 이보다 선비족의 역사는 더 앞서고 우리 고대 국가와 더 관계가 깊다. 그래서 이 부분을 고의로 중국 측은 없애버렸고 이에 대하여 주류 강단 사학계가 별다른 재정리를 하지 않고 그대로 받아들이니 이것이 통상적인 논리가 되었다. 왜냐하면 단석괴 이전의 선비족 역사를 다루면 우리 민족 고대 국가의 역사가 그들이 비정하는 바와 달라질 수 있기 때문이다. 선비족의 역사는 단석괴에서 시작되는 것이 아니다. 그리고 나중에 북위를 세우는 탁발선비의 선조 국가가 대나라로부터 시작되는 것도 아니다.

물론 이 대나라의 존재도 잘 알려져 있지 않다. 왜냐하면 중국 측이 조조가 오환을 공격할 당시 오환의 위치가 대군 즉 현재 산서성 흔주시 오대현 일대였다는 사실 등 여러 역사적 사실을 비롯하여 북위의 역사성 때문에 그들의 선조 국가인 대나라의 위치는 옮기지 못했기 때문에 대나라 그리고 이웃의 부여와 고구려 역사의 하북성 위치가 밝혀질 것이 염려스러웠기 때문이다. 중국 사학계와 우리 주류 강단 사학계에 말이다. 마찬가지로 단석괴 이전의 역사도 같은 맥락에서 잘 알려지지 않았다. 단석괴 이전의 역사도 명확히 중국사서뿐만 아니라 『삼국사기』에도 기록되어 있다.

탁발선비족과 모용선비족의 공통 조상으로 자몽왕 섭신이 색두라는 나라를 자몽 지역 즉 지금의 북쪽 산서성 흔주시로부터 남쪽의 석가장시에 이르는 지역을 다스렸던 것으로 중국사서에 기록되어 있다. 이들 선비족은 단석괴 이전에는 북부여 연맹에 속한 집단이었다. 선비 여러 족속을 포함한 집단을 자몽 내지는 색두라 하고 그 자몽왕이 섭신이었다. 이 섭신은 탁발씨와 모용씨의 공동 조상이었고 이 자몽 내지는 색두가 위치한 곳이 '자몽지야'로 선비족의 고향이다. 이곳은 지금의 산서성 흔주시로부터 석가장시에 이르는 곳이었다. 이곳이 『후한서』, 『삼국지』, 『진서』「부여전」상의 부여의 서쪽 내지는 남쪽에 선비가 있다는 것과 일치한다. 이곳에 있었던 색두는 14년 고구려 건국 공신인 오이와 마리에게 멸망하게 된다.

【사료330】『삼국사기(三國史記)』권 제13 고구려본기 제1 유리왕(琉璃王) 33년 8월

**양맥과 고구려현을 복속시키다** (14년 08월(음))

〔33년(14)〕 가을 8월에 왕이 오이(烏伊)와 마리(摩離)에게 명하여 병력 20,000명을 거느리고 서쪽으로 양맥(梁貊)을 쳐서 그 나라를 멸망시키고, 병력을 내어 보내 한(漢)의 고구려현(高句麗縣)을 습격하여 빼앗았다. (현(縣)은 현도군에 속하였다.)

여기서의 양맥이 바로 색두의 선비족이다. 이것은 그 위치가 한나라의 현토군 고구려현 위치가 증명해 준다. 구려의 별종인 소수맥이 생겨난 소요수가 있는 곳이다. 이곳은 태행산맥 동쪽으로 산서성과 하북성의 경계지점이다. 이곳이 모용선비족의 탄생지이자 근거지인 소위 '자몽지야' 지역이다. 이렇게 하여 멸망한 선비족의 집합체는 이로부터 고구려에 종속되어 『삼국사기』상의 기록인,

【사료202】『삼국사기(三國史記)』권 제14 고구려본기 제2 모본왕(慕本王) 2년

후한의 우북평 등을 습격하였다가 다시 화친하다 (49년 (음))

2년(49) 봄에 장수를 보내 한(漢)의 북평(北平), 어양(漁陽), 상곡(上谷), 태원(太原) 등을 습격하였다. 그런데 요동태수(遼東太守) 제융(祭肜)이 은혜와 신의로 대우하므로 다시 화친을 맺었다.

와 같이 한나라를 공격하였다. 이 기사의 중국사서와 우리 주류 강단 사학계의 왜곡성에 대하여는 상세히 설명하였다. 이 기록에 대하여 일제 식민 사학자인 이병도는

【사료333】『후한서(後漢書)』卷一下 光武帝紀 第一下

건무 25년 봄 정월, 요동요외의 맥인(맥인은 예맥국 사람이고, 맥은 맥이라고 발음한다.) 이 우북평, 어양, 상곡, 태원을 침범하자 요동태수 채융이 투항을 권유하였다.

이 같은 사건에 대한 같은 사서의 다른 편의 기록상에 주체가 맥인으로 되어 있음을 근거로 고구려가 멀리 산서성 태원까지 공격하였다는 사실을 부정하였고 현재 주류 강단 사학계의 입장도 같다. 하지만 위의 기록으로 보아 이 공격 사실보다 35년 전에 고구려는 이미 맥인, 양맥 즉 선비족을 제압하여 거느리고 있었던 것이고 그래서 이들을 이끌고 고구려의 근거지인 하북성에서 가까운 산서성 태원을 공격한 것임을 알 수 있다.

그런데도 이러한 고구려의 활동도 부정하고 선비족이 과거에 고구려에 부용되었다는 사실도 선비족 역사 즉 전연, 후연, 북연, 북위 역사에서 지우고 있다. 이렇게 고구려에 부용되어 있다가 단석괴

(137~181년)라는 인물이 선비족계에 나타나 부여의 서쪽에서 자리를 잡고 다시 선비족 통합을 이루어 고구려로부터 독립을 꾀하는 것이 선비족의 역사이다. 그래서 한때 후한을 압박하였으나 내분으로 분열되어 북쪽으로 올라간 것이 탁발선비이고 '자몽지야' 남쪽에 남아 있던 것이 모용선비족이다. 물론 우문선비족은 탁발선비의 구성원으로 있었고 이후에도 가장 핵심적인 두 세력 중의 하나가 되었다가 나중에 서위, 북주를 세운 후 이에서 수나라와 당나라를 세우는 주축 세력이 된다. 이 단석괴 통합 세력은 한때 일부 지역을 장악하였다. 이 장악 지역도 크게 왜곡하여 대단한 영역으로 조작하였지만

【사료516】『삼국지(三國志)』卷三十 魏書 三十「오환선비동이(烏丸鮮卑東夷)」鮮卑

환제(桓帝) 때(146~167) 흉노중랑장 장환(張奐)을 보내 단석괴를 정벌하였으나 이기지 못하였다.
이에 다시 사자를 보내 인수를 지니고 가서 단석괴를 왕으로 봉하여 단석괴와 화친하고자 하였다. 단석괴는 이를 받아들이지 않았고 북변을 침입하고 노략질함이 더욱 심해졌다. [단석괴는] 스스로 [선비의 땅]을 중부(中部)·동부(東部)·서부(西部) 3부(部)로 나누었다. 우북평[군]부터 동쪽으로 요동[군]에 이르며, 부여 및 예맥(濊貊)과 인접하는 지역을 동부로 삼았는데, 20여 읍(邑)이 있었으며, [동부의] 대인에는 미가(彌加), 궐기(厥機), 소리(素利), 괴두(槐頭)가 있었다. 우북평[군]부터 서쪽으로 상곡[군]에 이르는 지역을 중부로 삼았는데, 10여 읍이 있었고 가최(柯最), 궐거(闕居), 모용(慕容) 등[이라 불리는 대인들]이 대수(大帥)였다. 상곡[군]의 서쪽에서 돈황[군](燉煌郡)과 오손에 이르는 지역을 서부로 삼았는데, 20여 읍이 있었고, 치건락라(置鞬落羅), 일률추연(日律推演), 연려유(宴荔游) 등[이라 불리는 대인들]이 대수(大帥)가 되었다. 이들은 모두 단석괴에 제어되고 속하였다. 영제(168~189) 때 이르러 단석괴는 유주와 병주(幷州) 2주를 크게 약탈하였다.

> 단석괴는 나이 45세에 죽었고, 아들 화련(和連)이 대를 이어 [대인으로] 즉위하였다. 화련은 재주와 힘이 아버지[인 단석괴]에 미치지 못하였을뿐더러, 탐욕스럽고 음탕하였으며, 소송과 법의 판결이 공평하지 못하자 등을 돌린 무리들이 반(半)이나 되었다. 영제(靈帝) 말년에 여러 차례 침략하고 노략질하여 북지[군](北地郡)를 공격하였는데, 쇠뇌를 잘 쏘는 북지군의 서인(庶人)이 쇠뇌를 쏘아 화련을 맞추니 화련은 바로 즉사하였다. 화련의 아들 건만(騫曼)은 나이가 어렸기 때문에 형의 아들 괴두(魁頭)가 대신 대인이 되었다. 괴두가 대인이 된 후, 건만이 자라 어른이 되어 괴두와 나라를 다투게 되자 무리들은 떨어져 나가 흩어져 버렸다.

이곳은 겨우 하북성 보정시 서북쪽에서 그 서남쪽에 해당하는 곳으로 북으로는 당시 강대국인 부여의 서쪽과 남쪽으로는 고구려의 서쪽인 태행산맥의 산서성 지역으로 예전 선비족의 원조인 색두가 장악하였던 소위 '자몽지야' 영역이었다. 그곳에 대한 구체적인 기록이 중국 사서『삼국지』「오환선비전」에 있다. 즉 3부인 중부, 동부, 서부는 전부 요동군과 우북평군 그리고 상곡군 지역과 그 서쪽이다. 물론 이곳 모두 중국 측과 우리 주류 강단 사학계는 왜곡하여 이동시켜 비정해 놓고 있지만 여기서 새롭게 파악할 수 있는 것은 본 필자가 앞에서 설명하였듯이 소위 연 5군은 소위 '젊은 역사학자 모임' 일원을 비롯한 주류 강단 사학계의 비정대로 하북성으로부터 머나먼 요령성 그리고 압록강까지 일렬로 늘어서 있는 것이 아니라 같이 어우러져 있다는 것이고 이곳은 산서성 인근이라는 사실이 드러난다.

사실 중국 측과 주류 강단 사학계는 그들의 왜곡 논리로 인하여 요동군을 한반도 가까이 위치시켜 놓아야 하기 때문에 요동군을 머나먼 압록강까지 옮겨 놓았지만 그래도 상곡군과 우북평군은 사서기록상에 의하여 멀리는 옮겨 놓지 못하였다. 즉 상곡군은 북경시 서북쪽 장가구시로, 우북평군은 천진시와 당산시 인근으로 비정하고 있다.

하지만 이 왜곡성이 여기서도 드러나듯이 단석괴가 점령하고 있었던 곳은 지금의 산서성과 하북성 중간 지점이었다는 것은 명백한 사실이다. 이렇게 연 5군의 소속 군을 왜곡함으로써 연나라의 영역도, 선비족의 영역도 결국은 넓어지게 되었다. 결국은 이 단석괴 시기에 동부가 요동군까지 이르렀으므로 중국 측과 주류 강단 사학계의 비정대로라면 지금의 요하 서쪽까지 선비가 장악하였다는 것인데 이는 있을 수 없다. 앞에서 입증하여 설명한 대로 상곡군이 바로 탁발선비의 고향이라고 할 수 있는 산서성 흔주시 일대이고, 우북평군은 석가장시로부터 산서성 태원에 이르는 곳이다.

당연히 요동군은 고구려 서쪽인 석가장시 동쪽이다. 그리고 나중에 약탈한 곳으로 기록된 유주와 병주 역시 태원시 북부이자 석가장시 서부이다. 이것은 중국사서상 명백한 사항이다. 이렇기에 단석괴 사후 내분으로 분열된 채 탁발선비족은 북쪽으로 옮겨 지금의 산서성 흔주시 인근 즉 상곡군 자리에서 거주하다가 대나라를 사서기록과 같이 번시 즉 번치에 건국하게 된다.

【사료517】『자치통감』卷九十六 晉紀十八 顯宗成皇

十一月, 什翼犍卽代王位於繁畤北, 繁畤縣, 屬鴈門郡. 畤, 音止. 改元曰建國, 分國之半以與孤

AD338년 11월 대나라 왕 탁발십익건이 번시(번치)의 북쪽에서 즉위하였다. 건국이라 개원하고 나라를 반으로 나누어 탁발고에게 주었다.

이 번시는 지금의 산서성 흔주시 번치현(山西省 忻州市 繁峙县)으로 이곳에서 마자수이자 압록수인 호타하가 시작되고 이곳의 서남쪽이 상곡군 자리이다. 이 사실은 많은 중국사서가 입증하는 것이기 때문에 이

97

대나라와 후의 북위의 위치를 이곳 인근에서 다른 것과 마찬가지로 동쪽으로 왜곡하여 이동시키지 못한다. 그러므로 이에 의하여 오히려 상곡군, 우북평군, 요동군의 위치에 대한 중국 측과 주류 강단 사학계의 왜곡 비정을 지적할 수 있다. 하지만 이렇기 때문에 이보다 앞선 대나라의 선조인 색두를 없앤 채 탁발선비족의 기원을 머나먼 요령성으로 옮기고 여기에서 서쪽으로 와서 이곳 산서성 흔주시에서 자리 잡고 나라를 일으킨 것으로 조작하고 있다. 한편 내분으로 분열한 채 북으로 올라가 산서성 흔주시에서 자리 잡은 탁발선비와 달리 그곳 석가장시 북부에 그대로 남아 있던 모용선비족은 소위 삼연을 세우는 것이 명백히 중국사서에 의하여 입증된다.

그런데도 북위와 북위의 탁발선비족의 대나라의 위치와 이러한 사실을 어쩔 수 없이 이곳 산서성과 하북성 서쪽과 북쪽에 놔둘 수밖에 없는 중국은 다른 많은 것을 옮긴 그 왜곡된 역사성에 의하여 이를 옮기지 않을 수 없어 드디어 이들의 유래를 조작하였다. 즉 이곳 원래의 색두와 대나라의 위치인 산서성 흔주시보다 너무나 멀게 동쪽으로 떨어진 요령성 심양시 북쪽인 중국 내몽고 자치구 호륜패이시(呼伦贝尔市) 아리헌진[阿里河鎭] 알선동 동굴을 북위의 조상 발상지라고 하여 놓은 채 탁발선비족은 이곳에서 발원하여 서쪽으로 이동하여 원래의 위치인 산서성 흔주시로 가서 여기서 나라를 건립한 것으로 꾸미고 있다.

> **중국 측은 탁발선비족의 나라인 북위의 탄생지를 동쪽으로 왜곡 이동시켜 알선동 동굴로 조작하여 놓았다.**

이러한 중국이 왜곡하여 놓은 역사를 그대로 따른 채, 우리나라 역사 및 중국의 역사 그리고 북방 민족의 역사를 연구하는 뜻 있는 많은 사람들이 이곳을 답사하여 감개무량한 감회에 젖는다. 이곳에서 서쪽으로 옮겨 산서성 흔주시에서 대나라를 세운 후 398년 평성으로 수도를 옮긴 다음 북연을 멸망시키고, 439년 북조를 통일한 후 493년 낙양으로 천도하는 것으로 하고 있다. 그리고 많은 아니 전체의 우리나라의 북방민족 역사를 다루는 사람들에게 있어서 선비계 나라의 북쪽이든 남쪽이든 옆에 있어 같이 활발한 역사적 활동을 한 부여와 고구려 그리고 백제의 역사를 제외하고 북조의 역사를 논하는 것은 중국 측이 정하여 놓은 왜곡된 역사에 의하여 조작된 역사를 중국 측 입장에서 역사를 전개하는 잘못된 절름발이 역사이다. 모든 역사는 객관적인 역사를 바탕으로 자기들 입장의 역사 인식에 의하여 기록하고 펼치는데 중국의 경우 너무 정도가 심하고 우리도 중국 측이 정도가 심하게 왜곡하여 조작한 역사에 따라 우리 역사를 객관적으로 보지 못하고 완전히 무시한 채 같이 활동한 역사를 일방적으로 중국 측에 넘기고 있다.

선비족의 역사는 중국의 역사가 아니다. 그들은 원래 동쪽 오랑캐 나라였다. 우리의 역사라고 주장하는 것이 절대 아니다. 선비족의 역사가 중국만의 역사가 아닌 것은 우리 고대사와 밀접한 관련이 있기 때문이다. 그렇기 때문에 중국 측이 정해 놓은 대로 따라서는 안 되고 이를 검증하고 나름대로 연구하여야 한다. 왜냐하면 우리 역사가 이에 따라 달라질 수 있기 때문이다. 그런데도 소위 고대사 전문가라는 우리나라 주류 강단 사학계의 교수들은 전혀 별도로 연구하지 않고 중국 측의 연구를 그대로 따르고 있다. 그래서 왜곡하면 왜곡된 그대로 따르고 있다. 왜냐하면 이것이 그들이 추종하는 일제 식민사학 논리에 맞기 때문이다.

그리고 우리 주류 강단 사학계의 전문가들은 선비족에 대한 연구상의 많은 한계 사항 즉 위치, 사서기록 등 제약도 물론 있지만 중국 측이 정해 놓은 것에 대하여 왈가불가할 역량도 절대 부족하거니와 그들의 논리에 중국 측이 정해 놓은 왜곡된 사항이 맞기 때문에 이를 더 연구하거나 반론을 제기하면 그들의 위상에 문제가 생기기 때문에 추가 연구를 하지 않는 것도 있지만 못하고 있다. 만약 본 필자와 같이 연구하면 기존의 논리와 다른 사항이 나와 그들이 정해 놓은 한반도 위치설이 모두 무너지기 때문에 도저히 감당할 수 없으므로 아예 연구 시작도 하지 않는 것이 유일한 이유이다.

> 주류 강단 사학계는 부여와 관련한 사항이나 우리 고대사와 밀접한 관련이 있는 선비족에 대한 연구를 하지 않는 것이 아니라 못하고 있다. 그 이유는 제대로 밝혀내면 그들이 정해 놓은 우리 고대사 논리가 모두 무너지기 때문이다.

이러한 북부여와는 다른 동부여는 22년 고구려 대무신왕에게 정벌되어 왕 대소까지 살해되어 일부는 갈사국을 세우고, 일부는 귀속하였다가 68년 갈사국마저 귀속하여 우태 벼슬을 주는 등 실질적으로는 나라가 망하였으나 명목상 고구려의 속국으로 남아 있어 중국사서 기록에는 나타나지 않으나 『삼국사기』 기록상에 추모대왕의 모친 사당이 그곳에 있어 고구려왕이 그곳으로 가서 제사를 지내고 부여에 공물을 바치고 그곳에 즉 고구려 동쪽에 있는 책성을 순시하는 등 명목상으로는 독립국인 부여국으로 기록상에 기록되고 있으나 실질적으로는 부용국으로 있었으며 이후 독자적인 움직임을 보이다가 소멸된다.

또한 우태부여(위구태)는 중국사서가 부여 세력으로 가장 많이 기록하고 있는 부여인데 이는 고구려에 적대적이라고 한다. 백제가 고구려에서 나왔으나 이후 고구려와 적대적으로 계속 투쟁하였듯이 백제 세력의 원조 세력이 있는 이 우태부여는 중국사서 기록상의 위구태부여로 기록되고 있는데, 위의 북부여나 동부여와는 달리 121년 및 122년 고구려 태조대왕이 마한, 예맥과 함께 각각 현토와 요동을 공격할 때 (후)한나라 편에 서서 고구려를 제지한 것으로 기록되고 있다. 그래서 중국사서는 고구려의 속국이었던 북부여나 동부여나 졸본부여(중국사서상 졸본부여에 대한 기록은 전혀 없음)에 대하여는 기록을 거의 하지 않고 활동 내역을 밝히지 않는 반면, 자기들 편에 섰던 부여 세력인 우태부여(위구태)에 대한 기록은 많이 남기고 있다. 이 부여는 중국사서『후한서』및『삼국지』「부여전」에 기록되어 있듯이 25년 이후 중국과 우호 관계를 시작하여 한때 요동성을 중심으로 세력을 떨치던 공손씨 세력과 같이 활동하다가 238년 동천왕(12년)이 위나라 사마의와 함께 토벌함으로써 같이 소멸되는 것으로 판단된다.

　이와 같은 부여에 대한 기록은『삼국사기』와『삼국유사』는 북부여와 동부여 그리고 졸본부여, 남부여를 구분하여 기록하고, 우태부여(위구태)에 대하여는 애매하게 기록하고 있는데 반하여, 중국사서는 전혀 구분을 하지 못한 채 기록하고 있다. 한편『삼국사기』는 부여를 구분은 하고 있으나 삼국 위주의 역사를 서술하는 관계로 북부여는 고구려의 시조와 관계있는 것으로 한 채 마지막 멸망 상황만 기록하여 고구려와 관계있는 동부여만 기록에 남기고 있으나『삼국유사』는 북부여, 동부여, 남부여를 구분하여 싣고 있다. 이와 같이 중국사서는 통상적으로 그렇듯이 그들의 역사 이외의 소위 오랑캐인 동이 즉 우리 민족국가에 대하여는 관심도 부족하고 인식도 부족하여 그 기록이 미비하거나 혼돈되어 있어 한계성이 있다.

　이렇게 부여는 중국 한민족을 제외한 소위 중국인들이 표현하는 동이족에 있어서 고조선 이외로써는 가장 많은 영향을 준 세력으로 고구려, 백제는 물론 나중의 여진족이 되는 숙신, 읍루물길, 말갈은 물론 거란족이 되는 선비족의 우문선비족(수나라, 당나라 선조)과 탁발선비족(북위 나라의 선조)의 선조인 대나라와 모용선비(전연, 후연, 북연의 선조)의 예맥족 들의 선조인 색두의 종주국이었다. 그럼으로써 중국사서 기록상 『삼국지』「부여전」에는 **"魏略: 그 나라는 매우 부강하여 선대로부터 일찍이 [적에게] 파괴된 일이 없다."** 『진서』「동이 부여국전」에는 **"그 나라는 매우 부강하여 先代로부터 다른 나라와의 전쟁에서 패한 일이 없다."** 라고 기록하고 있어 강력한 국가로 기록되고 있다. 그러나 중국사서는 소위 '춘추필법'에 의하여 이러한 소위 오랑캐 국가의 강성한 것은 기록하지 않고 자기들에게 부용한 우태백제를 위주로 기록하였다. 『삼국사기』의 경우는 고조선의 계통을 무시하고 삼국 위주의 역사를 꾸민 관계로 부여 역사를 소홀히 기록함으로써 그 역사 복원이 어렵게 되는 판에 고려 및 조선시대 유학자들의 기자조선 및 위만조선의 중시 사상으로 고조선의 계통을 잇는 부여에 대한 소홀함과 이후 일제 식민 사학자들의 식민사관 논리에 부여가 방해되어 이를 배척하고 현재 주류 강단 사학계는 이를 추종하는 관계로 부여 역사는 참담하게 되었다.

이러한 부여에 대한 기록은 고구려 성립 후의 활동과 그 이전의 간단한 연혁은 『후한서』, 『삼국지』, 『진서』 등의 중국사서 '부여전'과 『삼국유사』의 '북부여전', '동부여전', '남부여, 전백제, 북부여 전(백제전)'과 『삼국사기』의 '고구려전'에 기록되어 있다. 하지만 부여에 대한 비교적 고구려 이전의 사항 및 연혁에 대하여는 『상서대전』, 『산해경(山海經)』 「대황북경(大荒北經)」, 『사기』 「화식열전」, 『한서(漢書)』 「지리지(地理志) 下」 연(燕), 『논형』 「길험편」 등에 기록되어 있고, 우리나라에는 『환단고기』 「북부여기」, 「가섭원부여기」, 『동명왕편』, 『제왕운기』 등에 기록되어 있다. 이들 기록에 의하면,

【사료518】『상서대전(尙書大典)』

"武王克商 海東諸夷 '夫餘' 之屬 皆通道焉

주 무왕이 상나라를 아우를 때 바다 동쪽의 모든 오랑캐들은 부여에 속해 있으며 모든 길은 부여로 통한다.

【사료519】『산해경(山海經)』「대황북경(大荒北經)」

有胡不與之國(1), 烈姓, 黍食

호불여국이 있는데, 열씨 성을 가지고 있고, 기장을 먹는다.

(1)곽박(郭璞)云 :「한 나라의 이름(一國復名耳), 현재 오랑캐 말로 모두 통한다(今胡夷語皆通然)°」

부여는 주나라 시기 및 춘추전국시대까지는 상당히 유력한 세력이자 국가로 중국에 알려진 것으로 판단된다. 즉 오래전부터 부여가 존재하고 있었던 것으로 확인된다. 따라서 이 부여의 종주국인 고조선의 연혁도 오래되고 그 위치도 이 부여와 같은 위치로 파악되므로 이 글에서 비판하는 논문의 논리대로의 한반도 평양이 아니라는 것이 입증된다.

【사료66】『사기』「화식열전」

연나라는 발해와 갈석 사이의 도회지입니다. 남쪽으로 제나라, 조나라 동북 변방에는 호胡가 있습니다.
상곡에서 요동에 이르는 지역은 멀고 인민이 적어 침략을 자주 당합니다. 풍속은 趙, 代와 비슷하고 주민은 독수리처럼 사납지만 사려 깊지 못하고, 물고기, 소금, 대추, 밤이 풍족합니다.
북쪽은 오환(烏桓), 부여(夫餘)와 이웃해 있고, 동쪽은 예맥(穢貉), 조선(朝鮮), 진번(眞番)의 이점이 있습니다.

> **【사료195】**『한서』「지리지 연」
>
> 북(北)으로 오환(烏丸) 부여(夫餘)와 이어지고(경계를 접하다)(극(隙))했다. 동(東)으로는 진번(眞番) 원토(元菟) 낙랑(樂浪)의 이익을 장사(고(賈))한다.

그 위치를 파악할 수 있는 기록에 의하면 연나라 북쪽으로 기록되어 있다. 그러나 이는 연나라가 진나라에 망하고 다시 진나라가 한나라에 망한 후 한나라의 제후국인 연나라에서 탈출한 위만이 번조선의 한 제후국을 탈취한 이후 강력해지는 시기에 부여 세력이 북으로 이동한 이후의 상태를 기록한 것으로 보인다. 따라서 주나라 시기로부터 한나라 시기 초까지는 소위 이전의 연나라 북쪽 위치인 북부여가 있었던 산서성 대동시 인근에 있지 아니하고 그 남쪽에 있었던 것을 그 이후의 사서 기록자들이 기록 당시의 북부여의 위치를 이전 시기의 위치로 기록한 것으로 파악된다. 이는 다른 기록에서도 확인되는데 나중에 살펴볼 『후한서』 및 『삼국지』의 「부여전」에서는 부여의 위치를 현토군에서 천 리 떨어진 것으로 기록하여 북부여 및 북부여의 위치를 기록하고 있지만 같은 『삼국지』의 「부여전」에서는 부여의 위치에 대하여 원래 현토군에 속하였다고 하여 원래는 남쪽에 있는 것으로 기록하고 있는 것으로 확인된다.

하지만 북이거나 남이거나 동이거나 연나라와 인접하고 있었던 것이 확인된다. 앞에서 고조선의 위치를 확인하면서 고조선의 위치가 연나라와 인접한 동쪽으로 확인하였다. 연나라는 다른 것은 그만두고서라도 지금도 그 이름이 그대로 남아 있는 산서성 흔주시 대현의 안문(관)으로부터 동쪽으로 산서성 흔주시 번치현에서 발원하여 서쪽으로 흐르는 호타하, 다시 동쪽으로 하북성 보정시 내원현의 갈석(산), 다시 동쪽으로 그리고 하북성 보정시 역현의 역수 발원지를 일직선으로 한 채 연나라의 남쪽 경계라는 사서상의 기록에 의하여 연나라의 위치가 정해지는 바, 이곳에 연나라가 위치하였으므로 이곳의 동쪽인 보정시 서남부로부터 그 동쪽으로 고조선이 있었고 그 소속국이자 제후국으로 (본)부여가 앞에서 서술한 탁발선비와 모용선비족이 포함된 선조국인 색두가 있었던 지역을 포함한 지역에 위치해 있었던 것이 확인된다. 그리고 이 부여가 북과 동 그리고 남으로 옮겨진 후 이곳 출신인 고구려 추모대왕이 남쪽의 졸본부여로 내려가 졸본 즉 흘승골성에서 고구려를 세운 후 북상하여 동쪽의 동부여와 북부의 북부여를 병합하여 영역을 넓히는 것으로써 부여와 고구려는 연나라와 경계로 하는 위치에 있었던 것이지 머나먼 동쪽 한반도와 한반도 북부인 만주 지방에 있지 않았다.

■ [그림] 부여 위치도

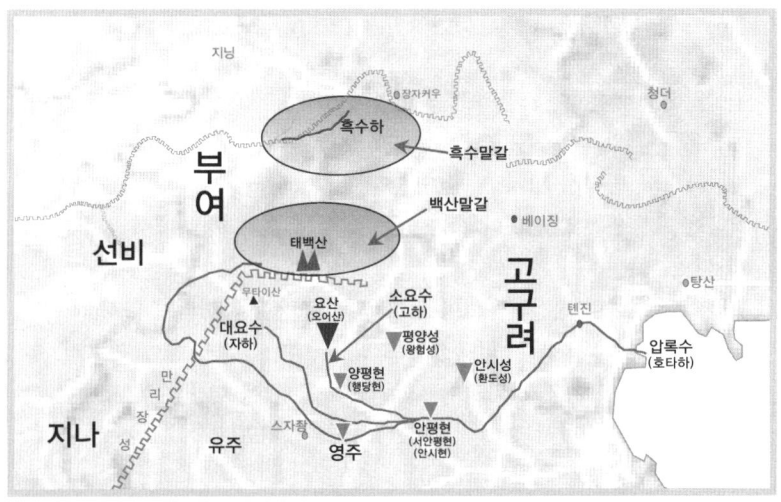

부여의 위치는 고조선과 마찬가지로 연나라와의 경계지방에 있었던 것이지 머나먼 한반도 북부에 있었던 것이 절대 아니다. 이는 모든 사서기록에 의한다.

이는 중국 원본 사서는 물론 이후의 원본에 대한 주석에서 동쪽으로 위치를 왜곡하여 옮기고 이를 고려 및 조선시대 유학자들이 한반도로 끌어 들여놓은 것을 일제 식민 사학자들이 이를 이용하여 식민지 이론을 완성한 것을 주류 강단 사학계가 계승하여 오늘에 이르고 있는 사항에 의해서이다. 이러한 왜곡과 경과 사항에 대하여는 이 글 전체가 입증하여 왔다. 여기에 방점을 찍어 확실한 증거로 삼기 위하여 부여를 거론하고 있다.

그러면 부여에 대한 역사를 서술하고자 하는 것이 아니라 부여의 위치를 확인하여 이 글이 확인하고자 하는 고구려의 위치를 확인하기 위한 목적으로 부여에 대한 각종 기록을 살펴보고 기존의 부여 전반에 대한 비정 및 위치를 비판하고 바른 정립을 하고자 한다.

【사료67】『후한서(後漢書)』「동이열전(東夷列傳)」부여(夫餘)

夫餘國(註 032)은 玄菟의 북쪽 千里쯤에 있다.(註 033) 남쪽은 高句驪와, 동쪽은 挹婁와, 서쪽은 鮮卑와 접해 있고, 북쪽에는 弱水(註 034)가 있다. 국토의 면적은 방 二千里이며, 본래 濊[族]의 땅이다.(註 035)
처음에 北夷의 索離國王이 출타 중에 그의 侍女가 後[宮]에서 임신을 하게 되었다.
東明이 장성하여 활을 잘 쏘니 王이 그의 용맹함을 꺼리어 다시 죽이려고 하였다. [이에] 東明이 남쪽으로 도망하여 掩㴲水(엄사수)에 이르러, 활로 물을 치니 고기와 자라들이 모두 모여 물 위에 떠올랐다. 東明은 그걸 밟고 물을 건너서 夫餘에 도착하여 王이 되었다.
木柵을 둥글게 쌓아 城을 만들고
建武 연간(A.D.25~55; 高句麗 大武神王 8~太祖王 3)에 東夷의 여러 나라들이 모두 와서 朝獻하고 入見하였다. 25년(A.D.49; 高句麗 慕本王 2)에 夫餘王이 사신을 보내어 貢物을 바치므로, 註 045 光武帝가 후하게 報答하니 이에 사절이 해마다 왕래하였다.
安帝 永初 5년(A.D.111; 高句麗 太祖王 59)에, 夫餘王이 처음으로 步兵과 騎

兵 7~8千 명을 거느리고 樂浪을 노략질하여 관리와 백성을 죽였으나, 그 뒤에 다시 歸附하였다.

永寧 元年(A.D.120; 高句麗 太祖王 68)에, 嗣子 尉仇台(註 047)를 보내어 궁궐에 나아와서 朝貢을 바치므로 天子가 尉仇台에게 印綬와 金綵를 下賜하였다.

順帝 永和 元年(A.D.136; 高句麗 太祖王 84)에, 그 王이 京師에 와서 조회하므로, 帝는 黃門鼓吹와 角抵戱를 하게 하여 [관람시켜] 보내었다.

註 032
夫餘國 : 夫餘는 古朝鮮 다음으로 등장하는 古代國家로 中國 측 기록에는 '夫餘'로 되어 있으나, 『三國史記』·『三國遺事』 등 국내 기록에는 '扶餘'로 표기되고 있다.

韓國古代史上의 夫餘는 『海東繹史』에,

又按東史扶餘有四 一東扶餘 卽金蛙之國也 一北扶餘 卽解慕漱之而中國史所稱者也 一卒本扶餘 卽句麗朱蒙之國也 一南扶餘 卽百濟也 句麗百濟同出於扶餘 故並稱號焉

이라 한 데서 알 수 있듯이 北夫餘·東夫餘·卒本夫餘·南夫餘의 4가지가 있는데, 여기서의 夫餘國은 北夫餘를 가리키는 것이다.

『三國志』와는 달리 '夫餘國'으로 표시한 것은 단순히 文體상의 수식으로 볼 수도 있으나, 『三國志』가 서술된 三國時代와 范曄이 생존하였던 宋代(南北朝時代)의 夫餘의 국가적 성장의 차이에 의한 표현으로 보는 것이 타당할 것으로 생각된다.

<참조>

『三國志』夫餘傳 註 2)

夫餘

여기서의 夫餘는 北夫餘를 가리키는 것으로써 北夫餘는 韓國史에서 古朝鮮 다음으로 등장하는 국가로 中國文獻에는 夫餘로, 國內文獻에는 扶餘로 표기되고 있다.

① 夫餘란 명칭은 붉(神明)에서 유래하여 開發-〉滋蔓-〉平野를 의미하는 벌(伐·弗火·夫里)로 변하였다는 說과(崔南善,『兒時朝鮮』p.158), 『資治通鑑』에 나오는 '初夫餘居于鹿山'의 鹿山과 만주어에서 사슴(鹿)을 Puhu,

몽고어에서 Pobgo라고 하는 것을 근거로 夫餘를 사슴의 뜻이라고 하는 說이 있는데(白鳥庫吉,「濊貊民族の由來を述べて, 夫餘高句麗及び百濟の起源に及ぶ」p.516), '벌'에서 유래되었다는 說이 유력하다.

현재로서는 그 어원의 정확한 추정은 어려우나 平野를 의미하는 夫里 등과 同音同義語로 夫餘의 국가적 위치와 관련된 말로 보아야 할 것이다.(李丙燾,「夫餘考」p.226) 『山海經』의 '有胡不與之國'과 관련하여 濊의 漢音 '후이'에서 夫餘의 명칭이 기원했다는 說도 있으나(리지린, 『고조선연구』), 이는 아직 단정할 수 없는 문제이다.

② 夫餘는 일찍부터 中國文獻에 등장하는데, 前記한 『山海經』의 기사를 제외하더라도 伏生의 『尙書大典』에는 '武王克商 海東諸夷夫餘之屬 皆通道焉'이라 하고, 『史記』『貨殖傳』에는 '夫燕 …… 北隣烏桓・夫餘 東縮穢貉・朝鮮・眞番之利'라 하였으며, 『漢書』「地理志」에도 '北隙烏丸・夫餘 東賈眞番之利'라는 기사가 보인다.

따라서 夫餘는 이미 先秦時代부터 古朝鮮과 더불어 중국에 알려질 정도의 국가로 성장하고 있었으며, 늦어도 1세기 초의 後漢代에는 王號를 쓰는 연맹 왕국으로 성장하였다고 보인다.(李基白・李基東, 『韓國史講座』p. 77)

③ 이와 같은 夫餘는 貊族이 古朝鮮 즉, 濊人의 나라에 건국한 국가란 說과(리지린, 앞의 책) 濊의 일부가 貊에 흡수되어 만주로 이동하는 과정에서 형성된 濊貊族에 의해 건국되었다는 說이 있다.(李玉, 『高句麗民族形成과 社會』)

## 註 033

在玄菟北千里 : 『三國志』의 '在長城之北 去玄菟千里'를 축약한 기사로 보인다. 이때의 玄菟郡은 滿洲의 撫順 지역에 옮겨진 제3차 玄菟郡을 가리키며, 『後漢書』「郡國志」에 의하면 당시의 玄菟郡은 6城 1,594戶였다. 後漢代나 三國時代의 夫餘는 그 위치에 큰 변동이 없었으므로 이는 대체로 伊通河 유역의 農安・長春에 중심을 두었던 北夫餘의 위치를 표시한 기록으로 생각된다.

〈참조〉

『三國志』夫餘傳 註 3)

長城之北 去玄菟千里

長城은 中國 北方에 外敵을 방어하기 위해 세워진 城壁으로 흔히 萬里長城이라 불린다. 地圖상의 연장은 약 2,700㎞이지만, 기복이 있거나 중첩된 부분을 고려한다면 5,000㎞에 달한다.

長城의 기원은 春秋時代의 齊에서 시작되어 戰國時代에 들어오면 楚·魏·燕·趙·秦 등 中原의 諸國이 모두 국경에 이를 세웠다. B.C. 221年 秦의 始皇帝가 統一한 후 匈奴를 방어하기 위하여 이를 보수하여 臨洮에서 遼東에 이르는 萬里의 長城을 수축하였다. 최근에 발견된 赤峰 등지의 유적으로 미루어 보아 당시의 長城은 현재보다는 北方에 위치하였다. 南北朝시대에 이르러 大同에서 居庸關을 거쳐 山海關 부근에 이르는 長城을 수축하였는데, 이것이 오늘날의 內長城이다. 당시의 長城은 판축과 석축을 겸용한 것으로 주로 北方 유목민족의 기마 공격을 저지하기 위한 것에 주목적이 있었다. 現代의 長城과 같은 웅대한 규모가 갖추어진 것은 明代에 이르러서이며, 淸代 이후에는 군사적 의미를 잃고 중국 본토와 몽고를 구별하는 정치적 경계에 지나지 않게 되었다.

本傳의 長城은 현재의 萬里長城을 의미하는 것이 아니라 燕·秦시대에 쌓은 長城을 의미하는 것으로, 1975년 이후 中共에서 발굴된 당시 長城의 東端은 대체로 遼河 本流에 이르는 것으로 보아 3차 玄菟郡治인 撫順 지역과 거의 일치하고 있다. 따라서『三國志』의 '長城之北 去玄菟千里'와『後漢書』의 '在玄菟北千里'는 표현의 차이는 있으나 같은 의미로 볼 수 있다.

≪參考文獻≫

王國良,『中國長城沿革攷』1931.

佟柱臣,「赤峰附近新發見之漢前土城址與古長城」『歷史與考古』1946, 瀋陽博物館.

中國社會科學院考古硏究所編,『新中國的考古發現和硏究』1984, 文物出版社.

≪參考文獻≫

『後漢書』志第23「郡國」5 玄菟郡條.

『三國志』卷30「東夷傳」夫餘條.

李基白·李其東 共編,『韓國史講座』1982, 一潮閣.

日野開三郎,「夫餘國考」『史淵』34, 1946.

註 034

弱水 : 松花江으로 보는 說도 있으나, 黑龍江으로 보는 것이 옳다.
〈참조〉
『三國志』夫餘傳 註 5)
北有弱水
弱水의 명칭은 『尙書』「禹貢篇」에 처음으로 나타난다. 이 弱水는 夫餘의 위치 비정과 관련되어 중요한 문제인데, 『通典』에는 '營州柳城縣東南有饒樂水 卽弱水也'라 하였다.
현재에는 黑龍江이라는 說과(井上秀雄, 『東アジア民族史』p.43), 弱의 옛 발음이 nziak 혹은 niak이므로 弱水는 松花江의 지류인 嫩江(Nonni강)을 가리킨다는 說이 있다.(白鳥庫吉, 「夫餘國の始祖東明王の傳說に就いて」)
그러나 『晉書』肅愼傳의 '北極弱手'라는 史料에 유의한다면 黑龍江이 보다 타당하리라 생각된다.

≪參考文獻≫
『尙書』「禹貢篇」
『晉書』卷97「東夷列傳」肅愼氏條.
『通典』
白鳥庫吉, 「夫餘國の始祖東明王の傳說に就いて」『白鳥庫吉全集』券5, 1970.
井上秀雄, 『東アジア民族史』1974, 平凡社.

註 035

本濊地也 : 『三國志』에는 '本濊貊地也'로 되어 있다. 따라서 『三國志』의 축약 과정에서 나온 착오로 볼 수도 있으나, 夫餘를 濊로, 高句麗를 貊으로 표현한 후대 중국 문헌의 일반적 관례에 따른 것이 아닌가 생각된다.

註 046

永初五年 夫餘王始將步騎七八千人寇鈔樂浪 : 『後漢書』「光武帝紀」에는 '夫餘夷犯塞 殺復吏人'이라고 하여 樂浪을 塞로만 기술하고 있어 樂浪을 玄菟의 잘못으로 보는 견해가 타당한 것으로 여겨지고 있으며, (李丙燾, 「夫餘考」p. 219) 이를 樂浪郡의 遼東說의 중요한 근거로 보는 견해도 있으나, (리지린, 『고조선연구』) 이는 後漢의 쇠퇴와 高句麗·百濟의 흥기로 인하여 일

시적으로 遼東 지역에 후퇴한 樂浪으로 보는 것이 어떨까 생각된다. 한편, 本文의 '始'를 夫餘王의 이름으로 보는 견해도 있다.(千寬宇,『人物로 본 韓國古代史』p. 85)

≪參考文獻≫

『後漢書』卷1「光武帝紀」1 下.

리지린,『고조선연구』1964, 사회과학원 출판사.

李丙燾,「夫餘考」『韓國古代史硏究』1976, 博英社.

千寬宇,『人物로 본 韓國古代史』1982.

註 047

尉仇台 :『後漢書』「孝安帝紀」永寧 元年(120) 十二月條와 建光 元年(121) 冬 十二月條 및 延光 元年(122) 春 二月條에는 각기 '夫餘王遺子'라고만 하여 王子名이 보이지 않는다.『三國志』에도 公孫度이 遼東에 독자적인 세력을 형성하였을 때(190~204)에 그 宗女와 결혼하여 일종의 혼인동맹을 맺었던 夫餘王 '尉仇台'의 이름이 나오는데, 이 國王 尉仇台는 2세기 초의 王子 尉仇台와는 연대상의 차이로 보아 다른 인물로 생각된다. 아마도 2세기 초의 尉仇台는 단지 仇台였던 것 같은데, 2세기 말의 그는 이 仇台를 닮았다는 의미에서 高句麗의 '位'字와 음이 같은 '尉'字를 冠한 것이라는 견해가 타당한 것으로 보인다.(李丙燾,「夫餘考」pp. 219~220)

당시의 夫餘는 高句麗의 발전을 견제하기 위하여 後漢과 일정한 외교관계를 전개한 것으로 보이나, 尉仇台의 파견도 高句麗의 玄菟城 공략과 관련된 것으로『後漢書』「本紀」의 '夫餘王遺子將兵救玄菟 擊高句麗·馬韓·穢貊 破之 遂遣使貢獻'이라는 기사는 이를 반영하는 기록이다.『三國史記』에도 太祖王 69年(121)條에 '十二月 王率馬韓·穢貊一萬餘騎 進圍玄菟城 扶餘王遺子尉仇台 領兵二萬 與漢兵幷力拒戰 我軍大敗'라는 기록이 보이며, 70年條에 '王與馬韓·穢貊侵遼東 扶餘王遣兵救破之'라 하여 고구려의 활발한 遼東進出을 견제하기 위하여 夫餘가 後漢과 밀접한 軍事外交를 전개하였음을 알 수 있다.

≪參考文獻≫

『三國史記』卷15「高句麗本紀」3 太祖王條.

『後漢書』卷5「孝安帝紀」第5.

李丙燾,「夫餘考」『韓國古代史硏究』1976.

【사료68】『삼국지(三國志)』〈위서〉「동이전」 부여(夫餘)(국사편찬위원회 한국사 데이터베이스 중국정사 조선전)

夫餘(註 027)는 長城의 북쪽에 있는데, 玄菟에서 천 리 떨어져 있다.(註 028) 남쪽은 高句驪와, 동쪽은 挹婁와, 서쪽은 鮮卑와 접해 있고, 북쪽에는 弱水가 있다.(註 030) [국토의 면적은] 방 2천 리가 되며,(註 031) 戶數는 8만이다.
山陵과 넓은 들이 많아서 東夷 지역에서는 가장 넓고 평탄한 곳이다.(註 034)
城柵은 모두 둥글게 만들어서 마치 감옥과 같다. ~

夫餘는 본래 玄菟[郡]에 속하였다. 漢나라 말년에 公孫度이 海東에서 세력을 확장하여 外夷들을 威力으로 복속시키자, 부여왕 尉仇台는 [소속을] 바꾸어 遼東郡에 복속하였다. 이때에 [高]句麗와 鮮卑가 강성해지자, [公孫]度은 부여가 두 오랑캐의 틈에 끼어 있는 것을 기화로 [부여와 同盟을 맺으려고] 一族의 딸을 [그 王에게] 시집보내었다.
尉仇台가 죽고 簡位居가 王이 되었다. [簡位居에게는] 適子가 없고 庶子 麻余가 있었다. [簡]位居가 죽자, 諸加들이 함께 麻余를 옹립하여 王으로 삼았다.
正始 연간(A.D.240~248; 高句麗 東川王 14~中川王 1)에 幽州刺史 毌丘儉이 [高]句麗를 토벌하면서 玄菟太守 王頎를 夫餘에 파견하였다. 位居는 大加를 보내어 郊外에서 [王頎를] 맞이하게 하고 군량을 제공하였다. [位居의] 季父인 牛加가 딴마음을 품자, 位居는 季父 父子를 죽이고 [그들의] 재물을 적몰, 조사관을 파견하여 재산 목록(簿斂)을 만들어 官에 보내었다.
옛 부여의 풍속에는 가뭄이나 장마가 계속되어(DB주석 - 홍수나 가뭄이 고르지 못하여) 五穀이 영글지 않으면, 그 허물을 王에게 돌려 '王을 마땅히 바꾸어야 한다'고 하거나 '죽여야 한다'고 하였다. 麻余가 죽고, 그의 아들인 여섯 살짜리 依慮를 세워 王으로 삼았다.
漢나라 때에는 夫餘王의 장례에 玉匣을 사용하였는데, 언제나 [玉匣을] 玄菟郡에 미리 갖다 두었다가 王이 죽으면 그것을 가져다 장사지냈다. 公孫淵이 주살된 뒤에도 玄菟郡의 창고에는 玉匣 一具가 그대로 남아 있었다.

지금 부여의 창고에는 玉으로 만든 璧·珪·瓚등 여러 代를 전해 오는 물건이 있어서 대대로 보물로 여기는데, 노인들은 '先代[의 王]께서 하사하신 것이다'라고 하였다.

魏略: 그 나라는 매우 부강하여 선대로부터 일찍이 [적에게] 파괴된 일이 없다.

그 도장에 '濊王之印'이란 글귀가 있고 나라 가운데에 濊城이란 이름의 옛 성이 있으니, 아마도 본래 濊貊의 땅이었는데, 부여가 그 가운데에서 王이 되었으므로, 자기들 스스로 '망명해 온 사람'이라고 말하는 이유가 여기에 있는 듯하다.

魏略: 옛 기록에 또 다음과 같은 말이 있다.
이에 東明은 달아나서 남쪽의 施掩水에 당도하여 ~ 東明은 부여 지역에 도읍하여 王이 되었다.

註 027
夫餘 : 여기서의 夫餘는 北夫餘를 가리키는 것으로써 北夫餘는 韓國史에서 古朝鮮 다음으로 등장하는 국가로 中國文獻에는 夫餘로, 國內文獻에는 扶餘로 표기되고 있다.
① 夫餘란 명칭은 붉(神明)에서 유래하여 開發-〉滋蔓-〉平野를 의미하는 벌(伐·弗火·夫里)로 변하였다는 說과(崔南善, 『兒時朝鮮』p.158), 『資治通鑑』에 나오는 '初夫餘居于鹿山'의 鹿山과 만주어에서 사슴(鹿)을 Puhu, 몽고어에서 Pobgo라고 하는 것을 근거로 夫餘를 사슴의 뜻이라고 하는 說이 있는데(白鳥庫吉,「濊貊民族の由來を述べて, 夫餘高句麗及び百濟の起源に及ぶ」p.516), '벌'에서 유래되었다는 說이 유력하다.
현재로서는 그 어원의 정확한 추정은 어려우나 平野를 의미하는 夫里 등과 同音同義語로 夫餘의 국가적 위치와 관련된 말로 보아야 할 것이다.(李丙燾,「夫餘考」p.226) 『山海經』의 '有胡不與之國'과 관련하여 濊의 漢音 '후이'에서 夫餘의 명칭이 기원했다는 說도 있으나(리지린, 『고조선연구』), 이는 아직 단정할 수 없는 문제이다.

② 夫餘는 일찍부터 中國文獻에 등장하는데, 前記한 『山海經』의 기사를 제외하더라도 伏生의 『尙書大典』에는 '武王克商 海東諸夷夫餘之屬 皆通道焉'이라 하고, 『史記』「貨殖傳」에는 '夫燕 …… 北隣烏桓·夫餘 東縮穢貉·朝鮮·眞番之利'라 하였으며, 『漢書』「地理志」에도 '北隙烏丸·夫餘 東賈眞番之利'라는 기사가 보인다.

따라서 夫餘는 이미 先秦時代부터 古朝鮮과 더불어 중국에 알려질 정도의 국가로 성장하고 있었으며, 늦어도 1세기 초의 後漢代에는 王號를 쓰는 연맹 왕국으로 성장하였다고 보인다.(李基白·李基東, 『韓國史講座』p.77)

③ 이와 같은 夫餘는 貊族이 古朝鮮 즉, 濊人의 나라에 건국한 국가란 說과(리지린, 앞의 책) 濊의 일부가 貊에 흡수되어 만주로 이동하는 과정에서 형성된 濊貊族에 의해 건국되었다는 說이 있다.(李玉, 『高句麗民族形成과 社會』)

註 028

長城之北 去玄菟千里 : 長城은 中國 北方에 外敵을 방어하기 위해 세워진 城壁으로 흔히 萬里長城이라 불린다. 地圖상의 연장은 약 2,700km이지만, 기복이 있거나 중첩된 부분을 고려한다면 5,000km에 달한다. 長城의 기원은 春秋時代의 齊에서 시작되어 戰國時代에 들어오면 楚·魏·燕·趙·秦 등 中原의 諸國이 모두 국경에 이를 세웠다. B.C. 221년 秦의 始皇帝가 統一한 후 匈奴를 방어하기 위하여 이를 보수하여 臨洮에서 遼東에 이르는 萬里의 長城을 수축하였다. 최근에 발견된 赤峰 등지의 유적으로 미루어 보아 당시의 長城은 현재보다는 北方에 위치하였다. 南北朝시대에 이르러 大同에서 居庸關을 거쳐 山海關 부근에 이르는 長城을 수축하였는데, 이것이 오늘날의 內長城이다. 당시의 長城은 판축과 석축을 겸용한 것으로 주로 北方 유목민족의 기마 공격을 저지하기 위한 것에 주목적이 있었다. 現代의 長城과 같은 웅대한 규모가 갖추어진 것은 明代에 이르러서이며, 淸代 이후에는 군사적 의미를 잃고 중국 본토와 몽고를 구별하는 정치적 경계에 지나지 않게 되었다. 本傳의 長城은 현재의 萬里長城을 의미하는 것이 아니라 燕·秦시대에 쌓은 長城을 의미하는 것으로, 1975년 이후 中共에서 발굴된 당시 長城

의 東端은 대체로 遼河 本流에 이르는 것으로 보아 3차 玄菟郡治인 撫順지역과 거의 일치하고 있다. 따라서 『三國志』의 '長城之北 去玄菟千里'와 『後漢書』의 '在玄菟北千里'는 표현의 차이는 있으나 같은 의미로 볼 수 있다.

≪參考文獻≫
王國良, 『中國長城沿革攷』 1931.
佟柱臣, 「赤峰附近新發見之漢前土城址與古長城」 『歷史與考古』 1946, 瀋陽博物館.
中國社會科學院考古研究所編, 『新中國的考古發現和研究』 1984, 文物出版社.


## 註 030

北有弱水 : 弱水의 명칭은 『尙書』 「禹貢篇」에 처음으로 나타난다. 이 弱水는 夫餘의 위치 비정과 관련되어 중요한 문제인데, 『通典』에는 '營州柳城縣東南有饒樂水 卽弱水也'라 하였다.
현재에는 黑龍江이라는 說과(井上秀雄, 『東アジア民族史』 p.43), 弱의 옛 발음이 nziak 혹은 niak이므로 弱水는 松花江의 지류인 嫩江(Nonni강)을 가리킨다는 說이 있다.(白鳥庫吉, 「夫餘國の始祖東明王の傳說に就いて」)
그러나 『晉書』 肅愼傳의 '北極弱手'라는 史料에 유의한다면 黑龍江이 보다 타당하리라 생각된다.


## 註 031

方可二千里 : 『後漢書』에는 '地方二千里'라 하였으며, 대체적인 夫餘의 영역을 말한다. 각종 史書에 나오는 기록을 토대로 夫餘의 영역을 살펴보면 다음과 같다.

① 西境: 夫餘는 서쪽으로 B.C. 3세기 말~1세기에는 烏丸과, 그 이후 시기(B.C. 1~5세기)에는 鮮卑와 각각 접하고 있었다. 『漢書』 「地理志」에 의하면 燕이 '北隙烏丸·夫餘'라 하였으니, 烏丸과 부여가 燕나라 北쪽에서 서로 접하고 있었으며, 부여의 서쪽에 烏丸이 있었다는 것을 알 수 있다. 『後漢書』 「烏丸·鮮卑傳」에 의하면 기원전 3세기 말~2세기 초에 烏丸이 匈奴에게 정복당한 후에도 烏丸은 본래 거주 지역

에 그대로 있었으므로 夫餘와 烏丸과의 지리적 관계는 기원 1세기까지도 그 전시기와 다름이 없었다.

기원 1세기에 夫餘의 서쪽에 鮮卑 세력이 성장하기 시작하여, 기원 1세기 말~2세기 초 後漢이 匈奴를 격파한 후 급속히 장성한 鮮卑族들은 이전 匈奴의 지역을 차지하게 되어 夫餘와 접하게 되었다. 이러한 夫餘의 西邊은 西遼河 일대였다. 즉, 기원 2세기 중엽 鮮卑의 右肩이었던 檀石槐는 匈奴 故地를 차지하고 그 관할구역을 東部·中部·西部의 3개 부로 구분하였는데, 동부 지역은 右北平으로부터 遼東에 이르러 夫餘·濊貊과 접하였다.

3세기 전반 軻比能 代의 鮮卑의 東쪽 변경은 遼水界線에 이르렀다고 하는데,(『三國志』「烏丸·鮮卑傳」) 기원 2~3세기의 遼水는 오늘의 遼河이며, 이 시기의 遼東도 遼河 동쪽 지역이다. 그런데 당시 遼河 下流에는 後漢과 魏의 遼東郡·玄菟郡 등이 있었으므로 鮮卑의 동쪽은 遼河 上流 지역을 가리킨 것이다. 그러므로 鮮卑와 접하는 夫餘의 西邊도 西遼河 일대라고 할 수 있다.

② 東境: 夫餘의 동쪽은 挹婁와 접하였다고 하는데, 『晋書』「東夷列傳」에 의하면 挹婁의 후신인 肅愼이 부여에서 60일이면 갈 수 있다고 하여, 夫餘 中心部로부터 대략 1,000리의 거리에 있었음을 알 수 있다. 다만, 당시의 읍루는 夫餘에 예속되어 있었던 까닭에 실지 夫餘의 영역은 읍루의 東邊인 연해주 일대에 미친 것으로 보인다.

③ 北境: '北有弱水'라 하여 後漢代의 夫餘의 북쪽 강역은 弱水임이 분명하나, 弱水의 위치에 대하여는 諸說이 분분하다. 그런데 『晋書』肅愼傳에 의하면 '肅愼北極弱水'라 하여 弱水라는 강은 夫餘뿐 아니라 挹婁(肅愼)의 북쪽까지도 경유하면서 흐르는 큰 강이었다는 것을 알 수 있다. 송화강 유역에 있었던 夫餘와 그 동변이 연해주의 해변 지대까지 이르렀던 읍루의 북쪽을 경유하여 흐르는 큰 강으로는 黑龍江 외에는 없다. 따라서 夫餘의 北境은 흑룡강에까지 이르렀다고 볼 수 있다.

④ 南境: 南쪽은 대체로 高句麗와 접하였다. 晋代에 이르러서는 鮮卑 慕容氏의 진출로 鮮卑와 접한 것으로 보인다. 따라서, 부여의 지역이 사방 2,000리였다는 것은 부여가 오늘의 夫餘府 일대를 중심으로 동쪽으로는 연해주 지방, 북쪽으로는 흑룡강 이남, 서쪽으로는 遼河 下流, 남쪽으

는 백두산 줄기에 이르는 넓은 지역을 차지하였다는 것을 의미한다.
≪參考文獻≫
『漢書』卷28下「地理志」8下.
『後漢書』卷90「烏桓・鮮卑列傳」
『晉書』卷97「東夷列傳」肅愼氏條.
『조선전사』2(고대편), 1979, 사회과학원 출판사.
李基白・李基東 共著, 『韓國史講座』(古代篇), 1982.

註 034
於東夷地域最平敞 : 夫餘는 이미 古朝鮮 당시에 松花江 유역을 무대로 하여 성장하였다. 그 중심지는 伊通河 유역의 長春・農安 지방일 것으로 추정되고 있는데(日野開三郎,「夫餘國考」), 이 지역은 滿洲에서도 가장 넓은 平野지대의 하나로 손꼽힌다. 그런데 本文의 구절을 중요시하여 夫餘 본래의 위치를 農安의 동북방 즉, 松花江 북쪽의 雙城에서부터 그 북쪽에 있는 阿勒楚喀(일명 阿什河) 일대로 比定하는 견해도 있다.(池內宏,「夫餘考」pp.452~454)
≪參考文獻≫
李基白・李基東 共著, 『韓國史講座』(古代篇), 1982.
日野開三郎,「夫餘國考」『史淵』34, 1946.
池內宏,「夫餘考」『滿鮮史硏究』(上世篇), 1951.

【사료68】『삼국지(三國志)』〈위서〉「동이전」부여(夫餘)(주석서 포함 원문)

夫餘在長城之北, 去玄菟千里,[집해1] 南與高句麗, 東與挹婁, 西與鮮卑接,[집해2] 北有弱水,[집해3] 方可二千里.[집해4]

부여(夫餘)는 장성(長城)의 북쪽에 있고 현도(玄菟)(군郡)에서 1천 리 떨어져 있다.[집해1] 남쪽은 고구려, 동쪽은 읍루(挹婁), 서쪽은 선비(鮮卑)와 접하고[집해2] 북쪽에는 약수(弱水)가 있다.[집해3]

[집해1] 沈欽韓曰, 一統志, 奉天府開原縣, 扶餘國地. 丁謙曰, 夫餘部地, 在今吉林以西, 凡長春府雙城・五常・賓州諸廳, 及伯都・訥阿・勒楚克

等城皆是. 新唐書渤海傳, 以扶餘故地, 爲扶餘府. 遼史, 太祖, 平渤海, 次扶餘府, 有黃龍見城上, 更名黃龍府. 金史, 太祖, 克黃龍, 改濟州利涉軍. [弼按滿洲源流考, 作隆州利涉軍.] 貞祐初, 爲隆安府, 卽今吉林農安縣地. 遼志, 通州, 本扶餘王城, 是也. 又曰, 史記蒙恬傳, 秦築長城, 起臨洮, 至遼東. 知今奉天北境之柳條邊, 皆秦長城故址. 夫餘國, 在今吉林長春府地, 正古長城北也.

[집해2] 丁謙曰, 南之高句麗, 乃(※)古高句麗, 非西漢之末, 新立於朝鮮北境之高句麗也. 古高句麗, 卽在玄菟郡內, 見漢地理志, 及水經注.

[집해3] 沈欽韓曰, 通典, 營州柳城縣東南, 有饒樂水, 卽弱水也. 丁謙曰, 弱水, 今稱哈湯東三省, 樹木叢雜處曰烏稽. 烏稽之地, 必有哈湯, 蓋落葉層積, 雨水釀之, 遂爲極深之泥淖, 人行輒陷, 萬無生理, 故曰弱水, 非別有一河名弱水也. 其著名者, 有紅眼哈湯. 黑龍江外紀, 齊齊哈爾東北山中, 隔紅眼哈丹, 人不敢過. 齊齊哈爾, 爲黑龍江省城. 其東北, 正夫餘北境, 傳中弱水, 指此. 弼按通典, 營州柳城縣, 在今奉天錦西廳, 見吳廷燮東三省沿革表. 沈云, 弱水在此, 與地望不合, 丁說近是.

[집해1] 심흠한(沈欽韓, 청) 왈, 「일통지」에 의하면 봉천부(奉天府) 개원현(開原縣)이 부여국(扶餘國)의 땅이었다. 정겸(丁謙, 청) 왈, 부여부(夫餘部)의 땅은 지금의 길림(吉林) 서쪽으로, 장춘부(長春府)의 쌍성(雙城), 오상(五常), 빈주(賓州)의 여러 청(廳) 및 백도(伯都), 눌아(訥阿), 늑초극(勒楚克) 등의 성(城)이 모두 이것이다. 「신당서」 발해전에서는 부여의 옛 땅으로 부여부(扶餘府)를 설치했다 하였다. 「요사(遼史)」에 의하면 (요)태조가 발해를 평정하고 부여부(扶餘府)에서 묵었는데 성 위에 황룡(黃龍)이 보였으므로 황룡부(黃龍府)로 이름을 고쳤다. 「금사(金史)」에 의하면 (금)태조가 황룡(부)를 함락하고 제주이섭군(濟州利涉軍)으로 고쳤다. [노필(삼국지집해 저자)이 살펴보건대, 「만주원류고」에는 융주이섭군(隆州利涉軍)으로 적혀 있다.] 정우(貞祐:금 선종 1213-1216) 초에 융안부(隆安府)라 하였으며 즉 지금의 길림 농안현(農安縣)이다. 「요사(遼史)」 지리지에서 통주(通州)가 본래 부여(扶餘)의 왕성(王城)이라 하였으니 바로 이것이다. 또한 (정겸) 왈, 「사기」 몽념전(蒙恬傳)에 의하면 진(秦)나라가 장성을 쌓아 임조(臨洮)에서 시작해 요동(遼東)에까지 이르렀는데,

지금 봉천 북쪽 지경의 유조변(柳條邊)이 모두 진(秦) 장성의 옛터였음을 알 수 있다. 부여국(夫餘國)은 지금의 길림 장춘부(長春府) 땅에 있었고 정히 옛 장성(長城)의 북쪽이었다.

[집해2] 정겸(丁謙) 왈, 남쪽의(부여와 남쪽으로 접한다는) 고구려는 바로 옛 고구려이며, 서한(전한) 말 조선 북쪽 지경에 새로 세워진 고구려가 아니다. 옛 고구려는 즉 현도군의 경내에 있었고 한지리지(漢地理志, 한서지리지)와 「수경주(水經注)」에 보인다.

[집해3] 심흠한(沈欽韓) 왈, 「통전(通典)」에 의하면 영주(營州) 유성현(柳城縣) 동남쪽에 요락수(饒樂水)가 있으니 즉 이것이 약수(弱水)다. 정겸(丁謙) 왈, 약수(弱水)는 지금 합탕(哈湯)이라 칭한다. 동삼성[東三省, 봉천성(요령성), 길림성, 흑룡강성]에 나무가 무성하게 뒤섞인 곳을 오계(烏稽)라 한다. 오계(烏稽)의 땅에는 필히 합탕(哈湯)이 있다. 무릇 낙엽이 층층이 쌓이고 비가 내려 뒤섞이면 결국 극심한 진흙탕이 되어 사람이 다니면 늘 빠지게 되고 그곳에 살 수 있을 리 만무하니 이 때문에 약수(弱水)라 칭하는 것이고, 따로 어떤 강의 이름이 약수(弱水)인 것은 아니다. 그중에 유명한 것으로는 홍안합탕(紅眼哈湯)이 있다. 「흑룡강외기(黑龍江外紀)」에 의하면 제제합이(齊齊哈爾)가 동북 산중에서 홍안합단(紅眼哈丹)과 격하고 있는데 사람이 감히 건널 수 없다. 제제합이(齊齊哈爾)가 흑룡강성(黑龍省)의 성(城)이 되었는데 그 동북쪽이 정히 부여의 북쪽 지경이니 (부여)전 중의 약수는 이것을 가리킨다. 노필(삼국지집해 저자)이 보건대「통전」에서 말한 영주(營州) 유성현(柳城縣)은 지금의 봉천 금서청(錦西廳)에 있었으며 (이는) 오정섭(吳廷燮)의 「동삼성연혁표(東三省沿革表)」에 보인다. 심흠한은 약수가 이곳에 있었다고 하나 지리 위치가 맞지 않고, 정겸의 설이 옳은 듯하다.

【사료69】『진서(晉書)』卷九十七「列傳」第六十七 東夷: 夫餘國

夫餘國은 玄菟의 북쪽 천여 리에 있는데, 남쪽은 鮮卑와 접해 있고(註006), 북쪽에는 弱水가 있다. 국토의 면적은 사방 2천 리이고, 戶數는 8만이다. 城邑과 宮室이 있으며, 토질은 五穀이 자라기에 적당하다.

그 나라는 매우 부강하여 先代로부터 다른 나라와의 전쟁에서 패한 일이 없다. 그 王의 인장에는 「穢王之印」이라는 글이 새겨져 있다. 나라 가운데에 옛 穢城이 있으니, 그것은 본래 穢貊의 성이다.

[西晉]의 武帝 때에는 자주 와서 朝貢을 바쳤는데, 太康 6년(A.D.285; 高句麗 西川王 16)에 이르러 慕容廆의 습격을 받아 패하여 [夫餘]王 依慮는 자살하고, 그의 자제들은 沃沮로 달아나 목숨을 보전하였다. 武帝는 그들을 위하여 다음과 같은 조서를 내렸다. ~

이듬해에 夫餘後王 依羅는 하감에게 사자를 파견하여, 현재 남은 무리를 이끌고 돌아가서 다시 옛 나라를 회복하기를 원하며 원조를 요청하였다. [하]감은 戰列을 정비하고 督郵 賈沈을 파견하여, 군사를 거느리고 [夫餘의 사자를] 호송하게 하였다. [모용]외 또한 그들을 길에서 기다리고 있었으나, [가]침이 [모용]외와 싸워 크게 깨뜨리니, [모용]외의 군대는 물러가고 [의]라는 나라를 회복하였다.

그 후에도 [모용]외는 매번 [부여의] 사람들을 잡아다가 중국에 팔아먹었다.(註 019)

註 006
南接鮮卑 : 『後漢書』나 『三國志』 夫餘傳의 '西與鮮卑'와는 달리 남쪽으로 鮮卑와 접하였다는 것은 高句麗 또는 鮮卑 慕容氏의 흥기와 관련하여 夫餘의 중심 위치가 변동된 사실을 반영하는 기록으로 보인다.
즉, 鮮卑 諸族 중 南滿洲에서 활동하였던 慕容氏는 慕容廆시대부터 팽창하기 시작하여 285년에는 부여를 攻破하는 등 遼西·遼東에 세력을 확장하여 遼河 동부 지역 일부도 그 판도 안에 넣었던 것으로 보인다.(池培善, 『中世東北亞史研究』) 따라서 本傳의 '南接鮮卑'는 夫餘가 이와 같이 遼東 지역까지 진출한 鮮卑와 국경을 접하였던 사실을 반영한 기록으로 이해될 수 있다. 한편, 『資治通鑑』 「晉紀」 永和 2年(346)條에는 '初 夫餘居于鹿山 爲百濟所侵 部落衰散 西徙近燕 而不設備 燕王皝遣世子儁帥慕容軍·慕容恪·慕容根三將軍·萬七千騎襲夫餘'라는 기록이 보이는데, 여기에 보이는 百濟를 百濟의 遼西進出의 증거로 보려는 경우도 있으나,(鄭寅普, 『朝鮮史研究』) 高句麗의 誤記로 보는 것이 일반적이다.(李丙燾, 「夫餘考」)
따라서, 이와 같이 본다면 夫餘가 高句麗의 압력에 밀려 서북쪽으로 그 중심을 이동하였기 때문에 남쪽으로 鮮卑와 국경을 접하였을 가능성도 있다고 보인다.

≪參考文獻≫

『晋書』卷108「慕容廆載記」8; 卷109「慕容皝載記」9.
『資治通鑑』卷97「晋紀」19 穆帝 永和 2年條.
鄭寅普,『朝鮮史研究』(上·下), 1947, 서울신문사.
李丙燾,「夫餘考」『韓國古代史研究』1976.
李基白·李基東,『韓國史講座』1982.
池培善,『中世東北亞史研究』1986.
池内宏,「夫餘考」『滿鮮史研究』1951.


註 019

慕容廆掠其種人 賣於中國 : 慕容廆에 의한 夫餘人의 약탈은 당시 北中國의 경제 상황과 밀접한 관련이 있었던 것으로 보이나, 한편으로는 夫餘가 西晋의 도움을 입어 국가를 재건하였음에도 불구하고 그 국세가 전과 같지 못하였음을 단적으로 보여주는 것이다.
이후 北夫餘는『資治通鑑』「晋紀」의
燕王皝遣世子儁帥慕容軍·慕容恪·慕容根三將軍·萬七千騎襲夫餘 儁居中指授軍事皆以恪 遂拔夫餘 虜其王玄及部落五萬餘口而還 皝以玄爲鎭軍將軍 妻以女
에서 보는 바와 같이 346년 慕容氏에 의해 멸망한 것으로 생각된다. 그 故土는 370년까지 慕容氏의 통제 아래 있다가 前燕이 멸망한 370년 이후에는 牟頭婁墓誌의 高句麗가 北夫餘를 鎭守하였다는 기록으로 미루어 보아 高句麗에 통합되고,(李丙燾,『韓國史』pp.416~417) 그 잔류는 서북쪽으로 옮겨가 豆莫婁國을 건설하였던 것이 아닌가 생각된다.(『魏國』豆莫婁國傳)『晋書』「慕容暐載記」에 苻堅이 前燕의 수도인 鄴을 쳤을 때 夫餘質子가 있었던 점으로 보아 北夫餘가 완전히 멸망하지 않았을 것이라는 견해가 있으나,(金毓黻,『東北通史』pp.256~257) 이는 오히려 慕容氏가 夫餘를 공멸한 뒤 그 舊土를 통치하기 위한 수단으로 잡아 놓은 人質일 가능성이 보다 높으므로,(池培善,『中世東北亞史研究』p.204) 속단할 수 없는 문제이다. 이후에도『魏書』에 457년 夫餘가 北魏에 使臣을 보낸 기록이 보이는데, 여기서의 夫餘는 東夫餘일 가능성이 보다 높은 것으로 생각된다.

【사료429】『삼국유사』 권 제1 제1 기이(紀異第一) 북부여(北扶餘)

북부여(北扶餘)

≪고기(古記)≫에 이르기를 "≪전한서≫에 선제(宣帝) 신작(神爵) 3년 임술(壬戌) 4월 8일 천제(天帝)가 다섯 마리 용이 끄는 수레(五龍車)를 타고 흘승골성(訖升骨城) (대요(大遼) 의주(醫州) 지역(在大遼醫州界:대요 의주 경계지역)에 있다.)에 내려와서 도읍을 정하고 왕으로 일컬어 나라 이름을 북부여(北扶餘)라 하고 자칭 이름을 해모수(解慕漱)라 하였다. 아들을 낳아 이름을 부루(扶婁)라 하고 해(解)로써 씨를 삼았다. 그 후 왕은 상제의 명령에 따라 동부여로 도읍을 옮기게 되고 동명제가 북부여를 이어 일어나 졸본주(卒本州)에 도읍을 세우고 졸본부여가 되었으니 곧 고구려(高句麗)의 시조이다. (아래에 나타난다.)"라고 하였다.

【사료520】『삼국유사』 卷 第一 제1 기이(紀異第一) 동부여(東扶餘)

동부여(東扶餘)

북부여왕 해부루(解扶婁)의 신하 아란불(阿蘭弗)의 꿈에 천제가 내려와서 말하기를 "장차 나의 자손으로써 이곳에 나라를 세우려고 하니 너는 이곳을 피하라. (동명이 장차 일어날 조짐을 이름이다.) 동해 해변(東海之濱)에 가섭원(迦葉原)(註 366)이라 하는 땅이 있어 토지가 기름져서 왕도를 세울 만하니라."라고 하였다. 아란불이 왕을 권하여 도읍을 그곳으로 옮기도록 하고 나라 이름을 동부여라 하였다.

註 366
강원도 강릉의 옛 지명인 하서량(河西良)을 전성(轉聲)한 것이라는 견해(권상로, ≪한국지명연혁고≫, 동국문화사, 1961, 2쪽)도 있으나 분명하지 않다.

**【사료41】**『삼국유사』卷 第一 제1 기이(紀異第一) 고구려(高句麗)

≪국사(國史)≫「고려본기」에 이른다. 시조 동명성제(東明聖帝)의 성은 고씨요 이름은 주몽(朱蒙)이다. 처음에 북부여왕 해부루가 동부여로 자리를 피하고 나서 부루가 죽으매 금와가 왕위를 이었다. 이때에 왕은 태백산 남쪽 우발수(優渤水)에서 한 여자를 만나서 사정을 물었더니 그가 말하기를 "나는 본시 하백(河伯)의 딸로서 이름은 유화(柳花)인데 여러 아우들과 함께 나와 놀던 중 때마침 한 사나이가 있어 천제의 아들 해모수라고 자칭하면서 나를 유인하여 웅신산(熊神山) 밑 압록강변의 방 속에서 사통(私通)하고는 가서 돌아오지 않았다. ≪단군기(檀君記)≫에 이르기를 "[단]군(君)이 서하(西河) 하백의 딸과 상관하여 아이를 낳으니 이름을 부루라고 하였다."라고 하였다. 지금 이 기록을 보면 해모수가 하백의 딸과 관계하여 뒤에 주몽을 낳았다고 하였다. ≪단군기≫에는 "아들을 낳으니 이름은 부루이다."라고 하였으니 부루와 주몽은 이복형제(異母兄弟)일 것이다. 부모는 내가 중매도 없이 외간 남자를 따랐다고 하였다. 그리하여 드디어 이곳에서 귀양살이를 하고 있다."라고 하였다.

**【사료368】**『삼국사기(三國史記)』권 제13 고구려본기 제1 시조 동명성왕(東明聖王) 一年

주몽이 고구려를 건국하다 (기원전 37년)

시조 동명성왕(東明聖王)은 성이 고씨(高氏)이고 이름은 주몽(朱蒙)이다. (추모(鄒牟) 또는 중해(衆解)라고도 한다.) 이에 앞서 부여(扶餘)왕 해부루(解夫婁)가 늙도록 아들이 없자 산천에 제사를 지내어 대를 이을 자식을 구하였다. 그가 탄 말이 곤연(鯤淵)에 이르러 큰 돌을 보더니 마주 대하며 눈물을 흘렸다. 왕이 이를 괴상히 여겨 사람을 시켜 그 돌을 옮기니 어린아이[小兒]가 있었는데 금색의 개구리 모양이었다. ('와(蛙, 개구리)'를 '와(蝸, 달팽이)'로 쓰기도 한다.) 왕이 기뻐하며 말하기를, "이는 바로 하늘이 나에게 후사를 내려주신 것이다."라고 하며 거두어 기르고, 이름을 금와(金蛙)라 하였다. 그가 장성하자 태자로 삼았다. 후에 그 재상 아란불(阿蘭弗)이 다음과 같이 말하였다. "일전에 하늘[天]이 저에게 내려와 말하기를, '장차 내 자손에게 이곳에 나라를 세우게 할 것이다. 너희는 그곳을 피하라. 동해의 물가(東海之濱)에 땅이 있는데 이름이 가섭원(迦葉原)(註 011)이라 하고 토양이 기름지고 오곡(五穀)이 자라기 알맞으니 도읍할 만하다.'고 하였습니다."라 하였다. 아란불이 마침내 왕에게 권하여 그곳으로 도읍을 옮기고 나라 이름을 동부여(東扶餘)라 하였다. 옛 도읍지에는 어떤 사람이 있어 어디서 왔는지 알 수 없으나 스스로 천제(天帝)의 아들 해모수(解慕漱)라고 칭하며 와서 도읍하였다. 해부루가 죽자, 금와가 자리를 계승하였다. 이때에 태백산(太白山)(註 016) 남쪽 우발수(優渤水)에서 여자를 만났다. 물으니 말하기를 "저는 하백(河伯)의 딸이고 이름은 유화(柳花)입니다. 여러 동생들과 더불어 나가 노는데 그때에 한 남자가 스스로 말하기를 천제의 아들 해모수라 하고 저를 웅심산(熊心山)(註 021) 아래로 유인하여 압록강(註 022)변(鴨淥邊)의 방 안에서 사랑을 하고 곧바로 가서는 돌아오지 않았습니다. 부모는 제가 중매도 없이 다른 사람을 따라갔다고 꾸짖어 마침내 벌로 우발수에서 살게 되었습니다."라 답하였다.

註 011
현재의 위치를 알 수 없다. '가시벌' 또는 '가시부리'의 音借라 한다. '가시'는 '邊'의 뜻으로 해부루가 '동해변의 땅'으로 옮겨갔으므로 불리게 되었다 한다(김영황,《조선민족어 발전력사 연구》). 그러나 '가섭'이란 불교와 관련 있는 용어로 혹 불교가 들어온 이후 붙여진 지명이 아닌지 모르겠다. 신채호는 가섭원은 원래 '加瑟羅'이던 것을 불교적으로 변개한 것이라고 주장한 바 있다(신채호, 「전후삼한고」, 《단재신채호전집》 중, 형설출판사, 1972).

註 016
또는 太伯山이라 쓰기도 한다. 太白山은 경우에 따라 지금의 白頭山, 또는 妙香山, 또는 강원도의 太白山을 가리키기도 한다. 고려시대에는 태백산은 妙香山을 가리켰으며(《삼국유사》 권1 紀異篇 古朝鮮條, 《고려사》 권58 地理志 殷州條), 조선 초에도 이 견해를 이어받아 본문의 태백산을 妙香山으로 비정하기도 하였다(《新增東國輿地勝覽》 권54 寧邊大都護府 山川 및 古跡條). 태백산이란 명칭은 古來로 北方에 있는 大鎭山을 칭하는 것으로 여겨지기 때문에(김상기,《국사상에 나타난 건국설화의 검토》, 4쪽) 그 명칭은 여러 곳에서 나타날 수 있는 것이다. 여기서의 태백산은 백두산을 가리킬 것이다. 그것은 본문의 이야기 전개의 무대가 지금의 渾江, 鴨綠江 일원이기 때문이다. 그렇다고 하더라도 '백두산의 남쪽 운운'한 것은 정확하게 그 방향을 정확하게 지칭한 것이라고 할 수 없다. 다만 이 근처에서 백두산만 한 크기의 산을 찾아볼 수 없기 때문에 여기서의 태백산은 백두산을 지칭한 것으로 보고자 한다.

註 021
현재의 위치를 알 수 없다.《삼국유사》권1 紀異篇 高句麗條에서는 '熊神山'이라 하였다. 본문에서 "웅심산 아래 압록수 가"라고 한 데 반해,《東明王篇》에 인용된《舊三國史》에서는 柳花 등이 '압록에서 나와 웅심 연못 가에서' 놀았다고 되어 있다.《東明王篇》에 의하면 '熊心'은 연못의 이름이다.

註 022
현재의 鴨綠江이다. 일명 '馬訾水'라고도 불렸다. 물빛이 오리의 머리 색깔과 같아서 압록이라는 이름을 얻었다고 전한다(《通典》권186 邊防 2 高句麗傳).《東明王篇》의 이 부분의 註에서는 "淸河 今鴨綠江也"라 하여 압록강이 '淸河'라고도 칭하여진 것처럼 적고 있으며,《고려사》도 같은 주장을 하고 있다(《고려사》권12 地理志 義州條). 이에 대해 丁若鏞은 安鼎福의 설을 좇아 '청하=압록강' 설이 오류라고 주장하였다(《대동수경》,《여유당전서》6집, 경인문화사, 1981).

부여를 기록한 사서의 기록들에 의하면 앞에서 인용한『상서대전』,『사기』「화식열전」들과 더불어 살펴보면 앞에서 확인한 사항을 제외하고 몇 가지 사항을 파악할 수 있다.

1. 부여는 진장성 북쪽에 있었다.
2. 부여는 현토에서 천 리 떨어져 있다.
3. 부여도 원래 고구려와 같이 현토(군)에 속해 있었다.

4. 부여의 남쪽에는 고구려가 있고, 이전에는 연나라가 있었다.
5. 동쪽에는 읍루(말갈)가 있다.
6. 서쪽 또는 남쪽에는 선비가 있다.
7. 북쪽에는 약수가 있다.
8. 본래 예족 내지는 예맥의 땅에 있다.
9. 목책을 둥글게 쌓은 성이 있다.
10. 동부여는 동해 해변가 가섭원에 있다.

'1~6' 및 '9~10'에 대하여는 앞에서 설명하였지만 당시 현토군은 하북성 석가장시 북부 인근에 있었다. 그러므로 이곳에서 북쪽은 북부여의 근거지인 산서성 대동시 영구현 일대가 맞는다.

'7' 사항인 부여의 북쪽에 약수가 있다고 하는 사항에서 약수의 위치에 대하여는 앞으로 별도로 설명하고자 한다.

'9' 목책은 책성으로 이는 이미 [책성에 대하여]를 비롯하여 여러 차례 설명한 바 있다.

'10' 사항도 이미 설명한 바 있으나 앞으로 별도로 설명할 예정이다.

'8'과 관련하여 본래 예족 내지는 예맥의 땅에 있었다는 사실은 이미 앞에서 신라의 출처와 관련하여 설명하였듯이 신라의 원조인 예족이 처음 이곳 산서성 동부와 하북성 서북부인 탁수 지역 즉 현재의 거마하 지역에 자리 잡은 후 남쪽 산동성으로 이동한 후 이곳에 남아 있던 세력이 맥족과 합하여 예맥족이 된 사실 그대로 부여의 원래 위치가 예족 내지는 예맥의 땅으로 기록되고 있는 것에 의한다. 또한 『후한서』 및 『삼국지』의 「부여전」에서는 부여의 위치를 선비의 동쪽으로 기록하고 있지만 『진서』 「동이 부여국」에서는 선비의 북쪽으로 기록하고 있다. 당시 선비 세력 즉 나중의 북위 세력의 선조인 탁발선비의 선조인 대나라는 산서성 흔주시 대현과 번치현 일대에 있었고,

예맥으로써 나중의 전연, 후연의 선조인 모용선비인 구려의 별종인 소수맥은 석가장시 서북부 인근에 있었다. 이들은 모두 북부여의 제후국으로 추모대왕의 출처인 (본)부여의 제후국인 고구려와 형제국이었다. 이들의 위치가 전체적으로 산서성 흔주시로부터 태행산맥의 동쪽을 거쳐 남쪽의 석가장시 서북부 인근까지 있었으므로 이로 보아 이들이 각각 다른 부여의 서쪽 및 남쪽에 있다는 기록이 다 맞는다. 그리고 이 몇 가지 부여에 관한 기록에서 파악할 수 있는 사항 즉 기본의 식민사학인 주류 강단 사학계의 논리에 반하는 사항이 많이 확인된다. 물론 이는 위치에 관한 사항이 주된 사항이다. 이러한 사항은 모두 중국사서에 의하여 입증된다. 주류 강단 사학계가 비정하는 바는 중국사서에 반하는 것으로 중국 측이 의도적으로 후대에 왜곡한 바에 의하여 이를 따른다. 당연히 고구려는 부여 인근에 있었다. 그렇기 때문에 부여의 위치를 알면 고구려의 위치를 알 수 있다. 그런데 이 부여는 앞서 연나라의 위치와 이 연나라 인근에 부여가 있다는 것이 중국사서의 기록으로 확인되었다. 그리고 이 연나라의 인근에 있다는 부여의 인근에 선비와 읍루 즉 말갈의 전신이자 여진의 전신인 읍루가 있다. 중국 측과 주류 강단 사학계는 우리의 고구려는 물론 고조선과 부여 그리고 이와 관련된 중국과 관련된 연나라, 선비와 숙신, 읍루, 말갈인 여진 모두를 한반도 인근으로 비정하였다. 하지만 모든 중국사서는 이들이 모두 산서성과 산서성 인근의 하북성에 있는 것으로 증거하고 있다. 단지 앞에서도 수많이 살펴보아 알수 있듯이 여기서도 앞으로 살펴보아 입증할 것이지만 중국 측의 후대의 청나라 학자들에 의하여 하북성에서 요령성으로 이동된 것을 그대로 따른 것을 일제 식민 사학자들이 이를 이용하여 식민사학을 완성하여 우리 역사를 정하였고 이를 주류 강단 사학계가 그대로 따르고 있다. 이미 앞에서 부여의 동쪽에 있다는 읍루의 후신인 말갈에 대하여는 살펴보았다. 말갈족 중 한 일파인 흑수말갈은 지금도 그 지명이 남아 있는 산서성 대동시 천진현 흑수하(Heishui River, 黑水河) 인근을 그 본거지로 하고 있었다. 그리고 가장 남쪽에 있었다는 속말말갈이 있었다는 곳은 태백산으로 지금도 그 지명이 남아 있는 산서성 대동시 영구현 태백산(Taibai Mountain, 太白山)이다.

> 【사료25】『통전(通典)』「변방」 '동이 하 고구려'
>
> 평양성(平壤城) 동북쪽에 노양산(魯陽山)이 있고 그 정상에 노성(魯城)이 있다. 서남쪽으로 20리에 위산(葦山)이 있는데 남쪽에 패수(浿水)가 가깝다. 대요수는 말갈국 서남산에서 나와 남으로 흘러 안시현에 이른다. 소요수는 요산에서 나와 서남으로 흘러 대양수와 만난다. 대양수는 나라의 서쪽에 있다. 새 밖에서 나와 서남으로 흘러 소요수로 흘러간다. 마자수는 일명 압록수이다. 물이 동북 말갈의 백산에서 나온다.

이곳에서 발원하는 하천이 마자수 즉 호타하이다. 이것이 사료상의 압록수이다. 압록수는 이곳 하북성 호타하이다. 따라서 이 말갈이 한반도 인근에 있다는 주류 강단 사학계의 논리는 역사 조작이다. 앞에서 확인하였듯이 금나라 및 청나라를 일으키는 여진족은 당나라 시기에는 말갈, 그 이전에는 숙신, 읍루로 중국사서에 기록되어 왔다. 따라서 이 말갈의 선조인 읍루도 말갈의 위치 인근에 있었다는 것은 당연하다. 물론 이 말갈도 모두 한반도 인근으로 왜곡 비정한 채 흑수말갈의 흑수하도 만주 길림성의 흑룡강으로 비정해 놓고 있다. 고구려와 부여의 한반도 북부 비정에 따라 같이 왜곡하여 이동시켰다.

그러나 이 읍루 즉 말갈의 위치가 부여 동쪽에 있다는 사서의 기록과 일치하는 것으로써 부여의 근거지인 대동시 영구현과 그 동북쪽에 각각 태백산과 흑수하가 있다. 그리고 나중에 요나라를 일으키는 거란족의 선조는 선비족이다. 이들은 우문선비족의 분파이다. 부여의 서쪽 또는 남쪽에 있다는 선비와 그 후신인 거란은 이곳에 있을 수밖에 없다. 이 선비족의 후신인 거란의 위치 기준이 되는 거란의 북쪽에 있다는

【사료29】『요사』「지리지」

〈서문〉
요국(遼國) 그 선조는 거란(契丹)이라고 한다. 원래 선비(鮮卑)의 땅으로 요택(遼澤) 가운데에 살았었다. 유관(楡關)까지 1130리가 떨어져 있고 또한 유주(幽州)까지 714리 떨어져 있다. 남쪽으로는 황룡(黃龍)을 견제하고 북쪽으로 황수(潢水)를 띠처럼 두르고 있고,

황수하는 산서성 삭주시 산음현(山西省 朔州市 山阴县)에 있는 황수하(Huangshui River, 黃水河)로 지금도 실제하고 있다. 이 거란족의 북쪽 경계인 황수하가 산서성 삭주시에 있는 것은 사서의 기록대로 부여의 근거지인 산서성 대동시 영구현의 서쪽에 있어 사서의 기록대로 선비는 부여의 서쪽 또는 남쪽에 있다는 기록과 일치한다. 그럼에도 불구하고 역시 거란의 위치를 왜곡 이동시켜 동쪽의 요령성 조양시 서북쪽의 시라무렌강으로 비정하고 있다. 이러한 선비족에 대하여는 앞에서 다른 여러 사항과 함께 설명을 많이 하였고 특히 그 역사에 대하여도 설명하였다. 즉 중국 사료상 탁발선비족은 그 선조국인 대나라가 산서성 흔주 지방에 있었다는 것은 명백한 사실로 입증되는 사항이다.

그러나 이는 그래도 조금 동쪽으로 이동시켰다. 북위를 건립한 탁발선비 이외에 선비족의 또 다른 대표적인 갈래로 전연, 후연, 북연을 세운 모용선비의 경우 요령성 요하 서쪽까지, 북위를 형성한 두 세력인 황하를 경계로 한 '서위-북주' 그리고 다른 세력 '동위-북제' 중의 한 세력으로써 나중에 수나라와 당나라의 건국 세력의 원조인

'서위-북주'의 주체 세력인 우문선비족은 그보다 서쪽인 지금의 북경시 북쪽 지방에 왜곡 비정시켜 놓고 있다. 그래서 모용선비족의 중심지를 요령성 조양으로 하여 이곳을 삼연(전연, 후연, 북연)의 옛 수도로써 이곳을 역사 기록상의 도읍인 용성으로 하고 있다.

하지만 우문선비족은 처음에 모용선비에 복속하고 있다가 모용선비 국가인 북연이 탁발선비족의 북위에 멸망되자 거주지를 무천진 즉 지금의 산서성 흔주시 서북부이자 삭주시 서북부이자 대동시 서북부인 호화호특시(呼和浩特市)로 옮기고 산서성 흔주시 대현 인근을 근거지로 하여 성립한 북위에 귀속하여 북위의 두 주체 세력 중의 하나인 고구려 세력과 더불어 다른 하나의 세력을 형성하고 있다가 나중에 북위에서 갈라진 서위(우문씨 세력)와 동위(고구려 세력) 중의 서위가 된 후 다시 이어진 북주(우문씨 세력)와 북제(고구려 세력) 중의 북주가 된 후 이 세력이 먼저 북제를 통합한 후 북조를 통일하고 이후 결국 고구려, 백제, 신라를 제외한 중국 전체를 통일하여 수나라와 당나라가 되는 주체 세력인 것은 중국 역사상 상식에 속한다.

그리고 북위의 탁발선비족의 근거지는 그 선조 나라인 대나라 그리고 이의 선조 나라인 색두가 산서성 흔주시를 중심으로 있었다는 것 또한 명백한 사실이다. 그리고 전연, 후연, 북연의 삼연의 모용선비족은 중국사서상 소요수에서 발원한 구려의 별종인 소수맥인 예맥족으로 원래의 위치가 자몽지야로써 탁발선비의 색두와 고구려 사이인 태행산맥 동쪽에 있었고 그 수도는 지금도 유적이 남아 있는 하북성 석가장시 정정현이 용성이다. 그런데도 이를 요령성 조양으로 왜곡하여 옮기고 이곳이 삼연의 옛 수도 자리이고 이곳이 삼연문화의 중심지라고 하는 한편 산서성으로부터 요령성 요하까지를 이전에는 연나라 문화 그리고 나중에는 이 삼연의 문화라고 하는 것은 연나라와 삼연의 위치를 이곳으로 왜곡 비정한 후에 의한다. 이곳에는 연나라도 없었고 삼연도 없었고 우리 동이족 문화만 있었다. 이렇게 선비족의 나라인 삼연이 산서성으로부터 요령성 요하까지 차지하고 있었다는 사실이 천지가 개벽할 역사 조작이라는 사실은 중국의 양심 있는 학자는 누구나 안다.

그런데도 이를 그대로 받아들여 고구려의 중심부에서 동쪽으로 깊숙이 있는 요령성 조양을 모용선비족의 중심지로 내주는 주류 강단 사학계의 행태는 자기 집 안방을 남에게 내어주는 꼴이다. 그러나 이를 비판하는 비주류 강단 사학계와 재야 민족 사학계에서조차 선비족의 활동과 그 위치가 고구려의 활동과 위치를 증명하는 중요한 사항이 된다는 사실을 인식하지 못한 채, 이들 선비에 대한 역사를 소홀히 하거나 중국 측과 주류 강단 사학계의 왜곡을 그대로 수용하고 있는 것을 바탕으로 역사를 파악하려고 하니 모든 것이 제대로 맞지 않게 된다. 이는 잘못된 역사를 바로잡고자 잘못을 비판하는 올바른 입장이 될 수 없다.

일제 식민사학을 그대로 이어받은 주류 강단 사학계의 논리인 '낙랑군 평양설'을 유지하기 위해 고구려를 한반도 평양의 낙랑군 근처의 현토군 인근에 두고서 이 고구려와 역사적 활동을 활발히 한 선비족을 그 인근에 두기 위하여 이들의 위치도 왜곡 비정하였다. 이것은 중국 측의 입장과도 맞아떨어진 것으로 자기들의 위대한 국가인 수나라와 당나라를 건설한 선비족의 근거지인 산서성과 하북성을 이민족으로써 오랑캐인 고구려에 주지 않으려고 수당전쟁을 일으킨 것처럼 이곳을 역사적으로도 요서백제에 주지 않으려고 동쪽으로 조작하여 옮겼다.

이러한 선비족의 역사와 위치 사항만으로도 이 선비족의 동쪽 내지는 북쪽에 있다고 중국사서가 기록한 부여의 위치가 이곳 인근 산서성(물론 북부여)에 있다는 것은 당연한 결과이고, 마찬가지로 이러한 선비족과 수많은 활동을 하였다는 부여의 남쪽에 있다는 고구려 역시 이곳에 있음은 당연하다. 마찬가지로 고구려가 탄생한 것으로 중국사서가 기록한 현토군과 이 현토군 이웃에 있는 낙랑군과 요동군 등도 모두 이곳 하북성에 있는 것은 당연한 사실이다. 그러면 이 선비족 내지는 선비족 국가와 고구려와의 관계를 살펴보아 고구려의 위치 내지는 고구려의 활동 사항을 좀 더 입증하고 계속하여 부여 사항을 살펴봄으로써 고구려의 위치를 확인하고자 한다.

> 우리 고대사의 활동 영역 위치를 그들의 원조 국가인 수나라와 당나라의 근거지를 피하여 동쪽으로 옮기고자 선비 관련 위치를 모두 동쪽으로 조작하여 옮겼다.
> 주류 강단 사학계는 이를 그대로 따르고 있다.
> 이것이 그들의 역사 논리와 맞기 때문이다.

앞에서 살펴본 대로 선비가 탄생한 후 성장하여 국가를 형성하는 과정은 확인하였다. 이제는 이후 고구려와의 관계를 살펴보고자 한다. 이를 살펴보는 것은 본 필자의 개인적인 편견에 의한 것이 아니라 명백히 앞의 모든 사실도 그렇지만 중국사서가 기록하는 바를 제대로 해석함으로써 입증하는 것일 뿐이다. 이는 중국사서의 기록을 제대로 해석하지 않거나 중국 측의 소위 '춘추필법'에 의하여 왜곡된 바를 그대로 수용하여 해석하는 주류 강단 사학계의 해석과 다를 뿐이다.

본 필자의 이러한 해석이 편의적이거나 잘못된 해석이라고 판단되는 사람인 경우 본 필자가 앞에서 누누이 강조하였지만 주류 강단 사학계의 왜곡을 비판하면서도 그 왜곡성에 어느 정도 젖어 해석하여 오던 선입견으로 인하여 본 필자의 주류 강단 사학계와 다른 해석을 그렇게 이해하는 것이라고 본 필자는 판단한다. 객관적으로 어느 해석이 옳은지를 판단하면 분명히 알 수 있을 것이라 확신하기 때문이다.

# [선비에 대하여(2)] (고구려와의 관계)

■ [그림64] 삼연(전연, 후연, 북연) 위치 비정도

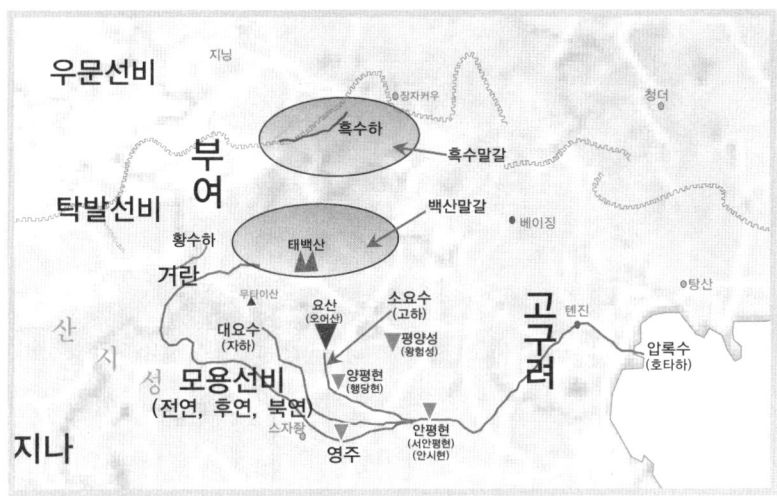

■ [그림65] 중국/주류 강단 사학계의 북위 위치 비정도

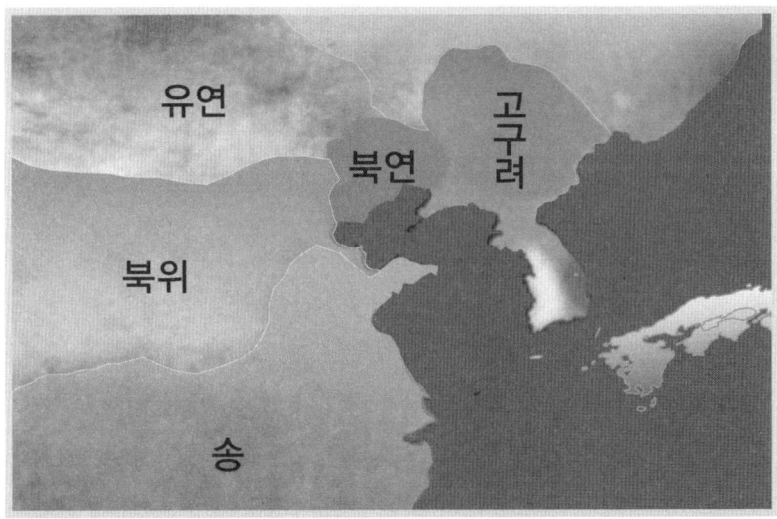

■ [그림66] 북위 위치 비정도

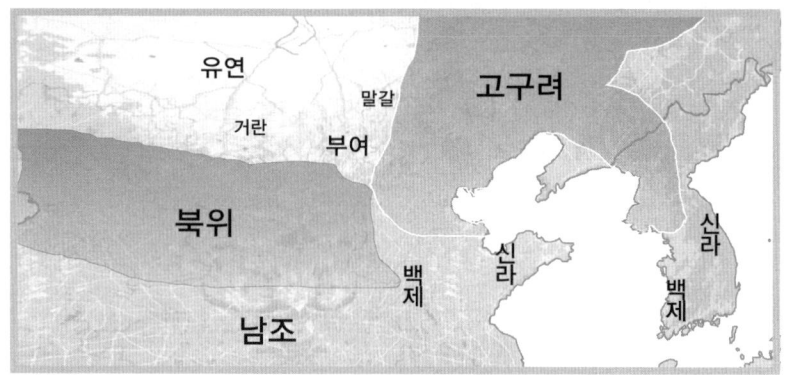

선비족은 대략 6개의 부족이 있으나 그중 뚜렷한 활동 즉 국가를 형성한 세력으로 크게 세 가지로 구분한다. 즉 모용선비, 탁발선비, 우문선비 들이다. 모용선비족은 나중에 전연, 후연, 북연의 주축이 되고, 탁발선비족은 먼저 대나라(315~376년)를 세웠다가 전진에 멸망당하였으나 전진이 386년에 동진에 멸망당하자 재건하여 위나라를 세워 북위가 되었다. 우문선비족은 처음에는 모용선비족의 나라에 속해 있다가 탁발선비족의 나라인 북위에 멸망하자 다시 탁발선비족의 북위에 속해 있다가 북위가 약해지자 분할되어 북위를 구성한 2개의 핵심 세력인 고씨 즉 고구려 세력이 황하 동쪽에 동위를 세울 때 황하 서쪽에서 서위를 세운 후 다시 북주를 세운 후 여기서 수나라와 당나라를 세우는 주축이 된다.

이러한 이들이 세운 나라인 전연(337~370년), 후연(384~407년), 북연(407~436년), 북위(386~534년) 등 4개의 국가에 있어 모용씨의 나라인 전연은 고구려와 둘 사이에 있는 요동군과 현토군 그리고 낙랑군을 두고 치열한 쟁탈전을 벌였다. 전연을 세운 모용황은 고국원왕 9년(339)의 고구려 신성을 공격하는 것을 시작으로, 341년에는 용성 즉 지금의 하북성 석가장시 정정현에 도읍을 정하여 이곳을 그들의 중심부로 삼았다. 한편 고구려는 졸본성에서 국내 위나암성(불이성)으로 다시 환도성으로 여기서 평양성으로 옮긴 상태에서 고국원왕 12년(342) 환도성 즉 용성인 하북성 정정현의 동북부인 지금의 하북성 임구시로 다시 옮겨 전연에 맞불을 놓아 대결 상태에 돌입하였다.

그러나 전연의 위세가 강하여 같은 해인 고국원왕 12년(342) 전연 모용황의 침입 시 수도인 환도성이 함락되고 미천왕의 시신을 탈취당하고 황태후와 황비가 볼모로 잡히고 남옥저 죽령 지방으로 피신까지 하였다가 수도를 평양 동황성으로 천도까지 하였다. 이후에도 계속 전연에 밀렸으나 요서로 진출하던 백제가 370년에 이러한 전연을 멸망시킴으로써 전연과의 싸움은 종식되었으나 이후에는 백제와의 싸움이 이어졌다. 물론 중국사서 기록에는 이 전연의 멸망이 전진에 의한 것이라고 기록되었다. 하지만 백제의 요서 지방 진출 기록은 근초고왕 시기 347~366년 사이의 20년 기록은 물론 이전의 백제의 부여 공격 기록도 일부에만 남아 있듯이 중국사서 전체가 이후의 요서 진출 결과와 몇 가지 단편적인 기록만 남긴 채 백제의 요서 진출 기록을 남기지 않고 있다.

이후 같은 모용씨에 의하여 건국된 후연은 전진에 있던 모용수가 업 지역(지금의 산서성 한단시와 안양시 사이)에서 자리를 잡고 384년 연왕에 즉위하였다가 386년 중산 즉 지금의 석가장시 평산현 일대에서 수도를 정하고 황제를 칭하고 나중에 396년 용성인 중산의 동쪽인 지금의 하북성 석가장시 정정현으로 수도를 옮겼다. 이즈음 탁발선비족에 의하여 그 선조국인 대나라의 위치인 지금의 산서성 흔주시에서 386년에 북위를 건국하였다. 후연 초기에는 고구려가 고국양왕 2년(385) 요동군과 현토군을 점령하는 등 압박을 가했으나 후연은 같은 해 다시 이를 탈취하는 등 서로 대등하게 다투었다.

광개토대왕 9년(399)에도 후연이 고구려의 신성과 남소성을 빼앗는 등 고구려를 공격하였으나, 광개토대왕 11년(401)에는 고구려가 후연의 숙군성을 공격하는 등 후연을 제압하였다. 이후 후연은 광개토대왕 14년(404)과 15년(405) 각각 고구려의 요동성 및 목조성을 공격하였으나 격퇴당하는 기록을 끝으로 고구려와의 다툼이나 전쟁은 보이지 않는다. 이후 고구려 광개토대왕 17년(407) 후연의 풍발이 반란을 일으킨 다음 342년 전연의 모용황이 고구려 환도성을 침입한 당시 포로로 끌고 갔던 고구려인 고운(모용운)을 추대하여 황제로 삼음으로써 후연이 멸망하고 북연이 세워졌다. 이때 광개토대왕은 북연에 사신을 보내 종족의 예를 베푸는 것으로 선비족과의 투쟁은 끝나게 되었다. 따라서 339년 전연의 고구려 신성 공격을 시작으로 405년 후연의 목조성 공격을 끝으로 『삼국사기』 기록상의 66년 다툼이 끝났다.

　이 시기를 즈음하여 고구려는 성장하여 실질적으로 후연은 고구려와의 다툼으로 고구려의 강력한 시기인 광개토대왕 시기에 약화된 채 고구려계를 왕위에 추대하는 쿠데타를 일으켜 멸망할 만큼 고구려는 이미 후연을 압도하고 있었다. 이러한 사실도 기록상으로는 단순한 자체 쿠데타가 일어난 것으로 기록되고 있지만 광개토대왕 비문에 의하면 이 쿠데타가 일어나던 해인 407년 광개토대왕이 이 후연을 대대적으로 정벌하여 굴복시켜 고구려계 정권을 세운다는 조건으로 항복시킴으로써 고구려계 왕을 추대하게 한 것임을 알 수 있다.

> 전연은 요서 진출을 한 백제의 공격으로 결국 멸망하였고, 후연은 고구려의 공격으로 멸망한 채 북연은 고구려 부용국이 되었다.

　비록 후연이 멸망되고 북연이 세워질 때 왕이었던 고구려계 모용운(고운)이 409년 반란을 일으킨 풍발에 살해되었으나 이미 북연은 고구려의 위세에 눌려 복속국으로 있다가 세워진 이후 29년 만인 436년 북위의 공격에 멸망하였다. 이 멸망 직전인 436년에는 북연의 왕 풍홍이 고구려에 차후 도움을 청하는가 하면, 북연을 공격할 북위는 북연 공격 사전에 고구려에 알리는 등 이 시기에는 북연 및 북위는 고구려의 위세에 눌려 있던 상태였다. 이때 북위와 고구려는 북위가 북연을 멸망시키는 조건을 서로 약속한 것으로 보이는데, 북연의 영역은 북위가 갖되, 북연의 지도 세력을 비롯한 모든 백성 등 인적자원은 고구려가 차지하는 것으로 이를 시행하였다.

그러한 결과에 의하여 고구려는 멸망한 북연의 왕을 비롯한 많은 백성을 받아들이게 되었다. 이런 결과에 따라 고구려에 접수된 멸망한 북연의 왕 풍홍이 고구려에 반하는 행위를 하자 살해하기까지 하였다. 이후 『삼국사기』 기록은 장수왕이 북위에 44차례나 일방적인 조공을 한 것으로 기록하고 있다. 이러한 조공 기록에 대하여 현재의 해석은 중국의 소위 '춘추필법'에 의한 의례적인 기록을 그대로 『삼국사기』가 인용하여 따른 것이라고 해석하고 있다. 이는 사실일지라도 당시의 상황과는 동떨어진 채 다른 역사적 활동 기록은 없이 통상적인 범위를 넘어선 1년에도 여러 차례 조공하는 기록만을 남기는 등 비정상적인 기록을 『삼국사기』가 남긴 것은 틀림없는 사실이다.

이렇게 일방적인 기록을 한 중국사서의 왜곡성과 그것을 그대로 따르거나 『삼국사기』의 왜곡과 역사 인식 부족 사항에 대하여는 앞에서도 살펴보았지만 이 선비족 국가와의 고구려 관계에서도 나타나고 있다. 이러한 조공 기록은 물론

> 【사료521】『위서(魏書)』卷七下 高祖紀 第七下 (太和十有三年(489)) 冬十月甲申
>
> (太和十有三年(489)) 冬十月甲申, 高麗國遣使朝貢.

이러한 『위서』의 기록을 그대로 인용하여 『삼국사기』가 기록하였다.

【사료522】『삼국사기(三國史記)』권 제18 고구려본기 제6 長壽王 489년 10월(음)

북위에 조공하다 (489년 10월(음))

겨울 10월에 사신을 위(魏)에 들여보내 조공하였다.

하지만 다른 사례인 484년 조공 기록을 살펴보면,

【사료523】『삼국사기(三國史記)』권 제18 고구려본기 제6 장수왕(長壽王) 七十二年冬十月

북위에 조공하다 (484년 10월(음))

72년(484) 겨울 10월에 사신을 위(魏)에 들여보내 조공하였다. 그때 위인(魏人)이 우리나라가 강하다고 여겨, 여러 나라 사신의 숙소를 두는데, 제(齊)의 사신을 첫 번째로, 우리 사신을 그다음에 두었다.

이 기록은 물론 『위서』에도 그대로 기록되어 있다.
그러나 다음 기록인 이후 5년 후의 기록이다.

【사료87】『남제서(南齊書)』東南夷列傳 高[句]麗

[그들은] **魏** 오랑캐에게도 사신을 보냈지만 세력이 강성하여 [南齊의] 제어를 받지 않았다. [魏]오랑캐는 여러 나라의 사신 관저를 두었는데, 齊나라 사신의 관저를 제일 큰 규모로 하고 고[구]려는 그다음 가게 하였다.

永明 7년(A.D.489; 高句麗 長壽王 77)에 平南參軍 顔幼明과 冗從僕射 劉思斅가 [魏] 오랑캐에 사신으로 갔더니, 오랑캐의 元會에서 고[구]려의 사신과 나란히 앉게 하였다. 이에 幼明이 僞朝(北魏)의 主客郎 裵叔숭에게 말하기를,

> "우리들은 중국 임금의 명을 받들고 경의 나라에 왔소. 우리나라와 겨룰 수 있는 나라는 오직 魏가 있을 뿐이오. 다른 외방의 오랑캐는 우리 騎馬가 일으키는 먼지조차 볼 수 없소. 하물며 東夷의 조그마한 貊國은 우리 조정을 신하로서 섬기고 있는데, 오늘 감히 우리와 나란히 서게 할 수 있소?" 하였다.

이 기록은 『위서』도 없고 『삼국사기』 기록에도 없다. 앞선 484년 기록은 위나라가 당시 남조의 제나라 사신보다 고구려를 아래로 취급하였다는 기록이고, 뒤의 489년 기록은 위나라가 동등하게 취급함에 대하여 제나라가 항의하였다는 기록이다. 앞에서 살펴본 고구려 태조대왕 59년(111) 부여의 낙랑군 공격과 함께 한 현토군 공격에 대한 기록에 대하여 『삼국사기』는 중국사서 『후한서』의 기록 그대로 현토군에 속하기를 요청한 사실로 기록하였다.

그러면서 『자치통감』상에는 고구려가 현토군을 공격한 사실을 소개하면서 **"속하기를 요청하였는지 혹은 침입하였는지 알 수 없다. 아마 어느 하나는 잘못일 것이다."** 라고 중국사서의 다른 기록을 접하면서 혼란을 겪은 상황을 그대로 기록하였다. 물론 다른 사서인 『후한서』「부여전」에는 부여가 낙랑군을 같이 공격한 기록이 있다. 이렇게 둘 중의 하나인 공격하였다고 하는 것이 맞는 것인데도 둘 중 다른 것을 기록하면서 모른다고 한 사례가 있다. 이 사건에는 이렇게 하였으면서도 앞의 고구려가 불리한 채 위나라로부터 제나라보다 낮은 취급을 받은 기록은 그대로 기록하면서 동등한 취급을 받은 기록은 전하지 않는 것이 『삼국사기』이다.

여기서 앞의 사건과 마찬가지로 『삼국사기』의 역사 인식 부족을 알 수 있고 앞의 사건에서는 중국사서의 왜곡의 민낯을 볼 수 있다. 하지만 이러한 중국사서와 『삼국사기』의 왜곡성은 그렇다 하더라도 이후의 우리들의 역사를 보는 인식은 어떠할까. 이와 같이 주어진 기록을 한

가지씩 그대로만 받아들여 역사를 해석한다면 그리고 그것도 왜곡하여 해석한다면 문제이다. 즉 선비족과의 관계에 있어서 앞서 기록에 의한 대로『삼국사기』기록상에 의한 대로 66년 다툼 즉 치열한 공방전이 있었을 뿐이고 이후에 북연은 고구려에 거의 종속된 상태였다.

그리고 북위의 경우에는 북위의 다음 세대인 황하를 기준으로 분열된 우문씨 세력의 '서위-북주', 고구려계 세력의 '동위-북제'에 있어서 동위와 북제를 주도한 세력으로 결국 북위의 주요한 두 세력 중 한 세력은 고구려계 세력으로써 많은 고구려인이 고구려의 통치에 주도적인 참여를 했다. 그리하여 분열되기 전의 북위에서도 한화정책을 펴서 수도를 낙양으로 옮긴 효문제의 왕비를 고구려 출신 문소태후 고씨로 배출하여 북위의 왕이 고구려 피가 섞이는 상황에 이르렀다. 여기서 문소태후 고씨의 부친은 고구려계로 출신이 발해 사람이라고 하였다. 당시 발해는 지금의 발해가 아니라 산동성의 큰 호수를 일컫는다. 그러나 사서상 기록에 의하면 이러한 상황의 북위와 고구려의 관계는 사실과 다르게 오히려 고구려가 북위에 종속적인 위치에 있는 것으로 되어 있다. 즉 고구려가 북위에 대하여 피휘(왕의 이름에 쓰인 글자를 사용 안 하는 법칙) 요청을 하는가 하면 북위는 고구려에 왕녀를 요구하는 한편 고구려는 북위에 일방적으로 조공을 하고 작위를 받는 등 고구려가 북위 부용국 상태로 되어 있다.

이러한 기록만을 그대로 받아들인 채 앞의 제나라와의 서열 관계, 북위 내의 고구려 세력은 고려하지 않은 채 중국사서는 물론 이러한 기록을 그대로 따른『삼국사기』기록에 의하여 이러한 북위를 비롯한 선비족 국가의 왕들을 중국 측에서 제시한 대로 황제로 칭하는 한편 고구려와의 갈등 속에서도 서로 공방전을 벌이고 나중에는 일방적으로 우위에 서서 이들을 부용국으로 거느렸던 고구려를 오히려 요하 동쪽의 변방의 국가로 그려 넣으면서 상대적으로 약소국으로 설정하였다. 반면 실질적으로는 약소국이자 부용국 수준에 있었던 북위의 경우 역시 중국 측이 제시하고 우리 주류 강단 사학계가 자기들 논리 수호를 위해 받아들인 바대로 중원의 북부 전체는 물론 요하 서쪽까지 영역으로 하는 광대한 제국이자 고구려를 거느린 국가로 그리고 있는 것이 현재의 우리나라 통설이고 이를 그대로 받아들이는 것이 대다수이다.

그러나 고구려는 전성기 시기에 산동성 일부는 물론 하북성 거의 전부와 요령성 전체를 영역으로 하는 대제국으로 스스로 연호와 황제인 태왕을 자처하고 소위 황제를 칭한 남조의 국가와 대등한 취급을 받은 채 북조의 국가인 북연과 북위를 부용국 수준으로 거느린 국가였다. 반면에 선비족 나라 중 최대의 국가로 평가받는 북위의 경우에는 비록 중국 대륙을 반으로 나눈 채 서안(장안)을 경계로 북쪽 지방인 산서성 지방까지는 차지하였으나 하북성은 백제와 고구려에 막혀 있었던 것이 사실이고 산동성의 경우 고구려, 백제, 신라에 막혀 있었다. 북위의 입장은 강한 고구려와는 어쩔 수 없이 갈등 없이 지내고자 부용국 수준을 자처하면서 주로 전체 통일된 남북조 중 북조 지방의 통치에 힘을 기울인 상태였다.

더군다나 앞에서 살펴본 부여와 백제 그리고 전연과 백제와의 관계 및 북위의 침공을 막아낸 백제와의 관계 등으로 보아,

【사료134】『자치통감(資治通鑑)』 卷九十七 晉紀十九 孝宗穆皇帝上之上

처음에(AD346) 부여는 녹산에 거주하였는데 백제의 침략을 받아 부락이 쇠퇴하고 흩어져서 서쪽의 연 가까이로 이주하였으나 미리 방어를 하지 않았다. 연왕 황은 세자 준을 파견하여 모용군·모용각·모여근 세 장군과 군사 1만 7천 명의 기병을 이끌고 부여를 습격하도록 하였다. 준은 중군에 있으면서 지휘를 하고 군대의 업무는 모두 각에게 맡겼다. 마침내 부여를 빼앗고 그 왕 현과 부락 주민 5만여 명을 사로잡아 가지고 돌아왔다. 모용황은 현을 진군 장군으로 삼고 그의 딸을 처로 삼도록 하였다.

> **【사료135】**『선화봉사고려도경(宣化奉使高麗圖經)』「시봉편」
>
> 康帝建元初 廆子皝帥師伐之 大敗 後爲 百濟所滅
>
> 강제 건원(AD 343~344년) 초에 모용외의 아들 모용황이 군사를 거느리고 쳐들어가 (고구려를) 크게 격파시켰는데, 뒤에 백제에 멸망되었다.

　　전연, 후연, 북연도 그렇고 북위의 경우 백제와의 관계는 사서기록에는 없지만 인근에 있었던 백제 세력으로 인하여 고구려에 지속적으로 강경 정책을 펼 수는 없었던 이유도 있다. 북위의 경우 사서기록상 488년 백제를 공격하였다가 패한 기록밖에는 없으나 이 기록의 증거자료로 하여 북위는 그 주변 및 동쪽의 백제와 고구려와는 어쩔 수 없이 친선을 도모하면서 오히려 중원과 서쪽에 집중할 수밖에는 없었다. 여기에는 북위 세력 안에 큰 두 세력이 있는 그중 한 세력이 고구려 세력이라는 것도 작용하였다. 따라서 당시 북위에 있어서 가장 큰 상대는 남조 국가와 더불어 동쪽의 백제와 고구려였다. 이로 인하여 백제와는 경쟁 관계인 고구려를 자기들의 우위에 두는 형국이었다는 것이 모든 기록과 합리적인 상황에 의하여 판단할 수 있다.

　　그런데도 이러한 북위의 영역을 요령성 요하 서쪽까지로 한 채 고구려에는 하지도 않는 황제 호칭을 깍듯이 붙이는 현재의 주류 강단사학계와 이들에 의한 통설을 자기들 입장으로 왜곡된 기록을 하고 이 왜곡된 기록을 그대로 받아들인『삼국사기』보다 못한 역사 인식을 보여주고 있다. 주류 강단사학과 현재 통설적으로 붙이는 전연, 후연, 북연 그리고 북위의 왕들 호칭인 황제는 중국사서를 그대로 인용하는『삼국사기』조차도 분명히 '황제'가 아닌 '왕'이라고 기록하고 있다.

　　오히려 제대로 된 인식에 의한다면 앞서 언급한 북위에 대한 중국사서가 기록한 바에 의하여 『삼국사기』가 그대로 기록한 피휘 요청과 반복된 왕녀 요구는 기록된 그대로 해석할 수 없다. 피휘 요청에 대하여 『삼국사기』가 주로 인용한 중국사서 외에 인용한 『구삼국사』나 다른 기록에 의하면 오히려 북위가 고구려에 자신들의 조상에 대하여 문의를 해온다거나 자신들의 영역을 지도로 그려 고구려에 바쳤다는 등의 상반된 주장이 있는가 하면 반복된 왕녀 요청 기록도 고구려에 굴욕적인 거절을 당하면서도 나중에 동위 및 북제가 되는 고구려 세력이 고구려 세력을 더 강화시키려고 외척 세력을 키울 목적으로 고구려에 혼인을 강력히 요청한 것을 북위의 입장에서 기록한 『북사』가 자기들 입장에서 기록하고 『삼국사기』는 그대로 따른 것으로 해석하는 것이 당시의 북위와 고구려의 상황이 맞는다.

이는 나중에 고구려 장수왕 사망 시(491년) 북위의 소위 황제인 효문제가 흰색의 위모관을 쓰고 베로 만든 심의를 지어 입고 동쪽 교외에서 비상식적인 애도 의식을 거행하였다는 위의 『북사』와 다른 중국사서 『위사』「고구려전」과 『삼국사기』 기록에 의하여 확인된다. 이는 북위가 고구려의 부용국 수준에 있었다는 사실을 강력히 입증하고 있는 것으로 위의 피휘 요청, 왕녀 요구 등의 기록은 반대의 상황을 반대의 기록으로 남긴 것이라고 볼 수밖에 없다.

위와 같이 왜곡이 심한 중국사서 『북사』는 우리 고대 국가에 대한 적대 감정이 극에 달한 659년 대대적인 고구려에 대한 공격이 실패한 후 나당연합군이 결성되어 백제를 침략하기 전 당나라에 의하여 편찬된 사서이다. 당연히 '춘추필법'이 극에 달한 시기에 쓰였다. 이를 그대로 따른 채 상대방인 우리가 이를 근거로 우리 역사를 정립하는 소위 왜곡된 실증주의에 의한 사서기록 그대로 한다는 것은 우리 역사를 '춘추필법'에 의하여 폄하된 그대로 따르자는 일제 식민사학의 식민지 사관에 의한 것일 뿐이다. 현재 이를 전반적으로 따르는 것이 우리 주류 강단 사학계이다. 이를 강력히 입증하는 사료가 위의 『북사』로 이 『북사』「고구려전」상에 552년 북제(550~577년)의 사신 최류가 고구려 양원왕을 주먹으로 쳐서 용상 밑으로 넘어뜨렸다는 기록이 있다.

　이것을 그대로 따르라는 것인가. 이것이 중국사서의 실상이다. 자기 입장에서 왜곡 조작하여 썼다. 아무리 최악의 부용국 수준이라고 하더라도 상대방의 국왕을 일개 사신에 불과한 자가 주먹으로 치는 상황이 있다는 것은 있을 수 없다. 당시 북제는 북위에서 막 갈라져 나온 동위(534~550년) 세력에서 다시 세워진 나라로 그 주체 세력이 고구려계였다. 이러한 나라가 그 원조 국가인 북위도 고구려계가 그 주체 세력 중의 한 갈래로 왕비를 배출하는 등의 권력을 주도한 채 고구려에 부용되어 있었는데 여기서 갈라져 나와 고구려계에 의하여 새로 생긴 나라의 사신이 고구려왕을 구타한다는 기록은 그야말로 지나가는 개나 소가 웃을 일이다. 그런데도 이를 버젓이 중국사서 정사에 기록하고 있다는 것은 중국사서의 '춘추필법'의 전형 중에서도 그 수준을 알 수 있는 사건 기록이다.

　그러나 이에 대한 주류 강단 사학계의 국사편찬위원회의 해설은 단지 "『北齊書』 및 『三國史記』에서는 그 관련 기사를 찾아볼 수 없다."라고만 기록하여 부정적인 입장을 간접적으로만 전달한 채 절대 부정적인 해설을 달지 않았다. 그러나 다른 사서기록에 의하면 이러한 왕에 대한 구타 사건은 실제 북제의 전 나라인 동위에서 일어난 사건이다. 동위의 실권을 잡은 고징이 475년 당시 소위 황제(왕)이었던 효정제를 신하인 최계서를 시켜서 구타한 사건이다. 따라서 양원왕 사건 기록상의 북제 사신 최류와 효정제 사건의 효정제의 신하 최계서의 '최'씨가 동일한 점, 이러한 사건이 희귀한 점, 같은 계열인 동위·북제에서 발생한 점 등은 중국사서의 전형적인 '춘추필법'에 의한 『북사』의 사건 바꾸기 기록이다. 더군다나 북위 효정제 사건의 주인공인 고구려계 고씨 계열의 고징이다.

이러한 사실을 역사 전문가인 주류 강단 사학계는 국사편찬위원회의 해설을 통하여 강조하여 해설하였어야 한다. 이것이 전문가인 그들의 책무이다. 그런데도 다른 사실에 대하여는 이병도 등 식민 사학자들의 해설을 자세히 싣고 있으면서 이러한 우리 민족국가의 자존심을 짓밟는 사건에 대하여는 침묵하고 있다.

이는 소위 '젊은 역사학자 모임' 일원이 우리 민족국가의 패배 전쟁인 조한전쟁에 있어서 중요한 전쟁 결과는 전하지 않으면서 특이하게 지면을 많이 할애한 채 전쟁 과정을 상세히 전하는 것과 그 맥을 같이한다. 이렇게 쓰는 성향의 사서에 일방적으로 피휘 요청, 왕녀 요구, 조공 기록이 있고 이를 『삼국사기』가 그대로 인용하여 편찬한 성향이다.

한편 장수왕 죽음 시 애도를 극진히 표한 기록은 위의 『북사』에는 실리지 않고, 『삼국사기』와 위의 왜곡된 『북사』와는 다른 중국사서인 『위서』 「고구려전」에 기록되어 있다. 이렇게 쓰이는 것이 역사서이다. 이렇게 상대방의 기록만을 그대로 가지고 우리의 역사를 정립하는 것은 제대로 된 것이 아니다.

한편 『삼국사기』는 중국사서가 자기들 입장에서 쓴 내용을 그대로 인용하여 기록함으로써 장수왕 시기에 한하더라도 북위에 대한 조공 사실을 44차례나 기록하고 피휘 요청 사실, 왕녀 요구 사실 등 부용국 수준의 상태에 있는 것으로 하면서도 다른 한편으로는 이와는 다른 상태 즉 장수왕 죽음 시 북위 효문제의 애도 사실을 독자적으로 기록함으로써 부용국 수준의 상태 기록과는 상반된 기록을 하고 있는 것에 의하여 나름 중국사서의 기록만을 일방적으로 따르지 않았다는 면모를 보여주고 있다.

> 중국사서가 왜곡하고 『삼국사기』가 어느 정도 따르고 있지만
> 북위는 백제에 패하고 고구려에는 부용국 수준이었다.
> 북위는 고구려계가 권력을 가지고 있었다.
> 북위를 과대평가하는 것은 왜곡으로 이를 따른 것은
> 왜곡을 따르는 행위이다. 모든 사실이 이를 증명해 준다.

모든 상황 즉 선비족의 선조국인 대나라의 선조국인 색두국을 고구려가 멸망시켜 종속시켰으며 전연(337~370년) 64년, 후연(384~407년) 24년, 북연(407~436년) 44년, 북위(386~534년) 149년의 역사를 각각 가진 국가와 고구려(BC37~약 400년)의 400년 이상 내지는 이후 700년 이상의 역사를 가진 국가와 비교한다는 것 자체가 어불성설이다. 더군다나 이들이 나라를 세운 전체 기간 337년부터 534년까지 약 200년 동안 약 66년간만 고구려에 대항하였으나 이후에는 거의 종속된 채 심지어 북조의 통일국가인 북위는 백제에도 여러 차례 패하는가 하면 부여 및 고구려에 막혀 더 이상 동쪽으로 진출하지 못한 것이 선비족과 그 국가의 역사이다. 더군다나 그들의 권력 주체의 두 축 중 한 축은 고구려계임이 분명한데도 이를 역사 서술에는 삭제한 상태이다.

> 선비족의 나라인 전연, 후연, 북연, 북위를 과대평가하고 이들의
> 상대국인 부여, 고구려, 백제를 과소평가하는 것은 역사왜곡이다.

그런데도 부여와 고구려, 백제의 역사를 삭제한 채 선비족과 선비족 국가의 역사를 논하는 것은 프랑스의 역사를 논하면서 독일의 역사를 없애고 거론하지 않는 것과 같다. 그런데도 중국은 그렇게 하고 있고 우리는 모두 이를 따르고 있다. 분명히 선비족 국가의 영역은 동쪽으로 하북성 석가장시 요동군 범위를 벗어나지 못했고, 그 동쪽

에는 백제와 고구려가 그 남쪽에는 고구려와 백제 그리고 신라가 있었던 것이 사실이다. 중국은 그렇다 하더라도 우리만이라도 이를 잊어서는 아니 된다. 이것을 알고 나서 북방민족 역사를 논하는 한편 선비족의 고향이라고 조작하여 설정한 지금의 요령성 심양시 북쪽인 내몽골 자치구 어룬춘기 아리하진(鄂伦春自治旗 阿里河鎭) 알선동 동굴을 찾아가 봐야 한다. 이곳은 허구의 장소이다. 그들에게 있어서 동쪽 오랑캐 특히 우리 고대 국가 역사를 동쪽으로 옮기기 위하여 이 역사와 관계가 깊어 가까이 있어 수시로 활동을 같이한 선비족 국가를 동쪽으로 옮기는 한편, 이의 영역을 확대하여 우리 영역을 동쪽 끝으로 옮기기 위하여 이곳 동쪽 끝으로 옮겼다. 중국의 역사는 이중적이다.

이 북위 탁발선비족의 선조 국가가 대나라로써 이들의 근거지가 산서성 흔주시 일대라는 것과 이외의 본 필자가 언급한 많은 사항이 산서성이라는 것을 인정하고 설정하였으면서도 다른 한편으로 이러한 알선동 설정 등은 왜곡하여 우리 역사를 동쪽으로 옮기게 만들고 있다. 이렇게 선조는 산서성에 있는데 또 한편으로는 이곳 알선동에서 발원한 탁발선비족의 북위가 오히려 거꾸로 서쪽으로 옮겨가 지금의 산서성 흔주시 대현 즉 원래의 선조인 대나라가 있었던 곳으로 설정한 곳으로 세력을 키우면서 거꾸로 옮긴 후 다시 평성 지금의 산서성 대동시 인근인 산서성 흔주시 정양현 인근으로 수도를 옮겼다는 것으로 하였다. 하지만 선비족 국가인 전연, 후연, 북연은 물론 북위 전체는 당시 동쪽의 부여 및 고구려 그리고 그 동쪽의 숙신(읍루, 말갈) 세력으로 인하여 더 이상 동쪽으로 진출도 할 수 없었다.

따라서 이들은 현재 조작한 바와 같이 넓은 지역 즉 요령성 요하 즉 주류 강단 사학계가 설정한 요하 동쪽의 고구려를 경계로 한 채 광대한 나라들이 아니었다. 단지 산서성 삭주시 및 흔주시 일대와 하북성 석가장시 동쪽과 동북쪽 일대에 한하여 그 영역으로 한 채 좁은 지역을 차지하여 활동하였던 나라였다. 이들 동쪽에는 강력한 부여와 고구려 그리고 나중에는 백제가 있어 동쪽으로의 진출은 할 수 없었다. 단지 북위만은 소위 남북조의 북조 중 부여, 고구려, 백제, 신라의 영역을 한계로 한 그 서쪽 지역만을 통일한 채 고구려를 상국으로 삼는 국가였다. 그런데도 이를 확장하여 상당한 국가로 꾸미는 것은 초라한 위·촉·오 삼국의 역사를 정사와는 전혀 다른 소설의 『삼국지 연의』에 의하여 천하를 움직인 삼국의 역사로 꾸민 것과 같은 맥락의 중국의 소위 '춘추필법'에 의한 역사 조작이다.

그러나 본 필자가 항상 강조하는 바이지만 이렇게 중국은 자기들을 큰 것으로 하여 왜곡한다고 하지만 이를 제대로 살펴 우리 역사를 상대적으로 작게 하는 왜곡에 대항하여야 하는 것이 당연한데도 이를 그대로 따른 채 오히려 이를 비판하는 주장에 비난하는 주류 강단 사학계는 세계 역사상 유례가 없다. 하지만 이보다 더 심한 사항은 이러한 주류 강단 사학계를 비판하여 제대로 역사를 정립한다고 하는 사람들을 비롯한 많은 사람들이 북방민족을 연구하고 탐방한다고 알선동 동굴을 찾는 것은 중국과 주류 강단 사학계의 역사왜곡에 적극 동조하는 것이라는 점을 명심하여야 한다. 그래서 여기서 논하는 사항으로 중요한 것은 이러한 우위 관계보다는, 물론 우위 관계가 영역 관계를 나타내는 바이지만, 위치 관계이다. 당시 선비족과 고구려의 다툼 관계는 그들 즉 선비족의 탄생지와 관련 있다.

이것은 고구려와 신라와의 다툼에서 문제가 된 산동성의 신라의 탄생지이자 고구려의 탄생지 인근이 되는 남옥저 죽령 지방이듯이 선비족 국가와 고구려와의 다툼의 원인 역시 선비족 탄생지인 『한서』「지리지」를 비롯한 여러 중국사서가 기록한 소요수의 구려 별종 소수맥 탄생 지역인 하북성 석가장시 정정현으로 그들이 수시로 수도로 삼은 용성 지역에 대한 쟁탈전과 이의 위협으로부터 벗어나기 위함이다.

이러한 고구려와의 선비족의 싸움은 선비족의 후예 즉 우문선비족인 북위에서 갈라진 서위 및 북주의 후계국인 수나라와 당나라에 이어진다. 낙양에 도읍한 수나라와 당나라가 무슨 천하관이 그렇게 중요하기에 국가의 사활을 걸고 머나먼 동쪽 변방 즉 주류 강단 사학계가 비정한 대로라면 요하 서쪽에 한정되어 있는 고구려를 수차례에 걸쳐 침공하였다는 것인가. 그들 조상의 땅에 자리 잡고 있으면서 중원에 있던 자신들을 선조들과 마찬가지로 언제나 위협이 되는 고구려를 제거하려고 전쟁을 일으켜 침략한 것이 진실이다.

## 선비족의 후예인 수나라와 당나라는 자기들의 탄생지인 하북성을 고구려가 점령하고 있기에 공격하였다.

이러한 사항은 수나라 양제가 고구려 공격 시 공격 이유를 밝힌 조서에서 그들의 연고지인 '발갈지간(勃·碣之間)', '요예지경(遼·濊之境)'을 고구려가 차지하고 있기 때문이라고 천명하였듯이 이곳 발해와 갈석지방 그리고 요하와 예의 지역은 『한서』「지리지」를 비롯한 여러 중국사서가 기록한 소요수의 구려 별종 소수맥 탄생 지역인 하북성 석가장시 정정현 지방이다. 당시 발해는 지금의 발해가 아니라 천진만 지역이고 갈석은 지금의 산서성과 하북성 사이의 중국사서상의 좌갈석과 우갈석이고 당시 요하는 지금의 하북성 자하이고, 예의 땅은 바로 예가 신라와 관계가 있는 것으로 이곳은 신라의 위치인 산동성 북쪽을 가리킨다. 이곳 산동성 북쪽의 예 땅과 하북성의 요수 땅의 사이를 고구려가 차지하고 있기에 고구려를 공격하였다. 이는 고구려가 이곳에 있었다는 것을 입증하는 강력한 증거인 셈이다.

부여의 위치와 관련하여 참고하여 유념할 사항은 현재 중국학계에서는 산서성 대동시를 북위의 도읍으로 설정하여 이곳의 유적·유물을 북위의 것으로 설정하고 있다는 것이다. 물론 이를 다른 모든 사항과 마찬가지로 우리 주류 강단 사학계는 그들의 논리에 맞으므로 추가 연구 없이 이를 그대로 추종하고 있다. 하지만 원래의 올바른 역사에 의하면 부여 즉 북부여가 이곳에 위치하고 북위의 평성이 이곳 산서성 대동시가 아니라 산서성 흔주시 정양현 위치에 의하면, 이곳 산서성 대동시에 있는 거대 불상 등 모든 유적·유물이 부여 즉 북부여의 것이 된다는 사실이다. 이는 고대 국가 위치를 제대로 하지 못하는 것에 따라서 그 위치에 있는 모든 유적·유물이 잘못 설정된다는 사실은 연나라의 위치, 삼연의 위치에 따라 하북성과 요령성 사이의 모든 유적·유물의 소속이 달라지는 것과 마찬가지 상황이다. 이도 모르고 이곳에 있는 모든 유적·유물을 왜곡된 위치 비정에 따라 설정한 후 이것을 맞는 것으로 하는 우리나라 주류 강단 사학계의 고고학 전공의 교수들은 유념해야 할 사항이자 주의해야 할 사항이자 반드시 시정해야 할 사항이다.

지금까지 부여의 서쪽 내지는 남쪽에 있다는 선비에 대하여 살펴봄으로써 부여의 위치를 확인하고 아울러 고구려의 위치를 확인하였다.

다음에는 부여에 대한 중국사서의 기록을 분석하여 살펴봄으로써 부여의 위치를 확인하고자 한다. 물론 부여의 위치에 대한 중국사서의 기록은 물론 이 사서기록에 대하여 후대에 붙인 주석을 살펴봄으로써 중국 측의 상습적인 공통적인 왜곡 공식인 우리 고대사와 관련된 위치를 원래의 위치인 하북성 지방에서 요령성 요하 동쪽 지방으로 옮겨지게 되는 것을 여실히 볼 수 있다. 이것이 바로 우리 고대 역사 즉 고조선, 부여, 고구려, 백제, 신라의 역사가 중국 본토 북부에서 요하 동쪽으로 옮겨지는 것의 표본을 봄이다. 이것이 우리 고대사의 핵심이다. 이것을 알면 우리 고대사가 바로 보인다.

여기에서 고대사를 출발시켜야 한다. 그런데 적어도 『삼국사기』와

『삼국유사』는 이 중에서 원래의 하북성 지방에서 요령성 요양 지방으로 왜곡 비정하는 것을 따르는 역사 인식을 보여주었지만 이후 고려시대와 조선시대 그리고 실학자와 식민학자 그리고 현재 주류 강단 사학자들은 원래의 위치인 하북성도 아니고 이곳에서 왜곡되어 옮겨진 요령성도 아니고 한반도로 왜곡된 역사 인식에서 벗어나지 못하였고 아직도 벗어나지 못하고 있다. 이 글에서 여러 차례 반복하여 강조하여 설명하여 왔지만 우리 고대사에 대하여 원본 기록의 위치를 후대의 주석에 의하여 원래의 위치에서 옮긴 위치를 비정함으로써 역사 인식의 변천 즉 오류, 왜곡을 확인할 수 있다. 이 후대의 왜곡된 비정을 현재 따르고 있다. 특히 주류 강단 사학계는 자기들의 논리에 적합하므로 이러한 위치 변동에 대한 왜곡 사항에 눈을 감고 무시한 채 따르고 있다. 앞에서 본 필자는 이러한 왜곡 경과 사항을 확인하기 위하여『삼국지』「위서 동이전 부여」기록을 주류 강단 사학계가 게시한 한국사 데이터베이스상의 기록뿐만 아니라 이 원본에 대한 청나라 때의 주석이 달린 주석서를 포함한 기록을 인용하였다.

여기에 원본에 대한 후대인 청나라 때의 주석이 달려 있다. 우선 '[집해1]'의 청나라 때의 학자인 심흠한(沈欽韓) 및 정겸(丁謙)의 주석을 살펴보면 과연 그들이 학자인 것을 알 수 있을 만큼 여러 사서기록을 인용한 것으로 보아 많은 이전의 사서를 알고 있음을 파악할 수 있다. 하지만 자세히 살펴보면 원래의 기록을 그대로 인용하면서도 이를 당시의 만주인 요령성 내지는 길림성으로 비정한다는 것을 알 수 있다. 특히 교묘하게 원래의 기록과 후대의 기록을 섞어 후대의 기록이 원래의 기록 위치를 비정하는 것으로 하고 있음을 알 수 있다. 이로 말미암아 원래의 기록 위치가 이들이 비정하는 위치로 인식하게 되는 원인이 되는 동시에 이를 이용하는 주류 강단 사학계에는 빌미로 이용하는 근거가 되었다.

> 청나라 이후 중국 학자들의 역사왜곡은 원래의 기록과 후대의
> 기록을 섞어 후대의 기록이 원래의 기록 위치를 비정한다.
> 이는 원래의 기록 위치가 이들이 비정하는 위치로 인식하게 되는
> 원인이 되는 동시에 이를 이용하는 주류 강단 사학계에는
> 빌미로 이용하는 근거가 된다.

 이에 대하여 일일이 반박할 수 있지만 주요한 사항을 위주로 비판하고자 한다. 이 주석을 확인해 보면 심흠한(沈欽韓)이 비정한 대로 먼저 후대의 기록인 『일통지』 즉 명나라 시기의 기록인 『대명일통지』를 먼저 제시하여 부여국의 땅이 명나라 시기의 봉천부 개원현임을 제시하였다. 그리고 정겸(丁謙)이 부여부의 땅을 당시의 길림 서쪽으로 비정한 바를 우선 제시하였다. 그런 다음 제시한 여러 사서 가운데 두 번째로 먼저이자 제일 먼저 제시한 『대명일통지』보다 앞선 시기의 사서인 『신당서』 「발해전」 그리고 그다음 시기의 『요사』, 『금사』, 『만주원류고』를 차례로 제시한 후에야 제일 마지막에 제일 앞선 시기의 사서기록인 『사기』 「몽념전」을 제시하였다. 이는 뒤에 제시한 앞선 시기의 기록에 대한 결론을 후대의 기록으로 비정하여 결론을 내렸다.

 심흠한(沈欽韓)과 정겸(丁謙)은 청나라 시기의 학자로 이런 방식으로 중국사서가 기록한 여러 위치를 만주 요령성 및 길림성 심지어는 한반도로 왜곡 이동시킨 장본인이다. 특히 『삼국지』 「위서 동이전」에 주석을 붙임으로써 그렇지 않아도 신뢰성이 없는 『위략』을 그대로 인용하여 편찬된 사서의 왜곡을 더욱 심화시킨 장본인들이다. 이들이 문헌 고증을 객관적으로 명확하게 비정하였다면 당연히 이를 따라야 한다. 하지만 이러하게 위치 이동된 후대의 기록에 의한 비정의 결론을 내린 다음 이와 관련된 앞선 시기의 기록과 당시 시대를 가장 근접하게 기록한 기록 전부를 후대의 왜곡된 비정에 맞춤으로써 이 기록 전체가 후대의 기록에 의하여 왜곡 위치 변경된 자리에 있는 것으로 한다. 그렇

게 한 것인지 아닌지 먼저 주석의 논리 전개 방식 순서가 왜곡되게 앞뒤를 바꾸어 진행하였다는 것이 문제이다.

그리고 그 내용을 살펴보면 먼저『일통지』즉 명나라 시기의 기록인『대명일통지』를 제시하며 부여국의 땅이 봉천부 개원현이라고 한 것에서 봉천부는 현재 요령성 심양이다. 그런데 여기서의 개원현은 원래『대명일통지』가 아니라『요사 지리지』개주 진국군 개원현으로 본래 책성 지역으로 고구려 때에는 용원현이라고 한 요나라 동경도에 속한 곳이다. 물론 이러한 청나라 시기의 심흠한(沈欽韓) 등에 의하여 요나라 동경이 원래의 하북성에서 요령성 요양으로 왜곡 비정되었다. 또한 그 이전의 선비족 국가들이 수도로 정한 용성도 하북성 석가장시 정정현에서 왜곡하여 요령성 조양으로 위치 이동시켜 버렸다. 하지만 용성이 요령성 조양이 아니라 하북성 석가장시 정정현이라는 사실에 대하여는 앞에서 상세히 입증하였다.

마찬가지로 요나라의 동경도 요령성 요양이 아니라 하북성 보정시 동남부라는 사실도 앞에서 입증하여 설명하였다. 마찬가지로 심흠한과 정겸이『삼국지』「위서 동이전 부여」기록에 주석을 하면서 부여의 위치를 비정하고자 하면서 인용한 사서들을 확인하면 어떻게 우리 고대사 활동 지역이 동쪽으로 왜곡 이동하였는지를 알 수 있다. 이는 이 부여의 위치로 끝나는 것이 아니라 부여의 남쪽에 있다는 고구려와 부여의 인근에 있었다는 선비 및 동쪽의 읍루 즉 말갈과 여진족의 원류의 위치를 확인할 수 있는 단서가 된다. 그러나 이뿐만 아니다. 이 부여의 땅은 고구려로 이어지고 다시 발해와 신라로 이어진 채 결국 고려까지 이어져 신라는 물론 고려가 한반도 안에만 영역을 한 채 있었던 나라가 아님을 입증해 주는 단서가 된다. 이는 또한 고려시대의 강동 6주와 천리장성이 한반도 안에 있었던 것이 아니라 이곳 부여의 위치인 하북성에 있었다는 증거가 된다.

## [부여의 약수에 대하여]

다음으로는 앞에서 인용한 사서 ■**삼국지**(三國志) **위서**(魏書) 30 **동이전**(東夷傳) **부여**(夫餘)상의 부여 북쪽에 있다는 약수에 대한 주석을 살펴보고 비판하면서 이에 의하여 부여의 위치와 고구려의 위치를 확인하고자 한다. 물론 이 기록상의 장성 북쪽에 있다는 부여의 위치 기록에 의하여도 명백히 부여의 위치가 입증되지만 이외의 기록에 의하여 부여의 위치를 확실히 고증하고자 함이다.

부여와 관련하여 기록한 이 글에서 인용한 사서들에 대한 주류 강단 사학계가 장악한 국사편찬위원회의 데이터베이스 주석들을 보면 북한의 리지린과 같은 학자도 일부 있지만 대부분 일제 강점기의 식민 사학자인 이병도와 일제 강점기 식민사학의 주창자인 시라토리 구라키치[白鳥庫吉], 이노우에 히데오[井上秀雄]가 아직도 있다는 것이 놀라울 따름이다. 이들의 주장은 부여는 고구려가 있던 압록강 북부에 위치한 채 부여의 북쪽에 있던 약수인 흑룡강 남쪽에 있던 나라라고 한다.

다음 사서들을 보자.

【사료524】『서경(書經)(상서)』 하서(夏書) 제1편 우공(禹貢)

**弱水旣西 涇屬渭汭**
약수(弱水)를 서쪽으로 흐르게 하고, 경수(涇水)를 모아 위수(渭水)가 굽이치는 곳으로 흘러들게 하였다.

【사료525】『산해경』「해내서경」

**弱水´ 青水出西南隅1, 以東, 又北, 又西南, 過畢方鳥東 2˚**

> 약수와 청수는 서남쪽 구석에서 나오는데, 약수와 청수의 동쪽에서, 다시 북쪽으로 흐르다, 다시 서남쪽으로 흘러, 필방조가 사는 동쪽을 지나간다.
>
> 1 곽박(郭璞)云 : 「(한서(漢書)) 서역전(西域傳) : 『오익구는 장안에서 만 오천 리 남짓 떨어져 있고(烏弋國去長安萬五千餘里), 서쪽으로 백일 남짓 가면(西行可百餘日), 조지국에 이르는데(至條枝國), 서해를 가까이 마주하고 있다(臨西海)°. 장로전에 의하면(長老傳聞), 약수 서쪽에 서왕모가 있고 한다(有弱水西王母云).』(삼국지(三國志) 위지(魏志)) 동이전(東夷傳) 亦曰, 만리장성 천 리 밖에는(長城外數千里), 약수가 있다(亦有弱水). 모두 아직 보지 못한 곳(皆所未見也)°. 회남자(淮南子) (지형편(墜形篇)) 云 : 『약수는 궁석에서 나온다(弱水出窮石).』 궁석은 현재의 서군 단염이고(窮石今之西郡邗冉), 그 나누어 갈라진 출처다(蓋其派別之源耳).」 원가기록(珂案) : 곽박(郭)注「단염(邗冉)」, 하작(何焯)校「산단(刪丹)」; 황비렬(黃丕烈)´ 주숙도(周叔弢)校同, 云以한나라(漢) 진나라(晉) 지리지(地理志) 참고(參)校. 약수(弱水)已見前卷「알유(猰貐)」節.

 이 사서들에 의한 약수는 당연히 주류 강단 사학계가 비정하는 부여의 위치인 지금의 한반도 압록강 서북부인 고구려의 도읍지 졸본천, 흘승골성인 혼강 주변 환인 지역에서 북쪽인 송화강 북쪽에 위치한 부여의 북쪽에 있는 약수가 아니다. 이 약수는 중국사서상 최초의 위치의 약수이다. 모든 지명이 시대에 따라 위치 이동된 중국사서상의 위치를 감안하여야 하기 때문이다.

 왜냐하면 『서경(書經)(상서)』이나 『산해경』「해내서경」은 이 사서가 쓰인 당시인 B.C. 500년경 산동성 노나라 등지에서 하천에 대하여 언급한 것이므로 그 근방 즉 적어도 동쪽 및 북쪽으로는 산동성과 하북성 정도의 범위 내를 언급하였다. 더군다나 『산해경』「해내서경」은 그 대상을 지금의 발해만을 바다로 보고 그 서쪽이면 산동성이나 그 북쪽의 하북성을 대상으로 하기 때문이다.

 이곳 위치에서 부여의 약수는 제법 먼 만리장성 천 리 바깥에 있다는 것을 기록하였다. 당시 장성은 지금의 하북성 보정시 인근까지 있었던 것으로 동북쪽인 북경시에도 미치지 못하였다. 이곳의 북쪽은 지금의 산서성 대동시 인근이다. 북경시까지 쌓은 장성은 명나라 이후로 동쪽으로 진황도시 산해관까지 이어진다. 이는 부여의 위치가【사료68】『삼국지(三國志)』〈위서〉「동이전」부여(夫餘)상에 "**夫餘는 長城의 북쪽에 있는데, 玄菟에서 천 리 떨어져 있다.**"라는 기록과 일치한다.

이러한 약수에 대하여 그 후대의 기록인【사료67】『후한서(後漢書)』「동이열전(東夷列傳)」부여(夫餘)상의 '약수'에 대한 국사편찬위원회의 데이터베이스 주석 '註 034'에 『통전(通典)』에는 '**營州柳城縣東南有饒樂水 即弱水也**'라 하였다."라고 하였듯이

『통전(通典)』에는 영주 유성현 동남쪽에 락수(樂水)가 있는데 이가 바로 약수(弱水)라고 하였다.

원래 영주는 앞에서의 고조선과 관련하여 고조선과 낙랑군 등의 위치를 확인하면서 인용하여 살펴본 중국사서의 지리지에서 확인한 바 있다. 즉 시대순으로【사료22】『한서』「지리지」1. 유주상 낙랑군과 고구려의 현토군이 소속된 유주가【사료10】『후한서(後漢書)』「군국지」1. 유주상에는 그대로 유주, 다음의【사료16】『진서』「지리지」'평주', '유주'상에는 평주로,【사료60】『위서』「지형지, 남영주/영주」상에 이들이 영주 소속으로 바뀌었다.

이는 다시 수나라 시기의【사료58】『수서』「지리지」상에는 기주 소속의 상곡군(수성현(구:무수현) 포함)과 북평군(노룡현 포함, 두 번째의 장성과 갈석산 소재)로 나뉘어 소속되었다. 한편 유성현은 이 지리서상의 요서군에 소속되었다. 이후【사료126】『구당서(舊唐書)』「지리지」상에는 영주상도독부에 속한 것으로 되었다. 이 영주상도독부는 수나라 시기의 유성군으로 한나라 시기의 요서군에 속한 것으로 기록하였다.【사료22】『한서』「지리지」1. 유주상 유성현과 비여현이 소속되어 있는 요서군

은 【사료10】『후한서(後漢書)』「군국지」1. 유주상에는 물론 후대에 조작된 수치이지만 이 기록대로라 하더라도 낙양에서 3,300리 떨어진 곳으로 비여현이 소속되어 있는 요서군으로 되어 있다.

현재 주류 강단 사학계가 비정하는 부여와 부여의 약수 위치인 흑룡강과 그 아래 지방은 당시 낙양에서 3,300리 떨어진 요서에서도 2,000여 리 넘게 떨어진 곳이다. 따라서 위 『통전(通典)』상의 영주 유성현의 위치는 원래 현재 하북성 지역으로 하북성 석가장시 정정현이다. 이에 대하여는 앞에서 충분히 입증하였다. 이곳은

【사료112】『송서(宋書)』夷蠻列傳 百濟

그 후 고[구]려는 요동을, 백제는 遼西를 경략하여 차지하였다. 백제가 통치한 곳은 晉平郡 晉平縣이라 한다.

【사료80】『양서(梁書)』東夷列傳 百濟

진나라 때에 이르러 [高]句驪가 이미 遼東을 경략하자, 百濟 역시 遼西·晉平 2郡의 땅을 점거하여 스스로 百濟郡을 설치하였다.

【사료116】『남사(南史)』東夷列傳 百濟

진나라 때에 이르러 [高]句麗가 이미 遼東을 경략하자, 百濟 역시 遼西·晉平 2郡의 땅을 점거하여 스스로 百濟郡을 설치하였다.

【사료132】『통전(通典)』卷一百八十五 邊防 一 東夷 上 百濟

진나라 때에 고구려가 이미 요동을 경략하자, 백제 역시 요서와 진평 2군을 점거하였으니, 지금의 유성과 북평의 사이다.

여러 중국사서에서 기록한 소위 요서백제, 대륙백제가 위치한 곳으로 【사료118】『수서(隋書)』東夷列傳 百濟, 【사료117】『북사(北史)』列傳 百濟, 【사료115】『주서(周書)』異域列傳 百濟 등 중국의 여러 사서가 기록한 "(부여)東明의 후손에 仇台라는 자가 있으니, 매우 어질고 信義가 두터웠다. [그가] 帶方의 옛 땅에 처음 나라를 세웠다."라고 한 대방의 옛 땅인 대방현을 본 필자가 앞에서 설명하였듯이

【사료22】『한서』「지리지」1. 유주 및 【사료10】『후한서(後漢書)』「군국지」1. 유주 낙랑군 소속으로 있다가 【사료16】『진서』「지리지」'평주', '유주'상에 대방군으로 독립한 것으로 되어 있는 곳이다.

이와 관련하여서는 앞에서 상세히 설명하여 입증하였다. 이러한 사실은 부여 그리고 고구려, 백제가 멀지 않은 곳에 위치해 있을뿐더러 여기서 나라가 시작된 것으로 이곳은 낙랑군이 위치해 있는 곳으로, 이전의 위만조선 그리고 그 이전에는 고조선의 중국 계통 국가인 연나라, 한나라, 진나라와의 경계지방이었던 곳이라는 사실을 입증해 준다. 이와 같이 위치가 명백히 입증되는 곳에서 이후 위치가 왜곡 변경되어『통전(通典)』상의 영주 유성현의 위치를 현재의 중국 요령성 조양시 일대로 이동시켰다.

이것은 본 필자가 앞에서 여러 차례 강조하였듯이 후대 학자들이 동쪽으로 왜곡 이동시킨 것을 중국사서 원본에 대한 주석에서 확인할 수 있다. 그래서 본 필자가 가급적이면 중국사서 기록 그대로와 이에 대한 후대 중국 학자들이 붙인 주석과 이에 대한 주류 강단 사학계가 국사편찬위원회 한국사 데이터베이스상에 붙인 해설을 지면의 한계를 무릅쓰고 이 글에 기록하고 있다. 중요한 왜곡의 경과를 알 수 있게 말이다. 그럼으로써 중국 후대 학자들의 주석에 의한 왜곡에서 벗어나 주류 강단 사학계가 국사편찬위원회 한국사 데이터베이스상에 붙인 해설의 조작성을 파악하여 왜곡에서 벗어나 올바른

해석을 하게 하기 위함이다.

> [집해3] 심흠한(沈欽韓) 왈, 「통전(通典)」에 의하면 영주(營州) 유성현(柳城縣) 동남쪽에 요락수(饒樂水)가 있으니 즉 이것이 약수(弱水)다. 정겸(丁謙) 왈, 약수(弱水)는 지금 합탕(哈湯)이라 칭한다. 동삼성[東三省, 봉천성(요령성), 길림성, 흑룡강성]에 나무가 무성하게 뒤섞인 곳을 오계(烏稽)라 한다. 오계(烏稽)의 땅에는 필히 합탕(哈湯)이 있다. 무릇 낙엽이 층층이 쌓이고 비가 내려 뒤섞이면 결국 극심한 진흙탕이 되어 사람이 다니면 늘 빠지게 되고 그곳에 살 수 있을 리 만무하니 이 때문에 약수(弱水)라 칭하는 것이고, 따로 어떤 강의 이름이 약수(弱水)인 것은 아니다. 그중에 유명한 것으로는 홍안합탕(紅眼哈湯)이 있다. 「흑룡강외기(黑龍江外紀)」에 의하면 제제합이(齊齊哈爾)가 동북 산중에서 홍안합단(紅眼哈丹)과 격하고 있는데 사람이 감히 건널 수 없다. 제제합이(齊齊哈爾)가 흑룡강성(黑龍江省)의 성(城)이 되었는데 그 동북쪽이 정히 부여의 북쪽 지경이니 (부여)전 중의 약수는 이것을 가리킨다. 노필(삼국지집해 저자)이 보건대 「통전」에서 말한 영주(營州) 유성현(柳城縣)은 지금의 봉천 금서청(錦西廳)에 있었으며 (이는) 오정섭(吳廷燮)의 「동삼성연혁표(東三省沿革表)」에 보인다. 심흠한은 약수가 이곳에 있었다고 하나 지리 위치가 맞지 않고, 정겸의 설이 옳은 듯하다.

이 주석에 의하면 약수의 위치 개념에 의하여 그 위치 변경 역사의식을 알 수 있고 중국사서의 흐름을 알 수 있게 된다. 즉 원래의 위치에서 동삼성 즉 요하 동쪽으로 옮긴 것을 맞는 것으로 하여 결국 흑룡강성으로 옮겨지게 된다. 즉 심흠한은 통전상의 약수가 있다고 한 영주 유성현이 원래의 위치인 하북성 석가장시에서 요령성 조양 지방으로 왜곡하여 위치 이동한 채 옮겨진 것을 다시 봉천 금서청 즉 요령성 심양 인근으로 옮긴 채 비정하였다. 이에 반하여 정겸은 이 약수를 더 동쪽으로 옮겨 흑룡강성의 성 인근으로 비정하였다. 이에 대하여 주석자는 정겸의 손을 들어주었다.

이는 앞에서 살펴본 부여부 책성의 위치에 대하여도 심흠한은 봉천 즉 심양으로 비정하였으나 정겸은 이보다 동쪽인 길림성 장춘시 농안현으로 비정한 것과 같은 맥락이다. 이러한 정겸의 비정은 일제 식민사학자들에게는 아주 좋은 근거가 되었다. 그들의 최대 논리인 '낙랑군 평양설'에 적합한 논리이기 때문이다. 그래서 약수를 길림성 흑룡강으로 본다. 하지만 이는 흑수말갈의 본거지인 흑수하와 같은 비정이다. 이는 원래 부여와 함께 산서성에 있었던 흑수하의 말갈을 같이 흑룡강성으로 옮겼다. 이와 같이 부여는 원래 만리장성 천 리 바깥인 산서성에 있다는 기록과 당나라 시기에는 영주 유성현 동남쪽인 하북성 석가장시 정정현 인근으로 인식하였던 것을 청나라 시기에 요령성 심양 인근으로 옮긴 것을 다시 흑룡강성 인근으로 옮겼다.

이와 같이 원래의 위치를 알 수 있는 '약수'는 중국사서 기록상 그 위치가 변해 원래의 위치에서 동쪽으로 변한 것으로 왜곡하고, 지금으로부터 78년 전인 일제 강점기 식민사학의 주창자인 시라토리 구라키치[白鳥庫吉], 이노우에 히데오[井上秀雄]가 이를 따른 것인데도 현재 주류 강단 사학계는 아직도 이를 따르고 있다. 78년이 지난 후에도 발전된 새로운 연구가 없다. 도대체 수많은 역사학자들은 무엇을 하고 있는가.

> 사서기록상의 부여의 위치와 맞게 기록된 부여의 약수 기록을 점차 동으로 왜곡 이동시킨 사실이 확인되는데도 이에 대한 연구와 검증을 하지 않고 자기들 논리와 맞으므로 이를 그대로 수용하고 있다.

분명히 중국사서상 장성 북쪽에 있는 부여 즉 부여 남쪽에 있다는 (만리)장성이 이곳에는 없다. 만리장성이 있는 곳은 지금까지 살펴본 하북성 지방뿐이다. 잘못된 것이 명확한데도 이를 못 밝히고 있다.

전문가로서 능력이 없어서가 아니라 일단 연구를 시작하면 하나하나 모든 것이 기존의 주류 강단 사학계의 논리에 어긋나 이를 배척하여야 할 상황이 오니 만약 그럴 경우 주류 강단 사학계와 단절을 의미하므로 아예 연구를 하지 않는다. 이것은 놀라운 학문 카르텔로써 세계 역사학상 아이러니요 불가사의이다. 이렇게 정립된 것이 우리나라 고대 역사이다.

지금까지 고구려의 위치를 확인하고자 부여와 관련된 지명으로 부여의 북쪽에 있다는 하천 '약수'에 의하여 부여의 위치를 살펴보았다.

## [동부여의 위치에 대하여]

다음으로는 동부여가 원래의 부여에서 옮겨졌다는 위치에 대하여 살펴보고자 한다.

> 【사료368】『삼국사기(三國史記)』권 제13 고구려본기 제1 시조 동명성왕(東明聖王) 一年
>
> 동해의 물가(東海之濱)에 땅이 있는데 이름이 가섭원(迦葉原)(註 011)이라 하고 토양이 기름지고 오곡(五穀)이 자라기 알맞으니 도읍할 만하다.'고 하였습니다."라 하였다. 아란불이 마침내 왕에게 권하여 그곳으로 도읍을 옮기고 나라 이름을 동부여(東扶餘)(註 013)라 하였다. 옛 도읍지에는 어떤 사람이 있어 어디서 왔는지 알 수 없으나 스스로 천제(天帝)의 아들 해모수(解慕漱)라고 칭하며 와서 도읍하였다(註 015).
> 해부루가 죽자, 금와가 자리를 계승하였다. 이때에 태백산(太白山)(註 016) 남쪽 우발수(優渤水)에서 여자를 만났다. 물으니 말하기를 "저는 하백(河伯)의 딸이고 이름은 유화(柳花)입니다. 여러 동생들과 더불어 나가 노는데 그때에 한 남자가 스스로 말하기를 천제의 아들 해모수라 하고 저를 웅심산(熊心山)(註 021) 아래로 유인하여 압록강(鴨淥)(註 022)변(邊)의 방 안에서 사랑을 하고 곧바로 가서는 돌아오지 않았습니다. 부모는 제가 중매도 없이 다른 사람을 따라갔다고 꾸짖어 마침내 벌로 우발수에서 살게 되었습니다."라 답하였다.
>
> 註 011
> 현재의 위치를 알 수 없다. '가시벌' 또는 '가시부리'의 音借라 한다. '가시'는 '邊'의 뜻으로 해부루가 '동해변의 땅'으로 옮겨갔으므로 불리게 되었다 한다(김영황,《조선민족어 발전력사 연구》). 그러나 '가섭'이란 불교와 관련 있는 용어로 혹 불교가 들어온 이후 붙여진 지명이 아닌지 모르겠다. 신채호는 가섭원은 원래 '加瑟羅'이던 것을 불교적으로 변개한 것이라고 주장한 바 있다(신채호,「전후삼한고」,《단재신채호전집》중, 형설출판사, 1972).

註 013

《삼국사기》의 내용에 따르면 東扶餘라는 이름은 원래의 扶餘에서 解夫婁가 동쪽으로 옮겨 나라를 세운 데에서 나온 것이다. 그 외 東扶餘에 대하여는 기록 간에 차이가 나타난다. 1)《魏書》등 중국 자료에서는 高句麗가 夫餘에서 나왔다고만 할 뿐, 北夫餘 또는 東夫餘로 구분하는 예가 전혀 나타나지 않는다. 2)《舊三國史》나 古記類의 기록은 東夫餘는 夫餘로부터 피난한 사람들이 세운 나라라고 하고 朱蒙은 이 동부여로부터 나왔다고 하였다. 지금의 吉林인 鹿山에 중심하고 있던 扶餘가 3세기 후반 慕容의 침공을 받음으로써 北沃沮 방면으로 옮겨가게 되었는데(《晉書》권97 夫餘國傳), 그후 吉林 지역으로 되돌아간 후에도 이 지역에 계속 남은 부류를 東扶餘라고 부른 것 같다(노태돈,「부여국의 경역과 그 변천」). 이런 견해와는 달리《삼국사기》권14 고구려 본기 大武神王 5년조에 나오는 내용 즉, 扶餘의 왕 帶素가 고구려의 침입으로 죽게 되자 그 아우가 曷思水가에 세웠다는 曷思國이 곧 東扶餘와 같다는 설도 있다(노중국,「동부여에 관한 몇가지 문제에 대하여」,《한국학논집》10, 계명대, 1983). 東扶餘란 高句麗 쪽에서 보아 동쪽에 위치한 데서 지칭한 국명일 것이다. 이와 구별하여 길림 방면의 부여는 北扶餘라고 불렀다. 廣開土王陵碑에 의하면 東夫餘는 "鄒牟王의 屬民이었는데 중간에 조공하지 않으므로" 廣開土王 20년에 고구려에 의해 정벌되었다고 한다. 동부여의 위치에 대해서는 함경남도 지방이라는 설(李丙燾,《夫餘考》), 오늘의 백두산 부근이라는 설(왕건군, 임동석 역,《광개토왕비연구》, 역민사, 1985), 두만강 유역이라는 설(노태돈,「부여국의 경역과 그 변천」) 등이 있다.

註 016

또는 太伯山이라 쓰기도 한다. 太白山은 경우에 따라 지금의 白頭山, 또는 妙香山, 또는 강원도의 太白山을 가리키기도 한다. 고려시대에는 태백산은 妙香山을 가리켰으며(《삼국유사》권1 紀異篇 古朝鮮條,《고려사》권58 地理志 殷州條), 조선 초에도 이 견해를 이어받아 본문의 태백산을 妙香山으로 비정하기도 하였다(《新增東國輿地勝覽》권54 寧邊大都護府 山川 및 古跡條). 태백산이란 명칭은 古來로 北方에 있는 大鎭山을 칭하는 것으로 여겨지기 때문에(김상기,《국사상에 나타난 건국설화의 검토》, 4쪽) 그 명칭은 여러 곳에서 나타날 수 있는 것이다. 여기서의 태백산은 백두산을 가리킬 것이다. 그것은 본문의 이야기 전개의 무대가 지금의 渾江, 鴨綠江 일원이기 때문이다. 그렇다고 하더라도 '백두산의 남쪽 운운'한 것은 정확하게 그 방향을 정확하게 지칭한 것이라고 할 수 없다. 다만 이 근처에서 백두산만 한 크기의 산을 찾아볼 수 없기 때문에 여기서의 태백산은 백두산을 지칭한 것으로 보고자 한다.

註 021
현재의 위치를 알 수 없다. 《삼국유사》 권1 紀異篇 高句麗條에서는 '熊神山'이라 하였다. 본문에서 "웅심산 아래 압록수 가"라고 한 데 반해, 《東明王篇》에 인용된 《舊三國史》에서는 柳花 등이 '압록에서 나와 웅심 연못 가에서' 놀았다고 되어 있다. 《東明王篇》에 의하면 '熊心'은 연못의 이름이다.

註 022
현재의 鴨綠江이다. 일명 '馬訾水'라고도 불렸다. 물빛이 오리의 머리 색깔과 같아서 압록이라는 이름을 얻었다고 전한다(《通典》 권186 邊防 2 高句麗傳). 《東明王篇》의 이 부분의 註에서는 "淸河 今鴨綠江也"라 하여 압록강이 '淸河'라고도 칭하여진 것처럼 적고 있으며, 《고려사》도 같은 주장을 하고 있다(《고려사》 권12 地理志 義州條). 이에 대해 丁若鏞은 安鼎福의 설을 좇아 '청하=압록강' 설이 오류라고 주장하였다(《대동수경》, 《여유당전서》 6집, 경인문화사, 1981).

【사료41】『삼국유사』卷 第一 제1 기이(紀異第一) 고구려(高句麗)

처음에 북부여왕 해부루가 동부여로 자리를 피하고 나서 부루가 죽으매 금와가 왕위를 이었다. 이때에 왕은 태백산 남쪽 우발수(優渤水)에서 한 여자를 만나서 사정을 물었더니 그가 말하기를 "나는 본시 하백(河伯)의 딸로서 이름은 유화(柳花)인데 여러 아우들과 함께 나와 놀던 중 때마침 한 사나이가 있어 천제의 아들 해모수라고 자칭하면서 나를 유인하여 웅신산(熊神山)(註 378) 밑 압록강변(鴨綠邊)의 방 속에서 사통(私通)하고는

> 가서 돌아오지 않았다.
>
> 註 378
> ≪삼국사기≫ 권13 고구려본기1 시조 동명성왕 즉위년조와 「동명왕편」에서는 "웅심산(熊心山)"이라 하였다.

　이『삼국사기』나『삼국유사』상의 부여와 관련된 기록을 확인하면서 앞에서 살펴본 압록, 녹산, 태백산 등을 제외하고 동부여의 위치인 동해 바닷가 가섭원에 대하여 살펴보기로 한다. 이에 대하여 현재 주류 강단 사학계의 공식 견해라고 볼 수 있는 통설은 "현재의 위치를 알 수 없다"이다. 이것이 자신들의 무능함과 잘못됨을 학문적으로 비판하는 본 필자를 비롯한 재야 민족 사학자 등 사학자들과 자신들의 견해와 다른 비주류 강단 사학자들을 유사, 사이비 사학자라고 비학문적으로 비판하는 고구려 전문가인 소위 '젊은 역사학자 모임' 일원들을 비롯한 주류 강단 사학계의 현실이다.

　가섭원이 어디인지는 본 필자도 잘 모를 수 있다. 똑같은 수준이다. 하지만 본 필자는 전문가가 아닌 비전문가인 유사, 사이비 사학자이기 때문에 비난받지 아니하여도 되고 받을 필요도 없다. 모를 수도 있기 때문이다. 하지만 수많은 세월을 전문적으로 연구한 전문가들이 몰라서는 아니 된다. 그런데 본 필자는 가섭원에 있다는 동부여가 있다는 동해 바닷가를 모른다는 주류 강단 사학자들이 비정하는 만주 동쪽 흑룡강 동남쪽 바닷가가 아니라는 사실은 확실히 알고 있고 증명할 수 있다. 그 증명은 본인의 욕망에 의한 상상이 아니라 문헌학적 증거인 중국사서 등에 의한다. 따라서 본 필자는 확실히 이곳이 한반도 인근이 아니라는 것은 알고 또한 확실히 이곳이 하북성 및 산동성이라는 사실은 알거니와 그 위치를 알 수 있다. 왜냐하면 많은 사서들이 지목하는 곳 즉 올바른 곳이기 때문이다. 이 가섭원에 대하여는 이 기록을 한 『삼국사기』 편찬자들도 모른다고 하였다.

> ■ 三國史記 卷第三十七 雜志 第六 지리(地理)四 백제(百濟)
>
> 삼국의 이름만 있고 그 위치가 상세치 않은 곳
>
> 가섭원(迦葉原), 우발수(優渤水), 엄표수(淹滮水)(혹은 개사수(蓋斯水)라고도 이른다.)

　반드시 그러한 것은 아닐지 모르나 『삼국사기』상의 이 사항에 속한 채 그 위치를 모른다고 하는 곳은 대부분 한반도가 아니라 하북성과 산서성 그리고 산동성 등 중국 지방에 있는 지명들이다. 한반도에 있는 것을 『삼국사기』 편찬자들이 모른다고 할 가능성은 적다. 앞에서 고구려 및 부여와 관련하여 이미 인용한 중국사서 및 『삼국사기』 기록에서 확인할 수 있듯이 고구려 주몽은 북부여(『삼국사기』 지리지, 광개토대왕 비문) 내지는 동부여(『삼국사기』 고구려본기, 『삼국유사』 등 부여를 탈출하여 올 때 남쪽(『양서』, 광개토대왕 비문), 구체적으로 더 신빙성이 있는 것은 동남쪽(『삼국사기』 지리지, 『위서』, 『북사』, 『수서』)으로 내려왔다. 분명히 주류 강단 사학계는 고구려 주몽의 도읍지를 압록강 중류 지방에서 서북쪽인 환인 지방에 있다고 하였다. 이곳은 부여의 위치로 비정한 흑룡강성의 흑룡강 남부에서는 서남쪽으로 내려와야 한다.

　이것은 만약 고구려가 주류 강단 사학계가 비정하는 환인 지방에 있었다면 북부여이든지 동부여이든지 부여는 지금의 흑룡강성이 아니라 요하 지방에 위치해 있음을 말해 주고 있는 것으로써 특히 동부여의 경우 동해안 바닷가는 흑룡강성 쪽의 동해안 바닷가가 아니다. 한편 그렇지 아니하면 역으로 주류 강단 사학계가 비정하는 고구려의 초기 도읍지가 환인 지방이 아니라는 것이 된다. 더군다나 동쪽인 동부여의 서쪽에 있는 것으로 되어 있는 북부여는 더욱 서쪽에 있어야 맞는 것이 된다.

> **주류 강단 사학계가 한반도 북부에 비정하는 고구려의 위치와 북부여 및 동부여의 위치가 사서기록과 맞지를 않는다.**

『삼국사기』「고구려본기」와 『삼국유사』「제1기이 고구려」 기록에서는 고구려 주몽(추모대왕)이 동부여를 탈출한 것으로 기록하고 있지만, 『삼국사기』「지리4 고구려」상에는 주몽이 북부여로부터 탈출하여 동남쪽으로 나아간 것으로 기록되어 있고, 『광개토대왕 비문』상에는 주몽이 추모왕으로 바뀐 채 탈출지는 구체적으로 나오지는 않고 출신을 북부여라고 하였다.

【사료88】『위서(魏書)』 列傳 高句麗, 【사료91】『북사(北史)』 列傳 高句麗, 【사료92】『수서(隋書)』 東夷列傳 高句麗, 【사료25】『통전(通典)』「변방」 '동이 하 고구려' 등은 주몽이 부여를 탈출하는 경로를 동남쪽으로 왔다고 기록하고 있고, 【사료42】『양서』「동이열전」 '고구려'는 남쪽으로 왔다고 기록하고 있다. 이러한 방향의 다름은 북부여에서는 당연히 그 방향이 남쪽이어야 하지만, 동부여에서는 동남쪽이기 때문이다. 물론 이러한 착오는 특히 중국사서는 북부여 내지는 동부여를 구분하지 않았기 때문에 발생하는 것으로 이는 위 고대사에 대한 인식 부족으로 북부여 내지는 동부여를 구분하지 못하였기 때문이다. 또한

> 【사료17】『사기』 권2 「하본기」 제2
> 
> 우는 기주(冀州)에서 치수사업을 시작했다. 기주에서 먼저 호구(壺口)를 잘 다스리고 다시 양(梁)과 기(岐) 지역을 잘 다스렸다. 다시 태원(太原) 시작하

여 악양까지 이르렀다. 또 담회(覃懷)에서 공적을 이루고 형장(衡漳)에 이르렀다. 이곳 기주의 토질은 희고 부드러워서 세금 등급은 1등급이었으나 흉년에는 2등급도 되었으며 전답은 5등급이었다. 상수(常水)와 위수(衛水)가 물길대로 흐르고 대륙택(大陸澤)도 잘 다스려졌다. 조이(鳥夷)들은 가죽 옷을 입었으며, 오른쪽으로 있는 갈석(碣石)을 끼고[1] 바다로 들어간다.[2]

[1]집해 공안국이 이르기를 : 갈석이 바닷가의 산이라 했다.

[2]집해 서광이 이르기를 : 바다를 강이라고 하기도 한다. 색은 : 『지리지』는 말하기를 '갈석산은 북평군 여성현 서남쪽에 있다.'고 하였다. 『태강지리지』는 말하기를 '낙랑군 수성현에 갈석산이 있다. 장성이 일어났다.'고 하였다. 또 『수경』은 말하기를 '요서 임유현 남쪽 물속에 있다.'고 하였다. 아마도 갈석산은 두 개인 듯하다. 여기에서는 '갈석을 오른쪽으로 끼고 '하'로 들어간다.'는 구절의 갈석은 당연히 북평군의 갈석이다.

【사료466】『수경』「패수」

패수(浿水)는 낙랑군(樂浪郡) 루방현(鏤方縣)을 나와서 동남쪽으로 림패현(臨浿縣)을 지나서 해(海)로 들어간다. (案: 過자 아래에 衍于자가 있다. 案을 염두하여 번역하면 패수는 낙랑군 루방현을 나와서 동남쪽으로 지나가다가 림패현으로 흘러 海로 들어간다.)

를 보면 알 수 있듯이 중국사서상 바다라는 것은 반드시 지금의 바다[海]를 일컫는 것이 아니다. 즉 【사료17】 『사기』 권2 「하본기」 제2상의 [2]집해의 주석이나 【사료466】 『수경』 「패수」의 해석처럼 바다[海]를 큰 강이나 호수라고 해석하기도 하고 반대로 큰 강이나 호수를 바다라고 기록하기도 했다. 중국의 역사 기록에서 바다 해(海)자는 중국의 북해 즉 발해만과 산동성 이남의 중국 동해를 말할 때만 바다로 해석하고 그 외에는 호수나 강으로 해석해야 한다. 따라서 북부여에서 동쪽 바닷가로 옮겨갔다고 한 것은 반드시 동쪽 바닷가로 옮겨간 것이 아니다. 그동안 조선시대 유학자들은 『삼국사기』의 기록을 근거로 한반도 동해안 바닷가로 옮겨갔고 여기가 그 '가섭원'이라고 비정하였다.

> **동부여가 옮겨간 기록상의 동해는 반드시 동쪽 바닷가가 아니므로 이는 한반도 동해안이 될 수 없다.**

물론 『삼국유사』는 『삼국사기』의 기록을 따랐다. 하지만 여기에도 잘못된 지독한 소중화 사대주의에 의한 한반도 고착화 인식이 주효했다. 이러한 비정은 다음의 『삼국사기』「고구려 본기」는 물론

---

【사료368】『삼국사기(三國史記)』 권 제13 고구려본기 제1 시조 동명성왕(東明聖王) 一年

동해의 물가(東海之濱)에 땅이 있는데 이름이 가섭원(迦葉原)(註 011)이라 하고 토양이 기름지고 오곡(五穀)이 자라기 알맞으니 도읍할 만하다.'고 하였습니다."라 하였다.

註 011
현재의 위치를 알 수 없다. '가시벌' 또는 '가시부리'의 音借라 한다. '가시'는 '邊'의 뜻으로 해부루가 '동해변의 땅'으로 옮겨갔으므로 불리게 되었다 한다(김영황,《조선민족어 발전력사 연구》). 그러나 '가섭'이란 불교와 관련 있는 용어로 혹 불교가 들어온 이후 붙여진 지명이 아닌지 모르겠다. 신채호는 가섭원은 원래 '加瑟羅'이던 것을 불교적으로 변개한 것이라고 주장한 바 있다(신채호, 「전후삼한고」,《단재신채호전집》중, 형설출판사, 1972).

---

【사료520】『삼국유사』卷 第一 제1 기이(紀異第一) 동부여(東扶餘)

동해 해변(東海之濱)에 가섭원(迦葉原)(註 366)이라 하는 땅이 있어 토지가 기름져서 왕도를 세울 만하니라."라고 하였다. 아란불이 왕을 권하여

도읍을 그곳으로 옮기도록 하고 나라 이름을 동부여라 하였다.

註 366
강원도 강릉의 옛 지명인 하서량(河西良)을 전성(轉聲)한 것이라는 견해(권상로, ≪한국지명연혁고≫, 동국문화사, 1961, 2쪽)도 있으나 분명하지 않다.

【사료189】『삼국사기(三國史記)』권 제35 잡지 제4 지리(地理)二 신라(新羅)

명주

명주(溟洲)(註 423)는 본래 고구려(高句麗) 하서량(河西良) (한편 하슬라(何瑟羅)라고 쓴다.)인데, 후에는 신라(新羅)에 속하였다. 가탐(賈耽)의 고금군국지(古今郡國志)에 "지금 신라(新羅) 북쪽 경계인 명주는 대개 예(濊)의 옛 국가이다" 하였다. 전사(前史)에서 부여(夫餘)를 예의 땅이라고 함은 잘못인 듯하다.

註 423
지금의 강원도(江原道) 강릉시(江陵市)로 비정한다(이병도, ≪역주 삼국사기≫ 하, 을유문화사, 1996, 231~232쪽).

【사료186】『삼국사기(三國史記)』卷第三十四 雜志 第三지리(地理)一 신라(新羅)

이전 고구려 지역의 3주

이전의 고구려 남쪽 영토 내에도 3주를 설치하였다. 서쪽 제일 첫 번째가 한주(漢州), 그다음 동쪽을 삭주(朔州), 그다음 동쪽을 명주(溟州)라고 하였다.

다른 사서기록들을 보고 편찬 당시의 역사 지리 개념으로 동부여의 가섭원을 알아보니 기록한 바와 같이 동해안 즉 강릉의 명주가 본래 고구려 하서량으로 이는 하슬라라고 하니 이것은 음이 전이된 것으로 파악하였다. 그리고 중국사서 『가탐도리기』 「고금군국지」에 신라의 북쪽 경계인 명주가 예의 옛 국가명이라는 지식으로 당시 강릉이 예전의 동예의 땅으로 알려졌다는 것을 알고 이곳을 동부여의 가섭원이라고 파악하였다. 하지만 그렇다 하더라도 김부식 등 『삼국사기』의 편찬자들은 동예 즉 강릉을 동부여가 있던 곳으로 하지는 않았다.

즉 "전사(前史)에서 부여(夫餘)를 예의 땅이라고 함은 잘못인 듯하다."라고 하였다. 즉 여러 가지를 살펴보아도 비록 참고한 이전의 역사서에 동쪽 물가인 가섭원으로 가서 도읍을 정하였다는 것을 보고 이를 바다로 착각한 데다, 한반도 동해안 강릉에 동예와 관계된 지명이 가섭원과 유사한 하서량, 하슬라가 있어 동쪽 바닷가로 인식하고 기록하였으나 지금까지 살펴본 북부여의 위치와 고구려의 위치를 기록한 중국사서 등을 보아도 고구려보다 남쪽인 강릉 동해안은 아닌 것으로 보았기 때문에 부정하였다.

【사료67】『후한서(後漢書)』 「동이열전(東夷列傳)」 부여(夫餘)

夫餘國은 玄菟의 북쪽 千里쯤에 있다. 남쪽은 高句驪와, 동쪽은 挹婁와, 서쪽은 鮮卑와 접해 있고, 북쪽에는 弱水가 있다. 국토의 면적은 방 二千里이며, 본래 濊[族]의 땅이다.

【사료68】『삼국지(三國志)』 〈위서〉 「동이전」 부여(夫餘) (국사편찬위원회 한국사 데이터베이스 중국정사 조선전)

夫餘는 長城의 북쪽에 있는데, 玄菟에서 천 리 떨어져 있다. 남쪽은 高句驪와, 동쪽은 挹婁와, 서쪽은 鮮卑와 접해 있고, 북쪽에는 弱水가 있다. [국토의 면적은] 방 2천 리가 되며, 戶數는 8만이다.

하지만 『삼국사기』 편찬자들은 비록 신라의 위치를 한반도로 비정한 채 이 신라의 북쪽 경계를 명주로 하여 이곳이 부여의 땅인 예의 땅이 아니라고 판단한 것은 옳게 판단하였으나 현재 주류 강단 사학계와 마찬가지로 신라의 위치 및 부여의 위치 그리고 예의 땅 관련 기록은 그대로 인용하면서도 이 위치를 나름대로 모두 한반도로 비정한 것은 잘못이다. 그리고 부여의 위치가 예의 땅인데 이 땅이 한반도 신라의 북쪽 경계인 강릉 지방이 아니라는 판단은 맞는 것이지만 정작 부여의 땅이 예의 땅이라는 사실은 맞는 것이기도 하고 고정되어 있지 않으므로 반드시 맞는다고 볼 수도 없다. 이 모든 논란과 잘못이 부여, 신라 그리고 예의 땅을 한반도로 끌어들여 비정함으로써 발생한 오류를 전제로 하였기에 문제가 된다.

앞에서 자세히 살펴본 대로, 부여가 있었다는 장소인 예의 땅에서 예라는 존재에 대하여 중국사서가 기록한 내용은 우리 민족 즉 그들에게는 동쪽 오랑캐들에 대한 인식 부족이 여실히 드러난 기록들이다. 『후한서』와 『삼국지』상의 「동옥저」 및 「예」전을 보면 이들의 부실함이 확인된다. 기록상에 '예'전을 두고 있는 반면 정작 이 '예'를 가리키는 '예맥'이 '동옥저'전의 동옥저 밑에 있는 것으로 기록하면서 결국 '예맥'전은 없는 것으로 하였다. 결국 예와 예맥이 무엇인지를 모르고 있다.

【사료169】『후한서(後漢書)』 東夷列傳 東沃沮

동옥저는 高句驪 蓋馬大山의 동쪽에 있다.(개마는 현의 이름으로 현도군에 속한다. 그 산은 '평양'성 서쪽에 있다. '평양'은 즉 '왕검성'이다.)(집해1) 동쪽은 큰 바다에 연접하였으며, 북쪽은 挹婁·夫餘와, 남쪽은 濊貊과 접하여 있다. 그 지형이 동서는 좁고 남북은 긴데, [면적은] 사방 천 리의 절반쯤 된다. 言語·飮食·居處·衣服은 [고]구려와 비슷하다.

【사료39】『삼국지(三國志)』〈위서〉「동이전」東沃沮

東沃沮는 고구려 蓋馬大山의 동쪽에 있는데, 큰 바닷가에 접해 산다. 그 지형은 동북간은 좁고, 서남 간은 길어서 천 리 정도나 된다. 북쪽은 挹婁・夫餘와, 남쪽은 濊貊과 접하여 있다. 戶數는 5천戶인데, 大君王은 없으며 邑落에는 각각 대를 잇는 우두머리(長帥)가 있다. 그들의 말은 [고]구려와 대체로 같지만 경우에 따라 좀 다른 부분도 있다.

【사료110】『후한서(後漢書)』東夷列傳 濊

濊는 북쪽으로는 高句驪・沃沮와, 남쪽으로는 辰韓과 접해 있고, 동쪽은 大海에 닿으며, 서쪽은 樂浪에 이른다. 예 및 옥저・구려는 본디 모두가 [옛] 朝鮮의 지역이다.

【사료40】『삼국지(三國志)』〈위서〉「동이전」濊

濊는 남쪽으로는 辰韓과, 북쪽으로는 高句麗・沃沮와 접하였고, 동쪽으로는 大海에 닿았으니, 오늘날 朝鮮의 동쪽이 모두 그 지역이다.

사실상 동옥저의 남쪽에 예맥이 있다는 기록은 사실이다. 즉 동옥저 즉 북옥저 땅 즉 석가장시 북부와 산서성 흔주 사이에 말갈족과 예족이 있을 당시에 그 밑 즉 석가장시 북부 호타하 북쪽에 예족과 맥족이 합쳐서 만들어진 예맥족이 있었다. 그러나 정작 예맥과 같이 본 예족에 대한 중국사서의 '예'전 기록을 보면 이는 예맥족인 선비모용씨에 대한 기록도 아니고 예족인 신라족에 대한 기록도 아니고 기자와 위만을 거론하는 등 이는 한민족 국가 즉 고조선 및 고조선 후예국 즉 맥족에 대한 이야기이다. 물론 사실상 이 '예'전의 예족이 아닌 실제 예족인 신라는 나중에 이 동옥저가 남으로 이동하여서(북쪽으로 이동한 것은 북옥저) 산동성 덕주 지방으로 옮겨서 남옥저가 되었을 때 그 인근에 있었던 것은 사실이다.

예족은 바로 신라로써 산서성 서쪽 하서회랑 쪽 즉 같이 소호김천씨를 시조로 모시는 북방민족의 흉노 계열 진나라에서 동쪽으로 이동하여 최치원이 말한 탁수 즉 지금의 거마하 지방 즉 산서성과 하북성 경계지방인 연나라 지방에 왔다가 일부 세력은 남쪽의 낙랑 남부 지역 즉 남옥저 지방인 최씨 낙랑국 동쪽으로 내려와서 이곳에 나라를 세웠고, 다른 일부 세력은 그 탁수 지역에서 이 남쪽으로 내려간 일부 세력과 함께 다시 요동반도와 한반도 평양 지방을 거쳐 경상도 지방으로 옮기게 된다. 그리고 탁수 지역에 남아 있던 세력은 고조선, 부여, 고구려 세력이었던 맥족과 합하여 예맥족 즉 모용선비족이 되어 이곳 하북성과 산서성 중간 지역에서 활동하게 되었다. 따라서 예의 땅이라는 것은 원래 예족이 있었던 이곳 탁수 지방도 맞는 것이고, 나중에 자리를 옮겨 산동성 남옥저 지방에 내려갔기 때문에 이곳도 예의 땅이 맞는다. 하지만 부여가 탁수 북쪽인 산서성 대동시에 있는 북부여를 가리키는 것이라면 『후한서』「동이열전 부여」전 기록과 같이 이곳 인근이 예의 땅이 맞는다. 또한 『후한서』와 『삼국지』상의 「예」전상의 기록은 예가 남쪽으로 내려와 신라가 생겨난 진한의 땅과 낙랑의 땅 즉 남옥저 땅으로 그 북쪽에 고구려와 (동)옥저가 있는 곳이므로 이 기록도 예의 땅으로 맞는다. 여기서의 낙랑은 낙랑군이나 낙랑국이 아니라 넓은 의미의 낙랑 땅이 된다.

여기서의 진한 역시 한반도의 마한, 진한, 변한이 아니라 하북성, 산서성, 산동성에 걸쳐 있었던 사방 4천 리의 마한 땅과 그 동쪽의 남옥저 땅으로 낙랑 땅인 진한 그리고 그 남쪽에 왜와 육지로 접한 변한이 있는 중국 땅이다. 그리고 동옥저가 남쪽으로 접해 있다고 하는 예맥 그리고 부여가 서쪽으로 접해 있다는 선비는 각각 예맥은 모용선비족으로 『후한서』와 『삼국지』상의 「고구려」전의 기록에 있는

구려는 대수 지역에서, 구려의 별종으로써 서안평현(안평현, 안시현)으로 흘러 들어가는 소수 지역에서 발원한다는 그 소수맥인 것을 『후한서』와 『삼국지』상의 「동옥저」전에서 기록하고 있는 것이고, 선비는 전체 선비족 즉 탁발선비, 우문선비, 모용선비 전체를 가리키는 것으로 이들은 이 지방인 '자몽지야'에서 활동한 것을 『후한서』와 『삼국지』상의 「부여」전에서 기록하고 있다.

이 소수는 소요수로 지금도 그 이름이 그대로 남아 있는 하북성 형수시 안평현에서 호타하와 만난다. 이와 같이 모든 것을 종합하면 이러한 모든 것이 맞는 곳은 한반도가 아니라 중국 산서성 및 하북성 그리고 산동성이라야 맞는다. 더군다나 신라와 관계있는 예의 땅은 산동성 신라의 북쪽에 있는 것이고, 동옥저는 개마대산 즉 당시의 산서성 태행산맥의 동쪽에 있는 것이고 이 남쪽에 예맥이 있다.

주류 강단 사학계가 예를 한반도의 동쪽으로 비정하는 근거가 된 『삼국지』 「예」전의 **"오늘날 朝鮮의 동쪽이 모두 그 지역이다."** 기록상의 조선은 같은 내용의 『후한서』 「예」전에 나와 있는 대로 **"서쪽은 樂浪에 이른다. 예 및 옥저·구려는 본디 모두가 [옛] 朝鮮의 지역이다."** 라고 되어 있듯이 한반도 조선이 아니라(이는 그들이 위만조선을 한반도 평양 땅에 왜곡하여 두었기 때문에 한반도가 된 것이지 원래 조선(지역)은 하북성에 있다.) 하북성에 있었던 고조선과 위만조선을 가리키는 것으로 넓은 의미의 낙랑 땅이요 여기에 옮겨 다님으로써 북옥저, 동옥저, 남옥저가 된 옥저와 이 옥저의 남쪽 및 북쪽에 있었던 예 그리고 예와 맥의 혼합체인 구려가 모두 이 지역에 같이 있었던 이곳은 한반도가 아니라 하북성, 산서성, 산동성 지역이다. 따라서 (동)예가 한반도 동쪽 강릉 지방이고 이곳이 신라의 북쪽 경계인 하슬라 지방이라는 비정을 하게 한 고구려의 옛 땅인 명주라는 연결은 애당초 잘못된 인식과 위치 비정이다.

> ⒟예가 한반도 동쪽 강릉 지방이고 이곳이 신라의 북쪽 경계인 하슬라 지방이라는 비정을 하게 한 고구려의 옛 땅인 명주라는 연결은 잘못이다. 예는 예족인 신라족이고 그 위치는 신라 기록상의 원래 산서성 탁수 지역이고 이후 산동성 지역이다.

즉 신라의 옛 땅인 하슬라와 고구려의 옛 땅인 명주는 서로 다른 것을 같은 것으로 연결한 것이 가장 큰 오류이다. 그다음으로는 고구려의 옛 땅인 명주를 이곳 강릉으로 비정한 것은 전형적인 한반도 왜곡 이동으로 잘못이다. 그리고 그다음으로는 동부여가 옮긴 가섭원을 이 신라의 옛 땅인 하슬라 내지는 고구려의 옛 땅인 명주와 연결시킨 것이 잘못이다. 즉 동부여는 당초에 신라의 옛 땅인 하슬라 내지는 고구려의 옛 땅인 명주와 관계가 없다. 이와 같은 연결은 일제 식민 사학자와 주류 강단 사학계의 논리에 맞추어 그들이 비정한 위치에서 이를 전제로 하였기 때문에 연결된 것으로 전제 자체에 오류가 있다는 사실이다. 즉 부여는 고구려 북쪽에 있고 동부여는 그 동쪽에 있는데 그곳에 가섭원이 있다. 여기에 또 변수가 있다. 고구려도 두 군데에 위치해 있다. 즉 고구려가 남쪽인 산동성 덕주시 인근에서 세워졌다가 이후 북상하여 하북성 보정시 인근에 있었기 때문에 이들의 위치로 보면 동부여는 동북쪽에도 있다가 동남쪽에도 있었고, 신라는 바로 동쪽에 있다가 다시 동남쪽에도 있게 된다. 동쪽에 마침 가섭원과 어원적으로 비슷한 고구려의 옛 땅인 하서량을 하슬라라고도 하는데 이 하슬라는 신라의 북쪽 경계지방이므로 한반도에서 신라의 북쪽은 대략 강릉 지방인 데다 이곳은 부여의 동남쪽 지방이므로 연결고리가 생겼다.

하지만 주류 강단 사학계는 이곳이 고구려의 동남쪽이므로 동부여와는 거리가 있어 자신 있게 동부여의 가섭원을 하슬라로 연결시킨 명주 땅 즉 예의 땅인 강릉에 비정할 수는 없으나 부여 기록에 부여가 예의 땅에 있었다고 하니 미련이 남았다. 그래서 어정쩡하게 어떤 한 사람의 비정에 따르면서도 확실하게 동조 내지는 결정을 내리지 못한다. 이것이 현재 주류 강단 사학계의 수준이자 현실이다. 그러면 이러한 잘못된 비정을 살펴봄으로써 이를 비판하면서 주류 강단 사학계의 수준이자 현실을 살펴보고 제대로 된 비정을 하기로 한다. 일단 앞에서 설명하던 바를 이어서 앞에서 확인한 대로『삼국사기』의 편찬자들은 한반도 강릉 지방이 예의 땅이라는 잘못된 비정을 해놓고는 막상 이곳이 예의 땅에 있다는 (동)부여의 땅이라는 것에는 도저히 동조할 수 없어 부정하였다.

　한반도 강릉 지방이 예의 땅이라는 비정을 한 것이 잘못이라는 인식은 못 하였다. 이것은 현재 주류 강단 사학계와 같은 인식 수준이다. 이러한『삼국사기』의 부정과 부정 경과를 보면 현재 주류 강단 사학계라면 여기에서 제대로 판단이 내려져야 당연하다. 즉 한반도 강릉 지방이 예의 땅이라고 비정하는 것도 잘못이고 이곳 내지는 주위에 동부여의 위치를 비정하는 것을 하지 말아야 하였다. 하지만 주류 강단 사학계는 도저히 부정하지 못할 교리가 있다. 그것은 '낙랑군 평양설'이다. 이것을 위해서는 여기에 모든 것을 맞추어야 한다. 그래서 이러한 부정한 사실은 무조건 무시하고 지독한 소중화 사대주의에 의한 한반도 내로 고착화시키는 인식으로 한반도 동해안이라고 비정하였다. 이러한 한심한 인식은 실학자인 정약용도 함경도 동해 해변 일대에 있었던 동예로 비정하여 '동부여 동예설'이 유력한 설로 인식되어 왔다. 분명히 김부식 등『삼국사기』의 편찬자들은 부정했는데도 말이다.

> 동부여의 가섭원을 하슬라로 하여 이를 동해안으로 비정한 것은 커다란 오류이다. 그러나 실제로도 가섭원과 하슬라는 산동성 신라 북쪽에 있어 말갈과 발해와의 경계가 되는 니하가 있는 곳으로 신라 초기 신라가 개척한 땅 인근이다.
> 또한 하슬라를 동해안 강릉 지방으로 비정하는 것은 역사왜곡이다. 이로 인하여 소위 통일신라의 영역을 발해와 경계로 한 채 대동강~원산만으로 정하는 빌미가 되었다.

이처럼 주자학에 의한 소중화 사대주의로 말미암은 고대사 왜곡은 무섭기까지 하다. 그러나 이러한 잘못은 여기에서 끝나지 않는다. 그때는 즉 고려 및 조선시대에는 주자학과 소중화 사대주의는 세계 역사상 유례가 없는 유일한 사상으로 다른 논리는 사문난적으로 사회적으로 매장당함은 물론 목숨까지 위태로운 상황으로 내몰리는 잘못된 사회였기 때문에 그렇다 하더라도 해방 후 78년이 지난 현재 자유스러운 학문이 보장된 사회에서도 기존의 학문 논리에 반한 연구 즉 제대로 된 학문을 하면 안 되기 때문에 일제 강점기의 식민사학을 그대로 수용하거나 이를 옹호하는 연구만이 존재하거나 이를 부정하지 못하므로 새로운 주장을 못 하는 역사 학문을 하는 고려 및 조선시대와 마찬가지로 세계 역사상 유례가 없는 사회가 현재 우리 주류 강단 역사계이다.

만약 한다면 주류 강단 사학계에서 배척되어 모든 피해를 감수하여야 한다. 그래서 아직도 주류 강단 사학계의 공식 견해라고 할 수 있는 즉 소위 통설인 국사편찬위원회 한국사 데이터베이스상의 각종 주석에 식민 사학자 이병도 및 일본인 식민 사학자들의 견해가 수많이 있지만 여기에도 어김없이 【사료189】『삼국사기(三國史記)』권 제35 잡지 제4 지리(地理)二 신라(新羅) 명주(溟洲)(註 423). 註 423과 같이 해방

전 일본 식민 사학자라고 하는 이병도의 몇십 년 전 주석을 아직도 공식 견해로 하고 있거나 아니면 이를 옹호하는 【사료520】『삼국유사』卷 第一 제1 기이(紀異第一) 동부여(東扶餘) 註 366 지금으로부터 50여 년 전인 1961년도 주석을 새로운 추가 연구 없이 아직도 붙이고 있거나, 여기서의 주석 말미처럼 **분명하지 않다**거나 【사료368】『삼국사기(三國史記)』卷第十三 高句麗本紀 第一 시조 동명성왕(東明聖王) 一年과 같이 **"현재의 위치를 알 수 없다."**고 하여 새로운 연구가 없음을 드러내고 있다. 더군다나 대부분 일본 식민 사학자나 이병도 등 우리나라 식민 사학자 견해를 붙이면서도 겨우 민족 사학자의 견해를 붙이되 불분명하게 의견을 표출한 것을 붙임으로써 민족 사학자들과 신채호 선생의 견해는 불분명한 것으로 연구 성과가 확실한 것이 없다는 것을 나타내고 있다. 이것이 주류 강단 사학계에 의한 우리나라 역사학계의 현주소이다. 한편 여기에는 위치 비정에 관한 명확한 견해를 붙이지 아니하였지만 단재 신채호 선생은 동부여의 수도인 가섭원을 지금의 두만강 일대의 훈춘으로 비정하였다.

그리고 가섭원이 강릉에 있다는 조선시대 및 당시의 논리에 대해 강릉은 고구려보다 남쪽에 있기 때문에 동부여가 고구려의 북쪽에 있다는 사서의 기록에 어긋난다고 비판했다. 그러면서 주석에 일부 소개한 대로 『삼국사기』와 『삼국유사』에 나오는 가섭원이라는 지명이 불교적 색채가 많은 이름이라고 하면서 원래 가섭원이 그 말 그대로가 아니라 우리말로 '가시라'이며 이두자로 쓰면 갈사국(曷思國)·가슬라(加瑟羅)·가서라(迦西羅)·하서량(河西良) 등이라고 주장하였다. 그리고 이 지명이 지금의 만주 지방 훈춘에서 지금의 한반도 동해안 강릉으로 옮겨간 것이라고 하였다. 즉 나중의 동예 위치인 강릉 지방은 원래 북쪽 훈춘 지방에 위치해 있던 동예가 밀리어 남쪽으로 온 것으로 원래 있던 지방의 명칭을 가져와 사용한 것에 불과하므로 원래 위치는 원래 동예 위치인 만주 훈춘이라고 하였다. 고대 지명은 사서기록 당시에 있던 위치가 원래의 위치가 아니라 옮긴 후의 위치를 가리키는 것으로, 원래 위치에 있던 세력이나 집단이 다른 곳으로 옮기면 원래 있던 곳의 지명을 나중에 옮긴 위치에 붙인 것을 사서에 나타내는 일반적인 경향을 단재 신채호 선생은 알고 이를 적용하였다.

이는 원칙적인 고대 지명 이동의 법칙을 적용한 것은 맞는 것이지만, 본 필자의 연구에 의하면 단재 신채호 선생, 윤내현 교수 등은 원래 위치에서 옮긴 후의 중국사서가 기록한 우리 민족 고대 국가의 여러 지명에 대한 중국사서의 기록을 원래의 위치로 비정하는 잘못이 있는 것으로 파악하였다. 즉 윤내현 교수의 고조선의 서쪽 국경의 난하와 갈석산 비정, 고대의 요수의 난하 비정, 낙랑군의 난하 지방 위치 비정과 고구려 및 부여의 요하 동쪽 지방의 비정 등은 중국사서의 지명 이동에 의한 제2차적인 지명 변동 후의 기록 등에 의한 비정이다. 그리고 신채호 선생 역시 패수의 위치를 현재 요하 동쪽 해성시 헌우락이라고 비정하였으나 이는 **【사료29】『요사』「지리지」2. 동경도 1)동경요양부(東京遼陽府)**상의 요하(遼河)에 대한 기록에서 **"요하(遼河)는 ~ 패수는 니하(泥河) 또는 한우락(軒芋濼)이라고도 하는데, 강에 한우초가 많기 때문이다."**를 보고 판단한 것으로 보인다.

하지만 앞에서 확인한 대로 과감히 언급하건대 이 기록 중 이 구절만은 이 사서가 편찬된 이후에 조작된 기록에 의함이다. 여기서의 한우락은 통상 헌(軒)우락이라고도 불렸다. 원래의 요하 즉 요수는 패수와 더불어 본 필자가 앞에서 중국사서에 의하여 논증하였듯이 하북성에 위치해 있었다. 이리하여 신채호 선생은 고조선의 영역 및 고구려의 영역을 요하 근처로 비정하였다. 비록 중국사서의 고대 지명 이동 사실을 여기에 제대로 적용하였지만 정작 고조선 및 고구려의 위치에 대하여는 잘못 적용한 아쉬움이 있다. 그렇듯이 비록 위치 이동을 적용하였지만 동예가 원래 훈춘에 있다가 남쪽인 강릉으로 이동하였다는 사실도 본 필자는 잘못이라고 판단한다.

그동안 주류 강단 사학계를 비롯하여 동부여의 위치인 동해 바닷가 가섭원의 위치를 확실히 비정하지 못하면서도 특이하게도 대부분의 위치 비정 등을 이병도를 비롯한 일제 식민 사학자들의 주장을 따르면서도 유독 이러한 일제 식민사학의 반대편에 서 있던 민족 사학자 신채호 선생의 주장을 따르고 이를 주석에 올리고 있다. 특이하게도 신채호 선생의 주장을 올린 것은 자기들이 제대로 비정을 못 하는 가운데 못마땅하면서도 자기들 반대편에 서 있는 사람이 자기들의 주장에 동조하는 논리에 의한 주장을 하기 때문에 이를 채택한 것으로 보인다.

즉 주류 강단 사학계는 '낙랑군 평양설'로 인하여 낙랑군 인근에 현토군이 있어야 하고 이 현토군 인근에 고구려가 있어야 하기 때문에 결국 부여는 고구려 북쪽에 있어야 한다. 그런데 동부여는 북부여 즉 자기들이 설정한 부여의 동쪽 바닷가이어야 한다. 그런데 부여가 지금의 길림성 장춘, 농안 지방이 그 중심지이므로 여기서의 동쪽이면서 바닷가는 지금의 연해주 즉 소련의 블라디보스토크 지방이다. 그런데 이곳으로 동부여의 위치를 설정하면 또 다른 오류가 발생하게 된다. 즉 우리나라 『동명왕편』과 중국사서 『양서』의 남쪽 기록을 제외한 『북사』, 『위서』, 『수서』, 『통전』 등의 중국사서는 주몽이 (동)부여를 탈출하여 동남쪽으로 고구려를 내려온 것으로 되어 있다. 그러면 이곳 블라디보스토크 내지는 두만강 하류는 고구려 졸본성으로 주류 강단 사학계가 비정하는 환인 지역으로 내려오는 데는 서남쪽으로 내려와야 한다.

주류 강단 사학계가 비정하는 것에 동부여가 없어야 한다. 물론 모든 주류 강단 사학계의 비정이 잘못이다. 이러한 동부여의 위치 비정에 필요한 가섭을 어원이 비슷한 하슬라로 연결시키는 한편 이 하슬라주가 비정되는 명주가 예의 땅이라는 기록과 부여가 예의 땅에 있었다는 기록을 근거로 결국 동부여의 가섭원이 (동)예의 강릉으로 비정되는 모순이 발생한 것인데 이는 앞에서 언급한 대로 오류로 이 연결고리의 첫 번째 고리인 신라의 옛 땅인 하슬라와 고구려의 옛 땅인 명주는 서로 다른 것을 같은 것으로 연결한 것이 잘못이므로 이 비정 전체가 잘못이다.

이에 대하여는 앞에서 살펴보았지만 동부여의 땅인 가섭원과 신라의 옛 땅으로 신라 초기부터 말갈과의 경계였다가 나중에 발해와의 경계이기도 한 하슬라를 어원 등 언어의 관련성으로 같은 것으로 연결시킨 이 신라의 하슬라는 동부여와 관계없는 원래 신라의 땅이었다.

> 동부여의 가섭원을 신라의 하슬라와 연결시켜 동해안의 강릉 지역으로 비정하는 것은 왜곡으로 원래의 위치는 같이 산동성과 하북성 경계지방에 동부여의 책성과 같이 있었다.

즉 아슬라주는 『삼국유사』상에

【사료94】『삼국유사』卷第一 제1 기이(紀異第一) 말갈(靺鞨)과 발해(渤海)

또 ≪삼국사(三國史)≫에 이르기를 "백제(百濟) 말년에 발해와 말갈과 신라가 백제의 땅을 갈랐다."라고 하였다. 이에 의하면 말갈발해(鞨海)가 또 갈라져 두 나라로 된 것이다. [신]라(羅) 사람들이 이르기를 "북쪽에는 말갈이 있고 남쪽에는 왜인이 있고 서쪽에는 백제가 있으니 이것들이 나라에 해악이다."라고 하였고 또 "말갈의 땅은 아슬라주(阿瑟羅州)에 접하였다."라고 하였다.

라고 기록하였다. 신라의 북쪽 땅인 아슬라주는 말갈의 땅과 접해 있다고 하였고, 이 땅과 관계없으나 백제의 땅을 발해와 말갈과 신라가 나누어 가졌다는 기록도 남겼다. 연이어 같은 편에『삼국유사』는

【사료94】『삼국유사』 卷第一 제1 기이(紀異第一) 말갈(靺鞨)과 발해(渤海)

또 ≪동명기(東明記)≫에 이르기를, "졸본성(卒本城)은 땅이 말갈 (혹은 이르기를 "지금의 동진(東眞)이다."라고도 한다.)에 연접하고 있다."라고 하였다. (신)라(羅) 제6대 지마왕(祗摩王) 14년(을축(乙丑))에는 말갈군사가 북쪽 국경으로 크게 몰려와서 대령책(大嶺柵)을 습격하고 니하(泥河)(註 339)를 건넜다.

註 339
여러 설이 있지만 오늘날 강릉 부근으로 보는 것이 타당해 보인다. 정약용은 ≪강역고(疆域考)≫에서 "江陵北泥河"라 하였으며, 이병도, ≪역주 삼국유사≫, 동아출판사 1956에서 이하의 위치를 강릉의 성남강(城南江)으로 추정하였다. 한편, ≪신당서(新唐書)≫ 권219 발해전에 '南比新羅以泥河爲境'이라는 기록이 보이는 것으로 보아, 신라와 발해의 접경도 이하였음을 알 수 있다.

위의 기록에 신라의 북쪽 아슬라주는 말갈과 경계를 이루고 있다고 하였는데 이 말갈은 다시 고구려의 초기 도읍지인 졸본성과 접해 있고, 이곳에 니하가 있다고 기록하였다. 그런데 말갈과 신라가 국경을 접해 있는데 더군다나 졸본과 접해 있는데 마찬가지로,

【사료102】『삼국사기(三國史記)』卷第二十三 百濟本紀 第一 시조 온조왕(溫祚王) 13년 5월

하남위례성으로 천도할 계획을 세우다 (기원전 6년 05월)

여름 5월에 왕이 신하들에게 말했다. "동쪽에는 낙랑이 있고, 북쪽에는 말갈이 있다.(註 064) 그들이 변경을 침공하여 편안한 날이 없다.

註 064
백제본기에는 백제의 동쪽과 북쪽에 각각 낙랑과 말갈이 위치한 것으로 되어 있다. 이는 낙랑을 비롯한 중국 군현이 백제의 북방에 위치한 오늘날

> 의 평안도와 황해도에 설치된 역사적 사실과 모순된다. 말갈이 백제의 북쪽에 존재한 것으로 《삼국사기》 편찬자에게 인식된 배경은 접전을 벌인 곳이 주로 백제의 북쪽 또는 동북쪽이었기 때문으로 추정된다. 이는 단순한 기록상의 실수가 아니라 말갈이 백제의 북쪽이나 동북쪽을 주로 침입한 사실로 인하여 '북유말갈(北有靺鞨)'로 서술하지 않았을까 짐작된다. 또한 '동유낙랑(東有樂浪)'은 춘천의 토착 집단 즉, 군현의 부용 세력으로 있던 맥국(貊國)을 낙랑으로 호칭한 것과 관련이 있다(정약용, 《여유당전서》 제6집 제1권, 강역고2, 낙랑별고). 평양의 낙랑군은 춘천의 토착 세력을 내세워 분치(分治) 하였는데, 춘천 지역의 맥인들이 낙랑을 자칭한 것으로 보고 있다(김기섭, 「《삼국사기》 '백제본기'에 보이는 말갈과 낙랑의 위치에 대한 재검토」, 《청계사학》 8, 1991).

이 기록에서도 백제가 말갈과 경계를 한 것으로 기록하고 있다. 이 기록들을 종합하면 말갈이 고구려의 졸본성과 접해 있고 신라 역시 말갈과 접해 있었고, 백제 또한 말갈과 접해 있었다. 그런데 현재 주류 강단 사학계가 비정하는 바에 따르면 위의 註 064에서 실토한 바와 같이 당시 한반도에 평안도 평양 지방에는 낙랑군, 황해도 지방에는 대방군이 있었다면 말갈과 고구려와 백제 신라 삼국이 접할 수 있는 곳은 없다. 겨우 있다면 낙랑군의 평안도 동쪽과 대방군의 황해도 동쪽인 지금의 강원도와 함경도밖에 없다.

그런데 위의 기록에는 당시 백제 동쪽에는 낙랑군이 있고, 북쪽에 말갈이 있다는 것이고, 이 말갈은 신라 북쪽에 있었다. 그렇다면 말갈이 겨우 있을 수 있다고 하는 지금의 강원도 지방과 함경도 지방도 가능하지 않다. 맞지 않는다. 비정대로라면 낙랑군은 백제 북쪽에 있었고 백제는 북으로 말갈과 접할 수 없게 된다. 물론 강원도와 함경도에 말갈이 있으면 신라는 북으로 말갈과 접할 수 있고 고구려는 말갈을 졸본에 대한 비정대로 요령성 환인 지방 옆으로 접할 수 있다. 하지만 환인 지방 인근 즉 고구려 인근에는 현토군이 있다. 그리고 더군다나 백제와는 북으로 접할 수 없다. 백제의 북에는 대방군과 그리고 그 위에는 낙랑군이 있기 때문이다. 더군다나 강원도 및 함경도 이 지역은 원래 동예가 있었다가 한사군인 임둔군을 설치하여 그 치하에 들어간 것으로 하기 때문에 이곳에 말갈이 있었을 리 없다. 그리고 북쪽으로 말갈을 접하고 동쪽으로 낙랑이 있다는 신라는 그 남쪽에 왜가 있다고 되어 있다. 이는

【사료109】『후한서(後漢書)』 東夷列傳 韓

馬韓은 서쪽에 있는데, 54國이 있으며, 그 북쪽은 樂浪, 남쪽은 倭와 接하여 있다.(註 116) 진한은 동쪽에 있는데, 12國이 있으며, 그 북쪽은 濊貊과 接하여 있다. 弁辰은 辰韓의 남쪽에 있는데, 역시 12國이 있으며, 그 남쪽은 倭와 接해 있다.

註 116
南與倭接 : 『三國志』 弁辰傳에 '弁辰의 瀆盧國은 倭와 境界를 접하고 있다'고 기록되어 있기 때문에 倭를 弁辰의 南쪽으로 비정한 것 같다.

【사료64】『삼국지(三國志)』〈위서〉「동이전」 韓

韓은 帶方의 남쪽에 있는데, 동쪽과 서쪽은 바다로 한계를 삼고, 남쪽은 倭와 접경하니, 면적이 사방 4천 리쯤 된다. [韓에는] 세 종족이 있으니, 하나는 馬韓, 둘째는 辰韓, 셋째는 弁韓인데, 辰韓은 옛 辰國이다. 弁辰은 ~ 그중에서 瀆盧國(註 182)은 倭와 경계를 접하고 있다.

註 182
瀆盧國 : 巨濟島에 있다는 說과 對馬島에 있다는 견해가 있다.

다른 기록에 의하여도 확인된다. 당시 왜는 한반도 남부는 더욱 아니고 일본열도에만 있었던 것이 아니고 산동성을 근거지로 하북성까지 진출하였다. 이곳은,

【사료21】『수경주』「대요수」,「소요수」

[주] 왜성(倭城) 북쪽을 지나는데, 아마도 왜(倭)의 땅에 사람들이 이곳으로 옮겨왔을 것이다.

이러한 모든 조건을 충족하는 곳은 사서의 기록대로 한반도가 아니다. 그리고 신라의 북쪽 경계인 이 하슬라에서 말갈이 다투는데 이곳 신라 북쪽에 니하가 있다. 이 니하는 나중에 발해와의 국경도 된다. 물론 주류 강단 사학계는 이 하슬라 때문에 더욱더 발해와 소위 통일신라와의 경계를 처음의 서쪽 임진강에서 대동강 그리고 동쪽 동해안의 원산만으로 비정하고 있다. 하지만 이곳 남쪽에 신라가 있고 그 서쪽에 낙랑이 있을 수 없다. 그리고 이곳에 인접하여 말갈이 있었다면 그 말갈은 서남으로 대방군을 거쳐 백제와 그리고 서북으로 낙랑군을 거쳐 고구려와 인접하여야 하는데 이는 불가능하다.

**니하와 하슬라의 한반도 동해안 비정은 왜곡으로 이곳에는 신라, 낙랑, 말갈, 왜가 없다. 이는 산동성에서만 가능하다.**

이 니하가 있는 하슬라주는 신라 초기부터

【사료261】『삼국사기(三國史記)』卷第三 新羅本紀 第三 자비(慈悲) 마립간(麻立干) 11년 9월

〔11년(468)〕 가을 9월에 하슬라(何瑟羅)(註 001) 사람 중 15세 이상인 자를 징발해 이하(泥河)에(註 002) 성을 쌓았다. (이하(泥河)는 일명 이천(泥川)이라고도 하였다.)

註 001
하슬라(何瑟羅) : 본서 권3 신라본기3 나물이사금 42년(397) 7월조의 주

석 참조.

註 002
이하(泥河) : 현재의 남한강 상류 혹은 강릉 일대에서 동해로 들어가는 하천. 자세한 내용은 본서 권1 신라본기1 지마이사금 14년(125) 7월조 기사의 주석 참조.

신라의 고유 영토로 639년(선덕왕 8) 북소경으로 삼는가 하면, 658년(무열왕 5)경 폐지하고 주로 삼는가 하면, 678년(문무왕 18) 북원소경을 설치하는가 하면, 685년(신문왕 5)에는 성을 쌓았고, 721년(성덕왕 20)까지도 성을 쌓으면서 신라가 관리하였던 곳이다.

반면에 고구려의 땅이었다가 신라의 땅으로 되었다는 한편 하슬라라고 쓰는 고구려 하서량 즉 명주는

【사료186】『삼국사기(三國史記)』卷第三十四 雜志 第三지리(地理)一 신라(新羅)

이전 고구려 지역의 3주

이전의 고구려 남쪽 영토 내에도 3주를 설치하였다. 서쪽 제일 첫 번째가 한주(漢州), 그다음 동쪽을 삭주(朔州), 그다음 동쪽을 명주(溟州)라고 하였다.

【사료243】『삼국사기(三國史記)』권 제37 잡지 제6 지리(地理)四 고구려(高句麗)

하슬라주의 주·군·현·성

하슬라주(何瑟羅州)

하서량(河西良)이라고도 하고 하서(河西)라고도 한다. 내매현(乃買縣), 동토현(東吐縣), 지산현(支山縣), 혈산현(穴山縣), 수성군(䢘城郡) 가아홀(加阿忽)이라고도 한다. 승산현(僧山縣) 소물달(所勿達)이라고도 한다. 익현현(翼峴縣)

이문현(伊文縣)이라고도 한다. 달홀(達忽), 저수혈현(猪𢓜穴縣) 오사압(烏斯押)이라고도 한다. 평진현현(平珍峴縣) 평진파의(平珍波衣)라고도 한다. 도림현(道臨縣) 조을포(助乙浦)라고도 한다. 휴양군(休壤郡) 금뇌(金惱)라고도 한다. 습비곡(習比谷) 탄(呑)이라고도 한다. 토상현(吐上縣), 기연현(岐淵縣), 곡포현(鵠浦縣) 고의포(古衣浦)라고도 한다. 죽현현(竹峴縣) 나생어(奈生於)라고도 한다. 만약현(滿若縣) 만혜(𣱛万兮)라고도 한다. 파리현(波利縣), 우진야군(于珍也郡), 파차현(波且縣) 파풍(波豐)이라고도 한다. 야시홀군(也尸忽郡), 조람군(助攬郡) 재람(才攬)이라고도 한다. 청이현(靑已縣), 굴화현(屈火縣), 이화혜현(伊火兮縣), 우시군(于尸郡), 아혜현(阿兮縣), 실직군(悉直郡) 사직(史直)이라고도 한다. 우곡현(羽谷縣). 이상은 고구려의 주·군·현으로 모두 164곳이다. 그 신라에서 고친 이름과 지금[고려]의 이름은 《신라지(新羅志)》에서 볼 수 있다.

원래 고구려 땅이었다가 나당연합군에 고구려가 망한 후 고구려 영역을 신라가 차지한 산주, 삭주, 명주 중에 신라로 편입된 명주 땅에 있었다. 이는 하슬라가 아니고 하서량 내지는 하서이다. 이같이 서로 다른 땅을 발음이 비슷하다는 이유로 같이 연결하여 같은 것으로 『삼국사기』와 『삼국유사』가 기록하였다. 두 번째 잘못된 연결고리가 바로 이것이다. 고구려의 옛 땅인 명주를

【사료189】『삼국사기(三國史記)』권 제35 잡지 제4 지리(地理)二 신라(新羅)

명주

명주(溟洲)(註 423)는 본래 고구려(高句麗) 하서량(河西良) (한편 하슬라(何瑟羅)라고 쓴다.)인데, 후에는 신라(新羅)에 속하였다.
가탐(賈耽)의 고금군국지(古今郡國志)에 "지금 신라(新羅) 북쪽 경계인 명주(註429)는 대개 예(濊)(註 430)의 옛 국가이다." 하였다. 전사(前史)에서 부여(夫餘)를 예의 땅이라고 함은 잘못인 듯하다.

선덕왕(善德王) 때 소경(小京)으로 삼고 사신(仕臣)을 두었다. 태종왕(太宗王) 5년·당(唐) 현경(顯慶) 3년(658)에 하슬라(下瑟羅) 지역이 말갈(靺鞨)과 서로 맞닿아 경(京)을 없애고 주(州)로 삼고, 군주(軍主)를 두어 지키게 하였다. 경덕왕(景德王) 16년(757)에 명주로 고쳐 삼았다. 지금까지 그대로 따른다. 거느리는 현(領縣)은 4개이다.

註 423
지금의 강원도(江原道) 강릉시(江陵市)로 비정한다(이병도, 《역주 삼국사기》 하, 을유문화사, 1996, 231~232쪽).

註 429
지금의 강원도(江原道) 강릉시(江陵市)로 비정한다(이병도, 《역주 삼국사기》 하, 을유문화사, 1996, 231~232쪽).

註 430
상고시대 한반도 동해안 지역에 존속했던 종족들의 정치체로써 '동예(東濊)'라고도 하며, 그 위치는 대체로 강원도(江原道) 일대로 비정된다. 이 지역은 위만조선(衛滿朝鮮)에 속하였다가 그 멸망과 함께 한군현(漢郡縣)으로 편제되었으나, 후한말(後漢末) 이래 대부분 고구려에 예속되었다(정구복 외, 《역주 삼국사기》 4 주석편(하), 한국정신문화연구원, 157쪽).

　　지금의 강릉 지방으로 비정한 것은 전형적인 한반도로의 위치 이동에 따른 왜곡이다. 주류 강단 사학계가 진흥왕 순수비를 비롯한 황초령, 마운령 순수비에 의하여 적어도 진흥왕 시기에는 신라가 동해안을 따라 함경도까지 지배하였다고 하는 논리에 의하더라도 이곳 강릉 지방은 원래 고구려 땅이 아니라 신라의 땅이었다. 이러한 주류 강단 사학계의 비정은 물론 일제 식민사학에 의한 역사 조작인 것으로 이에 의하더라도 그렇다는 것이지만 원래부터 신라는 한반도 지방에는 경상도 지방으로 해서 동해안을 따라 함경도는 물론 만주 길림성 지방으로 해서 서쪽으로 지금의 철령시까지 영역으로 한 채 고구려와 백제의 영역 사이에 개 이빨처럼 드러난 형국이 되어 있는 상황이었다. 따라서 이 고구려 땅이었다가 신라의 땅이 된 고구려의 영역인 한주, 삭주, 명주와 원래의 신라의 땅인 이 강릉 지방은 전혀 다른 것인데 이 고구려 땅을 한반도로 구겨 넣었다. 고구려의 영역인 한주, 삭주, 명주는 한반도가 아니라 하북성 및 인근의 땅이었던 것을 한반도로의 왜곡 이동 고착화에 따라 한주는 지금의 한강 인근, 삭주는 강원도 서쪽 지방, 명주는 강원도 동쪽 지방으로 옮겨졌다.

  원래 고구려의 땅이었다가 신라의 땅으로 편입된 한주, 삭주, 명주는 각각 한주는 원래 백제 땅의 북쪽이자 고구려의 남쪽 경계지방이고, 삭주는 고구려의 서쪽 지방으로 현재도 그 이름이 남아 있는 산서성 삭주 지방에서 지금의 호타하 북쪽 지방에 이르는 곳으로 고구려 서쪽 경계지방이며, 명주는 원래 신라와의 경계지방으로 고구려 동남쪽에 있었다. 따라서 엄밀한 의미로 이 원래의 명주 지방은 산동성 동부여의 위치와 비슷한 지역으로 원래의 신라 북쪽 경계인 하슬라 북쪽 지방으로 동부여의 위치와 연결되는 곳이다. 따라서 원래의 명주는 동부여의 위치와 연결된다. 그래서 고구려의 하서량이 신라의 하슬라와 연결된다. 하지만 이것이 한반도로 옮겨진 채 동해안의 강릉 지방은 절대 아니다.

  이곳은 고구려의 땅도 아니었고 신라의 북쪽 경계도 아니고 동부여의 땅도 절대 아니었다. 이렇게 명백한데도 이를 같이 연결시킨 것은 누누이 강조하여 언급하지만 '낙랑군 평양설'이라는 교리에 맞추기 위한 억지 논리이다. 왜곡되어 잘못된 소위 통일신라의 명주를 강릉으로 비정하고 동부여의 가섭원을 이곳에 비정한 것은 어떠한 근거도 없다. 그런데 명주는 강릉으로 비정하여야 하겠고, 동부여는 고구려의 동북쪽쯤에 비정하여야 하겠으나 근거가 없으니 전혀 없던 일인 신채호 선생의 비정을 갖다 붙여 어원적으로 비슷하다는 이유로 『삼국사기』도 부정한 동부여의 위치와 관련된 예의 땅이라는 이유로 이곳에 비정할 수밖에 없었다. 그러나 신라의 북쪽 경계로 말갈과 그리고 나중에 발해와 경계로 하였던 니하가 있었던 하슬라 땅을 어원이 같다는 그리고 일부 기록에 같이 불리기도 하였다는 동부여의 가섭원을 같은 지역으로 비정한 것은 유일한 이유인 '낙랑군 평양설'에 맞추기 위한 잘못된 조작 이론이다. 모든 것을 한반도로 비정할 경우 이 하슬라 땅에 있다는 니하와 우산성에 대한 비정이 오락가락하는 등 맞지 않거니와 모든 말갈 등 기록상의 내용이 맞지 않기도 하지만 만약 원래의 명주를 한반도가 아닌 하북성과 산동성 경계지방으로 비정하는 한편 동부여의 위치를 한반도가 아닌 이곳 같은 지역으로 비정한 다음 이 하슬라와 가섭원을 연결시켰다면 이는 합리적인 타당성 있는 연결이 될 수 있지만 주류 강단 사학계의 비정에서는 불가능하다.

　동부여와 관련된 사서기록상의 가섭원과 또한 사서기록상의 하슬라 내지는 아슬라가 그 어원이 비슷한 것만으로는 같이 비정하여서는 안 된다. 하지만 그 위치가 잘못된 한반도가 아닌 원래의 위치인 하북성 및 그 동남쪽 산동성에서는 같은 곳으로 비정되기 때문에 어원도 비슷한 것에 의하여 같은 곳으로 비정할 수 있다. 즉 동부여는 원래 부여가 있던 호타하 중심부 인근에서 북쪽으로 올라가 산서성 대동시 영구현 인근의 북부여가 되었지만 바로 정동 쪽으로 옮겨 지금의 하북성 창주시 인근에 동부여가 있었다. 이곳 인근 남쪽이 신라의 북쪽 경계인 니하가 있고 우산성이 있는 하슬라 땅이다.

　따라서 동부여의 가섭원 지방은 신라의 하슬라 땅과 겹치거나 이웃에 있다. 따라서 신라에서는 이 땅을 하슬라 내지는 아슬라라고 하고 중국사서에서는 이를 한자식으로 변형시켜 사서에 기록하기를 가섭원이라고 하였다. 따라서 이곳은 하북성 창주시 인근이다. 이곳에서 고구려 추모왕은 동남쪽으로 내려와 엄사수, 엄리대수, 대수인 산동성 덕주시 낙릉시의 마협하를 건너 그 남쪽의 신라 땅 빈주시를 피해 그 서남쪽 덕주시 평원현 땅에 졸본성을 세우고 나라를 창업하였다. 그런데도 이 모든 것을 한반도로 비정하는 것은 오로지 '낙랑군 평양설'에 의한다. 이러한 주류 강단 사학계의 잘못에 원인을 제공한 『삼국사기』와 『삼국유사』에도 문제가 있지만 이후 이 같은 여러 사항을 파악하지 못하고 모든 우리 한민족의 역사 활동무대를 한반도로 한정시킨 정약용 등 조선시대 유학자들과 신채호 선생 그리고 일제 식민 사학자인 이병도는 물론 이를 그대로 이어받은 채 추가 연구 없는 현재의 주류 강단 사학계의 책임이 크다. 특히 고조선 및 고구려, 백제 전문가의 책임이 크다.

> 부여와 관련된 사실을 제대로 연구하지 않고 이를 한반도 인근으로 비정한 책임은 정약용 등 조선시대 유학자들과 신채호 선생 그리고 일제 식민 사학자인 이병도에게도 있지만 이를 그대로 방치한 채 추가 연구 없는 현재 주류 강단 사학계의 책임이 제일 크다.

지금까지 고구려의 위치를 알려주는 데 있어 필수적인 부여에 대하여 살펴보는 한편, 고구려의 출발지인 동부여의 위치에 대하여 살펴봄으로써 주류 강단 사학계의 왜곡성 및 그 경과를 살펴봄으로써 우리 고대 국가의 올바른 위치를 확인하였다.

## 2. 광개토대왕 비문 재해석

지금까지 확인한 사항에 의하여 왜곡된 사항을 바로잡은 바를 근거로 광개토대왕 비문을 재해석하면 놀라운 사실이 발견된다. 그러면 이에 대하여 살펴보기로 한다. 우선 가장 논란이 되어온 사항인 소위 신묘년조 그리고 최근에 주류 강단 사학계의 행동대장 역할을 하는 소위 '젊은 역사학자 모임'의 고구려 전공자 일원들이 새롭게 내놓은 광개토대왕 비문이 고구려의 욕망을 나타낸 과장된 글이라는 논리이다. 이것을 비판하되 비판에 그치지 않고 새로운 대안을 제시한 다음 광개토대왕 비문의 재해석에 들어가기로 한다.

■ [그림67] 광개토대왕 비문 신묘년조 비교도

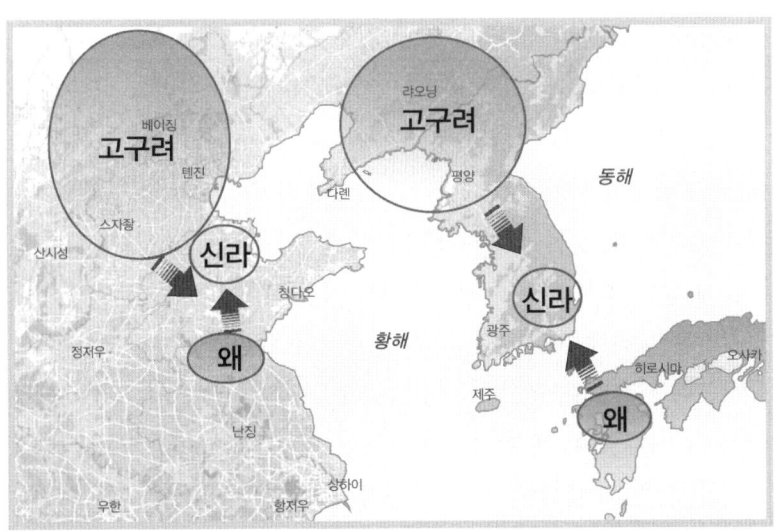

### 1) 신묘년조 해석

광개토대왕 비문이 주목받을 이유가 전혀 없다. 당연히 고구려의 전성시대를 구가한 내용이 있고 이는 사료로도 충분히 입증되는 사항이기 때문이다. 따라서 중요한 사항은 광개토대왕 비문에 대한 논란을 벌이는 자체가 식민사학 논리에 의함이다. 즉 논란 자체가 식민사학에 의하여 제기되는 것이지, 그렇지 않다면 전혀 논란을 벌일 필요 없이 비문 자체 해석 그대로 충분하다.

> 광개토대왕 비문에 대한 논란을 벌일 필요가 없다.
> 논란을 벌이는 자체가 식민사학 논리에 의함이다.
> 특히 신묘년조는 전체 비문 내용에 의하여 해석되는 것이지 별도의 내용이 아니다.

그런데도 주목받는 이유는 일본이 식민사관 논리에 의하여 우리 역사를 재편할 때 주안점을 둔 세 가지 사항 때문이다.

즉 ①'단군조선 부정', ②'낙랑군 평양설', ③'임나일본부설'이다. 이것은 ①조선의 유구하고도 독립적인 역사 부정, ②한반도 북부는 중국의 식민지로 조선 민족의 역사는 이 선진 중국 식민지로부터 영향을 받아 발전한 타율적인 나라라는 타율성 강조, ③한반도 남부는 일본의 식민지로『일본서기』의 신빙성 입증 및『삼국사기』초기 기록 불신론에 의한 조선 민족 국가의 3세기 이후 고대 국가로 성장한 미개 국가라는 논리에 따라 조선 역사를 편성하려는 것이었다.

더군다나 신묘년조의 왜곡 해석은 식민사학 논리와 직결된다. 또한 아이러니하게도 이 세 가지 식민사학 논리의 근간이 유일하게 물증으로 삼는 것이 이것인데 이 또한 조작 시비가 있는 것이기도 하다.

이러한 가운데 광개토대왕 비문상의 신묘년조 논란은 일찍이 일본이 현해탄 바다 건너 한반도로 건너와 『삼국사기』 초기 기록 불신론'과 『일본서기』에 의한 '임나일본부설'의 신빙성을 입증하듯이 백제와 신라를 복속시켰다는 것을 입증시켜 주는 강력한 증거라고 하여 내세운 것에서 비롯되었다. 이에 따라 모든 사서기록 등에 의하여 이는 있을 수 없는 일이라고 하면서 당시 일본의 한반도 진출 및 식민지화에 반대하는 우리나라 역사학자들에 의하여 당시의 시대 상황에 의거하여 반대한 것으로 주목받게 되었다. 그 후 해방 후에도 일본은 '임나일본부설'의 주요 내지는 유일한 증거자료로 이 신묘년조를 내세움으로써 이를 반대하고 부정하는 논리에 따라 이 신묘년조에 대한 반론을 제기함에 따라 주목을 계속 받아왔다.

논란이 되어온 자체가 문제라는 본 필자의 주장은 재해석 부분에서 피력하기로 하고 그동안의 주장에 대하여 살펴보는 것은 장황하거니와 다른 좋은 자료를 보면 전부 알 수 있는 것이기 때문에 새삼스레 여기에서 밝힐 필요가 없다고 사료된다. 여기서는 간단명료하게 이에 대하여 정의하고 설명하고자 한다. 이 신묘년조의 해석은 크게 두 가지로 나눌 수 있다. 그것은 조작설과 비조작설로 조작설대로 조작되었다면 이 신묘년조는 하등의 문제가 되지 않고 원래 광개토대왕 비문상의 내용 즉 모든 사서가 입증하는 바의 기존 역사대로 해석된다. 이와는 달리 조작이 안 되고 원래 일본이 처음 탁본을 떠서 발표한 대로라는 가정하에 잘 안 보이는 글자와 함께 여러 가지 주장이 나오게 되었다.

● **조작설과 비조작설**
이 비조작설은 크게 두 가지로 구별할 수 있겠다. 하나는 일본이 주체인가 아니면 고구려가 주체인가이다. 즉 백제와 신라 내지는 임나가라를 일본이 신민으로 삼았는가 아니면 고구려가 삼았는가의 주장으로 갈린다.

### ●왜 주체설, 고구려 주체설

그리고 이외에 왜의 성격에 대하여 일본열도 중 규슈 왜인가, 혼슈 야마토 왜인가로 갈리고 있고, 바다의 경우에도 한반도와 일본열도 사이의 현해탄이라는 주장과 일본열도의 규슈와 혼슈 사이의 세토나이카이 해협이라는 주장이 있다. 여기서의 현해탄이라는 주장은 당연히 왜가 한반도로 건너왔다는 주장이고, 세토나이카이 해협 주장은 비문상의 왜가 야마토 왜이고 백제와 신라 내지는 임나가라는 한반도 나라가 아니라 규슈에 있는 한반도 백제와 신라의 가야 분국인데, 혼슈에 있었던 왜 세력이 규슈에 있었던 분국인 백제와 신라 내지는 임나가라를 정벌하러 침략하자 고구려 광개토대왕이 일본열도에 상륙하여 왜를 정벌하고 혼슈까지 쳐들어가 고구려 분국 정권을 세우고 기마 문화를 남겼다는 주장이다.

물론 이러한 주장까지 나온다는 것은 가치 있는 것이기도 하지만 이 신묘년조에 대하여 이러한 주장을 내놓는 등 왈가불가한다는 자체가 일본 학자들의 전통적인 수법에 휘둘리는 것이라고 본 필자는 피력하는 바이다. 신묘년조를 거론하는 자체가 전통적인 일본 역사학자들의 수법에 휘말리는 것인데 이 전통적인 수법은 무엇인가? 그들의 역사는 왜곡의 역사로부터 시작되었다. 즉 그들의 유일한 역사 정립 정사이자 '임나일본부설'의 근거가 되는 『일본서기』를 편찬할 때부터 모국이면서 자기들 역사 활동의 전부인 백제가 멸망하자 이와 단절하고 자립하고자 만든 것이 이 역사서였다. 새로운 국가를 세우는 데 있어 본국이었던 멸망한 백제와 단절시키고 새로운 나라를 세움에 있어 역사서가 필요하였다. 그러나 새로운 역사를 세우려 하다 보니 자기들 역사는 없이 모두 모국인 백제의 역사와 일본열도에 있던 백제, 고구려, 신라의 식민지였던 분국의 역사밖에 없었다. 그래서 당시 완전 통일을 이루지 못한 채 분국이 존재하기도 하였고 이들 분국을 통합하고자 분국의 역사를 자기들의 역사로 통합하여 세우고자 하였다.

그리하여 각 분국의 역사를 수집함에 있어 분국이 제출한 역사가 본국과 분국의 역사를 과장하여 분국의 역사로 하여 만든 후 이를 제출하느라고 본국과 분국의 역사를 혼돈한 채 왜곡 조작한 것을 그대로 한 편의 역사서에 담을 수밖에 없었다. 그렇기 때문에 역사서 상의 본국과 분국의 역사가 혼돈되어 기록되는 한편 여러 분국이 제출한 역사를 시기순으로 편찬하다 보니 엉망이 되어 시기가 안 맞는 등 역사서가 아니라 소설책이 되어버렸다. 이 역사서가 제일 추구했던 주안점은 본국과 분국의 역사를 없애고 이를 통일된 한 나라의 역사로 만드는 것이었다.

그렇지만 역사는 관계 역사인지라 본국과의 관계를 안 쓸 수가 없어 없어져 버린 나라의 식민지였던 굴욕적인 역사를 쓸 수도 없고 굴욕적인 분국과 본국의 지위를 그대로 담을 수도 없어 이를 거꾸로 만드는 등 조작하여 왜곡하였다. 더군다나 분국 간의 역사가 본국 간의 역사와 혼돈되게 제출한 관계도 있고 이를 고의로 본국과 분국의 역사를 도치시켜 작성하다 보니 실제 역사와 다르게 되기도 하고 본국의 역사가 분국의 역사로 내지는 이 분국의 역사가 본국의 역사가 되기도 하였다.

이후 이와 같이 조작된 역사에 한반도의 역사를 갖다 맞추려다 보니 계속 조작할 수밖에 없었다. 이는 최근까지 이어져 새로운 역사 조작 사태가 지속적으로 발생하고 있다. 이와 같은 일본의 당초 역사왜곡과 더불어 또 다른 전통적인 역사왜곡 방법이 있다. 이것은 원체 왜곡된 것에서 파생된 어쩔 수 없는 것이기도 하다. 소위 왜곡된 실증주의 역사학 방법이다. 즉 전체적인 사료나 모든 역사 관련 자료에 의한 결론은 당연한 것으로 귀착되므로 이를 회피하고 사료나 자료 중에서 비판 대상으로 적당한 것만 취사선택한 다음, 논란이 될 수 있거나 다르게 해석할 수 있는 일부 사료나 자료에 대하여 비판을 가한 다음 이것을 잘못된 것으로 몰아간 후, 이것이 잘못되면 전체가 잘못된 것으로 결론을 내리는 방식이다.

이러한 대표적인 일례가 나중에 설명하겠지만 고대에 있어서 한반도 국가의 일본열도 진출 역사이다. 이 같은 역사적 진실은 전체적인 사료나 자료에 의하면 당연한 결론에 도달할 수 있으므로 이를 부정하기 위하여 일부 사료나 자료를 부정하여 전체의 당연한 사실을 부정하는 결론을 내리는 것이 일본 사학계의 현실이다.

> 중국 사학의 전통적인 방법이 '춘추필법'이듯이, 일본 사학의 전통적인 방법은 문제가 될 만한 어느 일부 사항에 시비를 벌여 이를 부정하여 이를 전체에 적용하여 전체를 부정하게 하는 방법이다.

그리하여 내린 결론은 역사적으로 일본열도는 중국으로부터 직접 영향을 받거나 중국으로부터 전해 온 것이 한반도를 거쳐 일본에 영향을 미쳤지 한반도 문화의 영향은 직접 받지 않은 것으로 하였다. 하지만 이러한 일본 사학계의 행태나 방식을 비난할 면목이 없다. 우리 주류 강단 사학계도 이들에게서 그대로 배운 채 그대로 하기 때문이다. 그리고 이를 적극 동조하기 때문이다. 앞에서도 거론하였지만 외국의 객관적인 학자들의 연구 결과에 의하면 절대적인 한반도의 직접적인 영향하에 일본이 형성되었다는 주장과는 딴판의 결론을 우리 역사학계는 내리고 있다. 오히려 일본의 영향도 상호작용에 의하여 있었다고 한다.

그러면서 소위 허구의 '임나일본부설'을 총체적으로는 부정하면서도 각론적으로는 적극 동조하고 있다. 즉 임나 지명을 한반도 남부에 설정해 놓고 있다. 임나 지명은 분명 일본열도 규슈 지방에 있음에도 불구하고 이러한 비정은 '임나일본부설'을 결과적으로 긍정하는 것으로 임나가 한반도에 있다고 비정하는 것은 결국 임나일본부가 한반도에 있다고 하는 것이다. 이에 대하여도 변명 논리를 내세우고 있으나 이를 내세우는 것은 학자의 도리가 아니다. 일본의 전통적인 왜곡 수법의 대표적인 사항이 '임나일본부설'이고 이것의 대표적인 것이 다시 광개토대왕 비문상의 '신묘년조'이다. 전통적인 왜곡 수법이라는 지엽적인 것에 매달려 전체를 흐리게 하는 수법 즉 전체적으로는 문제가 되지 않는데 작은 것 하나 때문에 전체적인 것이 흔들리게 하는 것 이것이 바로 신묘년조이다. 그러면 이에 대하여 입증해 보기로 한다.

1) 이 비문은 고구려 광개토대왕의 공덕을 칭송하였다. 또한 고구려의 위상을 높이는 비문이다. 그렇다고 이러한 과정에서 왜를 일부러 높이어서 이를 물리치는 고구려의 위상을 높이려고 하지는 않는다. 전체적인 맥락이 고구려의 상대방인 백제, 신라, 왜 중 고구려의 상대는 명백히 백제이다. 왜 세력은 독자적인 존재가 아니라 백제의 부용 세력이다. 이는 실제 역사에 있어서도 마찬가지이다.

> 신묘년조의 신빙성 여부를 떠나 비문상 왜는 백제의 부용국이었다. 이는 실제 역사에 있어서도 마찬가지이다.

2) 전체적인 상황을 보면 고구려와 신라는 같은 편이고 백제와 왜는

같은 편이다. 고구려는 신라를 구원해 주는 입장이고, 이러한 신라를 백제는 왜를 동원하여 공격하고 있는 것에 대하여 신라는 고구려에 구원을 요청하고 있다. 이 과정에서 왜 세력은 독자적인 세력이 아니라 백제의 사주를 받거나 백제의 요청 아닌 동원에 움직이는 존재이다. 따라서 이러한 역학 관계 속에서 백제의 부용 세력인 왜가 종주국인 백제 그리고 이러한 백제의 상대방인 신라를 독자적으로 신민으로 삼는다는 것은 이 비문 전체에서 절대 성립될 수 없다.

> 전체 비문상 백제의 부용 세력이었던 왜가 백제와 신라를 신민으로 삼았다는 신묘년조 기사는 거론조차 할 필요가 없다.

3) 신묘년조(391년)만 하더라도 일단 설사 일본 측의 주장대로라 하여도 왜가 백제와 신라를 신민으로 삼았다면 이후 396년 고구려가 백제를 공격할 이유가 없었다. 즉 왜가 두 나라를 신민으로 삼고 있었다면 왜를 공격하여야지 백제를 공격할 이유가 없는 것으로 신묘년조의 기사 해석은 허위이다. 또한 이후 398년에는 백제와 왜가 연합하여 신라를 공격하는 것도 이에 의하면 있을 수 없는 것이므로 신묘년조의 기사 해석은 허위이다. 이때의 주체도 왜가 아닌 백제로 기록한 것은 신묘년조 해석의 신빙성을 없애는 증거이다. 물론 404년조에는 왜가 단독으로 대방계를 침입한 것으로 나오지만 이는 그 위치상 백제 및 신라와 관계없는 사건이다.

> 신묘년조가 일본 측 해석에 의하여 사실이라고 하더라도 이후 고구려의 백제나 신라에 대한 공격은 왜에 대한 공격으로 바뀌어야 하는 것으로 허위이다.

4) 그리고 왜에 대하여 고구려의 공격과 관련하여 쓴 표현은 주체

성으로는 왜라고도 하였으나 왜적, 왜구라는 표현을 썼는가 하면 물리침에 대하여 퇴, 궤 등 일정한 장소를 영역으로 하는 국가 차원이 아니라 떠돌아다니는 무리 집단을 물리치는 용어를 사용하여 백제국이 부용하는 집단을 나타내었다.

> 왜에 대하여는 비문상 왜적, 왜구, 퇴, 궤 등 정상적인 국가에 대한 용어를 쓰지 않았다.

5) 이러한 모든 것을 무시하고라도 역사는 당시의 상황 등 기본적인 것이 우선되어야 한다. 즉 주류 강단 사학계의 비정에 의하더라도 당시인 4세기 후반 내지는 5세기 초반 한반도에서 철기와 군마로 무장한 막강한 고구려, 백제, 신라 그리고 가야 세력이 다투는 각축장에 당시 왜가 독자적으로 진출하여 신묘년의 기사대로 백제와 신라를 신민으로 삼을 정도가 되었는가가 신묘년조의 신빙성 판단에 우선되어야 한다. 당시 왜는 군사력의 척도인 말이 없었으며 이후인 5세기 초에 들어서야 말이 일본열도에 등장하는가 하면, 군사력의 기본인 철기 생산 능력도 없이 이후인 6세기 초에 들어서야 철 생산을 하는 상태로 이때까지는 한반도에서 중간 원재료인 철정을 수입하였다. 또한 해외 원정의 기본인 대규모 선박 제조 능력도 없이 소규모 국가 형태에 겨우 접어든 시기였다가 아무리 일찍 시기를 앞당겨도 이후인 7세기 초에 들어서야 통일국가로 들어서서 그제야 다른 나라를 상대로 정상적인 전쟁을 벌일 수 있는 상태가 되었다. 그러던 왜가 4세기 말인 391년에 한반도로 진출하여 백제와 신라를 신민으로 삼았다는 기사는 거론하거나 반박할 필요조차 없다. 단지 이 시기에는 해적, 산적과 같이 불규칙적으로 남의 나라를 약탈하거나 남의 나라의 부용 세력 즉 용병

이 되는 상태였다. 특히 한반도 세력의 부용 세력이었다.

> 실제 당시 일본열도 국가들 사정은 이후에야 말, 선박, 철 무기, 통일국가가 이루어져 남의 나라를 정상적으로 침범할 수준이 못 되었다 하더라도 해적, 산적 수준이었다.

이와 같은 이유들로 그동안의 일본에 의하여 이 비와 비문이 발견되고 신묘년조의 기사가 그들의 논리에 이용됨으로써 이에 대한 반박 차원에서 제기한 모든 논쟁은 아무 필요가 없게 된다. 더군다나 본 필자의 광개토대왕 비문에 대한 새로운 해석에 의하면 이 모든 것이 허망한 것이 되기 때문이다.

물론 이 글에서 비판하는 소위 '젊은 역사학자 모임' 일원들의 경우처럼 이 모두 고구려가 자신의 위상을 높이기 위하여 상대방인 왜의 위상을 높인 것이기 때문에 이 구절은 사실로 인정하여야 한다는 논리에 대하여는 섣부른 일본식 논리에 함몰되는 잘못을 젊은 학자들이 빠져들었다는 안타까움이 먼저 든다. 이러한 자신들을 비판하는 상대방을 유사, 사이비 학자라고 부른 전문가들이 이러한 점도 깨닫지 못함에 아쉬움도 들고 분노도 느껴 이는 신묘년조의 진위 및 사실 여부를 떠나 오히려 신묘년조를 거론하는 것보다 더 일본인들의 역사왜곡 수법에 함몰된다는 점에서 더 잘못된 것이라는 점을 상기시키고자 한다. 이 글은 이들의 논리를 비판하는 것이므로 이에 대하여 반박 비판함으로써 신묘년조를 둘러싼 그동안의 지루한 논쟁을 종식시키고자 한다.

소위 '젊은 역사학자 모임' 일원은,

● JTBC 방송국 「차이나는 클라스 66회(2018.6.27.)」 (기경량)
  '고구려로 떠나는 시간여행'

편에서

▶ 고구려의 첫 도읍지 졸본(요령성 환인현)인 오녀산성 산골짜기에서 탄생하여,
『삼국지 위지 동이전』상의 기록과 같이 '산골짜기 좁은 영토인 졸본은 산지가 많아 수렵도 하긴 했겠지만 가장 기본적인 농사를 짓더라도 충분히 먹고살기가 힘들어 주변 약소국 정복 약탈을 시작하다가 인근인 길림성 집안현의 국내성으로 천도하였다.
▶ 광개토대왕 비문의 신묘년조를 일본이 변조하였다는 43회 방송의 김병기 교수가 '잃어버린 한자 편'에서 한 것에 대하여
 - 고구려인도 거짓말을 할 수 있다. 즉 자기들을 높이기 위하여 상대방인 백제를 자기들의 속민이었다고 낮추어 거짓말을 한 것처럼, 왜도 자기들을 높이기 위하여 자기들의 상대방인 왜도 높인 것이라고 하면서
신묘년조의 변조설을 부정하는 한편 광개토대왕 비문 자체를 고구려의 과장된 공적을 나타낸 것이라고 하였다.
또한,

● K-TV 방송 「생각의 탄생, 20분 51회(2019.06.18.,19.,22.)」
'광개토대왕비 어디까지 알고 있니?'

제1강. 광개토대왕비 어디까지 알고 있니? - 광개토대왕비, 대지에 세워지다!
제2강. 광개토대왕비 어디까지 알고 있니? - 광개토대왕비 100년 논쟁의 시작
제3강. 광개토대왕비 어디까지 알고 있니? - 우리는 광개토대왕비에서 무엇을 욕망하는가

에서도 광개토대왕 비문은 고구려인들의 욕망을 표현한 것으로,

▶ 백제와 신라가 조공을 해왔다는 사실은 거짓인데도 사실로 표현한 것처럼 광개토대왕의 업적을 돋보이기 위한 실제 역사와 다른 과장된 표현을 한 것이라고 하였다.

▶ 그리고 판독과 해석을 안 바꿔도 '임나일본부설' 논파가 가능한 것으로 이는 일본 학자들이 실마리를 제공한 것으로 최근 많은 호응을 받고 있는 상황이라고 하였다.

이에 대하여 본 필자는 반론을 펴고자 한다.

▶ 먼저 "고구려의 첫 도읍지 졸본(요령성 환인현)인 오녀산성 산골짜기에서 탄생하여,
『삼국지 위지 동이전』상의 기록과 같이 "산골짜기 좁은 영토인 졸본은 산지가 많아 수렵도 하긴 했겠지만 가장 기본적인 농사를 짓더라도 충분히 먹고살기가 힘들어 주변 약소국 정복 약탈을 시작하다가 인근인 길림성 집안현의 국내성으로 천도하였다."는 인식에 대하여는 앞에서 본 필자가 비판하였듯이, 『후한서』 기록을 비롯한 중국사서의 구려와 고구려를 혼돈한 채 현토군 고구려현의 고구려는 구려인데도 이를 고구려로 해석하는 것은 잘못이다. 이 현토군 고구려현 지역에 있었던 것은 고구려가 아니고 구려였으며, 고구려는 비록 이 지역 전체를 차지하였던 부여에서 출발하였지만 이보다 남쪽인 산동성 지역에서 건국하여 나중에 이곳 인근에 진출하였다.
구려족이 있었던 현토군 고구려현 지역인 하북성 태행산맥 동쪽

의 땅이 척박하였다. 고구려가 건국된 산동성 졸본 지방은 평야 지대이고 북상한 하북성 지역도 평야 지대이다. 이를 착각한 중국사서 그리고 이를 그대로 해석하는 주류 강단 사학계의 왜곡된 인식에 의한 잘못이다. 이로 말미암아 일제 식민사학은 현토군을 낙랑군으로 비정한 평안도 북쪽 지방에 비정한 채 이곳에 고구려를 비정시켜 놓았던 것을 주류 강단 사학계가 그대로 추종하였다. 모든 사서기록이 왜곡하여 해석해서 그렇지 한반도 북부에 현토군 그리고 고구려가 있는 것으로 기록된 것은 단 하나도 없다. 설사『삼국사기』마저도 고구려 초기 도읍지 졸본을 '대요국 동경의 서쪽'이라고 하여 설사 주류 강단 사학계가 왜곡하여 요나라 동경을 요령성 요양으로 비정한다 하더라도 졸본은 요령성 요하 서쪽이지 한반도 북부 요령성 환인시나 집안시가 아니다. 더군다나 이곳 환인시나 집안시를 비정한 일제 식민 사학자들이나 중국인조차도 이곳에는 고구려가 건국되는 시기의 유적·유물이 전혀 나오지 않음을 인정하였다. 그런데도 무조건 주류 강단 사학계는 이를 따르고 있다. 고구려가 구려가 아니고 현토군 고구려현이 고구려 장소가 아니라는 사실은 후한이 하북성의 (현토군 고구려현의) 구려후 추를 마음대로 조정한 것에 의해서도 알 수 있다. 주류 강단 사학계의 비정에 의하면 고구려는 이곳이 아닌 한반도 북부에 있었거니와 중국의 후한이 마음대로 조정할 대상도 아니었다.

따라서 구려후 추가 바로 현토군 고구려현의 구려로 현토군 고구려현의 척박한 땅을 고구려라고 착오로 기록한 중국사서들의 기록은 고구려에 대한 기록이 아니고, 이는 현토군 고구려현의 구려 상황이다. 이를 모르고 고구려가 척박한 땅에서 어렵게 생활함으로써 약탈할 수밖에 없는 것으로 주장하는 것은 조한전쟁을 우리가 패한 전쟁임에도 불구하고 장황하게 쓸데없이 길게 서술하는 것과 맥락을 같이하는 위대한 영토와 강력한 국가를 갈망하는 사이비, 유사 사학자와는 반대로 우리 민족국가가 왜소하고 미천한 상태로 표현하고자 애쓰는 자랑스러운 한국인 학자로 여기게 되는 주장으로 판단하게 만드는 잘못된 행위이다. 이는 일종의 공인인 대학 교수이자 대중들에게 강연하는 공인의 처지에서 잘못된 정보를 전하는 지탄받을 행위가 분명하다.

▶ 다음으로 "백제와 신라가 조공을 해왔다는 사실은 거짓인가"라는 사실에 대하여서이다.

『삼국사기』상의 고구려 기록을 비롯한 우리 민족국가의 중국 민족국가에 대한 기록은 조공 기록으로 가득 차 있다. 당시 조공은 국제 관계의 통상적인 관계를 표현하였다. 또한 속민 표현은 실제로 당시 신라는 실제로 비문상에도 나타나 있지만 고구려에 구원을 청하는 입장이라 당연히 속민으로 표현하였다. 그리고 백제 경우에는 당시 백제의 입장에서는 비록 고구려 고국원왕 시기 즉 백제의 근초고왕 시기에는 백제의 침략으로 고구려왕이 전사하는 일조차 있었지만 고구려 입장에서 백제는 고구려에서 파생된 국가로 여기는 차원의 종속된 국가였다.

설사 속민까지는 아니었다 하더라도 이 구절로 인하여 전체 광개토대왕 비문이 과장된 표현이라고 보기에는 무리가 있는데도 한 가지 사실로 전체를 갈음하는 방식은 문제이다. 더군다나 비문상에 예전부터 백제를 속민으로 불렀던 광개토대왕 시기의 바로 얼마 전까지는 고구려와 백제가 다툼이 없다가 강력해진 근초고왕 시기에 요서 지방에 진출하려던 백제를 견제하고자 고구려의 선제공격(369년, 고구려 고국원왕 39년, 백제 근초고왕 24년)(제1차 치양 전투)에 대하여 백제가 맞서 고구려 평양성(남평양성, 졸본성)까지 공격하여(371년, 고구려 고국원왕 41년, 백제 근초고왕 26년)(제2차 패하 및 평양성 전투) 고구려왕을 전사시켰고 이후 광개토대왕 시기 이전까지 수차례 전쟁이 있었지만, 상호 간에 전쟁이 일어난 시기는 광개토대왕 시기 이전(391년)으로부터 불과 얼마 되지 않은 것(22년 전)으로 그 전까지는 백제가 고구려로부터 파생되어 고구려를 종주국으로 인정하여 근초고왕 시기까지(346년) 이르렀던 것이 사실이다.

그런데 소위 '젊은 역사학자 모임' 일원은 역사를 잘 모르는 방송 패널과 시청자들을 상대로 얼마 안 되는 이 시간 동안의 사건만을 나열하여 전달함으로써 비문상에 고구려가 속민이 아니고 다툰 데다가 백제가 우위에 선 것으로 인하여 비문상에는 거짓말을 한 것이라고 설파하였다. 이는 역사를 아는 사람은 사사로운 거짓말로써 고구려가 비문상에 거짓을 새긴 것이 아니라 소위 '젊은 역사학자 모임' 일원이 공개적으로 거짓을 이야기한 것임을 알 수 있다.

더군다나 사료 기록상 실제 역사를 기록하지 않은 경우가 많은 것에서 알 수 있듯이 비문상의 내용이 실제이고 이 실제 내용을 기록이 따라가지 못하는 경우가 있는 것은 당연한데도 불구하고 기록에 없다고 비문이 사실이 아니라는 단정적인 결론을 내리는 것은 정상적인 학문 수준이 아니다. 예를 들어 비문과 달리 앞에서 확인한 대로 백제의 강력한 시기였던 근초고왕 20년 기록이 누락되어 있다는 것은 사서기록의 의도적 누락 내지는 사서기록의 한계성을 나타낸다.

> 백제와 신라가 고구려에 조공해 온 사실이 허위이므로 전체 비문이 고구려가 과장한 신빙성 문제를 제기한 것은 당시 정도 차이는 있지만 실제 그러한 수준이었거니와 설사 아니더라도 이는 기록과 차이에서의 문제일 수도 있다. 그런데도 이를 근거로 전체 비문의 신빙성을 문제 삼는 것은 전형적인 일본인 학자의 방법이다.

▶ 그다음으로는 "'임나일본부설'에 대하여 신묘년조를 거론하지 않아도 논파가 가능하다."라고 하였지만 정작 이 설에 대한 소위 '젊은 역사학자 모임' 일원이 속한 주류 강단 사학계의 입장을 보면 식민사관을 극복했다고 하여 '임나일본부설'을 겉으로는 부정하지만 '임나일본부설'의 기초가 되는 『삼국사기』 초기 기록 불신론'은 물론 이에 의한 '원삼국설'을 그대로 유지하고 임나와 가야의 동일성을 그대로 따른 채 임나 지명의 한반도 남부 가야 지방으로 비정하고 있다. 그러면서 여러 가지 사료에 그 비합리성이 드러나고 있으므로 이를 변칙적으로 회피하여 임나일본부는 왜의 가야에 대한 통치기관 내지는 식민지 기관이 아니라 '왜의 사신·사자설', '외교 기관설', '무역(교역) 기관설' 등을 내놓고 있다. 앞에서 본 필자가 지적하였듯이 여러 가지 증거나 당시 상황상 있을 수 없는 가설들을 식민사관을 유지하기 위하여 이를 변명하기 위한 회피설들을 내놓고 있다.
그야말로 속국인 상태에서 일방적인 혜택의 수여 체계에서 그 주인 국가에 사신을 보내고, 외교 기관을 설치하고 무역 기관을 설치할 수는 없다. 이것은 절대로 있을 수 없는 설을 유지하기 위한 허구의 변명 논리이다. 따라서 '임나일본부설'을 논파할 수 있다는 것은 사실과 다르다.

더군다나 이러한 논리가 문제가 되는 것은 이러한 논리 즉 신묘년조를 거론하지 않아도 '임나일본부설'이 논파되거나 신묘년조의 변조설을 굳이 거론하지 않아도 된다는 논리의 실마리를 제공한 것이 일본인이고, 이것이 호응을 받고 있다는 설명에 대하여는 지극히 편파적인 생각을 가진 편견에 의한 생각이라는 점을 제시하고자 한다. 이러한 소위 '젊은 역사학자 모임' 일원의 광개토대왕 비문이 고구려인의 욕망에 의한 상상의 산물이고 과장된 허구의 표현이고 신묘년조는 변조 여부를 떠나서 사실과 다르기 때문에 이를 '임나일본부설'에 적용하는 것은 불필요하다는 사실은 1972년 일본 학자 사에키 아리키요[佐伯有淸], 하타다 타카시[旗田巍] 동경 도립대(都立大) 명예교수, 1973년 일본 학자 하마다 고사쿠[濱田耕策]가 내놓은 주장이다.

이러한 주장을 내놓은 결정적인 계기는 1972년도 재일 사학자 이진희 교수가 신묘년조 조작설을 내놓은 것으로 이에 대한 변명 논리이다. 즉 소위 '젊은 역사학자 모임' 일원이 주장하였던 바와 똑같이(이는 소위 '젊은 역사학자 모임' 일원이 이들의 논리를 그대로 받아 설파한 것이 분명함) 설사 신묘년조가 문제가 되더라도 다른 내용 즉 백제와 신라가 고구려의 신민으로서 조공을 해왔다는 허위의 사실을 기록하는 등 비문 자체가 자기들 위상을 높이려고 고구려가 허위의 사실을 기록한 것이기 때문에 비문 자체를 신뢰할 수 없다는 주장이다. 이 논리는 소위 '젊은 역사학자 모임' 일원이 이미 제기한 바와 똑같다. 이 논리는 광개토대왕 비문 내용 자체를 의심한다. 이는 본 필자가 앞에서 설명한 바와 같은 전형적인 일본인의 역사왜곡 방식이다.

일부 잘못될 만한 것을 분석하여 이것이 잘못되면 전체를 잘못으로 몰고 가는 방식이다. 신묘년조가 문제가 됨으로써 일부 문제가 될 만한 작은 사항 즉 고구려가 백제와 신라를 신민으로 삼았다는 점을 문제 삼아 전체 비문을 문제로 삼는 방식이다. 도대체 비문의 어느 기사가 고구려의 욕망을 담아 과장되게 허위로 꾸몄다는 것인가. 그 허위 기사가 전체를 의심할 만한 것인가 말이다. 이 일본인 학자 그리고 많은 일본인 학자들은 광개토대왕 비문의 실상을 연구하지 않는 소위 '젊은 역사학자 모임' 일원들과 같은 국내 학자들보다 연구를 더 많이 하고 많이 알고 있다. 그래서 광개토대왕 비문상의 왜는 백제에 끌려다니는 부용 세력이고 항상 고구려에 패하는 국가도 아닌 떠돌이 집단이라는 점을 알기 때문에 비문 전체를 자기들 입장에서 허위로 몰아가고 싶었다. 고구려가 자기들의 위상을 높이고자 하는 욕망에서 허위로 기재한 것으로 치부하고 싶었다.

이것을 우리 학자들이 따라야 한다는 타당성을 소위 '젊은 역사학자 모임' 일원들은 본 필자에게 그리고 방송에서 발설하였듯이 같은 방식으로 해명과 설명할 것을 공개적으로 요구한다. 더불어 질문한다. 일본인 학자들의 논리를 그대로 따라 주장한 것인지 아닌지 여부에 대하여 설명을 요구한다. 이들의 논리를 그대로 따라 자기 논리인 양 우리나라 방송에서 그대로 강의했는지 여부를. (주류 강단 사학계에 대한 공개 질문23) 광개토대왕 비문상의 내용은 실제 『삼국사기』를 비롯한 모든 관련한 중국사서가 입증하는 내용들이다. 아니 더 상세하다. 앞에서 일부 확인한 바 있듯이 『삼국사기』상에는 광개토대왕이 392년 왕위에 오른 것으로 되어 있으나 이보다 1년 빠른 391년으로 기록된 비문상의 내용이 맞는다는 것과 『삼국사기』상의 13세손 19대 왕이 아니라 17세손이라는 사실도 이 비문으로 드러나 고구려가 고주몽 추모왕에서 시작한 것으로 역사를 정하지 않고 북부여를 계승한 것으로 하고 있다는 중요한 사실도 확인될 정도로 신빙성 있는 비문이다.
설사 일부 있더라도 그것은 설명이 가능한 것이거니와 해석상의 문제이고, 이 사소한 것이 전체를 신빙성 없는 내용의 비문이라고 할 만큼의 것이 아니다. 오래전의 학문 이외의 편파성에 의하여 제기한 주장을 아무런 여과 없이 상대방이 받아들여 이를 자기들의 주장으로 받아들인 소위 '젊은 역사학자 모임' 일원들의 이 비문에 대한 판단은 현재 주류 강단 사학계가 일본 식민사학 논리 내지는 현재의 일본인 입장을 여과 없이 받아들이는 것과 맥락을 같이한다. 임나일본부를 비판하면서 임나를 일본열도 위치에 비정하지 않고 임나를 가야로 동일시하여 임나의 위치를 한반도 가야 영역에 표시하여 결국 『일본서기』상의 왜의 임나 정벌을 한반도 남부 정벌로 인정하는, 그야말로 사기 즉 겉으로는 진실인 것처럼 하면서 속으로는 속이는 사기 행위이다. 진정으로 임나일본부를 부정한다면 임나를 가야와 동일시하지 않고 임나의 위치를 한반도 남부가 아닌 일본열도에 비정한 채 반대로 한반도 세력의 일본열도 진출에 의한 분국 사실을 일본열도 내의 고고학적 자료(유적·유물)에 의하여 인정하고 이를 역사에 편입시켜야 한다. 이에 대하여도 나중에 상세히 설명하고자 한다.
그리고 일본인들의 전형적인 역사왜곡 방법에 의한 일부 문제를 삼을 만한 내용으로 선정한 사항으로 소위 '젊은 역사학자 모임' 일원이 허구인 것으로 고구려인들이 실제 역사와 다른 과장된 표현을 하였다는 신묘년조의 고구려가 백제와 신라를 신민으로 삼아 조공을 바쳐왔다는 내용도 이미 밝혔듯이 일본인 학자들이 1972, 1973년에 내놓은 주장 그대로이다. 일본인 학자들의 주장 논리를 소위 '젊은 역사학자 모임' 일원은 그대로 이어받은 이러한 상황도 역사 지식 부족 내지는 인식 부족에 의

한 것이거나 왜곡된 인식에 의한 것으로 이에 의한 주장과 실제 역사는 다르다. 즉 백제는 고구려에서 파생된 국가로 광개토대왕 시기 이전인 고국원왕 시기 이전까지는 고구려를 종주국으로 인식한 관계를 유지하였으므로 전혀 다툼이 없었다가 고구려가 북상하여 하북성 요동 지역에 진출한 것을 따라 백제가 하북성 요서 지역에 진출하면서 다툼이 시작되었을 뿐으로 이전에는 전혀 다툼이 없었던 것이 이를 증명한다. 신라는 백제의 사주를 받은 왜의 공격에 시달려 왔기에 고구려에 의존하여 이를 물리치는 과정에 있었을 뿐만 아니라 392년 1월 실성을 인질로 보낼 정도로 고구려에 종속적이었다.

이러한 관계를 고구려가 표현한 것에 불과한데 이것을 빌미 삼아 전체 비문을 고구려가 자신들의 위상을 높이려고 허위로 과장하여 나타낸 것이라고 주장하는 것은 어떠한 작은 것이 문제이므로 전체가 문제라는 잘못된 논리에 의함이다. 더군다나 이것은 전혀 역사적 사실에 배치되지 않는다. 이에 대하여도 차후에 자세히 다룰 예정이다. 이와 같이 자칭 고구려 전문가라는 학자가 비문 내용 자체를 의심하는 일본 학자 주장을 추종한 채 비문의 실제 연구인 임나가라의 위치나 왜의 존재를 연구하지 않으면서 또한 -고구려의 전문가로서 고구려 연구의 필수적 과제인 고구려의 선조 국가인 부여 그리고 고조선에 대한 연구도 하지 않는 것은 우리 사학계가 해방 후 78년 동안 일체의 추가 연구 없이 일본인 학자들의 연구를 추종하는 행태가 전부인 것을 그대로 보여주는 전형적인 사례이다. 만약 우리나라 교수가 공적인 방송에서 우리 고대사를 밝혀주는 광개토대왕 비문을 해석함에 있어 일본인 학자들의 신묘년조 부정 사항이 허위라는 신묘년조 조작론을 불식시키고자 궁여지책으로 내놓은 비문 전체 불신론을 40년이 지난 후에 다시 소환하여 일본 학자들의 주장을 그대로 알렸다는 사실을 대중들이 알면 어떨까 하는 생각을 해본다. 이것이 현재 주류 강단 사학계의 우리 고대사 연구 수준이다. 이것은 그들의 현재 고대사 입장인 국사편찬위원회 한국사 데이터베이스상의 우리 고대사 전체 문헌 해석에 이병도를 비롯한 일제 식민 사학자들과 일본인 학자들의 견해가 도배를 하고 있는 것과 그 맥을 같이한다. 더군다나 최근에 일본에서 새로운 우리 고대사 해석 관련 주장이 나오면 이를 적극 그들의 논리에 반영시키는 한편, 홍산문명 등 우리 고대사를 밝혀주는 사항에 대하여는 일체 반응하지 않고 배척하는 것과 그 맥을 같이한다.

> 신묘년조를 굳이 거론하지 않아도 '임나일본부설'이 논파가 가능하다는 논리는 '임나일본부설'을 변칙적으로 인정하는 우리 주류 강단 사학계에는 해당되지 않는 것으로 이러한 주장은 허위 주장으로밖에 볼 수 없다.
> 더군다나 이러한 논리는 소위 '젊은 역사학자 모임' 일원이 제기한 바와 같이 일부 비문의 신빙성을 문제 삼아 전체 비문을 허위로 몰고 가고자 하는 일본인 학자들의 오래전 논리를 우리 주류 강단 사학계의 젊은 사학자들이 완벽하게 그대로 따른 것으로 심히 염려스러운 행위이다.

지금까지 광개토대왕 비문에 관한 논란, 그중에서도 신묘년조에 대한 논란과 그 결말에 대하여 설명하였다. 앞에서 언급한 대로 광개토대왕 비문 발견과 당시 군국 제국주의 일본인들의 비문 발견 및 쌍구가묵본(정상적인 탁본이 아닌 백지에 글자 윤곽을 베낀 뒤 글자 사이를 먹물로 채워 글씨가 하얗게 나타나게 되는 탁본 형식)으로 조작의 가능성이 큰 탁본을 입수하여 6년이 지난 뒤 발표하는 등의 사항과 이후 조작설, 여러 가지 주장들에 대하여는 다른 글에서 충분히 확인할 수 있으므로 본 글에서는 생략하고, 이러한 논쟁 자체가 필요 없는 이유와 이 글의 비판 대상인 소위 '젊은 역사학자 모임' 일원들의 논리에 대하여 비판 설명하였다.

그렇다면 본 필자는 광개토대왕 비문에 대한 해석을 어떻게 할 것인가. 지금까지 설명한 우리 고대 국가의 위치와 활동과 관련하여 축적된 사실을 바탕으로 본 필자의 연구에 의한 견해를 밝히고자 한다.

### 2) 전체 비문 재해석

앞에서도 언급하였듯이 여러 가지 이유 즉 당시의 왜나라와 고구려 및 백제 그리고 신라의 위상과 형편 차이는 신묘년조를 거론할 필요 없이 왜가 백제와 신라를 신민으로 삼았다는 구절은 전체에 영향을 미치지 않으므로 배제시켜야 한다고 하였다. 하지만 다른 이유로 이 모든 논쟁의 절대 전제조건은 고구려, 백제, 신라, 왜의 존재 자체와 위치를 현재 우리나라 주류 강단 사학계는 광개토대왕 비문을 처음 발견하고 비문을 제시하고 신묘년조를 해석함으로써 논란을 일으킨 일본인들이 만들어놓은 논리에 의하여 주장하고 있다는 사실이다. 즉 고구려는 한반도 북부에, 백제는 한반도 서부에, 신라는 한반도 동부에 그리고 왜는 한반도 건너 현해탄 너머 일본열도에 있는 것을 전제로 하고 있다. 여기까지 살펴본 독자들은 본 필자가 이들을 어디로 비정하고 있는지 안다.

알다시피 이렇게 비정될 경우 광개토대왕 비문은 전혀 다르게 해석되고 신묘년조는 전혀 우리 전체 역사에 왜곡을 가하지 않기 때문에 일본인들은 제기할 필요도 없고 우리는 반론을 펼 필요도 없다. 해석을 앞두고 해야 할 사항은 기존의 관념과 지식을 배제하고 한번 살펴보고 그다음에 기존의 것으로 다시 되짚어보아야 한다. 그리고 기존의 관념과 지식은 중국에 의하여 만들어졌고 우리 선조들이 이를 받아들였고 일본인들 즉 우리나라를 식민지화하려던 일본 식민주의 학자들이 이를 완성한 것이라는 점을 항상 생각하고 이해하여야 한다. 여기서는 비문의 한자 원문과 이 원문에 대한 통상적인 해석을 실은 다음, 이 기록상의 명칭에 대한 위치를 중심으로 하고 관련 역사 사항을 확인함으로써 이 비문을 해석한다. 이 해석은 기존의 해석과 전혀 다르다.

그 이유는 통상의 해석은 주류 강단 사학계가 비정한 바를 전제로 하는 것이고 본 필자의 해석은 이것을 전혀 배제한 채 다르게 비정한 것을 전제로 하기 때문이다. 하지만 이 전혀 다른 해석은 주류 강단 사학의 일제 식민사학을 청산하는 것으로 본 필자의 근거 없는 개인적인 추측이나 상상이 아니라 모든 중국사서와 『삼국사기』가 입증하는 사항이다. 지금까지 본 필자의 연구에 의한 본 글에 의한 바대로 이 비문을 살펴본다면 새로운 눈으로 바라볼 수 있어 새로운 해석을 할 수 있다. 새로운 눈이 열리는 해석이다. 그래서 우리의 고대 역사가 한반도가 아닌 대륙에서 펼쳐졌다는 사실을 알 수 있다. 이를 부정한다면 모든 사서기록을 무시함이다. 그래도 이를 한반도로 해석하는 고집을 부린다면 이는 역사를 왜곡할 뿐만 아니라 우리 선조들이 피땀 흘려서 지켰던 땅을 후손들이 내주는 매국을 함이다.

> 광개토대왕 비문에 대한 본 필자의 재해석은 개인적인 추측이나 상상이 아니라 모든 중국사서와 『삼국사기』가 입증한다.
> 기존의 우리 고대사 비정은 모든 중국사서와 『삼국사기』에 맞지 않는다. 재해석에 의하면 모든 사서기록에 맞게 되고 새로운 제대로 된 우리 역사가 된다.
> 기존의 관념과 지식을 배제하고 한번 살펴보고 그다음에 기존의 것으로 다시 되짚어보시라.

【사료63】『광개토대왕 비문』

惟昔始祖鄒牟王之創基也, 出自北夫餘, 天帝之子, 母河伯女郎. 剖卵降世, 生而有聖□□□□□. □命駕, 巡幸南下, 路由夫餘奄利大水. 王臨津言曰, 我是皇天之子, 母河伯女郎, 鄒牟王, 爲我連 浮龜. 應聲卽爲連 浮龜. 然後造渡, 於沸流谷, 忽本西, 城山上而建都焉. 不樂世位, 因遣黃龍來下迎王. 王於忽本東 , 履龍頁昇天.

옛날 시조 추모왕이 나라를 창조하시었다. 북부여에서 나왔는데, 천제의 아들이요, 어머니는 하백녀이다. 알을 깨고 세상에 나시니, 나면서부터 성스러운□□□□□. □ 명으로 수레를 타고 남으로 순행하다가, 길에서 부여의 엄리대수에 이르렀다. 왕이 나루에 이르러 말하길, "나는 황천의 아들이고, 어머니는 하백녀인, 추모왕이다. 나를 위해 갈대를 엮고, 거북은 떠올라라." 하니 소리에 응하여 갈대가 이어지고, 거북이 떠올랐다. 그러한 연후에 건너가 되고, 비류곡의 홀본 서쪽의 성 위에서 도읍을 정하였다. 세상에서의 위치를 즐기지 않아, 황룡을 아래로 보내어 왕을 영접하니, 왕이 홀본 동쪽에서 용의 머리에 올라타고, 하늘로 승천하였다.

## [고구려 시조에 대하여]

앞에서 확인하였듯이 고구려의 시조에 대하여『삼국사기』,『삼국유사』는 동명성왕 고주몽으로 간혹 추모 내지는 동명제라고 하였지만 중국사서는 부여의 시조를 동명이라 하고 고구려의 시조는 고주몽으로 구분하고 있다. 하지만 비문에서는 추모왕이라고 하였다. 그래서 본 필자도 이 기록을 존중하여 고구려 시조의 명칭을 추모왕 내지는 추모대왕으로 통일하여 기록하였다.

## [고구려 시조 출처에 대하여]

또한 시조의 출처를『삼국사기』,『삼국유사』는 동부여 내지는 북부여라고 하였지만 중국사서는 이를 구분하지 않고 부여라고 하였다. 중국사서는 부여에 대한 기록을 비롯하여 북부여, 동부여 등 부여를 구분하지 않은 것으로 보아 인식이 부족한 것으로 파악된다. 그런데 비문에서는 분명히 북부여 출신으로 기록하고 있다. 이는 북부여의 계통을 이어받은 정통성을 표시한 것이라고 할 수 있겠다. 부여의 정의 및 북부여의 위치에 대하여는 이미 확인하였듯이 우리 선조의 정통성을 계승한 고조선으로부터 이어받은 부여는 고조선의 제후국으로 연맹 국가로 있다가 정통성을 이어받은 (본)부여 그리고 이로부터 분류된 채 이의 정통성을 계승한 북부여 그리고 북부여가 옮기면서 남은 세력이 동쪽으로 이동한 동부여, 동부여에서 파생된 우태부여(위구태), 남쪽으로 이동한 졸본부여 그리고 대륙에 있던 백제가 한반도로 건너가 국호를 변경한 남부여가 있다.

중국사서는 이에 대한 인식이 절대 부족하였다. 물론 고조선의 위치가 주류 강단 사학계가 비정하는 대로 '고조선 이동설'에 의하여 대능하 지방에 있다가 연나라 진개에 의하여 동쪽으로 이동한 채 요하 동쪽에 있다가 다시 한반도 평양으로 와서 한나라에 멸망당하여 여기에 소위 한사군의 낙랑군 등이 세워진다거나 이 글에서 비판하는 논문의 논리의 경우 당초 고조선은 한반도 평양에 있다가 멸망당하는 것으로 비정하고 있다. 하지만 당시 전국시대의 연나라 옆에 있었던 고조선은 연나라가 지금의 호타하와 안문관을 경계로 있었으므로 당연히 이곳 산서성 태행산맥 동쪽의 하북성 지역에 있었던 것이 역사적 진실이다. 호타하는 지금도 하북성 중심에, 안문관은 산서성에 존재하고 있다. 따라서 고조선의 제후국으로 파생된 부여도 이곳 하북성과 인근 산서성에 있었음은 당연한 진실이다.

단지 당시 중국인들의 인식 부족으로 부여국의 변화 단계와 변화 후의 실상을 사서기록에 담지 못한 채 북부여와 동부여의 전신인 (본)부여와 이의 위치를 비롯하여 다음의 북부여와 동부여를 같은 것으로 기록하고, 졸본부여 등에 대하여는 구분하지 못하는 등 제대로 된 역사가 전해지지 않는다. 이렇게 혼돈되어 기록되어 있음에도 불구하고 중국사서에 기록된 대로 부여는 분명히 연나라의 동북쪽으로 장성 북쪽에 있었는데, 동쪽으로는 여진족의 계통인 숙신·읍루·말갈·여진상의 읍루가, 서쪽 내지 남쪽에는 선비가, 북쪽에는 약수가, 남쪽에는 고구려가 있다고 분명히 기록하고 있다. 물론 이러한 부여의 위치를 알려주는 지표인 읍루, 선비, 약수, 고구려를 모두 중국과 함께 동쪽으로 왜곡 이동시켜 부여를 한반도 북부 길림성 만주 지방으로 비정하고 있다. 여기서 읍루는 부여의 동쪽인 길림성 동쪽 해안가에, 선비는 선비족의 주요 종족인 모용선비족과 그의 나라인 삼연(전연, 후연, 북연)의 수도인 용성을 요령성 조양시로 비정한 채 요령성 요하 서쪽까지, 약수는 한반도 북부 북만주의 흑룡강성 흑룡강으로, 고구려는 한반도 북부 길림성으로 비정하고 있다. 하지만 읍루 즉 말갈은 그 대표 종족인 흑수말갈과 백산말갈의 위치가 한반도 북부가 아니라 하북성 서북쪽인 산서성 대동시 천진현 흑수하(Heishui River, 黑水河)와 산서성 대동시 영구현 태백산(Taibai Mountain, 太白山)으로 지금도 그대로 남아 있는 흑수하와 태백산에 있었던 것을 동쪽으로 왜곡 이동시킨 것으로 부여 동쪽에 있었다는 읍루는 이곳에 있었다.

　모용선비족 삼연의 수도인 용성은 현재도 남아 있는 하북성 석가장시 정정현의 융흥사 뒤편 용성에 있었던 용등원이 그대로 남아 있어 이곳이 용성임을 유적·유물학적으로 입증하고, 『수경주』등 수많은 사료에 의하여 문헌학적으로도 이를 입증하고 있다. 약수의 경우 청대의 학자 심흠한은 사서 통전을 근거로 영주 유성현에 있는 것으로 비정하는 한편, 청대의 다른 학자인 정겸은 흑룡강성으로 비정하는 등 전형적인 중국식 왜곡에 의한 것이 그대로 오늘날까지 이어지고 있다. 따라서 부여의 위치는 산서성 남쪽이자 하북성 서북쪽 편과 태행산맥 사이에 위치한 것으로 중국사서는 기록하고 있으나, 이는 중국사서가 북부여 위치만을 기록한 것으로 원래의 북부여와 동부여가 분리되어 옮기기 전의 (본)부여는 선비족의 땅인 '자몽지야'를 비롯하여 옥저 땅을 포함한 산서성과 하북성을 포함한 넓은 지역에 위치해 있었다. 이곳에 북쪽으로 올라간 북부여 내지는 동쪽으로 옮겨간 동부여에서 남쪽 내지는 동남쪽으로 내려와 고구려를 세운 것으로 부여와 고구려의 위치는 부여의 위치를 알려주는 중국사서의 기록에 의한 바대로 읍루, 선비 그리고 당시 장성인 만리장성이 지금의 북경시에도 못 미치는 북경시 서남쪽의 하북성 보정시 서북쪽까지 있었던 것에 의하면 그 위치가 명확히 입증된다.

> 모든 사실 즉 고조선의 연나라와의 경계 위치, 부여, 말갈, 선비 등의 위치 관련 사서기록 확인 결과 고구려는 하북성 본(大)부여에서 북쪽으로 옮겨간 산서성의 북부여 내지는 동쪽으로 옮겨간 동부여에서 남쪽 내지는 동남쪽인 산동성으로 내려가 건국한 후 다시 북상하여 원래의 본(大)부여 고조선 위치인 하북성에 자리 잡는 것이 입증된다.

 그리고 고구려 시조 추모왕이 부여를 탈출하면서 건넜다는 엄리대수는 앞에서 설명한 대로 중국사서와 『삼국사기』 및 『삼국유사』에서는 각각 기록하였다. 우리나라 사서인 『삼국사기』 「고구려본기」에는 동명성왕 고주몽이 부여를 탈출한 하천을 '엄사수'(일명 개사수(蓋斯水)라고도 하는데, 지금[고려]의 압록강 동북쪽에 있다.)라고 하였고, 『제왕운기』에는 '개사수'(지금의 대녕강이다.), 『동명왕편』에는 '엄체수', 『삼국유사』에는 '엄수'(지금은 어딘지 자세하지 않다.)라고 각각 기록하였다. 하지만 중국사서는 『위서』, 『북사』 「고구려」, 『수서』 「고구려」는 모두 고구려의 주몽과 관련하여 탈출 시 건넌 하천을 단지 '대수'라고 하였다.

 반면 부여국의 동명과 관련한 하천을 『논형』 「길험편」 '엄표수', 『후한서』 「부여」 '엄사수', 『삼국지』 「부여」 '시엄수', 『양서』 「고구려」 '엄체수', 『북사』 「백제」 '엄체수', 『수서』 「백제」 '엄수', 『통전』 「고구려」 '엄호수'라고 각각 달리하였다.

 따라서 중국사서는 모두 '대수'를 고구려 시조가 고구려 건국과 관련 있는 것으로 기록하였다. 물론 광개토대왕 비문에는 '엄리대수'로 기록하였다. 따라서 중국사서(대수)가 우리나라 사서들(엄사수, 개사수, 엄체수, 엄수)보다는 더 가깝게 기록한 것으로 파악된다. 중국사서가 대수라고 통일하여 기록한 강인 대수는 나중에 이 고구려에서 비류와 온조가 백제를 건국하고자 건넌 두 강인 패수와 대수 중의 대수와 같은 강이다.

한편 이 엄리대수 즉 대수 그리고 여러 가지로 기록한 이 하천에 대하여 주류 강단 사학계는 『삼국사기』의 기록대로 고려 당시의 압록강을 현재의 압록강으로 보아 압록강 동북쪽에 있는 송화강으로 비정하고 있다. 당연히 이곳을 북부여의 위치로 보았다. 하지만 이 하천에 대하여 중국사서는

> 【사료367】『한원(翰苑)』 번이부 고려(蕃夷部 高麗)
>
> 〈한서지리지〉가 말했다.: 현도군 서개마현의 마자수는, 서북쪽으로 흘러 염난수에 들어가서, 서남쪽으로 서안평에 이르러 바다에 들어간다. 두 군郡을 지나며, 2천1백 리 흘러간다. 응소는 "마자수는 서쪽으로 흘러 염택에 들어간다."고 말했다. 〈고려기〉가 말했다.: 마자수는, 고[구]려에서는 엄수라고도 하며 지금 이름은 압록수다. 그 나라에 내려오는 이야기에 이르길, '물줄기는 동북 녘 말갈국 백산에서 비롯되어 나온다. 빛깔이 오리 대가리를 닮았고, 때문에 흔히 압록수라 부른다'고 한다. 요동[성]에서 5백 리 떨어져 있다. 국내성 남녘을 지나며, 또한 서녘에서 한 물줄기와 합치는데 바로 염난수다. 두 물줄기가 흐름을 합쳐 서남쪽으로 흘러 안평성에 이르러 바다로 들어간다. 고[구]려 가운데 이 물줄기가 가장 크고, 맑고 시원하게 물결이 일며, 지나는 곳 나루터마다 큰 배가 모여 있다. 그 나라는 이 물줄기를 천참天塹(천험의 요충지, 본디 장강의 지세가 험함을 가리킨다. 즉, 고구려인은 마자수를 장강처럼 여긴다는 말.)으로 믿어 기댄다. 지금 살피니, 그 물줄기 넓이는 3백 걸음이고 평양성에서 서북쪽 450리에 있다.

라고 하여 『통전』 등 여러 사서에 기록되어 있는 마자수 즉 압록수인 현재의 호타하로 비정하고 있다. 또한 중국에서 운영하는 사이트의 어학사전란에는 엄호수의 '호'와 호타하의 '호'를 같이 보아 엄호수를 현재의 호타하로 비정하고 있다.

[어학 사전] : 강 이름 滹(호) : ①강 이름 ②물가 ③산서성(山西省) 번치현(繁峙縣)에서 발원하여 하북(河北) 평원을 거쳐 천진(天津)에 이르러 북운하(北運河)로 흘러드는 강, 호타(滹沱)

하지만 이는 중국에서 엄호수 등이 고구려의 첫 도읍지 졸본성이 나중의 고구려 도읍지 평양성으로 『신당서 가탐도리기』 및 『요서 동경도』 등 중국사서에 혼돈되어 기록되어 있듯이 고구려 도읍이 처음 도읍지인 산동성 덕주시에서 북쪽으로 올라와 하북성 보정시로 옮겨지면서 이곳 인근으로 혼돈되어 옮겨져 기록되었다.

또한 이 (엄리)대수(大水)를 중국사서상에 기록되어 있는 ①『삼국지』 위지 동이전과 『후한서』 동이열전상의 각 『고구려전』상에 기록되어 있는 고구려와 착각하여 기록하고 있는 구려가 탄생한 대수(大水)로 착각하거나(실제로 중국사서는 착각하여 기록함), ②『한서』 지리지상의 나중에 이 낙랑군 남쪽에 세운 대방군에 흐르는 낙랑군 함자현의 대수(帶水) 즉 **대수(帶水)가 서쪽으로 대방현(帶方縣)에 이르러 바다로 들어간다**.의 대수와 같은 것으로 착각하거나 혼돈하여 기록하고 있지만, 이는 ①의 경우 고구려를 구려와 착각하여 기록하거나, ②의 경우 그 음이 같거나 나중의 온조가 백제 건국과 관련하여 건넌 강을 대수(帶水)라고 하는 한편, 이를 일제 식민사학에 의한 주류 강단 사학계의 한반도 황해도 지방의 대방군 및 그 이남의 서울 지방에 건국하는 백제 논리를 그대로 적용하여 대방고지를 대방군과 같은 것으로 취급하여 같은 강이라고 잘못 비정한 것에 의한 잘못이다. 이러한 인식에 의하여 『삼국사기』도 온조 건국상의 (엄리)대수를 중국사서상의 대수(大水)가 아닌 대방군의 대수(帶水)라고 기록하고 있다. 그러나 나중의 대방군이 되는 낙랑군의 남쪽에 흐르는 대수(帶水)가 흐르는 지역은 하북성 지역이고, 이 고구려 추모대왕이나 백제의 온조가 건넌 강인 대수(大水)는 이 하북성 지방에서 탈출하여 남쪽이나 동남쪽이거나 같은 산동성 고구려를 벗어난 같은 산동성 지방에서 건넌 엄리대수(大水)이다. 더군다나 이 대수(大水)는 고구려, 백제, 신라가 역사적 활동을 같이한 산동성에서 그 기록이 나타남으로써 이 강이 위의 ①착각하여 기록하거나 ②글자 자체도 틀리고 위치가 틀린 낙랑군 남쪽 대방군 위치에 있었던 대수(帶水)와는 다른 강이다. 고구려, 백제, 신라가 역사적 활동을 같이한 산동성에서 대수(大水) 기록 또한 무수히 나타나고 있으나 이를 홍수가 난 것으로 기록하는 한편, 대수(帶水)만 패수(浿水)와 같이 있는 강으로 기록하고 있다. 이 패수(浿水) 또한 고구려, 백제, 신라가 같은 지역에서 활동한 사항에 의하면 고구려 평양성인 남평양성, 졸본성 남쪽을 흐른다는 패수(浿水)와 동일한 것에 의하여 이 패수(浿水)가 엄리대수(大水)이자 삼국의 활동상의 대수(大水)임에도 이를 대수(帶水)로 기록한 것은 백제가 건국한 지역인 대방고지를 대방군과 같이 인식한 오류에 의한 것으로 명백히 파악된다.

원래 추모왕이 북부여를 탈출하여 건넌 이 엄리대수는 추모왕이 고구려를 건국한 졸본 지방인 지금의 산동성 덕주시 평원현의 북쪽에 걸쳐 있는 강인 마협하(Majia River, 马颊河)이다. 이 하천 남쪽에 나란히 흐르는 강이 패수이자 패하이자 패강인 도해하(Tuhai River, 徒駭河)이다. 그리고 이 남쪽에 나란히 흐르는 강이 백제 한성의 북쪽에 있는 한수인 황하이다.

> 추모대왕이 부여를 출발하여 고구려를 건국하는 과정이나 이후 고구려 위치와 관련되어 기록된 압록강은 하북성 호타하이고 엄리대수는 산동성 대수(大水)인 산동성 마협하이다.
> 이 남쪽에 패수이자 패하이자 패강인 도해하가 있고 그 남쪽에 한수인 황하가 있다.

이곳에서 도읍한 고구려 옆에 동쪽으로 산서성 탁수(거마하) 지방에서 남옥저 땅으로 내려온 예족 세력이 건국한 신라가 있었고, 신라 동쪽에는 낙랑국이 있고 그 남쪽에 왜가 있었다. 그리고 이 고구려에서 출발한 백제가 이곳 남쪽인 황하강 남쪽이자 태산이 있는 산동성 태안시 서쪽의 산동성 태산시 비성시 하남 위례성에 도읍하여 백제를 건국하였다. 고구려 초기에는 졸본 지방에 있다가 백제 건국 이후 고구려는 북상하여 보정시 동남쪽에 자리 잡은 후 고구려 서쪽과 남쪽에 현토군과 요동군이 있었고 이 현토군과 요동군 서쪽에 모용선비족의 도읍인 용성인 하북성 석가장시 정정현이 있었다. 한편 백제 북쪽과 신라 북쪽에는 말갈이 있어 백제와 신라를 괴롭히고, 신라 남쪽에는 왜와 임나가라가 있는데 왜가 이 신라 동쪽에 있던 낙랑국과 함께 초기 신라를 괴롭혔다.

　이후 백제도 역시 고구려가 요동을 완전 점령할 때 요서 지역으로 진출하여 하북성에 진입하였다. 이것이 『삼국사기』 초기 소위 삼국 역사 기록이다. 이곳의 출발점은 물론 고조선과 부여이다. 이곳에 위치하였던 고조선 그리고 이의 제후 번국 중의 하나인 위만조선과 부여 그리고 부여의 연맹 제후 세력으로 있었던 선비족, 비류국, 개마국, 북옥저, 동옥저, 남옥저, 구다국, 낙랑국들이 나중에 선비족을 제외한 모두가 고구려, 백제, 신라로 통합된다.

> 고구려에서 출발한 백제는 산동성 고구려의 남쪽 대수와 패수(패강) 남쪽 한수인 황하에, 신라는 백제 동쪽이자 고구려 남동쪽인 패강 아래에서 건국하였다. 백제 동쪽이자 신라 서쪽에는 (최씨)낙랑국이 있었고, 백제와 신라 북쪽에는 말갈이 신라 남쪽에는 왜가 육지로 접해 있었다.

【사료94】『삼국유사』卷第一 제1 기이(紀異第一) 말갈(靺鞨)과 발해(渤海)

또 ≪동명기(東明記)≫에 이르기를, "졸본성(卒本城)은 땅이 말갈 (혹은 이르기를 "지금의 동진(東眞)이다."라고도 한다.)에 연접하고 있다."라고 하였다. (신)라(羅) 제6대 지마왕(祗摩王) 14년(을축(乙丑))에는 말갈 군사가 북쪽 국경으로 크게 몰려와서 대령책(大嶺柵)을 습격하고 니하(泥河)를 건넜다.

【사료102】『삼국사기(三國史記)』卷第二十三 百濟本紀 第一 시조 온조왕(溫祚王) 13년 5월

하남위례성으로 천도할 계획을 세우다 (기원전 6년 05월)

[13년(B.C. 6)] 여름 5월에 왕이 신하들에게 다음과 같이 말하였다.

"우리나라의 동쪽에는 낙랑(樂浪)이 있고, 북쪽에는 말갈(靺鞨)이 있어 번갈아 우리 강역을 침공하므로 편안한 날이 적다. 하물며 요사이 요망한 징조가 자주 나타나고, 국모(國母)께서 돌아가셨다. 형세가 스스로 편안치가 않으니, 장차 반드시 도읍을 옮겨야겠다. 내가 어제 순행을 나가 한수의 남쪽을 보니, 땅이 기름지므로 마땅히 그곳에 도읍을 정하여 오래도록 편안한 계책을 도모해야 하겠다."

【사료150】『삼국사기(三國史記)』卷第二十三 百濟本紀 第一 시조 온조왕(溫祚王) 17년

낙랑이 침입하여 위례성을 불태우다 (기원전 2년)

17년(B.C. 2) 봄에 낙랑이 쳐들어와서 위례성(慰禮城)을 불태웠다.

【사료151】『삼국유사』권 제1 제 1기이(紀異第一) 낙랑국(樂浪國)

백제 온조의 말에 '동으로 낙랑이 있고, 북으로 말갈'이 있다고 했는데, 아마도 옛날 한나라 때 낙랑군 속현(屬縣) 지역인 듯하다.

【사료94】『삼국유사』 卷第一 제1 기이(紀異第一) 말갈(靺鞨)과 발해(渤海)

또 ≪삼국사(三國史)≫에 이르기를 "백제(百濟) 말년에 발해와 말갈과 신라가 백제의 땅을 갈랐다."라고 하였다. 이에 의하면 말갈발해(靺海)가 또 갈라져 두 나라로 된 것이다. [신]라(羅) 사람들이 이르기를 "북쪽에는 말갈이 있고 남쪽에는 왜인이 있고 서쪽에는 백제가 있으니 이것들이 나라에 해악이다."라고 하였고 또 "말갈의 땅은 아슬라주(阿瑟羅州)에 접하였다."라고 하였다.

【사료101】『삼국사기(三國史記)』 卷第一 新羅本紀 第一 시조 혁거세(赫居世) 거서간(居西干)

낙랑이 침략하다 (기원전 28년 04월 30일)

〔30년(B.C. 28)〕 낙랑인(樂浪人)이 병사를 이끌고 침략해 왔다. 변경 사람들이 밤에 문을 걸어 잠그지 않고 곡식도 한데에 쌓아 들판에 널린 것을 보고서 서로 말하기를, "이곳의 백성들은 서로 도둑질을 하지 않으니, 가히 도(道)가 있는 나라라고 할 수 있다. 우리가 군사를 몰래 내어 습격하는 것은 도적이나 다를 바 없으니 부끄럽지 않겠는가?"라고 하며 병사를 물려서 돌아갔다.

【사료171】『삼국사기(三國史記)』 卷第一 新羅本紀 第一 시조 혁거세(赫居世) 8년

왜인이 변경을 침략하다 (기원전 50년)

8년(B.C. 50)에 왜인(倭人)이 병사를 일으켜 변경을 침범하려 했는데, 시조가 신령한 덕이 있다는 말을 듣고 되돌아갔다.

【사료100】 삼국사기(三國史記)』卷第一 新羅本紀 第一 유리(儒理) 이사금(尼師今) 17년 9월

화려와 불내가 침략해 오다 (40년 09월(음))

17년(40) 가을 9월에 화려현(華麗縣)과 불내현(不耐縣) 두 현의 사람들이 연계하여 모의하고서는 기병을 이끌고 북쪽 변경을 침범하였다. 맥국(貊國)의 거수(渠帥)가 군사를 내어 곡하(曲河)의 서쪽에서 기다리고 있다가 쳐서 물리쳤다. 왕이 기뻐하여 맥국과 더불어 우호 관계를 맺었다.

모두 말갈과 관련 있는데 특히 백제와 신라 북쪽에 말갈이 있고, 신라 북쪽에 소위 한나라 군현인 낙랑군이 있고, 동쪽 가까이에는 낙랑국이 그리고 가까운 남쪽에는 육지로 접하는 왜가 있어 수시로 신라를 공격하는 한편, 신라 동쪽의 낙랑국은 그 서쪽에 있는 백제국도 공격하는 이곳은 한반도가 아니다. 이곳은 산동성과 하북성 그리고 산서성 지역이다. 그리고 왜도 한반도 현해탄 바다 건너 일본열도에 있는 왜가 아니다. 이곳 하북성과 산동성 육지에 왜가 있었다.

【사료21】『수경주』「대요수」,「소요수」

고평천수(高平川水)가 백랑수(之)로 들어가는데 고평천수(水)는 서쪽 북평천(北平川)을 나와서 동쪽으로 흘러 왜성(倭城) 북쪽을 지나는데, 아마도 왜(倭)의 땅에 사람들이 이곳으로 옮겨왔을 것이다.

신라는 진한에서 건국하였는데 이 진한 남쪽에 있는 변진(한)의 남쪽에 마한의 남쪽과 함께 왜가 육지로 접해 있다. 이곳은 한반도가 아니라 하북성과 산동성이다.

【사료64】『삼국지(三國志)』〈위서〉「동이전」 韓

韓은 帶方의 남쪽에 있는데, 동쪽과 서쪽은 바다로 한계를 삼고, 남쪽은 倭와 접경하니, 면적이 사방 4천 리쯤 된다. [韓에는] 세 종족이 있으니, 하나는 馬韓, 둘째는 辰韓, 셋째는 弁韓인데, 辰韓은 옛 辰國이다.

【사료109】『후한서(後漢書)』 東夷列傳 韓

馬韓은 서쪽에 있는데, 54國이 있으며, 그 북쪽은 樂浪, 남쪽은 倭와 接하여 있다. 진한은 동쪽에 있는데, 12國이 있으며, 그 북쪽은 濊貊과 接하여 있다. 弁辰은 辰韓의 남쪽에 있는데, 역시 12國이 있으며, 그 남쪽은 倭와 接해 있다.
모두 78개 나라 伯濟는 그중의 한 나라이다. 큰 나라는 萬餘戶, 작은 나라는 數千家인데, 각기 산과 바다 사이에 있어서 전체 국토의 넓이가 사방 4천여 리나 된다.

그리고 비문상의 고구려 시조 추모왕이 처음 정착하여 도읍을 정한 곳에 대하여 중국사서는 모두 졸본(부여)이라는 언급은 전혀 없는 가운데 흘승골성이 대부분이고『주서』만 흘두골성이라고 하였다. 반면『삼국사기』는 중국사서와 마찬가지로 졸본천, 흘승골성(현토군 경계지역), 졸본(현토군 경계지역), 비류수가 초막, 혹은 졸본부여,『삼국유사』는 졸본부여, 졸본주(현토군 경계지역) 등으로 기록하였는데 비문은 비류곡 홀본서 성산(沸流谷, 忽本西, 城山)이라고 하였다.

통상적인 졸본의 위치에 대하여『삼국사기』는「지리지」에서 요나라 동경 서쪽의 의주 지역인 중국사서상에 기록된 한나라 현토군의 속현 고구려현, 현토군 경계지역으로 이곳은 동경을 지나 요수를 건너 의주 지역이라고 하였다. 이러한 위치 비정에 대하여『삼국유사』는 졸본부여가 있는 졸본주가 요동 지역에 있다고 하면서 이 졸본주는 현토군 경계지역이라고 하였다. 주류 강단 사학계가 졸본으로 비정하는 한반도 북부의 요령성 환인 지역은 요동 지역도 아니다.

고구려 관련사서가 기록된 시기에 요동은 지금의 요하 동쪽 지방이 아니고 하북성 석가장시에 위치해 있었던 요동군이 있던 동쪽 지역을 요동이라고 하였다. 설사 이것이 아니고 요하 동쪽이라고 해도 주류 강단 사학계의 환인 지역은 요동 지역이 아니다. 더군다나 현토군을 이곳으로 왜곡하여 비정해 놓았지만 현토군 지역도 인근에 갈석산이 있었던 마자수이자 압록수인 호타하와 같이 흐르던 대요수와 소요수 인근에 있었던 곳인 지금의 하북성 석가장시 인근이다.

더군다나 요나라 동경을 중국 측과 우리 강단 사학계는 선비족의 삼연의 수도인 용성을 석가장시에서 동쪽으로 왜곡하여 옮겨 지금의 요령성 조양으로 옮겨 놓았듯이 이 동경을 지금의 요령성 요양을 왜곡하여 옮겨 놓았지만 동경은 평주 땅이었던 하북성 보정시 동남쪽 지방이었다. 그리고 요나라 의주 지역인 북진 의무려산 아래도 현재 주류 강단 사학계는 중국이 '춘추필법'에 의하여 북진도 요령성 북진시로, 의무려산도 옮겨 왜곡 설치한 요령성 북진시의 북쪽의 의무려산으로 옮겨 놓은 채 비정한 것을 그대로 따르고 있으나 이곳은 갈석산이 있는 지금의 하북성 석가장시 정정현이다.

【사료76】『신당서(新唐書)』「지리지」

하북도
7) 영주(營州) 유성군(柳城郡) 상도독부

① 유성현(柳城縣). 中. 서북쪽으로 해(奚)와 접하며 북쪽으로 거란과 접한다. 동쪽으로 북진 의무려산사가 있다. 또한 동쪽에 갈석산이 있다.
(有東北鎭醫巫閭山祠. 又東有碣石山.)

이 북진 의무려는 전국시대에 편찬된 『주례』에 나오는 것으로 당시 5대 진산으로 꼽힌다. 당시는 전국시대이다. 당시 중국인들에게는 북쪽으로는 연나라가 그들의 최종 범위이다. 당시 연나라는 산서성 및 산서성과 하북성 경계에 머물던 나라였다. 이곳에 북진 의무려산을 정하였다. 당시 요령성은 그 대상도 아니었다. 이 의주 경계지역은 남쪽의 산동성 덕주시와 경계를 하고 있다. 그래서 경계지역이라고 하였다.

물론 중국사서는 착오로 고구려가 현토군 고구려현에서 건국한 것으로 하고 있으나 이 고구려현에서 건국한 세력은 고구려와 다른 구려족으로 이 구려족의 별종인 소수맥이 바로 모용선비족이다. 이곳은 선비족의 터전인 '자몽지야'로 이곳을 두고 고구려와 백제 그리고 선비족이 치열한 쟁패를 벌였다. 이곳은 절대 한반도일 수가 없다. 모든 사서기록이 이를 입증해 준다.

> **분명히 『삼국사기』는 고구려 초기 도읍지인 졸본이 요나라 동경**(주류 강단 사학계는 요령성 요양 비정)**의 서쪽이라고 하였다. 여기에 현토군이 있었다고 하였다. 또한 『삼국사기』도 졸본이 요동에 있다고 하였다. 여기에 현토군이 있었다고 하였다. 따라서 졸본은 현재 주류 강단 사학계의 졸본인 요령성 환인이 아니고 최소한 요하 서쪽이다. 또한 현토군도 마찬가지로 요하 서쪽이다.**
> **이는 왜곡된 위치이고 원래 졸본의 위치는 대수와 패수와 한수가 있는 산동성 덕주시 평원현이다.**
> **현토군의 위치는 하북성 석가장시 인근이다.**

그럼 비문의 다음을 살펴보기로 하자.

【사료63】 『광개토대왕 비문』

顧命世子儒留王, 以道興治, 大朱留王紹承基業.
遝至十七世孫國 上廣開土境平安好太王, 二九登祚, 號爲永樂大王. 恩澤
于皇天, 武威被四海. 掃除□□, 庶寧其業. 國富民殷, 五穀豊熟. 昊天不
弔, 有九, 寔駕棄國, 以甲寅年九月廿九日乙酉遷就山陵. 於是立碑, 銘記
勳績, 以示後世焉.

고명을 세자 유류왕이 받들어, 도로써 다스림이 일어나고, 대주류왕이
나라의 기업을 받들어 이었다.
전하여 십칠대손에 이르러 "국강상광개토경평안호태왕"이 섰다. 18세에 천
자의 자리에 오르니, 영락대왕이라고 불렸다. 그 은혜로움이 황천과 같고,
무와 위엄은 사해에 떨치었다. □□를 제거하여 여러 백성이 그 업에 종사할
수가 있었다. 나라는 부유하고, 백성은 성하여, 오곡이 풍성하였다. 하늘이
돌보지 않아, 삼십구 세에 승하하시니, 갑인년 구월 29일 을유에 안장하였
다. 비석을 세워 그 공훈을 기록하여 새기니, 후세에 보이는 것이다.

『삼국사기』는 광개토대왕을 13세손 19대 왕으로 기록하고 있다. 하지만 비문은 17세손으로 기록하고 있다. 이에 대하여도 앞에서 설명하였지만 『삼국사기』는 고구려의 시작을 고주몽 즉 추모왕으로부터 시작된 것으로 하고 있는 반면, 실제 고구려인들은 북부여를 그들의 시조로 여겼다는 사실이 이에 의하여 밝혀졌다. 이러한 사실은 『환단고기』『북부여기』상에는 비문과 같이 그대로 기록되어 있어 이의 신빙성을 입증하고 있다.

또한 이는 고구려 기원설의 900년설, 800년설, 700년설 가운데 900년설이 신빙성 있는 것으로 밝혀졌다. 이는 중국사서상에 『삼국사기』상의 고구려가 위만조선이 멸망하기 이전에 고조선 제후국으로 있다가 위만조선 멸망 후에 재건되어 부여를 고구려의 원조국가로

인식하고 있다는 사실이 광개토대왕 비문과 「북부여기」 기록에 의하여 입증된다. 이와 더불어 『삼국사기』는 광개토대왕의 즉위년을 392년으로 하고 있으나 비문은 391년으로 하고 있어 『삼국사기』의 오류가 드러났다. 이에 대하여도 앞에서 설명하였다.

> 고구려는 부여의 계통을 이어받아 『삼국사기』상의 13손이 아니라 『환단고기』의 17세손으로 하고 있었다. 고구려는 부여 계통을 이어받아 『삼국사기』상의 700년이 아니라 900년이다.

【사료63】『광개토대왕 비문』

其詞曰. 永樂五年歲在乙未, 王以稗麗不□□人, 躬率往討. 過富山負山, 至鹽水上, 破其三部洛六七百營, 牛馬群羊, 不可稱數. 於是旋駕, 因過襄平道, 東來□城, 力城, 北豊, 王備□, 遊觀土境, 田獵而還.
百殘新羅, 舊是屬民由來朝貢. 而倭以辛卯年, 來渡□破百殘□□□羅以爲臣民.

말씀하기를, 영락 오년 을미년(395)에 왕이 비려가 □사람을 □하지 않자, 몸소 이끌고 가서 정벌하였다. 부산을 지나, 산을 지고, 염수위에 이르러, 그 삼부락 육칠백령을 깨뜨려, 소, 말, 양을 수없이 얻었다. 돌아오는 길에 양평도를 지나 동으로, □성, 역성, 북풍에 와서, 왕이 □을 준비시키고, 경치를 즐기며, 사냥하며, 돌아왔다. 백잔과 신라는 옛날부터 속민으로써 조공을 하여왔는데, 왜가 신묘년(391) 이래로, □(바다)를 건너왔기 때문에 백잔를 파하고, □□□라를 신민으로 삼았다.

드디어 이 부분부터 그 위치에 대한 새로운 아니 올바른 비정이 된다.

## [비려에 대하여]

여기서 비려는 또는 패려로 거란의 일파로 비정되어 왔고 염수는 현재의 시라무렌강으로 주류 강단 사학계는 비정하여 왔다. 이에 대하여 살펴보자. 주류 강단 사학계는 거란의 위치를 요령성 조양시 서북쪽의 시라무렌강 유역으로 정하여 왔다. 물론 비문상의 거란족인 비려를 공격할 때 도착한 염수도 이 강으로 비정하였다. 하지만 그들의 후손인 요나라가 스스로 밝힌 기록에서 그들의 위치인 북쪽 황수하는

> 【사료29】『요사』「지리지」
>
> 〈서문〉
>
> 요국(遼國) 그 선조는 거란(契丹)이라고 한다. 원래 선비(鮮卑)의 땅으로 요택(遼澤) 가운데에 살았었다. 유관(榆關)까지 1130리가 떨어져 있고 또한 유주(幽州)까지 714리 떨어져 있다. 남쪽으로는 황룡(黃龍)을 견제하고 북쪽으로 황수(潢水)를 띠처럼 두르고 있고,

지금의 산서성 삭주시 산음현(山西省 朔州市 山阴县)의 황수하(Huangshui River, 黃水河)로 지금도 그 이름 그대로 존재하고 있다. 이곳 하북성 서북쪽에 거란이 있었다. 여기에 있던 것을 중국 측이 왜곡하여 요령성 조양시 인근으로 옮겨 놓았다. 그리고 이곳에 있는 시라무렌강으로 비정하고 있는 염수는

**【사료25】『통전(通典)』「변방」'동이 하 고구려'**

또한 평양성(平壤城) 동북쪽에 로양산(魯陽山)이 있고 그 정상에 로성(魯城)이 있다. 서남쪽으로 20리에 위산(葦山)이 있는데 남쪽에 패수(浿水)가 가깝다. 대요수는 말갈국 서남산에서 나와 남으로 흘러 안시현에 이른다. 소요수는 요산에서 나와 서남으로 흘러 대양수와 만난다. 대양수는 나라의 서쪽에 있다. 새 밖에서 나와 서남으로 흘러 소요수로 흘러간다. 마자수는 일명 압록수이다. 물이 동북 말갈의 백산에서 나온다. 물의 색이 기러기 머리색을 닮았기 때문에 속되게 부른 이름이다. 요동에서 5백 리 떨어져 있다. 국내성 남쪽을 지나 서쪽으로 흘러 염난수와 만나 두 물이 합하여 서남으로 흘러 안평성에 이르러 바다에 들어간다. 고구려에서 이 강이 제일 크다. 물결이 이는데 푸르고 맑으며, 나루터마다 큰 배가 서 있다. 그 나라에서 이를 천참(천연요새)으로 여긴다. 강의 너비가 3백 보이고, 평양성 서북 450리에 있다. 요수 동남 480리에 있다. (한나라 낙랑군, 현도군 땅이다. 후한 때부터 위나라 때까지 공손씨가 점거하고 있다가 공손연 때 멸망했다. 서진 영가(307~312) 이후 다시 고구려에 함락되었다.~(생략))(생략)

바로 염난수이다.

**【사료22】『한서』「지리지」1. 유주**

⑨ 현토군(玄菟郡)
3) 서개마현(西蓋馬縣), 마자수(馬訾水)가 서북쪽으로 염난수(鹽難水)로 들어가는데, 서남쪽으로 요동군 서안평현(西安平縣)에 이르러 바다로 들어간다. (이 강은) 2개의 군(郡)을 지나고 1100리를 흐른다. 왕망은 현도정(玄菟亭)이라고 했다.

**【사료26】『신당서(新唐書)』「동이열전 고구려」**

馬訾水가 있어 靺鞨의 白山에서 흘러나오는데, 물빛이 鴨頭와 같아서 鴨淥水로 불린다. 國內城의 서쪽을 거쳐 鹽難水와 합류한 다음, 다시 서남으로 [흘러] 安市[城]에 이르러서 바다로 들어간다.

고구려가 이곳 마자수이자 압록수인 지금의 호타하가 흐르는 산서성에서 이 강으로 들어서는 염난수에 이르러 거란족을 토벌하였다. 만약 주류 강단 사학계의 비정대로 고구려가 지금의 요하 동쪽 그것도 한반도 압록강 바로 위의 길림성 집안시에 있었다면 머나먼 이곳 산서성까지 공격할 수도 없고 필요도 없다. 반대의 경우도 마찬가지이다. 주류 강단 사학계의 비정대로라면 고구려의 위치도, 거란의 위치도 사서기록상의 거란이 요령성으로 옮겨 왔다. 하지만 거란은 옮긴 사실이 없다. 주류 강단 사학계는 거란을 패려라고 하기 때문에 비려를 이것으로 연관시켜 거란이라고 하고 있다. 구체적으로 거란의 고팔부(古八部) 혹은 기수팔부(奇首八部)가 고구려와 인접하여 살다가 서쪽으로 밀려났다는 『위서(魏書)』「거란」전이나 『요사(遼史)』등의 기록에 의하여 그중의 하나인 필혈부(匹絜部)(『통전(通典)』「邊方 거란」조에 나오는 匹黎部와 같음)를 패려에 비정하고 있다.

설사 비려가 주류 강단 사학계가 비정하는 거란이라도 거란이 산서성에 위치해 있기에 광개토대왕 비문의 기록은 고구려가 하북성에 위치해 있음을 입증해 주는 것이기도 하다. 그러나 비려를 부여라 하면 역시 고구려가 하북성에 위치해 있음을 입증해 주는 것이지만 부여도 이곳 하북성 북쪽 산서성에 있음을 입증해 준다. 따라서 중국사서의 기록대로 부여 동쪽에 선비족의 한 갈래인 거란이 접해 있었기 때문에 광개토대왕이 부여를 공격하든 거란을 공격하든 같은 산서성 지역 같은 방향이었으므로 비려가 부여이든지 거란이든지 위치 비정에는 큰 차이가 없다. 하지만 주류 강단 사학계로서는 거란은 고구려 서쪽인 요하 서쪽에, 부여는 고구려 동쪽 길림성 지방에 있었기 때문에 상당한 차이가 있다.

그것은 주류 강단 사학계의 한반도 왜곡 비정과 관련 있다. 이곳에 대한 광개토대왕의 원정 경로가 주류 강단 사학계가 그동안 왜곡하여 옮긴 위치나마 지금의 요동 지역에 있기 때문인 것으로 판단된다. 즉 왜곡된 위치나마 만약 비려를 부여로 해석하면 그동안 그들이 비정하여 온 부여의 한반도 동북부 길림성 지방의 비정이 맞지 않게 되기 때문이다. 즉 부산, 염수, 양평 등을 중국사서 기록상 하북성 위치에서 요령성 조양과 요하 인근인 그들이 정한 요동으로 옮겨 놓았기 때문이다. 그러면 부여가 이곳에 있어 고구려가 이곳으로 정벌을 가게 되므로 맞지 않게 되기 때문이다. 그런데 거란도 일찍이 산서성에서 옮겨 조양시 북부로 옮겨 놓았기 때문에 그들의 비정에 의하면 비문에 맞는 대상은 부여가 아니라 거란이다. 그래서 부여가 아닌 거란으로 하였다.

> 주류 강단 사학계가 광개토대왕이 공격한 비려를 거란으로 하는 것은 역사왜곡에 맞추려 하기 때문이다.
> 하지만 거란에 대한 위치를 왜곡하였기 때문에 자연히 광개토대왕의 이에 대한 정벌 사항도 왜곡되었다.

놀라운 사실이다. 이러한 행위가 주류 강단 사학계의 민낯이다. 이곳은 앞에서 설명한 원래의 거란이 있던 산서성 삭주시 산음현(山西省 朔州市 山阴县) 동쪽에서 가까운 산서성 대동시 영구현 일대 남부로부터 보정시 탁평현 북부에 있었다. 원래의 거란과 부여는 고구려가 있었던 하북성 보정시 만성현에서 그리 멀지 않은 방향상으로 조금 다른 채 같은 서북 방면에 있었다.

그래서 광개토대왕이 이 비려를 정벌하였다. 하북성 고구려에서 거의 서북쪽인 중국사서 『삼국지』 「위지 동이전 부여전」상의 장성 북쪽에 있는 북부여를 지나 서쪽으로 가면 황수하가 있는 거란이 있게 된다. 한편 거란은 예전의 선비 일족으로 서위 즉 조조의 위나라 시기까지는 선비로 불렸다가 북위 시기에는 거란으로 기록되고 있다.

이 선비와 부여는 각각

> **【사료67】**『후한서(後漢書)』「동이열전(東夷列傳)」 부여(夫餘)
>
> 夫餘國은 玄菟의 북쪽 千里쯤에 있다. 남쪽은 高句驪와, 동쪽은 挹婁와, 서쪽은 鮮卑와 접해 있고, 북쪽에는 弱水가 있다. 국토의 면적은 방 二千里이며, 본래 濊[族]의 땅이다.

> **【사료68】**『삼국지(三國志)』〈위서〉「동이전」 부여(夫餘)(국사편찬위원회 한국사 데이터베이스 중국정사 조선전)
>
> 夫餘는 長城의 북쪽에 있는데, 玄菟에서 천 리 떨어져 있다. 남쪽은 高句驪와, 동쪽은 挹婁와, 서쪽은 鮮卑와 접해 있고, 북쪽에는 弱水가 있다. [국토의 면적은] 방 2천 리가 되며, 戶數는 8만이다.

동서로 기록상의 위치와 맞는다. 그러나 이러한 기록에 맞추려고 모든 것을 옮긴 중국 측의 우리 고대사 동쪽으로의 왜곡 조작 이동에 맞춘 주류 강단 사학계의 광개토대왕 비문상의 비려 정벌 위치는 이렇게 왜곡된 사항에 맞춘 것과는 그 의도와는 달리 맞는 것으로 확인된다. 즉 비려는 바로 거란인 것으로 파악된다.

이 비문상에서는 395년에 비려인 거란을 정벌한 것으로 되어 있으나 『삼국사기』상에는 392년 즉 광개토대왕 즉위년인 392년(실제적으로는 391년 즉위)에 거란을 정벌한 것으로 확인된다.

> ■[사료]『삼국사기(三國史記)』권 제18 고구려본기 제6 광개토왕(廣開土王) 원년 09월
>
> 九月, 北伐契丹, 虜男女五百口, 又招諭本國陷沒民口一萬而歸.
> 〔즉위년(392)〕 9월에 북쪽으로 거란(註 001)을 정벌하고 남녀 500명을 포로로

237

잡았다. 또 본국이 빼앗겼던 백성 10,000명을 불러서 이끌고 돌아왔다.(註 002)

註 001
거란 : 본서 권18 고구려본기6 소수림왕 8년 9월조 참조

註 002
북쪽으로 거란을 …… 이끌고 돌아왔다 : 광개토왕 시기에 거란을 정벌한 사실은 「광개토왕릉비」 영락5년(395)조에도 나오는데, "왕이 패려(稗麗)가 不口口人하므로 몸소 (군대를) 이끌고 가서 토벌했는데, 부산(富山)과 빈산(貧山)을 지나 염수(鹽水)에 이르러 그 3부락 6~7백 영(營)을 격파하고 소와 말, 양떼를 헤아릴 수 없을 정도로 (획득했다)."라고 기술하였다. 패려(稗麗)는 거란 8부의 하나인 '필혈부(匹絜部)'로 비정되는데(박시형, 150-162쪽), 광개토왕이 직접 '염수(鹽水)'라 불린 시라무룬허[西拉木伦河]까지 진격하여 거란을 정벌하였음을 전해 준다(朴性鳳, 15-16쪽; 徐榮洙, 97-101쪽). 이 기사와 「광개토왕릉비」 영락5년조는 같은 사건일 가능성이 높다. 이때 광개토왕이 거란에 붙잡혔던 백성 10,000명을 이끌고 귀국했다고 하는데, 본서 권18 고구려본기6 소수림왕 8년(378) 9월조에서 보듯이 그 이전부터 고구려와 거란 사이에 각축전이 빈번하게 일어났던 것으로 짐작된다.
〈참고문헌〉
박시형, 1966, 『광개토왕릉비』, 사회과학원출판사
朴性鳳, 1979, 「廣開土好太王期 高句麗南進의 性格」, 『韓國史研究』 27
徐榮洙, 1988, 「廣開土大王陵碑文의 征服記事 再檢討 (中)」, 『歷史學報』 119
주제분류정치 > 군사 > 전쟁 > 전쟁결과

이 거란을 정벌하게 된 이유는,

■[사료] 『삼국사기(三國史記)』 권 제18 고구려본기 제6 소수림왕(小獸林王) 8년 09월

[8년(378)] 가을 9월에 거란(契丹)(註 001)이 북쪽 변경(註 002)을 침범하여 여덟 부락을 함락하였다.

註 001

거란(契丹) : 다싱안링산맥[大興安嶺山脈] 남단의 송막(松漠) 지방에서 발흥한 족속인데, 그 계통에 대해서는 퉁구스족설, 동호족설, 선비족설, 몽골족설, 몽골과 퉁구스의 혼합족설 등 다양한 견해가 있다. 4~5세기에 거란은 고막해(庫莫奚)와 함께 시라무룬허[西拉木伦河] 일대에 거주했는데, 선비 우문부(宇文部)에서 갈라져 나온 것으로 보인다. 고막해는 388년에 시라무룬허로 비정되는 약락수(弱洛水) 남쪽에 거주한 사실이 확인되는데(『魏書』 권100 열전88 庫莫奚國), 대체로 누루얼후산맥[努魯兒虎山脈]과 시라무룬허 사이의 라오하허[老哈河] 일대로 비정된다. 거란은 고막해의 동쪽에 위치했다고 하므로 라오하허 동쪽의 누루얼후산맥을 경계로 고막해와 접하며 라오하허 하류와 시라무룬허 일대에 분포한 것으로 보인다(白鳥庫吉 1970, 241-243쪽; 孫進己·王綿厚 1989, 149-151쪽; 이재성 1996, 72-90쪽). 유목을 위주로 생활하다가 점차 농업을 병행하게 되었다. 주변의 강대한 국가나 족속의 성쇠에 따라 많은 변동을 겪었다. 이 기사에서 보듯이 4세기 후반에 고구려 변경을 침략했는데, 광개토왕 시기에는 고구려에 정벌당하였다(이재성 2002; 본서 권18 고구려본기6 광개토왕 즉위년 7월조 및 「광개토왕릉비」 영락5년조). 그 이후 고구려와 거란은 밀접한 관계를 가졌는데, 5세기 후반에는 여러 차례 함께 북위에 사신을 파견하였고, 6~7세기에는 고구려가 거란족 가운데 일부를 예속시켰다. 654년경에는 고구려가 당을 견제하기 위한 교두보를 확보하기 위해 거란의 신성(新城)을 공격했다(千寬宇, 520~522쪽; 이재성, 2011, 184-192쪽). 10세기 초 耶律阿保機가 등장한 이후 나라를 세우며 강성하게 되었다(金渭显, 5-11쪽).

〈참고문헌〉
이재성, 1996,『古代 東蒙古史 硏究』, 법인문화사
白鳥庫吉, 1970,『(白鳥庫吉全集 4) 塞外民族史硏究』(上), 岩波書店
孫進己·王綿厚, 1989,『东北历史地理』2, 黑龙江人民出版社
千寬宇, 1979,「廣開土王陵碑文 再論」,『全海宗博士華甲紀念史學論叢編輯委員會』, 일조각
金渭显, 1981,『契丹的东北政策-契丹与高丽女真关係之硏究』, 華世出版社
이재성, 2002,「4~5世紀 高句麗와 契丹」,『高句麗硏究』(현『高句麗渤海硏究』) 14
이재성, 2011,「麗唐戰爭과 거란·해」,『중국고중세사연구』 26

> 註 002
> 북쪽 변경[北邊] : 고구려 수도였던 국내성에서 바라본 북방 지역을 지칭하는데, 지금의 지안[集安]을 출발해 북쪽으로 통화[通化]~류허[柳河]-랴오위안[遼源]을 경유해 요하 중상류로 나아가는 경로에 위치한 지역을 일컫는다. 당시 거란의 근거지가 서요하 상류의 라오하허[老哈河] 하류와 시라무룬허[西拉木伦河] 일대라는 점에서 랴오허[遼河] 상류의 카이위안[開原]-창투[昌圖] 일대에서 각축전을 벌인 것으로 짐작된다(盧泰敦, 412-413쪽). 그러므로 요하 중상류 동안의 티에링[鐵嶺]~카이위안[開原]~랴오위안[遼源] 일대는 늦어도 4세기 중반에는 고구려의 영역으로 편입된 것으로 보인다(여호규, 258-261쪽).
> 盧泰敦, 1999, 『고구려사 연구』, 사계절
> 여호규, 2002, 「遼河 中上流 東岸地域의 高句麗 城과 地方支配」, 『역사문화연구』 17

 이 시기 이후부터 고구려를 침략하는 등 괴롭힌 것에 대하여 그 원인을 제거하고자 하는 차원에서 정벌한 것으로 확인된다. 주지의 사실로는 고구려는 맥 즉 맥족이다. 그러나 고조선, 부여, 고구려 계통은 맥족이고, 신라는 예족으로 이들이 합쳐진 족속이 예맥족으로 이들이 중국사서상의 소수맥인 선비족이고, 이 선비족에서 분파된 것이 거란족이다. 중국사서상에는 소수맥이 등장한다. 물론 중국사서는 구려를 고구려와 동일시하는 착각 내지는 오류에 의하여 이 구려를 맥이라고 하여 고구려로 하고, 구려의 별종을 소수맥이라고 하였으나 사실 이는 맞는 사항도 있으나 틀린 사항도 있다. 즉 소수맥이 선비족인 것은 맞는 사실이나 구려가 맥이고, 이 구려의 별종이 소수맥이라는 것은 중국사서가 현토군 고구려현 지역에 있었던 구려족을 고구려와 동일시하는 기본적인 인식 부족과 혼란에 의한다. 이 잘못된 인식으로 말미암아 고구려가 이곳 현토군 고구려현에서 생겨난 것으로 하여 고구려 초기 도읍지인 졸본성을 현토군 인근에 위치시켜 한반도 북부 만주 지방에 위치시키는 잘못된 역사 사실이 고착화되는 원인이 되었다. 구려족은 현토군 고구려현 옆에 있었던 소요수, 대요수 지역으로 나중의 요수가 있었던 요동군 지역에 있었다. 이곳이 선비족의 탄생지인 '자몽지야' 지역이다. 이곳에서 태어난 선비족이 한나라 세력에 밀리어 서북쪽 산서성 흔주시 일대로 옮겼다가 여기에서 선비족에서 분류되어 거란족이 탄생하게 되었다.

이러한 선비족의 위치는

【사료68】『삼국지(三國志)』〈위서〉「동이전」부여(夫餘)

夫餘는 長城의 북쪽에 있는데, 玄菟에서 천 리 떨어져 있다. 남쪽은 高句驪와, 동쪽은 挹婁와, 서쪽은 鮮卑와 접해 있고, 북쪽에는 弱水가 있다. [국토의 면적은] 방 2천 리가 되며, 戶數는 8만이다.

이 기록에 의하여 명백히 당시 장성 북쪽 즉, 하북성 보정시 북쪽에 있었던 부여 서쪽인 것이 확인된다. 이곳이 선비족이 옮긴 위치인 산서성 흔주시 일대이고, 여기서 분파된 거란족은 사서기록대로 북쪽에 황수하를 둔 산서성 삭주시에 있었던 것이 명백한 사실이다. 이러한 장성의 북쪽 부여 및 부여의 남쪽 고구려 그리고 부여의 서쪽에 선비족이 있다는 사실이 명백한 사서기록에 의한 것인데도 주류 강단 사학계는 이 기록 중 자신들의 부여 및 고구려의 한반도 북부 비정에 맞지 않는 장성의 북쪽에 있다는 기록은 빼버린 채 고구려의 위치를 정하고 있다.

이곳에 앞서 원래 소수맥인 선비족이 탄생한 소요수는 대요수와 더불어 나중에 요수로 불리는 요동군 양평현 지역으로 나중의 고구려 요동성이다. 이곳은,

【사료21】『수경주』「대요수」, 「소요수」

「대요수」
(대요수는) ~ 요동의 양평현 서쪽을 지난다. ~ 또한 남쪽으로 흘러 요대현(遼隊縣) 옛 성의 서쪽을 지나는데 왕망이 순목(順睦)으로 바꾸었다. 공손연(公孫淵)이 장군 필연거(畢衍拒) 사마의(司馬懿)를 요대(遼隊)에 보냈는데 즉 이곳이다.

「소요수」

소요수(小遼水)는 또한 서남쪽으로 흘러 양평현(襄平縣)을 지나고 담연(淡淵)이 된다. 진(晉) 영가(永嘉) 3년에 물이 말라버렸다. ~ 소요수(小遼水)는 또한 요대현(遼隊縣)을 지나서 대요수(大遼水)로 들어간다. 사마선왕(司馬宣王)이 요동을 평정하였는데 공손연(公孫淵)을 이 물 위에서 목을 베었다.

지금도 이 기록과 같이 대요수인 자하가 양평현인 지금의 하북성 석가장시 행당현 서쪽을 지나고, 소요수인 고하가 거쳐 흐르고 있다. 이곳은 현재의 하북성 석가장시 행당현이다. 이곳이 고구려 요동성으로 인근이 당태종의 요택 지역이다.

【사료29】『요사』「지리지」

요국(遼國) 그 선조는 거란(契丹)이라고 한다. 원래 선비(鮮卑)의 땅으로 요택(遼澤) 가운데에 살았었다.

이 요택 지역을 지금의 요령성 요하 인근으로 비정하는 것은 역사적 조작으로 그렇다면 마자수이자 압록수, 양평현, 소요수, 대요수 사실들과 이들과 관련된 수많은 사실들을 모두 입증하여야 한다. 이러한 요택의 요령성 요하 인근 위치 비정은 고구려의 위치를 요하 동쪽으로 왜곡 조작하였다.

한편, 광개토대왕 비문상에는 정사 기록상의 정벌 시기인 395년 이전인 378년과 392년에도 거란으로 기록된 것을 패려라고 한 것은 비문상의 글자가 비려가 아니고 패려이고 이 패려를 거란으로 해석한 이유를 확인하는 근거가 된다. 그러나 이 비문상의 글자가 비려이든 패려이든 그동안 이것을 거란으로 해석한 근거가 미약하다. 그 근거는 중국사서상에 거란족의 원래 족속인 선비족을 소수맥 즉 맥의 일종으로 한 것과 관련이 있다. 패려에서 한자 패(稗)는 한자 사전상 "피 패"이다. 피는 사전상 "[식물] 볏과에 속한 한해살이풀"이다. 패(稗)와 같은 종류의 식물이면서 실제로는 다른 한자인 맥(貊)의 맥족인 고구려가 자신들은 식량으로 긴요한 쌀 벼인 맥(貊)이라면 선비족의 한 부류로써 고구려 옆에 있어 고구려를 괴롭히는 상대인 중국사서 기록상의 소수맥인 선비족을 쌀인 맥(貊)을 수확하는 데 방해가 되는 피 즉 뽑아버려야만 진짜 식량인 맥(貊)인 벼가 잘 자라는 바로 그 상대를 낮추어서 패려라고 부른 것으로 확인된다. 그러므로 패려는 맥의 떨거지인 패의 한 부류라는 의미로 고구려의 '려'와 다른 패의 '려'인 '패려'라고 하였다. 즉 고려 내지는 고구려와 다른 패려라고 낮추어 불렀다. 이는 백제를 백잔으로, 신라왕을 매금으로 낮추어 부른 것과 마찬가지이다. 이로써 소수맥의 맥과 고구려 족속을 맥족이라고 한 것이 확인된다. 더군다나 중국사서상의 소요수에서 탄생한 소수맥이 선비족이라는 사실이 입증되고, 이 소요수 지방에서 선비가 탄생하고 이곳에서 활동한 것이 입증되고 이에 의하여 선비족의 후예인 수나라와 당나라가 이 소수맥 지방인 자신들의 탄생지인 소요수 지방인 '발갈지간', '요예지경'을 고구려가 차지하고 있기에 이곳을 탈환하고자 온 국력을 기울여 이곳에 있었던 고구려를 제거하고자 침략하였다. 따라서 이 선비족의 위치를 요령성 요하 서쪽으로 하고 고구려를 그 동쪽으로 위치시키는 중국 측과 일제 식민사학을 그대로 추종하는 현재의 주류 강단 사학계의 우리 고대사 정립은 명백히 잘못이다. 수나라의 고구려 침입 이유로 거론한 고구려가 차지하고 있다는 '발갈지간', '요예지경'이 바로 소요수 지역으로 선비족의 탄생지인 '자몽지야' 지역이다. 이곳은 발해와 갈석 그리고 요동과 예 사이의 땅이다. 이곳은 하북성 지역이다. 예전의 발해인 천진만이나 갈석산 그리고 예전의 요동과 예의 땅이 같이 있는 곳은 구려의 별종인 소수맥인 선비족이 태어난 이곳밖에는 없다. 또한 이 패려는 원래 소수맥으로 선비족에서 갈라져 나온 거란족이라는 사실로 하여야 할 것이고, 그 위치는 이 하북성 지역이라는 사실은 거란이 된 거란족이 세운 요나라 사서상인 앞에서 살펴본 【사료29】『요사』「지리지」상의 기록 내용에 의하여 입증된다. 이 사서기록에 의하면 거란족은 원래 선비의 땅인 소요수와 대요수 인근으로 나중의 요수와 이 땅 인근의 요택 즉 당태종이 안시성 싸움 후 퇴각할 때 고생하였던 진흙 펄이 있는 요택 지역인 선비족의 발상지인 소위 '자몽지야'에서 생겨났다가, 이 땅을 위만조선을 멸한 한나라 세력이 차지하자 이 선비족 세력이 서북부 지방인 지금의 흔주시 일대로 옮겨 조조의 위나라 시기에는 계속 선비족으로 불리었다가,

중국사서상에는 북위 때인 386년 이후『삼국사기』에는 이미 378년에 이 선비족에서 갈라져 거란으로 불리는 과정에서 이 거란을 고구려는 광개토대왕 비문상의 기록과 같이 패려로 낮추어 부른 것으로 확인된다. 이는 위의 사서기록에 의하여 확인되는 바와 같이 사서기록과 같이 원래 그들의 선조인 선비의 발상지인 소수맥의 소요수 지방이자 '자몽지야'와 그들의 발상지는 같은 것으로 기록된 바와 같이, **"원래 선비(鮮卑)의 땅으로 요택(遼澤) 가운데에 살았었다."**였다가 **"유주(幽州)까지 714리 떨어져 있다. ~ 북쪽으로 황수(潢水)를 띠처럼 두르고 있고,"**로 옮겼다가 다시 요나라를 세워 원래의 선비의 땅으로 요택 가운데인

그곳인 "요하(遼河)가 왼쪽으로 참호처럼 되어 있다."로 되돌아온 것을 기록한 것에 의하여도 확인된다.

> 광개토대왕이 정벌한 비려는 당연히 거란의 원래 위치인 산서성 위치에 의하여 입증된다. 이는 거란의 원래 족속인 선비의 발생 지역인 '자몽지야' 등 위치를 비롯하여 관련된 수많은 사항에 의하여 입증된다.

위에서 요택 지방은 살펴보았고 유주도 이미 확인하였듯이 이 요택 지방에서 서남쪽이 유주 지역으로 이곳에서 714리 떨어진 곳은 산서성 흔주시로 선비족의 두 번째 지역이다. 이곳 인근에 지금도 기록대로 거란 즉 요나라의 근거지 북쪽에 있다는 황수가 지금도 산서성 삭주시 산음현에 황수하(Huangshui River, 黃水河)로 그대로 존재하고 있다.

또한 나중의 "요하(遼河)가 왼쪽으로 참호처럼 되어 있다."는 곳은 원래의 선비족인 소수맥이 태어난 소요수 지역인 요택 지역으로 원래 그들의 선조인 선비족의 발상지를 차지하고 요나라를 영위하였다. 그러므로 이 거란을 선비족의 위치를 동쪽으로 왜곡 조작하여 이동시켜 지금의 요령성으로 위치시켜 놓은 채 거란의 위치마저 요령성 조양시 정북쪽의 시라무렌강 유역으로 하는 것은 같은 맥락상의 조작 이동 사례이다. 따라서 앞으로 선비족의 위치는 물론 거란족의 위치를 이곳 요령성 북쪽의 시라무렌강으로 비정하는 사람은 학자로서 자격이 없다고 치부하여도 되는 것이며 그렇게 해야 한다. 이러한 거란 및 거란 관련 위치 사실은 계속하여 살펴볼 광개토대왕의 이 패려 정벌 과정상에 거친 부산(富山負山)과 이후에 이루어진 고구려로 되돌아오는 비문 기록상의 양평도가 이를 입증해 준다.

## [부산(富山)에 대하여]

다음으로는 이러한 위치 비정을 증명해 주는 이 패려 정벌상에 거친 부산에 대하여 확인해 보고자 한다. 지금까지 주류 강단 사학계에 의하여 이 비문상의 글자인 **"過富山負山"**를 **"부산을 지나고, 또 다른 부산을 지나"** 패려를 정벌하였다고 하여 왔다. 그러면 과연 이렇게 해석함으로써 결국 광개토대왕은 두 개의 산인 앞의 부산(富山)과 뒤의 부산(負山)을 넘어 거란을 정벌한 것이 맞는 것인지, 아니면 이러한 해석이 잘못된 것인지 확인해 보도록 하겠다. 본인이 연구한 바에 의하면 앞의 부산(富山)은 어느 일정한 산이지만, 뒤의 부산(負山)은 동사와 명사가 섞인 단어로 이는 단순히 산을 지고 즉 거쳤다는 것으로 앞의 부산(富山)과 달리 어느 일정한 산이 아니다.

> 광개토대왕 비문상의 富山負山(부산부산)은 별도의 2개의 산인 부산을 넘은 것이 아니다. 이곳의 위치는 당연히 고구려의 하북성에서 거란의 산서성 지방으로 가는 경로로 사서기록상에 나오는 공손씨 세력의 요동군 지역에 의하여도 확인된다.

앞의 부산(富山)은 사서기록상에 중국사서의 같은 사건 기록을 제외하고 네 차례 나오고 있으나 사건상으로는 두 차례이다. 다른 한 차례는 그 위치를 알 수 없는 곳으로 하여 이곳이 한반도 인근이 아님을 시사하고 있다.

실제 사건의 두 차례 중 한 차례는 공손씨의 공손탁 세력을 도와 부산에 있는 적을 토벌하였다.

【사료62】『삼국사기(三國史記)』 권 제16 고구려본기 제4 신대왕(新大王) 5년

군사를 보내 공손탁의 부산적 토벌을 돕다 (169년 (음))

5년(169)에 왕이 대가(大加)인 우거(優居)와 주부(主簿)인 연인(然人) 등을 보내 병력을 이끌고 현도태수 공손탁(公孫度)을 도와 부산적(富山賊)(註 006)을 토벌하였다.

註 006

부산적(富山賊) : 부산(富山)의 도적 떼라는 뜻이다. 「광개토왕릉비」 영락 5년(395)조에도 "왕이 패려(稗麗)가 … 한다 하여 몸소 (군대를) 이끌고 가서 토벌하였는데, 부산(富山)과 부산(負山)을 지나 염수(鹽水) 가에 이르러 세 부락 600~700영(營)을 격파하였다."라고 하여 '부산(富山)'이라는 지명이 나온다. 두 지명이 동일하다면, '부산(富山)'은 고구려에서 거란 지역으로 나아가는 경로에 위치했다고 추정된다. 4세기 후반에 거란은 서요하 상류의 시라무렌하 일대에 거주하였으므로 '부산'은 압록강 중상류와 시라무렌하[西拉木倫河] 사이에 위치했다고 볼 수 있다. 이에 '부산'을 푸순[撫順] 북방으로 비정하기도 한다(徐榮洙, 1988, 「광개토대왕릉 비문의 정복기사 재검토 (중)」, 『歷史學報』 119, 101쪽). 고구려가 도성을 출발하여 지린하 다링산맥[吉林哈達嶺山脈]과 다헤이산맥[大黑山脈]을 지나 시라무렌하로 나아갔다면 지린하다링산맥으로 비정되며, 요하 본류를 건너 요하 서쪽의 이우뤼산맥[醫巫閭山脈]과 누루얼후산맥[努魯兒虎山脈]을 지나 시라무렌하로 나아갔다면 이우뤼산맥이나 누루얼후산맥으로 비정할 수 있다.

이는 중국사서 전통적으로 공손씨 세력의 중심지는 양평현 지역으로 이곳은 예전의 요동군 지역이자 나중의 고구려 요동성 지역이다. 이곳이 선비족인 구려의 별종인 소수맥의 발상지 소요수 지역이다. 이를 중국 측과 주류 강단 사학계는 왜곡 이동시켜 지금의 요령성 요양시로 비정하지만 이는 수많은 사항에 의하여 왜곡 조작임이 완벽히 밝혀지지만 이 광개토대왕의 패려 정벌 및 수나라와 당나라의 고구려

공격 시 정벌 루트에 의하여도 명백히 입증된다. 부산(富山)과 관련된 또 하나의 사건은 663년에 신라가 여기에 축성을 하였다는 것으로 신라가 고구려를 나당연합군에 의하여 멸망시킨 이후가 아닌 이전에 고구려 지역인 이곳에 축성한다는 것은 상당히 의외이다. 이는 중국 측과 주류 강단 사학계의 비정대로 고구려를 만주 지방, 거란을 시라무렌강 인근으로 비정한다면 의외의 상황이자 잘못된 상황이다. 이에 대한 주류 강단 사학계의 해설은 예상대로 상당히 비논리적이고 비학문적이다. 이에 의하면 그들 스스로 그들의 비정이 잘못임을 드러내고 있다. 즉 하나는 맞고 다른 것이 이것과 다르면 그 위치 정함이 잘못된 것임을 스스로 드러낸다. 사서기록상에 2번의 사건밖에 나오지 않는 지명에 대하여 하나는 그들이 정한 위치 범위이므로 자신 있게 정하여 설명하고 있지만, 또 다른 것에 대하여는 같은 것임이 분명한데도 같은 곳으로 비정 못 한 채 자기들이 정한 위치로밖에 정하지 못하고 있다. 이 같은 사례는 모든 사서기록상의 위치도 마찬가지로 사실상 이에 의하여 한반도와 인근으로 비정한 모든 것이 잘못임을 이번 연구에서 확인할 수 있었던 중요한 단서가 된다.

> 富山(부산)은 신라가 쌓은 성이라는 점에 의하여도 이곳이 신라가 차지한 하북성 요서백제 지역이라는 사실이 입증된다.

본인의 연구 결과에 의하면 663년에 신라가 쌓은 부산성(富山城) 사실에 의하여

■ 三國史記 권 제6 신라본기 제6 문무왕(文武王)

부산성을 쌓다 (663년 01월(음))

〔3년(663) 1월〕 부산성(富山城)(註 001)을 쌓았다.

註 001
부산성(富山城) : 부산성은 경주시 건천읍 송선리와 신평리, 서면 천촌리, 산내면 우라리 등에 걸쳐 있는 산성으로서, 사적 제25호로 지정되어 있다. (『삼국유사』 권제2 기이제2 문호왕법민조)에 "또 부산성을 쌓기 시작하여 3년 만에 마쳤다."고 전한다. 『삼국사기』와 『삼국유사』의 기록을 종합하면, 문무왕 3년(663)에 부산성을 쌓기 시작하여 문무왕 6년(666)에 마쳤다고 볼 수 있다.

【사료85】『삼국사기(三國史記)』 권 제37 잡지 제6 지리(地理)四 백제(百濟)

삼국의 이름만 있고 그 위치가 상세치 않은 곳

부산성(富山城)

이것에 대한 해설과 같이 한반도에 비정한 신라가 경상도 지방에 쌓은 성이 아니라 같은 사실을 기록한 사서인 『삼국유사』 사실에 의하여 이 부산성(富山城)에 연이어서 기록된 안북하의 철성 즉 하북성의 마자수이자 압록수인 호타하 북쪽에 쌓은 성 즉 공손씨가 활동하였던 양평현 지방인 요동군 지방으로 나중의 고구려 요동성 인근에 있었던 성으로 확인된다.

이 철성은 바로

【사료193】『삼국사기(三國史記)』 卷第七 新羅本紀 第七 문무왕(文武王) 十五年秋九月

안북하를 따라 관과 성을 설치하다 (675년 09월(음))

안북하(安北河)를 따라 관(關)과 성(城)을 설치하였고, 또한 철관성(鐵關城)을 쌓았다.

이 기록상의 철관성으로 이는 이병도가 통일신라의 동쪽 국경선인 원산만 지역에 있는 것으로 정한 일제 식민 사학자들이 소위 통일신라 영역을 조작할 때 그 국경선으로 이용한 성이다. 실제로 맞는 위치는 하북성 석가장시 인근의 당시의 마자수이자 압록수인 호타하 인근으로 이곳이 나중에 고려가 이 통일신라 지역을 그대로 이어받아 여기에 고려의 천리관성을 설치하는 압록강의 그 안북하이다.

【사료194】『고려사』 권82 지 권제36 병2(兵 二) 성보 930년 미상(음)

안북부에 910간 규모의 성을 쌓다

〈태조(太祖)〉 13년(930)에 안북부(安北府)에 성을 쌓았다. 910칸이고, 문(門)은 12개, 성두(城頭)는 20개, 수구(水口)는 7개, 차성(遮城)은 5개이다.

이러한 사실은 신라가 나당연합군에 의하여 고구려를 멸망시킨 668년 이전인 서기 663년 내지는 즈음인 660년에 백제를 멸망시키고 이 하북성 고구려 지역에 진출하였음을 입증한다. 또한 이에 의하여 고구려 광개토대왕이 패려 즉 거란을 정벌하고자 서북쪽에 진출하기 전에 이곳 고구려 평양성의 서남쪽인 양평현 지방 인근 즉 안북부 위의 부산성(富山城)이 있는 부산을 먼저 정벌하고, 이곳에서 그 서북쪽인 산서성 흔주시와 삭주시의 염수가 있는 근거지를 정벌하고 난 후 다시 정벌 갈 때의 양평현 인근의 부산성(富山城)이 있는 곳에 다시 와서 이곳에 있는 양평도를 통하여 이곳 선비족의 원래 근거지인 소요수 지방인 양평현 지방에 다시 왔다가 이곳에서 동북쪽인 고구려 평양성의 동쪽인 동황성에 복귀하는 것으로 해석된다. 따라서 종전과 같이 요령성 집안시 국내성 내지는 환도성 지역에서 부산(富山)으로 비정하는 지금의 요령성 북진시 인근의 의무려산 즉 고구려의 서쪽을 거쳐 그 서북쪽의 시라무렌강 유역의 염수에 있는 패려 즉 거란을 공격하였다는 것은 고구려가 요하 동쪽 만주 지방에 있고, 거란은 그 서쪽에서 다시 북쪽 지역인 시라무렌강 유역에 있다는 잘못된 설정에 의한 것이라는 사실이 입증된다.

결국 양평은 광개토대왕의 이 패려 즉 거란 정벌상에 2번, 즉 정벌 갈 때의 부산성 인근의 양평과 정벌 후 복귀할 때의 양평도 등과 일치되는 것으로 이는 이 비문상의 패려 즉 거란 정벌의 위치가 명백히 입증됨을 드러낸다. 또한 위의 양평현과 관련 있는 첫 번째 부산(富山)과 더불어 또 다른 두 번째 부산(負山)에 대하여 이전에는 이 부산(負山)도 앞의 부산(富山)과 함께 다른 일정한 산으로 비정하였다. 즉 앞의 부산(富山)이 요령성 의무려산이므로 이 부산(負山)은 의무려산을 넘으면 한동안 평원이 나오다가 다시 산맥이 나오는데 노노루 산맥이라고 하였다. 하지만 앞에서 광개토대왕 비문상의 임나가라 종발성(從拔城)의 종발(從拔) 안라인 술병(安羅人 戍兵)상의 안라(安羅)와 마찬가지로 이는 명사로만 이루어진 어느 일정한 산이 아니라 동사와 명사가 합쳐진 것으로 산을 짊어지다, 산을 등지고 간다는 의미로 해석되어야 하는 것이 분명하다.

다음으로는 공격 목표 지점이라고 할 수 있는 염수에 대하여 확인하도록 한다. 이 염수에 대하여 실제로 주류 강단 사학계에서는 거란의 위치를 시라무렌강 유역으로 설정한 까닭에 이 강 주변에 실제로 소금이 나오는 하천을 직접 답사하고 실체를 확인까지 하였다. 이에 의하여 이곳을 거란 위치로 하고 이 하천을 비문상의 염수로 정하였다. 그리하여 다른 학자의 경우 이곳 시라무렌강에서 제법 서북쪽으로 떨어진 내몽골자치구의 둥우주무친기(Ejinnao'er Salt Lake) 소금호수 즉 염호수를 비문상의 염수로 정하기까지 하였다. 또 어떤 전문가는 유명한 『삼국지』의 관우의 고향인 산서성 남부 운성시에 있는 염지로 불리는 염호를 비문상의 염수로 정하고 있기도 한다. 그렇다면 염수는 어디인가. 이에 대하여 본 필자는 그 위치를 정하지 못했다.

거란의 올바른 위치 인근인 산서성 삭주시 인근에 비문상의 염수 즉 소금기 있는 호수 등을 알지 못한다. 이 염수가 있다면 당연히 거란족이 있었던 산서성 삭주시 인근이어야 한다. 따라서 지금까지의 주류 강단 사학계가 주로 비정한 시라무렌강 유역과 내몽골자치구의 염호수는 북경시에서 동북쪽이거나 정 북쪽으로 거란족의 위치인 산서성 삭주시 인근과는 상당히 먼 거리이고, 고구려의 북쪽이라는 사실에 의하여 왜곡된 주류 강단 사학계의 위치인 한반도 북부 만주 지방에서나 원래의 맞는 위치인 하북성과도 맞지 않는 방향이다. 또한 산서성 남쪽의 운성시는 거란이나 고구려와는 거리가 떨어져 있고 남쪽 방향으로 맞지 않는다. 본인의 의견으로는 거란족의 근거지인 산서성 삭주시나 고구려 북쪽인 산서성 대동시 인근에 염호가 있었으나 지금은 없어졌거나 아니면 거란족 세력이 고구려 광개토대왕의 정벌에 쫓기어 그들의 근거지에서 동북쪽 먼 곳 염수호까지 도피하여 가자 광개토대왕이 그곳까지 가서 정벌하고 돌아왔다는 것이다.

다음으로는 패려 즉 거란 정벌 후 귀로 길인 양평도에 대하여 확인하고자 한다. 양평에 대하여는 이미 여러 차례 살펴보았지만 기본적으로 연나라의 장성인 '조양~양평' 간의 장성 지점이자 요동군의 치소이자 공손씨 세력의 활동 근거지이자 요동군 서쪽에 있었던 현토군에서 발원한 요수 즉 소요수와 대요수가 흐르는 곳, 즉 선비족의 탄생지인 소위 '자몽지야' 지역이자 고구려의 요동성이자 요택 지역이다. 이 모든 것이 입증되어야 양평 지방으로 비정될 수 있다.

물론 이 양평에 대하여 중국 측과 주류 강단 사학계는 지금의 요령성 요양시로 비정하고 있지만 이는 반드시 입증하여야 할 위의 모든 사실을 완벽히 입증하지 못한다. 더군다나 이를 비판하는 비주류 강단 사학계인 인하대 고조선 연구소 측은 이 요령성 요양시를 고구려 장수왕의 평양성으로도 비정하고 있다. 하지만 이 비정은 고구려 압록수, 요동성을 비롯한 위의 기본적인 양평에 대한 사항은 물론 고구려 평양성 등에 대한 기본적인 사항도 충족시키지 못한다. 비문상의 양평도는 하북성 양평현이자 나중의 고구려 요동성 인근으로 나중에 수양제가 고구려를 침입할 때 군사들의 공격 루트로 명령하였던 루트 중의 하나이다. 이곳은 당연히 위의 모든 사항에 부합되는 곳인 지금의 하북성 석가장시 행당현이다. 이곳의 서북쪽에 있는 패려 즉 거란족을 정벌하고 이곳 선비족의 근원지에 다시 와서 준비를 하고 이곳의 동북쪽에 있는 고구려 평양성의 동쪽 동황성이 있는 현재의 하북성 보정시 만성구 지역으로 돌아간 것이 확인된다. 따라서 그동안의 주류 강단 사학계의 일제 식민사학을 그대로 추종한 고구려의 한반도 비정은 물론 거란의 시라무렌강 위치 비정과 이에 따른 비문상의 패려 내지는 비려 정벌 내용 및 루트 비정은 수정되어 올바른 위치와 루트로 정해야 한다. 이에 대하여 확고한 인식을 가지고 우리의 위대한 광개토대왕 비문의 내용을 제대로 해석하여야 하고 제대로 해석하게끔 수정해야 하고 또한 이를 지켜봐야 한다. 하지만 절대 그러지 못한다. 왜냐하면 이와 관련된 모든 사항 아니 전체 현재 우리 고대사를 바꾸어야 하기 때문이다. 그것이 가능하지 못하기 때문이다. 이상으로 국강상광개토경평안호태왕 비문상의 패려 즉 거란 정벌에 대한 사항을 살펴봄으로써 고구려는 물론 고구려와 수많은 역사적 활동을 같이함으로써 그들의 위치가 곧 고구려의 위치인 선비족과 선비족의 일파인 거란의 위치를 확인하였다. 이렇게 살펴봄으로써 그동안 수많은 잘못된 광개토대왕 비문상의 한 사건에 대하여 제대로 해석하고 인식을 가지게 되었다.

> 광개토대왕이 비려인 거란을 공격하고자 지나간 부산은 공손씨 세력과 관련 있는 곳으로 하북성 석가장시 행당현 북쪽과 부여가 있었던 산서성 대동시 영구현 남쪽 사이에 있었다.

## [신묘년조에 대하여]

다음은 소위 논란이 많았고 본 필자가 앞에서 설명한 신묘년조이다. 이 논란에 대하여는 앞에서 자세히 설명하였고, 또한 왜의 존재에 대하여도 앞에서 설명하였지만 여기서는 백제와 신라와의 관계에 있어서 왜에 대하여 새로이 해석을 하겠는데 이미 백제 동쪽에 있었던 신라 남쪽에 왜가 있었음은 확인하였고 여기서는 비문과 관련한 고구려, 백제, 신라 그리고 왜에 대하여 설명하도록 하겠다. 여기서 임나와 관련되어 설명이 되겠다.

우선 이 신묘년조에 대한 여러 가지 주장이 있어 왔다. 이를 일일이 소개하는 것은 장황하고 불필요하여 본 필자의 의견을 피력하고 이를 바탕으로 본 필자가 지금까지 하여 온 연구와 본 글에서 파악한 바에 의하여 새롭고 바르게 해석하도록 하겠다. 물론 이 해석은 여러 연구가들의 주장과 해석 가운데 본 필자의 해석을 가장 바른 것으로 여긴 채 본 필자의 의견과 같은 것을 내세움이다.

【사료63】『광개토대왕 비문』

百殘新羅舊是屬民由來朝貢 而倭以辛卯年來 渡□破百殘□□□羅以爲臣民

백잔 신라는 예로부터 속민으로 조공을 해왔고, 그리고 왜는 신묘년 이래로 (조공을) 해왔다. (그 이유는) (신묘년에 고구려가) **바다를 건너 백잔과 임나가라를 파하고 신민으로 삼았기 때문이다.**

이 해석이 종래의 다른 해석과 차이가 나는 사항은,

○왜라는 주체가 바다를 건너와서 백잔과 신라를 파한 종래의 주

장에서 왜가 고구려에 대한 조공의 대상으로 조공을 해왔고,
○ 그 이유가 종래의 주장에 의한 왜가 아닌 고구려가 바다를 건너 백잔과 임나가라를 파하고 신민으로 삼았기 때문이다.
○ 또한 종래의 해석에서의 '임나일본부설'의 단서가 된 임나와 신라가 아니라 임나가라라는 것이 다른 점이다. 즉 백제와 신라는 예로부터 속민으로 고구려에 조공을 해왔는데 신라는 계속하여 고구려에 속민의 역할을 해왔으나 백제는 배반한 채 속민의 역할을 하지 않으므로 고구려가 신묘년에 바다를 건너서 파함으로써 다시 신민의 역할을 하는 것이고, 그 기회에 왜의 나라인 임나가라가 백제와 함께 배반하였기 때문에 같이 파하여 신묘년 이래 둘 다(백제, 임나가라) 조공을 다시 시작하였다는 내용이다.

신라가 아닌 임나가라로 해석하는 이유의 다른 근거 하나는 결국 왜의 침입을 받은 신라의 구원 요청에 따라 400년에 고구려가 오만 병력을 파견하여 왜를 쫓아서 임나가라까지 추격한 것에서 임나가라이다. 구원 요청한 상대인 신라가 파할 대상이 아니고 침범한 왜가 있는 임나가라와 이러한 왜를 사주한 백제가 파할 대상이다.

○ 그리고 "來　渡□破"를 '바다를 건너와서의 와서'로 해석하는 것이 아니라 앞의 '조공을 해 와서와' 대구가 맞는 것으로 하여 조공을 해온 것으로 해석하는 것이 맞는다. 따라서 왜가 바다를 건너와서가 아니라 조공을 해온 것으로 해석한다. 즉 뒤의 "래(來)"를 뒤에 연결해 (바다를) 건너와서가 아니라, 앞의 대구에 맞춘 채 앞의 반복을 생략하여 앞의 조공을 해온 "래(來)"로 연결해 해석한다.
○ 여기서 바다에 해당하는 글자가 논란이 많다. 즉 위조 변조의 핵심이 된다. 즉 바다 해(海)자의 삼수변(氵)이 전체 글자 칸을 이 삼수변만 벗어나 있어 나중에 첨가한 글자라는 주장이 제기되었다. 그

렇다면 삼수변이 빠진 매(每)자가 된다. 그런데 여기서는 변조 위조가 없는 것으로 한 채 바다 해(海)로 해석하였다. 여기에는 이유가 있다. 이것에 대하여는 차후에 설명할 예정이다.

이러한 해석 즉 문제가 되는 "래(來)"를 앞의 조공과 연결해 해석함으로써 일본인들과 이를 그대로 이어받은 소위 '젊은 역사학자 모임' 일원들의 비문의 신빙성을 문제 삼는 근거인 백제와 신라(임나가라)가 당시 신민 신세가 아니었는데도 비문이 그렇게 기록하였다는 트집에서도 벗어난다. 즉 비록 백제와 신라(임나가라)가 그러한 신세가 아니었다고 하더라도 신묘년(391년) 고구려의 백제와 신라(임나가라) 공격으로 인하여 신민으로 삼았기 때문에 왜도 조공을 하기 시작하였기 때문이다.

신묘년조를 이렇게 달리 앞의 문장에 맞추어 맞게 해석함으로써 일본인들과 이를 그대로 추종하는 소위 '젊은 역사학자 모임' 일원들의 근거 없는 트집이 배제될 수 있기도 하지만 당시의 소위 삼국의 상황에 있어서 신라는 당시에는 지속적으로 백제의 사주 내지는 명령을 받은 왜에 의하여 시달림에 따라 고구려에 의존하여 인질까지 바치는 상황에 있었던 것은 비문 전체나 『삼국사기』상의 초기 신라 기록에 의하여 입증된다. 또한 백제가 처음에는 고구려로부터 파생되어 나온 관계로 고구려를 종주국으로 삼고 있었으나 이후 국력이 신장하여 근초고왕 시기부터 요서 지방에 진출함에 따라 고구려는 광개토대왕 이전인 고국원왕 시기, 백제는 근초고왕 시기에 처음으로 다툰 것으로 기록되어 있다.

이후 근초고왕 시기에는 백제가 우위에 서서 고구려의 수도 평양성을 공격하여 고국원왕을 전사하게 하는 등 우위에 섰고 이후 근구수왕 시기에도 평양성을 공격하는 등 잠시 우위에 섰으나 이후에는 공방전을 벌이다가 광개토대왕 시기부터는 고구려가 절대 우위에 선

채 이후 399년 이후 469년까지 70년 동안은 다툼 기록이 없었다.

그런데도 불구하고 소위 '젊은 역사학자 모임' 일원이 방송에서 설파한 바와 동일하게 백제 근초고왕 시기부터 광개토대왕 즉위 시기까지의 상황으로 이때 처음으로 고구려와 백제가 다투기 시작하여 잠시 백제가 우위에 섰다가 이내 공방전을 벌이는 시기까지(이후의 고구려의 절대 우위 시기의 기사는 적시하지도 않은 채)의 사실을 적시하면서 백제가 우위에 선 기사 몇 개만 적시하고, 고구려가 백제를 속민으로 삼을 정도는 아니라는 주장을 펴는 논거로 삼았다. 전체 기사를 적시하고 그래도 자기주장이 맞으면 이를 내세우는 것이 학문 그리고 학자의 기본인데 자기주장을 위하여 자기주장에 맞는 증거만 적시하고 자기주장이 맞는다고 하는 것은 어디서 어떻게 배운 학문의 태도인가.

이에 대하여 즉 백제가 고구려에 조공을 해온 위치에 있었는지 여부에 대하여 일부 자료만 제시한 것이 사실인지 그리고 전체적으로 백제가 고구려와 동등 내지는 우위에 선 것이 사실인지 여부를 묻고자 하고 이에 대하여 본 필자와 같은 유사, 사이비 학자와 토론을 벌이자고 요청하는 바이다.(주류 강단 사학계에 대한 공개 질문22) 더군다나 이러한 논리는 소위 '젊은 역사학자 모임' 일원들의 논리가 아니라 70년대 초 일본에서 신묘년조 비문 조작설에 의하여 '임나일본부설'이 위기를 맞자 이를 희석하고자 하는 변명 논리로 그다음 해 일본인 학자들이 앞다투어 내놓은 주장으로 비문상의 일부 사항을 트집 잡아 전체 비문의 신빙성을 문제 삼아 비문 자체를 무시하자고 한 논리를 그대로 따른 것으로, 한국인 학자가 추종하는 것은 일제 식민사학을 그대로 추종하는 것과 마찬가지이다.

이러한 것을 의식하였는지 얼마 전 재일교포 역사학자인 이성시가 내놓은 주장인 그동안의 광개토대왕 비문을 비롯한 동북아 역사 해석에 있어서 한중일 삼국이 각자의 욕망에 의하여 자기 가치관에 의하여 해석한 관계로 역사가 굴절되었으므로 이를 지양하여야 한다는 논리를 소개하였다. 하지만 이는 전형적인 일본학계 주장의 변형 논리이다. 즉 지금까지 한중일 역사는 물론 특히 한일 역사는 모두 일본인의 식민사관에 의한 가치관과 욕망에 의하여 완전히 굴절시켜 놓은 상태다. 우리의 가치관이나 욕망은 조금도 반영이 안 되고 단지 일본인의 가치에 의하여 왜곡된 것에 대하여 방어만 했을 뿐으로 역사는 완전 굴절되어 있다. 그런데 이러한 상태를 그대로 두고 새로운 미래를 지향하자는 것은 일제 강점기에 우리나라에 끼친 온갖 해악을 그대로 둔 채 반성을 안 함으로써 또다시 그러한 사태가 올 것이 당연한 데도 그만 접으라는 의식과 같다.

그 와중에 일본인은 1945년 패전 이후 식민지였던 우리나라를 수탈하지 않고 오히려 발전시켰으며 아무런 해악을 입히지 않았다는 것을 그대로 두고 넘어가자는 논리이다. 마찬가지로 역사에 있어서도 수많은 사항 즉 일본이 한반도 남부를 점령하여 식민지로 삼았다는 것, 한반도 북부는 중국의 식민지였다라고 일본인의 가치관이 반영된 욕망에 의하여 정해 놓은 것을 바로잡지도 않고 일제가 36년 식민지 시절에 끼친 해악을 치유하지도 않고 접고 새로운 미래를 향해 나아가자는 것이다. 그러므로 이러한 일제 식민사학을 그대로 추종한 채 만들어놓은 우리 고대사에 대하여 바로잡고자 비판하지 않고 우리 주류 강단 사학계는 이 논리대로 연구하고 교수 자리에 앉아 있으려니 건드리지 말라는 욕망에 이 논리를 펴고 있다.

> 소위 '젊은 역사학자 모임' 일원들이 펴는 논리인 욕망 관련 논리 즉 재야 민족 사학계의 영토와 위대한 나라 욕망이나, 광개토대왕 비문의 고구려인의 욕망 관련 논리는 확인 결과, 일본인 학자와 일본에서 공부한 학자의 논리이다.

이성시 역사학자의 논리는 일본인과 일본인 학자들에게 설파하여야 할 논리이고, 현재 우리나라 주류 강단 사학계가 반길 논리이지만 굴절된 우리 고대사에는 또다시 철퇴를 가하여 그렇지 않아도 비참해진 것을 아예 짓밟자는 논리이다. 일본에서 유학하는 등 교육을 받은 한국인은 크게 두 가지 경향을 보이는데 본 필자는 그동안 이들이 발표하거나 표명한 견해에 의하여 파악하여 왔고 이를 기회가 있을 때마다 반론을 표명하여 왔다. 대표적인 것이 김시덕 서울대 규장각 한국학 연구원 교수의 '한국이 모르는 일본'이라는 제목의 칼럼을 게재한 것이 이에 해당한다.

또한 박훈 서울대 동아시아사 교수의 "고대 일본 속의 한민족사를 찾아서" 제목의 칼럼도 마찬가지이다. 둘 다 일본에 유학을 다녀왔다. 이들이 보이는 두 가지 큰 경향은 하나는 친일적인 성향이고 다른 하나는 객관적임을 표명하면서도 일본 입장이라는 것이다. 친일적인 경향에 대하여는 거론할 필요가 없고 객관적임을 표명하면서도 일본 입장이라는 것은 현재 일본인들의 입장을 대변한다. 즉 객관적으로 역사 등을 바라보라고 한다. 피해자와 가해자를 떠나서 말이다. 말은 그럴듯하다. 이는 이성시 교수와 비슷한 맥락이다.

이미 이루어진 것에 대한 가해자의 반성 없는 가해와 피해가 이루어진 이전으로 돌아가되 서로의 입장에 따라 역사를 평가하자고 한다. 하지만 이미 이루어졌고 피해가 이루어진 상태인데 반성이나 복원 없이 이를 무마하자는 것은 말은 그럴듯해도 절대적으로 피해자는 전혀 동의하지 않은 상태에서의 가해자의 일방적인 입장이다. 역사가 식민사관에 의하여 산산조각 나고 엉망진창이 되었는데 이것을 놔두고 이 상태에서 객관적이고 냉철하게 생각하자고 한다. 이미 식민사관에 의하여 의식이 바뀌었는데 이를 놔둔다는 것이 글로나마 가능한 이것을 놔두고 뭐를 객관적, 냉철하게 바라보자는 것인가. 이미 우리 국민은 평양에 낙랑군이 있었고 고구려의 국경은 요하까지, 신라와 고려의 국경은 한반도 안에 있었다고 생각하고 그렇게 학생들을 가르치도록 만들어놓고 역사를 냉철하게 객관적으로 바라본다는 것이 가능한 것인가.

> 일본에서 공부한 많은 학자들은 객관적 위치에 선다고 하면서도 가해자인 일본인 입장에서 모든 것을 바라본다.
> 우선 제자리로 돌려놓고 객관적으로 바라보아야 한다.

일본인들은 고대 국가 성립 시부터 우리 한반도로부터 영향을 받지 않았고 오히려 한반도 남부를 일본인들이 식민지로 다스린 것으로 생각하고 교육받는다. 한편 한국인들은 일본에 문화적으로만 영향을 주었다고 교육받고 있으며 이러한 역사를 객관적으로 바라보자고 가르친다. 광개토대왕 비문이 고구려인들의 욕망을 드러낸 것으로 믿을 바가 못 되지만 왜가 한반도로 진출한 것은 사실이라는 것을 인정하고 객관적으로 생각하자는 것이 그들의 논리이다.

식민사관에 의하여 정하여진 것을 없애고 원래의 역사로 바꾸어 이에 따라 우리 국민과 일본 국민의 생각을 바꾼 후에만 가능하다. 이성시 교수의 경우 우리 방송국과의 대담에서 일본말로 이야기하는 것을 들었다. 한국어를 방송에서 할 만큼은 못 함을 입증한다. 이성시 교수를 개인적으로 비판하고 싶지 않지만 이성시 교수의 논리는 비판하고자 한다. 이성시 교수는 과연 현재 우리 사학계의 현실을 우리만큼 알고 있을까. 나는 그렇지 않다고 본다. 그의 인식에는 일본인 시각의 비중이 크다고 판단한다. 차라리 한국과 일본과의 역사에 있어서 객관적인 시각은 이 글의 서두에서 소개한 『총, 균, 쇠(Guns, Germs, and Steel)』의 저자인 제럴드 다이아몬드(Jared Diamond) 캘리포니아 주립대(UCLA) 교수와 그의 글이라고 생각한다. 일본 유학파인 우리 주류 강단 사학계 교수들은 이들 외국인같이 현재 잘못된 역사 인식을 바꾸라고 하지 않는다. 오히려 일본인 입장에서 역사를 바라보라고 하거나 현재의 역사 전개 사항을 인정하라고 한다.

이 글에서 본 필자가 비판하고 있는 소위 '젊은 역사학자 모임' 일원들은 이성시 교수를 내세우기보다는 이 글의 서두에서 소개한 미국의 동양 미술사학자 '존 카터 코벨'(1912~96) 박사를 소개하는 것이 현재의 우리나라 역사 상황에는 더 옳다고 생각한다.

다음 기록에 의하면 본 필자의 비정대로,

【사료526】『삼국사기(三國史記)』권 제18 고구려본기 제6 고국원왕(故國原王) 三十九年秋九月

치양에서 백제와 싸워 패하다 (369년 09월(음))

39년(369) 가을 9월에 왕이 병력 2만으로 남쪽으로 백제를 쳤으나 치양(雉壤)(註 032)에서 싸워 패배하였다.

註 032
현재의 황해도 배천(白川).

【사료527】『삼국사기(三國史記)』권 제24 백제본기 제2 근초고왕(近肖古王) 24년 9월

치양에서 고구려군을 크게 물리치다 (369년 09월(음))

24년(369) 가을 9월에 고구려왕 사유(斯由)가 보병과 기병 20,000명을 이끌고 치양(雉壤)(註 002)에 와서 진을 치고는 군사를 나누어 민가를 약탈하였다. 왕이 태자를 보내니, 〔태자는〕 군사를 이끌고 지름길로 치양에

> 이르러서 급히 쳐부수고 5천여 명을 잡았는데, 사로잡은 포로는 장수와 군사들에게 나누어주었다.
>
> 註 002
> 치양(雉壤) : 황해도 배천에 비정한다. 치양성은 개성에서 예성강을 건넌 뒤 황해도 남부 지역으로 들어가는 통로에 위치한 것으로 알려진다(김기웅, 1966, 「발굴보고: 배천산성 답사보고」, 『고고민속』 1966-1, 사회과학원).

산동성 덕주시 평원현 인근 졸본에서 개국한 고구려가 처음에는 인근에 있는 백제와 신라와 더불어 말갈과 인접하여 다툰 것으로 보아 이곳에 있다가 점차 북상하여 하북성으로 진입한 후 산동성 태산시 비성시 하남 위례성에 도읍한 백제와는 주종관계로 다투지 않았다. 그러나 점차 백제도 고구려를 따라 북상하여 나중에 고구려가 요동을 점령하였을 때 요서를 점령하는 바와 같이 이 시기 직전에 서로 다투기 시작하였다. 그리고 이후 계속 백제가 북상하여 요서 지역에 진출하기 시작하면서 고구려와 다투기 시작하여 마침내 고구려의 수도인 평양성을 공격하여 고국원왕을 전사시키기에 이르렀다. 따라서 그 이전까지 즉 369년 이전까지는 백제가 고구려와 일체 다툰 기록이 없는 것으로 보아 종주국 관계를 유지한 것으로 판단한다.

신라의 경우 광개토대왕 당시까지도 신라 남쪽에 육지로 접해 있던 왜가 백제의 사주 내지는 명령을 받아 신라를 수시로 괴롭힘으로써 고구려에 의존하여 국가를 유지하고 있었으며 심지어 고구려 고국양왕 9년(391년 1월, 신라 나물왕)에는 실성을 인질로 보내는 등 종속적인 위치에 있었음은 서서가 입증하는 사항이다.

그런데도 이를 무시하고 백제와 신라가 고구려에 종속적이지 않았다고 주장하면서 이를 빌미 삼아 전체 비문을 의심하여 비문 전체가 역사 사실과 다른 고구려인의 욕망에 의하여 허위로 기록한 것이라고 함으로써 비문상의 왜의 존재가 백제의 사주를 받아 이용당한 채 고구려에 계속 무참하게 패하는 내용을 무마시키려는 일본인 학자들의 의도 있는 주장을 그대로 추종하는 소위 '젊은 역사학자 모임' 일원들의 행태는 우리나라 학자가 아닌 일본식 왜곡된 실증사학 즉 식민사학 목적의 실증사학을 하는 일본인 학자이다.

> 백제와 신라가 당시 이전에 고구려에 종속적이지 않았다고 주장하면서 비문의 신빙성을 의심하는 것은 일본인 학자에 의한 주장과 동일하다.

이러한 실제 역사를 잘 모르는 일반인을 상대로 사서기록이 증명하지 못하는 것으로 하여 비문상의 내용을 허구로 몰아가는 일본의 주장을 그대로 방송에서 하는 것은 이러한 주류 강단 사학계를 비판하는 재야 민족 사학자들을 유사, 사이비 학자들로 국가의 영토가 넓으면 좋다는 욕망에 의한 근거 없는 주장을 한다고 학문적인 비판 아닌 비난을 하는 것과 같은 맥락이다. 심지어 비판하는 상대방의 주장을 독재주의 행태와 이념인 파쇼 주의자라고 하는 것은 자신이 일제 식민사학 추종자라고 비난받는 것에 대한 화풀이 차원으로써 학문하는 전문가의 자세가 아니므로 거센 비판받아야 한다.

백제와 고구려의 다툼은 백제가 요서 지역으로 진출함으로써 시작되는데 처음의 치양 전투는 이러한 백제를 고구려가 견제하려고 한 결과이다. 그러나 이미 백제도 예전의 고구려에 종속된 수준의 백제가 아니다. 강력해져서 요서 지역으로 진출할 만한 세력이 되었다.

## [치양, 주양에 대하여]

　그러면 백제가 종속적인 위치에 있다가 드디어 국력을 키워 고구려가 먼저 진출한 하북성 지방의 요서 지방에 진출함으로써 고구려는 이전까지는 자기들 나라에서 독립한 나라로 여기다가 이제는 경쟁국으로 견제하고자 공격할 때 위치로 기록에 나오는 치양에 대하여 확인해 보기로 한다. 앞에서 본 필자가 지적한 바와 같이 『삼국사기』는 많은 기록에서 인식 부족을 그대로 드러냈듯이 많은 기록상에 같은 명칭을 다르게 기록하여 오히려 후대의 조작 의심을 가지게 하는 등의 행태를 보이고 있다.
　앞에서 본 필자가 지목하였듯이 신라의 당나라와의 싸움 기록에서 지명을 다르게 나타내는 경우가 있는 등 지명 기록에 문제가 있다. 아니면 『삼국사기』는 문제가 없는데 판본에 문제가 있어 이를 해독하는 현재의 학자들이 이를 달리 취급함에 따른 것인지도 모른다. 이는 본 필자의 독단적이고도 근거 없는 언급이 아니다. 앞에서 고구려 천리장성 위치 기사 및 신라의 당나라와 싸움 기사에서도 입증하였지만 이 치양도 마찬가지이다. 이 치양에 대하여 주류 강단 사학계는 황해도 배천에 비정한다. 이러한 비정은 진정한 학문이 아니고 그야말로 사이비 학문이다. 이 비정은 다음 시기의 백제 근초고왕의 고구려 평양성 공격 사실을 감안하여 고구려 평양성을 공격할 정도면 백제가 현재 서울보다는 북쪽으로 진출하였을 것이라는 것을 감안하였고 황해도에 비정한 대방군과 백제가 관계있다는 기록을 감안하여 설정한 것이지 확실한 근거는 전혀 없다. 오히려 이곳이 아님을 입증하는 기록이 전부이다. 다음 기록을 보자.

> 【사료102】『삼국사기(三國史記)』卷第二十三 百濟本紀 第一 시조 온조왕(溫祚王) 13년 5월
>
> 하남위례성으로 천도할 계획을 세우다 (기원전 6년 05월)
>
> 〔13년(B.C. 6)〕 여름 5월에 왕이 신하들에게 다음과 같이 말하였다. "우리 나라의 동쪽에는 낙랑(樂浪)이 있고, 북쪽에는 말갈(靺鞨)이 있어 번갈아 우리 강역을 침공하므로 편안한 날이 적다. 하물며 요사이 요망한 징조가 자주 나타나고, 국모(國母)께서 돌아가셨다. 형세가 스스로 편안치가 않으니, 장차 반드시 도읍을 옮겨야겠다. 내가 어제 순행을 나가 한수의 남쪽을 보니, 땅이 기름지므로 마땅히 그곳에 도읍을 정하여 오래도록 편안한 계책을 도모해야 하겠다."

우선 당시 백제는 동쪽에 낙랑이 있고 북쪽에는 말갈이 있었다. 그리고 앞에서 인용하여 설명하였지만 이 백제의 동쪽에는 신라가 있었고 이 신라의 동쪽에도 낙랑이 있었고 그 남쪽에는 왜가 육지로 접해 있어 수시로 낙랑과 마찬가지로 신라를 침범하였다. 물론 백제와 신라 북쪽에도 말갈이 있어 수시로 괴롭혔다. 이 낙랑에 대하여 주류 강단 사학계는 정약용의 주장 등에 의하여 평양에 있었던 낙랑의 부용 세력이라고 하였다.

> 춘천의 토착 집단 즉, 군현의 부용 세력으로 있던 맥국을 낙랑으로 호칭한 것과 관련이 있다(丁若鏞,「疆域考2-樂浪別考」,『與猶堂全書』). 평양의 낙랑군은 춘천의 토착 세력을 내세워 분치(分治)하였는데, 춘천 지역의 맥인들이 낙랑을 자칭한 것으로 보고 있다(金起燮, 1991).

이는 전혀 역사적 근거가 없다. 이 낙랑은 사서상 경주 지방에 있었던 신라를 마치 이웃에 있어서 수시로 괴롭힌 사서의 기록과 전혀 맞지 않는 것으로 이를 무시한 채 비정한 것에 의한다. 정약용이 정조의

개혁 정책을 적극 돕거나 수행한 사람으로서 백성을 위한 정치를 하는 서적을 편찬하는 등 공도 있으나 개혁에 있어서 당시 세계적인 추세이자 역사상 흐름인 계급타파에 의한 근대사회에 역행하는 양반 노예 계급주의를 유지한 한계성 있는 개혁을 도모하는가 하면 어릴 적부터 심어져 온 주자학 제일주의에 의하여 우리 고대사의 활동 영역을 전혀 근거 없이 내지는 청대 이후의 중국 학자들의 왜곡 위치 변동 비정을 그대로 받아들여 한반도로 고착화시킨 장본인이다. 이러한 주장을 아직도 싣고 있는 주류 강단 사학계의 연구 성과는 가히 가관이다.

> ▎정약용의 역사 인식은 주자학에 의한 사대 중화사상에 의한 우리 고대사 한반도 고착화 수준이었다.
> ▎이의 개혁 정신은 계급 사회 유지의 한계성 있는 사상이었다.

이러한 모든 것을 충족시키는 지역은 산동성 지역밖에는 없다. 이곳 위에 연나라와 고조선이 있었고 여기서 출발한 부여가 있었고 고구려가 있었다. 이곳에 위치한 백제가 도읍을 정한 다음 나라가 커질 무렵에 당초 백제에 땅을 내어주어 나라를 세우게 해준 마한에 도읍을 옮김을 알리고 강역을 정하였다.

> 【사료119】『삼국사기(三國史記)』 卷第二十三 百濟本紀 第一 시조 온조왕 (溫祚王) 13년 8월
>
> 마한에 도읍을 옮긴다고 알리고 강역을 정하다 (기원전 6년 08월)
>
> 〔13년(B.C. 6)〕 8월에 마한(馬韓)에 사신을 보내 도읍을 옮긴다는 것[遷都]을 알리고, 마침내 강역을 구획하여 정하였다. 북쪽으로는 패하(浿河)(註 002)에 이르고, 남쪽은 웅천(熊川)(註 003)을 경계로 삼으며, 서쪽으로는 큰 바다에 닿고, 동쪽으로는 주양(走壤)(註 004)에 이르렀다.

註 002

패하(浿河) : 패수와 동일한 것으로 간주하여 대동강으로 보는 견해, 예성강으로 보는 견해, 임진강으로 보는 견해(酒井改藏, 1970; 全榮來, 137쪽) 등이 있으나, 현재의 예성강으로 보는 것이 일반적이다. 패강으로도 기록되어 있으나, 패수와는 달리 볼 여지도 있다.

〈참고문헌〉

酒井改藏, 1970, 「三國史記の地名考」, 『朝鮮學報』 54, 朝鮮學會

全榮來, 1985, 「百濟南方境域의 變遷」, 『千寬宇先生還曆紀念 韓國史學論叢』, 正音文化社

註 003

웅천(熊川) : 웅천의 위치에 대해서는 경기도 안성군 안성천으로 보는 견해(李丙燾, 247~248쪽)와 공주의 금강으로 보는 견해(千寬宇, 1976)가 있다. 모두 지명의 유사성을 근거로 위치 비정을 한 것이다. 그런데 본서 권23 백제본기1 온조왕 24년(6) 7월조를 보면 백제의 웅천책 설치에 마한왕이 사신을 보내서 꾸짖고 있어, 웅천이 백제가 마한과의 관계에서 분쟁을 일으킬 수도 있었던 중요한 곳임을 암시한다. 당시 마한의 맹주국이었던 목지국의 중심지 자체가 천안 아산 일대로 추정되므로 웅천은 안성천으로 보는 것이 일반적이다. 웅천이라는 명칭은 2006년 중국 뤄양[洛陽]에서 발견된 「예식진 묘지명(禰寔進 墓誌銘)」에 묘주의 출신을 '熊川人'이라 표기한 것과 본서 권37 지리 4의 백제의 웅천주에 속하는 군현명이 기술된 데서도 찾을 수 있다.

〈참고문헌〉

李丙燾, 1976, 『韓國古代史研究』, 博英社

千寬宇, 1976, 「三韓의 國家形成(下)」, 『韓國學報』 3, 一志社

註 004

주양(走壤) : 현재의 강원도 춘천 지역으로 비정된다. 춘천의 옛 명칭은 수약주 또는 주양성이었는데, 이는 본서 권7 신라본기7 문무왕 13년(673) 9월조의 "9월에 국원성 … 수약주의 주양성(일명 질암성) …을 쌓았다"는 기사에서 확인된다. 본서 권37 지리4 삼국유명미상지분(三國有名未詳地分)에는 주양성(走壤城)이 보인다.

그곳이 북쪽으로는 패하이고, 남쪽은 웅천이고, 서쪽은 큰 바다에 닿고 동쪽은 주양이다. 여기서의 패하는 다음의 여러 기록상의 패강으로도 비정되고, 웅천은 다음의 여러 기록상의 웅진으로도 비정되며, 주양은 치양으로 비정된다. 즉 한자 치(雉)에서 탈자가 되고 남은 것이 주(走)자이다. 주양의 주자는 달릴 주(走)이다. 치양에서 새 추(隹)변이 없으면 잃을 실(失)자이다. 이 주자와 실자가 비슷하다.

이 치양과 주양은 같은 것으로 판단된다. 고구려와 처음 전투가 치러진 곳이 **치양(雉壤)**으로 근초고왕이 371년 고구려와 패하에서 전쟁하기 전인 369년에 싸운 곳이다. 이곳은 다시 495년 고구려가 백제의 치양성을 공격하자 신라에 구원을 요청하여 구원해 주었다. 주양은 백제 온조왕이 백제의 초기 강역을 정한 곳이 **주양(走壤)**이고 이곳을 순시도 하였다. 그러면 이의 위치는 백제의 동쪽 경계(주양)이므로 동쪽으로써 신라와의 경계이자 고구려가 공격하는 곳(치양)이므로 백제의 동북쪽이자 신라가 구원해 주는 곳이므로 신라의 서북쪽이다.

> 백제의 치양과 주양은 동일한 지역으로 백제의 동북쪽에 위치한다. 이곳은 고구려의 동남쪽이자 신라의 서남쪽 경계인 패수 도해하 인근이다. 이를 주류 강단 사학계는 치양은 한반도 황해도 배천, 주양은 한반도 강원도 춘천으로 각각 비정함으로써 사서기록에 맞는 위치가 아님을 스스로 드러내고 있다.

그리고 고구려가 침입한 패하 인근이다. 그러므로 이곳 치양이자 주양은 백제 동북쪽에 있는 패수인 도해하 인근으로 이곳은 성왕의 전사지(구천, 구원)이자 독산성의 위치 인근인 신라의 금성인 산동성 빈주시 서남쪽이자 고구려의 남평양인 졸본성인 산동성 덕주시 평안현 동남쪽이자 백제의 산동성 태안시 비성시의 동북쪽인 산동성 제남시 인근일 수밖에 없다.

■ [도표15] **구천책**(狗川柵), **구천**(狗川), **구원**(狗原) 비정

| 구분 | 출처 | 해당 | 대상 | 내용 | 주류 강단 비정 | 원래 위치 |
|---|---|---|---|---|---|---|
| 1 | 삼국사기 BC8 | 백제 온조11 | 구천책 | 독산책 구천책, 낙랑 통로 | 경기 북부, 황해 남부, 구원=구천 흐르는 벌판 | 산동성 제남시 제양구 인근 |
| 2 | 삼국사기 AD325 | 백제 비류22 | 구원 | 구원 북쪽 사냥 | - | |
| 3 | 삼국사기 AD390 | 백제 진사6 | 구원 | 구원 사냥 | 경기도 남양주시 풍양 | |
| 4 | 삼국사기 AD392 | 백제 진사8 | 구원 | 진사왕 구원 행궁 사망 | - | |
| 5 | 삼국사기 AD554 | 백제 성왕32 | 구천 | 백제 성왕 전사 | 충북 옥천 구천책≠구천 | |
| 6 | 『삼국사기』「지리지 백제」 삼국의 이름만 있고 그 위치가 상세치 않은 곳 | | | 독산책(禿山柵), 구천책(狗川柵), 구원(狗原) | | |

그런데 주류 강단 사학계에서는 이를 다른 것으로 보아 동쪽 경계 주양은 강원도 춘천, 고구려와의 첫 싸움 장소인 치양은 황해도 예성강 일대의 배천으로 비정하고 있다. 우선 서쪽의 바다는 중국사서상 반드시 현재의 바다 개념이 아니라 넓은 호수나 강 즉 하북성 마자수이자 압록수였던 호타하를 통상적으로 바다로 불렀던 것처럼 전통적으로 오히려 넓은 강이나 호수를 바다로 기록하였다. 백제의 건국지로 비정되는 산동성 태안시 비성시 서쪽에는 중국의 전통적으로 유명한 동평호가 있다. 이곳을 백제의 경계는 서쪽으로 이 동평호에 이른 것을 바다로 기록하였다. 다른 강역상의 위치인 웅천(웅진)은 다음에 살펴보기로 하고, 패하(패강) 전투는 369년 치양(주양) 전투가 있은 다음 2년 후에 다시 고구려가 공격해 옴에 따라 이루어졌다.

【사료470】『삼국사기(三國史記)』권 제24 백제본기 제2 근초고왕(近肖古王) 26년

패하에서 고구려군을 격파하다 (371년 (음))

26년(371)에 고구려가 군사를 일으켜 왔다. 왕이 듣고 군사를 패하(浿河)(註 001) 가에 매복시켜 그들이 이르기를 기다렸다가 급히 치니 고구려 군사가 패배하였다.

註 001
패하(浿河) : 백제 강역의 북쪽 한계선을 나타내는 지표가 되었던 강으로 대동강이라는 설, 예성강이라는 설, 임진강이라는 설 등이 있다. 본서 권23 백제본기1 온조왕 13년(B.C. 6) 8월조에는 "강역을 정하였는데 북쪽으로는 패하에 이르고"라는 대목이 있다. 학계에서는 흔히 패하를 예성강 특히 평산군의 저탄(猪灘) 일대로 비정하는데, 평산 일대의 예성강을 저탄 또는 패강(浿江)으로 불렀다는『고려사(高麗史)』권58 지리3 평주 및『황해도읍지』권1, 평산의 산천조에 따른 것이다. 패강은 통일신라기에 평산 일대에 패강진이 설치된 뒤 널리 알려진 명칭이다. 그런데 본서 권24 백제본기2 근초고왕 23년(368) 9월조에 백제군과 고구려군이 전투를 벌인 치양(황해도 배천)은 예성강 북안(서쪽)이므로 백제의 강역을 패하까지라고 한 기록과 어긋나는 면이 있어 단정하기 어렵다.

이 패하를 주류 강단 사학계에서도 본 필자가 밝힌 바대로 백제 강역의 북쪽 경계라고 하였지만 그 위치는 그들의 논리대로 당연히 한반도인 예성강으로 비정하고 있다. 그런데 이 비정은 고구려와의 첫 전투인 치양과 동쪽의 경계라고 비정한 주양을 달리 보아 치양을 예성강 인근 배천으로, 주양을 춘천으로 보고 있는 것과 그 맥을 같이 한다. 즉 북쪽 경계인 예성강 패하 인근에 있는 배천인 치양에 고구려가 침입한 것으로 하였다. 하지만 다음 기록을 보자.

【사료528】『삼국사기(三國史記)』 권 제3 신라본기 제3 소지(炤知) 마립간(麻立干) 17년 8월/백제 동성왕 17년/문자왕 4년

고구려가 백제 치양성을 포위하자 장군 덕지를 보내 구해 주다 (495년 08월(음))

〔17년(495)〕 가을 8월에 고구려가 백제 치양성(雉壤城)(註 001)을 포위하자 백제가 구원을 요청하였다. 왕이 장군(將軍) 덕지(德智)에게 명하여 군사를 이끌고 구원하게 하니, 고구려 무리들이 무너졌다. 백제왕이 사신을 보내 고마움을 표하였다.

註 001
치양성(雉壤城): 현재의 북한 황해남도 배천군 배천읍에 있었던 성. 치양이라는 지명은 고구려본기와 백제본기에 369년 고구려와 백제의 전투 장소로 나타나 있기도 하다(본서 권18 고구려본기6 고국원왕 39년; 권24 백제본기2 근초고왕 24년). 본서 권35 지리2 한주(漢州) 해고군(海皐郡)조에 구택현(雊澤縣)은 본래 고구려 도랍현(刀臘縣)인데 경덕왕(景德王)이 이름을 고쳤으며 고려 때의 백주(白州)라고 되어 있다. 또 본서 권37 지리4 고구려 한산주(漢山州)조에는 도랍현(刀臘縣)을 치악성(雉嶽城)이라고도 한다고 되어 있다. 치양성을 치악성과 같은 것으로 보아 백주, 즉 현재의 배천에 비정하는 것이 일반적이다. 다만 이 시기에 삼국이 황해도 배천에서 교전하는 것은 거의 불가능하기 때문에 이 기사의 치양성을 원주 치악산에 비정하는 견해가 제기되기도 하였다(문안식, 2006, 『백제의 흥망과 전쟁』, 혜안, 290~291쪽).

고구려가 백제의 치양(성)을 공격하자 신라에 구원을 요청하여 물리쳤다. 이 치양(성)을 원주 치악산으로 비정하고 있다. 이 시기에 백제는 서울의 한성에서 쫓겨 충남 부여로 내려가 있는데 백제의 성이 예성강에 있을 리 없고, 경상도 지방에 있는 신라의 구원을 받는다는 것은 註 001에서 실토한 바와 같이 불가능하다. 그러기에 다시 다른 곳 즉 원주 치악산에 비정을 해야만 한다. 이러한 예는 수도 없이 많다. 말갈과 경계로 한 신라의 하슬라 땅에 있었던 니하와 우산성에 대한 비정도

기록에 따라 상황에 따라 그 위치 비정이 달라지는 것과 같은 맥락이다. 이렇게 비정을 다른 곳에 해야만 해서 다른 곳에 비정을 한다. 그런데 항상 통설은 무지막지하게 막무가내로 원래 일본인 사학자들이 비정한 대로 그리고 이를 이어받은 제1세대 선배 학자들이 인정한 대로 그대로 이어져간다. 변하지 않는다. 왜냐하면 변해 보았자 다른 기록에서는 역시 이도 맞지 않기 때문이다. 한반도가 아닌데 한반도에서 위치 비정을 하려다 보니 많은 기록이 서로 맞지 않는다. 모든 기록상의 상황이 맞는 곳에 비정하면 모든 것이 맞아들어간다. 그곳은 소위 삼국이 건국하고 활동한 산서성, 하북성, 산동성이다.

　백제가 경계를 정하는 백제 온조왕 시기에 북쪽에는 말갈이 있고 동쪽으로는 낙랑이 있다고 하였다. 당시 백제 북쪽에는 주류 강단 사학계의 비정대로라면 당연히 대방이 있고 그 위에 낙랑이 있고 그 위에 고구려가 있다. 그런데 사서의 기록에는 동쪽에 낙랑이 있고 북쪽에 말갈이 있다고 하였다. 또한 이 말갈은 고구려 졸본에 인접해 있다고 기록하고 있고, 낙랑은 신라 동쪽에도 인근에 있다고 하였다. 도저히 주류 강단 사학계의 비정과 역사 사료와는 맞지 않는다. 사료상의 백제와 신라 그리고 고구려는 한반도에 있는 것이 아니다. 고구려의 첫 도읍지 졸본은 『삼국사기』와 『삼국유사』 기록과 같이 요나라 의주 경계지역인 주나라 시기의 북진 의무려산 아래이자 한나라 시기의 현토군 경계지역인 하북성 남단 산동성 덕주시에서, 신라는 탁수인 산서성과 하북성 인근의 거마하 지방에서 남으로 내려가 남옥저 땅인 산동성 빈주시 일대에서 건국한 것으로 많은 사서가 기록하여 입증하고 있다. 더군다나 이들의 종주국인 부여는 중국사서가 비록 인식 부족으로 북부여만을 기록하고 있지만 이도 사서기록상 대로 당시 지금의 북경 지방에도 못 미친 채 하북성 보정시 북쪽에 머문 장성의 북쪽인 산서성 대동시 영구현 인근에 있었다.

273

그리고 연나라가 위치한 것으로 사서상에 연나라의 남쪽 경계로 기록된 지명이 아직도 모두 그대로 남아 있는 산서성 흔주시 대현의 안문(관), 산서성 흔주시 번치현에 발원하는 호타하, 하북성 보정시 내원현의 갈석(산) 그리고 하북성 보정시 역현의 역수 발원지가 일직선으로 한 이곳 연나라의 동남부인 하북성 보정시 인근에 있었다. 이곳에는 다시 위의 부여 남쪽에 있다는 사서기록과 같이 고구려가 이곳 고조선이 있었던 곳 즉 평주 평양성 지역에 도읍을 정한 채 있었다.

이러한 고구려 북쪽인 산서성 대동시 인근에 있었던 (북)부여 동쪽으로는 사서의 기록대로 말갈이 그 근거지 지명이 아직도 산서성 대동시 천진현과 영구현에 그대로 남아 있는 흑수하 및 태백산 지역이었던 이곳에 그 원조인 읍루가 있었고, 부여 서남쪽에는 사서의 기록과 같이 선비와 선비의 일족인 거란이 거란의 북쪽에 있다는 아직도 그 이름이 남아 있는 황수하가 산서성 삭주시 산음현에 있다. 이렇게 우리 고대사 관련 모든 나라와 지명은 물론 이 지명에 맞게 모든 활동 사항이 산동성, 하북성, 산서성에 있다. 이러한 사항은 사서기록과 맞지도 않거니와 모든 활동 사항이 전혀 맞지 않는 한반도에 비정하는 것은 역사 조작이다.

> ▌우리 고대 국가인 고조선, 부여, 고구려는 사서기록상
> 연나라와 고조선의 경계지방인 안문, 호타하, 갈석산, 역수를
> 일직선으로 하는 곳에 있었다.
> ▌우리 고대사 비정은 이곳으로부터 시작하여야 한다.

또한 백제의 북쪽 경계이자 백제의 고구려와의 첫 번째 전투인 369년 치양 전투에 이은 두 번째 고구려와의 전투지(371년)인 패하는 주류 강단 사학계의 설명대로 예성강으로 비정하고 있지만 이곳은

이후 고구려 광개토대왕 4년 즉 백제 아신왕 4년(394) 가을 8월 백제의 공격으로 고구려에 패한 장소의 패수이다.

> 【사료282】『삼국사기(三國史記)』 권 제18 고구려본기 제6 광개토왕(廣開土王) 四年秋八月 0
>
> 패수에서 백제와 싸워 이기다 (394년 08월(음))
>
> 4년(394) 가을 8월에 왕이 패수(浿水)(註 088) 위에서 백제와 싸워 이를 크게 패배시켰다. 사로잡은 포로가 8천여 급이었다.
>
> 註 088
> 현재의 예성강을 가리킨다(이병도, 《한국고대사연구》, 박영사, 1976, 380쪽).

> 【사료283】『삼국사기(三國史記)』 권 제25 백제본기 제3 아신왕(阿莘王) 4년 8월
>
> 진무가 고구려를 공격하다가 크게 패하다 (395년 08월(음))
>
> 〔4년(395)〕 가을 8월에 왕이 좌장(左將) 진무(眞武) 등에게 명하여 고구려를 치게 하였다. 고구려왕 담덕(談德)이 몸소 군사 7,000명을 이끌고 패수(浿水) 가에 진을 치고 막아 싸웠는데, 우리 군사가 크게 패해 죽은 자가 8,000명이었다.

이후 이를 보복하기 위해 백제가 같은 해 11월에 고구려를 공격하려다가 그만둔 기록이 있다.

> 【사료284】『삼국사기(三國史記)』 권 제25 백제본기 제3 아신왕(阿莘王) 4년 11월
>
> 패수 전투의 패배를 보복하기 위하여 출전하다 (395년 11월(음))

〔4년(395)〕 겨울 11월에 왕이 패수(浿水) 전투[의 패배]를 보복하기 위하여, 직접 군사 7,000명을 이끌고 한수(漢水)를 건너 청목령(靑木嶺)(註 001) 아래에 진을 쳤다. 마침 큰 눈을 만나 군사들이 많이 얼어 죽자 군대를 돌려 한산성(漢山城)(註 002)에 이르러 군사들을 위로하였다.

註 001

청목령(靑木嶺) : 본서 권25 백제본기3 진사왕 2년(386)조 참조. 註 002

註 002

한산성(漢山城) : 현재의 남한산성으로 보거나(金起燮, 47쪽), 몽촌토성으로 보기도 한다(余昊奎, 15쪽). 이러한 견해는 한성이라는 지명에서 한산성이라는 명칭이 출발하였다고 보기 때문이다.
〈참고문헌〉
金起燮, 1990,「百濟前期 都城에 關한 一考察」,『淸溪史學』7, 청계사학회
余昊奎, 2002,「漢城時期 百濟의 都城制와 防禦體系」,『百濟研究』36

『삼국사기』 기록상으로는 위의「고구려 본기」상의 394년보다「백제 본기」상에는 1년 늦은 395년으로 기록되어 있지만 이는 같은 사건이다. 이것은 광개토대왕의 즉위년을 비문과는 달리 1년 늦은 것으로 기록하는 등『삼국사기』가 오류를 범한 것으로 비문이 맞는다. 국사편찬위원회 한국사 데이터베이스상에 원래는「고구려 본기」상의 394년은 395년으로 되어 있던 것을 수정함으로써 같은 사건인「백제 본기」는 바꾸지 않음으로써 서로 맞지 않은 채 광개토대왕 비문대로「고구려 본기」만 바꾼 채 서로 맞지 않는 오류를 보였었다. 그런데 본 필자가 이 글을 집필하는 도중에 다시「고구려 본기」를 원래대로 고쳐 광개토대왕 비문과는 맞지 않은 채 도로「백제 본기」와 맞추어놓았다. 이렇게 함으로써 현재는 광개토대왕 비문대로 적용하지 않고 원래대로 1년 틀리게 되어 있다. 이는 그동안 신뢰하여 온 광개토대

왕 비문을 이제는 신뢰하지 않는 인식이 팽배해져서 주류 강단 사학계의 주류가 되었음을 의미한다. 이는 주류 강단 사학계의 일종의 역사 퇴보 현상으로 판단된다.

394년 8월(395년 8월) 전투와 이후 395년 11월 전투가 벌어진 패수는 이미 확인한 대로 이전에 발생한 백제의 고구려와의 두 번째 전투지(371년)인 패하다. 이 패수 및 패하에 대하여 주류 강단 사학계는 예성강으로 비정하고 있다. 이에 반하여 기록상 패수 및 패하와 직접적으로 관련되어 있지 않은 채 고구려, 신라, 백제와 관련된 지명인 치양에 대하여는 원주 치악산으로 비정하고 있다. 하지만 관련 사항을 아래 도표와 같이 정리한 바,

■ [도표26] 치양, 주양, 패수, 패하, 패강 위치 비교표

| 구분 | 출처 | 해당 | 대상 | 내용 | 주류 강단 비정 | 원래 위치 |
|---|---|---|---|---|---|---|
| 1 | 삼국사기 BC37 | 고구려 동명왕 | 엄사수 (개사수) | 부여 탈출 건넌 강 | 특정하천으로 볼 필요는 없다 | 고구려 주몽의 엄사수, 개사수, 엄수= 대수=백제 비류 온조의 대수 |
| 2 | 삼국유사 | 고구려 주몽 | 엄수 | | – | |
| 3 | 중국사서 | 고구려 주몽 | 대수 | | – | |
| 4 | 삼국사기 BC18 | 백제 온조왕 | 패수, 대수 | 비류, 온조 고구려 탈출 건넌 강 | 패수:예성강 대수:임진강 | |
| 5 | 삼국사기 AD19 | 백제 온조왕 | 패수, 대수 | 한수 동북쪽 흉년 패수와 대수 사이 텅 비어 | – | 대수:마협하 패수:도해하 한수:황하 |
| 6 | 삼국사기 BC6 | 백제 온조13 | 주양 | 백제 동쪽 경계 | 강원도 춘천 | 주양=치양 =백제 동북부이자 고구려 서남부 =산동성 제남시 인근 |
| 7 | | | 패하 | 백제 북쪽 경계 | 예성강 | |
| 8 | 삼국사기 AD369 | 고구려 고국원39 백제 근초고24 | 치양 | 고구려가 백제 치양 공격 | 황해도 배천 | |
| 9 | 삼국사기 AD371 | 백제 근초고26 | 패하 | 고구려가 백제 공격 | 패하: 단정하기 | |

| | | | | 백제 패하<br>매복 고구려<br>패배 | 어렵다 | |
|---|---|---|---|---|---|---|
| 10 | | 고구려 고국원41<br>백제 근초고26 | - | 백제<br>고구려 공격<br>고구려<br>고국원왕 전사 | - | |
| 11 | 삼국사기<br>AD395 | 고구려 광개4<br>백제 아신4 | 패수 | (8월)패수 전투<br>(11월)패수<br>보복, 한수,<br>한산성 | 한수,<br>한산성:한강 | |
| 12 | 삼국사기<br>AD495 | 고구려 문자4<br>백제 동성17<br>신라 소지17 | 치양 | 고구려 백제<br>치양 공격<br>신라 구원 | 황해도 배천<br>충청 괴산<br>강원도 원주 | |
| 13 | 삼국사기<br>AD782 | 신라 선덕3 | 패강(진) | 한산주 백성<br>패강진 이주 | 패강:재령강 | |
| 14 | 삼국사기<br>AD826 | 신라 헌덕18 | 패강<br>(장성) | 한산북쪽 주민<br>패강장성 축성 | 패강:재령강 | |
| 15 | 『삼국사기』「지리지 백제」삼국의 이름만<br>있고 그 위치가 상세치 않은 곳 | | | 주양성(走壤城) | | |

　- 우선 앞에서 입증하여 설명하였듯이 고구려 추모대왕(주몽)이 부여를 탈출하여 고구려를 건국할 시에 건넌 강에 대하여『삼국사기』는 엄사수(개사수),『삼국유사』는 엄수라고 하였지만 중국사서는 공통적으로 대수라고 하였다. 이는 백제 건국자인 비류와 온조가 고구려를 탈출할 때 건넌 강인 대수와 동일하다. 이에 대하여 주류 강단 사학계는 이를 의식하고, 또한 그들의 대부인 이병도가 이 강을 부여 동명의 강인 송화강과 같이 비정하였다는 이유를 들어 '특정 하천으로 볼 필요 없다고 비정을 하지 아니 하였다' 이는 상당한 잘못이 있다. 비류와 온조가 건넌 강인 대수는 그들의 비정상 어쩔 수 없이 도표상의 다른 사항을 감안하여 예성강으로 비정함에 따라 같은 강으로 비정할 경우 도저히 맞지 않기 때문에 비정할 수도 없고 그렇다고 같은 것을 비정 안 할 수도 없어 하지 않았다. 학문적 도피이다. 학문적으로 도피이면 맞지 않는 것이므로 모두 바꾸어야 한다. 먼저 모든 설

정이 잘못이므로 바꾸어야 한다. 그런데 바꾸지 않고 회피한다. 이 한 가지만 그러면 그럴 수도 있다.

- 그런데 원래 패수는 전통적으로 본 필자가 앞에서 설명한 바대로 ①한나라와의 경계이자 낙랑군 동쪽이자 위만조선 왕험성의 서쪽인 패수와, ②고구려 도성 평양성 남쪽에 있다는 패수를 구분하지 않고 모두 중국사서상의 위의 '패수와 대수'상의 패수이자 동쪽 신라의 패강을 기록한 중국사서의 기록을 잘못 받아들인『삼국사기』를 왜곡하여 해석한 채 한반도 평양의 대동강의 패강으로 보아 이에 비정하거나, 위의 ①을 의식하여 한반도 평양의 낙랑군 위에 존재하는 청천강 등으로 비정하여 왔다가 다시 백제 관련 기록상의 패수(패하)는 예성강으로 비정하는 회피 논리를 보이고 있다. 패수(패하)는 위의 ①과 ②밖에는 없다. 한반도 백제와 고구려 사이라고 억지로 비정하는 황해도에는 이 강이 없다. 단지 산동성에서 백제의 북쪽을 흘러(비류와 온조가 건넌 패수) 동쪽으로 고구려 남쪽 고구려 평양성인 졸본성을 흘러(②의 패수) 다시 동쪽으로 신라 북쪽을 흐르는(패강) 강밖에 없다. 이에 의하면 백제 동북쪽에 고구려가 있고 이 백제 동남쪽에 신라가 있다.

- 이것을 입증하는 것이 '5', '8'항이다. '5'항에 의하면 백제 한수 동북쪽에 흉년이 들어 패수와 대수 사이가 황폐해졌다. 주류 강단 사학계의 비정에 의하면 이 기록에 대하여는 한산성에 대하여만 통상적인 한강 인근으로 비정한 것 외에는 해석하지 아니하였지만 통상적인 주류 강단 사학계의 백제와 관련된 패수를 예성강으로 비정한 바에 의하면 한강 유역의 동북쪽이면 춘천 이남 지역이다. 예성강인 패수와 대수인 임진강과는 거리가 멀다. 그러므로 이는 절대 될 수가 없다. 이는 '11'항도 마찬가지이다. 패수 전투를 하고자 한수, 한산성에서 준비 내지는 대기하기에는 패수인 예성강과 한강은 너무 멀다. 이는 한반도에는 맞지 않는다.

- 기록상의 백제의 패수(패하)가 위의 ②고구려의 패수이고 신라의 패강인 사실은 위의 '13', '14'항을 비롯한 많은 사서기록에 의하여 입증된다. 결코 패수 예성강, 패강 재령강이나 다른 패수의 대동강이나 청천강이 아니다. 백제 비류와 온조가 패수와 대수를 건너 한수 아래에 도읍을 정한 바와 같이 산동성에서의 패수(패강)인 강을 건너 한수인 황하 아래에 도읍을 정한 곳이 한산, 한성이다. 이 패수와 한수가 동쪽으로 흘러 고구려 남쪽의 ②패수가 되고 다시 동쪽으로 흘러 신라의 패강이 된다. 그래서 백제의 한수 동북쪽인 패수(와 대수)가 황폐해지고 한수, 한산의 백성을 한수나 패수를 따라가서 패강의 장성을 쌓거나 이곳으로 이주시킨다.

- 이러한 한수와 패수(패하, 패강)의 흐름이 있는 가운데 백제의 북쪽 경계는 패하 즉 패수이고 동쪽 경계는 주양이라고 하였다. 물론 다른 지역에서는 이 패수와 주양이 전혀 다른 곳이겠지만 패수(패하, 패강)는 백제 북쪽에 있는 한수의 북쪽에서 한수와 같이 동북으로 흐른다. 따라서 이 주양은 이 패수(패하, 패강)의 동북쪽이 될 수 있다. 여기에 주양이 있다. 그런데 주양은 곧 다른 이름의 기록상 치양이다.

- 이 동쪽 경계인 주양에 대하여 주류 강단 사학계는 한반도 강원도 춘천으로 비정하였다. 이는 패수이자 패하와 전혀 관련 없다. 주류 강단 사학계의 원래 위치인 산동성 패수(패하)의 흐름상 패수가 백제의 북쪽도 되고 동쪽도 되는 것을 한반도에 비정함으로써 백제의 북쪽 경계인 패수(패하)를 예성강으로 비정함에 따라서 동쪽은 춘천으로 비정하였다. 그리고 고구려와 백제의 첫 전투인 치양 전투상의 치양에 대하여는 치양과 주양을 다른 것으로 보아 이 치양을 황해도 배천으로 비정하였다. 이는 백제의 패수이자 패하를 예성강으로 비정한 것에 의한 것으로 백제의 경계지방에서 고구려와 싸운 것이기에 어쩔 수 없이 치양을 이곳에 비정하였다. 그런데 문제가 생겼다. 다시 이 치양에서 전투가 벌

어졌는데 신라가 도와주었다. 그런데 치양은 황해도 배천이다. 여기까지 신라가 오기도 어렵고 더군다나 당시는 495년으로 백제는 고구려에 한반도 한성 지방을 빼앗겨 한반도 공주 지방으로 내려가 있었는데 이곳 황해도 재천이 백제의 땅이라니 있을 수 없는 일이다.

그런데도 「고구려 본기」에는 황해도 배천으로 그대로 비정하였으나, 「백제 본기」와 「신라 본기」에는 이를 감안하여 각각 충청도 괴산과 원주로 비정하였다. 다르게 비정하는 것도 문제이지만, 분명히 사서기록상에는 치양이 백제의 성이라고 하였다. 주류 강단 사학계의 한반도 비정에 의하면 당시 백제는 서울 한성 지방을 고구려에 20년 전인 475년 남쪽 공주로 내려가 있었고 신라는 아직 경상도 지방에 있었을 때이다. 그런데도 그들이 원래 비정한 황해도 배천 땅에 백제의 성이 존재하고 있다. 그래서 이를 남쪽으로 옮겨 원주나 괴산으로 비정하고 있다. 이는 있을 수 없는 일이다.

더군다나 『삼국사기』가 별도로 기록하였지만 371년 고구려 근초고왕이 고구려 고국원왕을 평양에서 전사하게 한 사건에 대하여 같은 371년 고구려가 백제를 공격하자 백제가 패하에서 매복하고 있다가 고구려를 공격한 사건이 있다. 이에 대하여 주류 강단 사학계는 별도로 다루고 있다. 당연하다. 고구려 평양성은 주류 강단 사학계의 비정에 의하면 한반도 평안도 평양이거나, 다른 곳으로도 변칙적으로 비정하고 이병도의 경우 이를 남평양으로 보고 한반도 한강 북부 북한산성으로 비정하기도 하지만 이는 모두 자기들 논리에 어긋난다.

왜냐하면 전통적으로 백제와 관련된 패수(패하)는 예성강으로 비정하기 때문이다. 그렇기 때문에 평양은 전통적으로 한반도 평양으로 보고 있다. 하지만 주류 강단 사학계의 비정대로라면 당시 고구려는 이보다 후인 427년 장수왕 시기에 평양으로 천도하기 때문에 지금의 평양일 수도 없고 그렇다고 당시의 수도인 길림성 집안시라고 할 수도 없어 난감하다. 하지만 『삼국사기』「지리지」와 『삼국유사』상에는 이때의 평양성을 남평양이라고 하였다. 그래서 이병도는 한반도 안에서 비정하자니 도저히 있을 수 없는 북한산성으로 비정하였다. 물론 이는 『삼국유사』의 왜곡된 기록을 따른 것이기도 하다. 그러므로 주류 강단 사학계의 한반도 비정에 의하면 여러 가지로 곤란하다. 결국 패수는 패수이고 고구려 평양성 공격은 별도이다. 패수를 예성강으로 비정하고 있자니 평양성을 어디로 비정하든 문제가 생기거나 아니면 별도로 취급하고 평양성은 그럭저럭 비정하면 된다.

하지만 산동성에서는 이 패수는 백제 한성의 북쪽인 한수의 북쪽을 흘러 동쪽의 고구려 졸본성(남평양)(중국사서는 평양성)을 지나 동쪽으로 다시 흘러 신라의 북쪽을 흐르는 것이므로 백제의 근초고왕은 고구려가 공격하자 이 패수에서 매복하여 있다가 패퇴시킨 후 연이어 이 패수의 북쪽에 있던 졸본성 즉 남평양성 즉 평양성을 공격하여 고국원왕이 전사한다. 이러한 것이 가능한 것이 즉 사서의 모든 것이 맞지 않는 곳이 한반도이고 모든 것이 맞는 곳이 여기 산동성이다. 이곳 백제의 북쪽 경계인 패수(패하) 동북쪽에 백제의 동쪽 경계로 기록된 주양(치양)이 있었고 여기에 고구려가 백제를 침략하는 것이고 이를 동남쪽에 있었던 신라가 도와주었다. 이 백제의 동쪽이자 신라의 서쪽에는 (최씨)낙랑국이 있어 초기 신라를 가까이에서 수시로 괴롭혔고, 이 신라의 남쪽에는 육지로 접해 있는 왜가 있어 수시로 괴롭혔으며, 이 백제와 신라의 북쪽에는 말갈이 있어 수시로 백제와 신라를 괴롭혔다. 이곳은 한반도가 아니다. 이곳은 한수, 패수, 대수가 나란히 이 나라들 사이로 흐르는 산동성이다.

- 『삼국사기』「지리지」상 '이름은 있으나 그 위치가 상세치 않은 곳'으로 고구려와 백제의 전투 지역인 치양은 없으나 백제의 동쪽 경계인 주양(성)은 있다. 이는 치양에 대하여는 한반도로 왜곡하여 비정하였지만 주양에 대하여는 그렇지 못한 것으로 파악된다.

## 주류 강단사학계의 한반도 비정으로는 모든 사서기록이 맞지 않는다.

 이와 같이 고구려와 백제, 신라는 한반도에 있지 않았음은 물론 고구려와 백제는 고구려 광개토대왕 시기 이전 백제의 요서 진출 시기인 백제 근초고왕 이전에는 백제와 고구려의 첫 전투인 369년 고구려가 백제의 치양(성)을 공격하기 전에는 고구려와 직접적인 다툼이 전혀 없었다. 이는 이전까지는 백제가 고구려를 그들의 종주국으로 여긴 것이 분명하다. 백제의 역사를 확인하면 백제 초기에 동쪽의 산동성 낙랑(최씨 낙랑국)과의 다툼이 있었고, 초기부터 말기까지 북쪽의 말갈에 수시로 시달림을 받는 한편 신라와의 상당한 공방전과 친선을 반복하는 것과 대조적이다. 더군다나 백제는 하북성의 한나라 한이군의 낙랑군(246년, 고이왕 13)(304년, 분서왕 7)을 공격하는 한편, 343~344년경 전연을 공격하고 346년경 부여를 공격하였다. 488~498년 10년 동안 다섯 차례에 걸쳐 북위의 공격을 받아 물리친 사실이 있다.

 이와 같은 백제의 활동 사항만으로도 주류 강단 사학계의 한반도 비정으로는 도저히 맞지 않는다. 주류 강단 사학계의 한반도 비정에 의하면 (최씨)낙랑국이 함경도에 있는 관계로 낙랑국의 백제 공격은 있을 수 없는 일이고, 백제와 부여 사이에는 낙랑군이 있어 백제의 부여 공격은 불가능하다. 또한 백제가 한반도의 위치에 있다면 전연과 북위와의 전쟁은 있을 수 없다.

 더군다나 부여의 경우에도 낙랑군을 공격한 사실이 있다(111년). 이는 한반도에서는 중간에 고구려가 있어 불가능하다. 더군다나 신라는 백제의 동쪽이자 신라의 서쪽에 있는 (최씨)낙랑국의 수시 침략과 북쪽의 말갈 그리고 남쪽의 육지로 인접한 왜로부터 수시로 침략을 받을 수 있는 곳은 주류 강단 사학계가 비정하는 한반도가 아니다.

이에 의하면 한반도 전체가 말갈의 활동지였고, 한반도 남부에는 왜가 차지하고 있었고, 설사 낙랑이 함경도의 (최씨)낙랑국이 아니더라도 평안도의 낙랑군이 경상도의 신라를 공격하는 것은 불가능하다.

더군다나 주류 강단 사학계가 함경도로 비정하는 동옥저 사신이 멀리 경상도의 신라에 말을 끌고 오는 곳, 함경도의 남옥저 주민이 한강의 백제에 귀순하는 곳은 한반도가 아니다. 그리고 고구려 추모왕이 부여를 탈출할 때 건넌 강과 백제의 비류와 온조가 고구려를 떠나 건넌 강이 같은 강으로 이 강과 나란히 백제, 고구려, 신라를 흐르는 강이 백제의 북쪽 경계이자 동쪽 경계가 되는 곳, 이곳을 신라가 고구려의 침입을 받은 백제를 구원해 주는 곳이 가능한 장소는 주류 강단 사학계가 비정해 놓은 한반도가 아니다. 이곳은 한수, 패수, 대수가 세 나라를 같이 흐르는 산동성밖에는 없다.

> 고구려, 백제, 신라는 고구려 추모왕이 부여를 탈출할 때 건넌 강과 백제의 비류와 온조가 고구려를 떠나 건넌 강이 같은 강으로 이 강과 나란히 백제, 고구려, 신라를 흐르는 강이 백제의 북쪽 경계이자 동쪽 경계가 되는 곳, 이곳을 신라가 고구려의 침입을 받은 백제를 구원해 주는 산동성에 위치해 있음을 모든 사서기록이 증명해 준다.

이러한 사실 등에 대하여는 외면한 채 일제 식민사학이 식민지 논리로 모든 사실을 왜곡 조작하여 만들어놓은 한반도 고착설에 대하여 이를 추종하면서 자신들의 논리도 아닌 일본인 학자들의 광개토대왕 비문을 부정하는 논리를 그대로 따라 여기에 맞추고자 백제가 고구려에 종속적인 상태가 아님을 일정 기간만 부풀려 왜곡하여 내세우는 것은 학자의 기본적인 도리가 아니다. 본 필자가 우리 고대 국가가 한반도에서 활동하지 않음을 입증하는 자료에 수많은 아니 모든 자료에 대하여 전문가이자 교수인 주류 강단 사학계는 물론이고 '젊은 역사학자 모임'의 모든 분들과 소위 '젊은 역사학자 모임' 일원들은 해명해 보기를 공식적으로 요구하는 바이다.(주류 강단 사학계에 대한 공개 질문24)

계속하여 비문상의 내용을 보면 395년조에 비려 즉 (북)부여 공격과 신묘년조(391년)의 백제와 신라를 공격한 기록 그리고 396년의 백제 관미성 등 여러 성에 대한 공격, 398년 일부 기록, 399년 백제와 왜가 화통한 후 하평양 순시, 신라의 왜 침입 구원 요청, 400년 신라 구원 공격, 404년 왜 대방계 침입 공격, 407년 5만 병력 파견 전쟁 기록, 410년 동부여 공격이 나온다.

이와 비교하여 『삼국사기』 기록상으로는 391년에는 백제 10성 탈취와 거란 정벌, 백제 관미성 공격 함락, 392년 및 393년(수곡성) 백제의 고구려 남쪽 변경 침략, 394년 패수에서의 백제의 공격에 의한 고구려 승리 전투 이후 고구려는 백제와의 전쟁 기록은 없고 후연과의 전쟁 기록만 있을 뿐이다. 백제는 이후에도 395년, 398년, 399년 고구려를 공격하다가 그만둔 사례가 있을 뿐 이후 70년 동안 두 나라 사이에 전쟁 기록은 없다가 그 후 469년(개로왕 15) 고구려를 공격하였다가 475년 고구려 장수왕의 공격에 수도 한성이 함락되고 개로왕이 전사하게 된다. 한편 이에 대한 『삼국사기』 신라 기록은,

【사료172】『삼국사기(三國史記)』 권 제3 신라본기 제3 나물(奈勿) 이사금(尼師今) 38년 5월

왜인을 독산에서 크게 물리치다 (393년 05월(음))

38년(393) 여름 5월에 왜인(倭人)이 와서 금성(金城)을 에워싸고 5일 동안

〔포위를〕 풀지 않았다. 장수와 병사들이 모두 나가 싸우기를 청하였으나, 왕이 말하기를, "지금 적들은 배를 버리고 깊이 들어와 사지(死地)에 있으니 그 날카로운 기세를 당할 수 없다."라고 하고는 성문을 닫았다. 적이 아무런 성과 없이 물러가자, 왕이 용맹한 기병 200명을 먼저 보내 그 돌아가는 길을 막고, 또한 보병 1,000명을 보내 독산(獨山)까지 추격하였다. 〔왜인을〕 협격하여 크게 물리쳐서 죽이거나 사로잡은 사람이 매우 많았다.

■ 三國史記 권 제3 신라본기 제3 나물(奈勿) 이사금(尼師今) 40년 8월

말갈이 침입하자 이를 쳐부수다 (395년 08월(음))

40년(395) 가을 8월에 말갈(靺鞨)이 북쪽 변경을 침범하였다. 군사를 내어 그들을 실직(悉直)의 들판에서 크게 쳐부쉈다.

【사료529】『삼국사기(三國史記)』 권 제3 신라본기 제3 나물(奈勿) 이사금(尼師今) 42년 7월

하슬라에 흉년이 들어 죄수를 사면하고 세금을 면제하여 주다 (397년 07월(음))

42년(397) 가을 7월에 북쪽 변경의 하슬라(何瑟羅)에 가뭄과 누리의 피해가 있어 흉년이 들고 백성이 굶주렸다. 〔이에〕 그 지역의 죄수를 사면하고 1년 동안의 조세[租]와 공물[調]을 면제하여 주었다.

【사료530】『삼국사기(三國史記)』 권 제3 신라본기 제3 나물(奈勿) 이사금(尼師今) 45년 08월/10월

살별이 동쪽에 나타나다 (400년 08월(음))
45년(400) 가을 8월에 살별이 동쪽에 나타났다.

내구마가 슬프게 울다 (400년 10월(음))

〔45년(400)〕 겨울 10월에 왕이 늘 타던 내구마(內廐馬)가 무릎을 꿇고 눈물을 흘리며 슬피 울었다.

비문상의 고구려와 신라와의 관계가 위의 고구려와 백제와의 관계에서 그 해당 시기 즉 해당 연도가 다를 뿐 내용은 같은 것과 마찬가지로 비문상의 내용처럼 왜가 나라 안 특히 수도 금성에 가득 찬 것이 같고 단지 비문상의 내용인 고구려의 지원군 보병과 기병 5만을 받아 왜를 물리친 것이 아니라 스스로 물리친 것으로 한 것이 다를 뿐이다. 그리고 비문상에는 왜를 쫓아 임나가라까지 간 것으로 되어 있는데, 사료상에는 독산까지 간 것으로 기록하고 있다. 이 임나가라까지 간 비문상의 기록을 '임나가라 종발성'으로 해석한 채 이 임나가라와 종발성의 성격 및 위치를 두고도 신묘년조 다음으로 논란이 많았었다. 이에 대하여 본 필자의 새로운 해석을 앞으로 하도록 하겠다.

비문상의 내용에 의한 고구려 광개토대왕의 신라를 침범한 왜를 공격한 시기 즉 연수는 신묘년조인 391년과 399년의 구원 요청, 400년의 5만 병력 지원 공격 임나가라 추격으로 되어 있는데 반하여 『삼국사기』 기록은 393년 왜 공격 독산 추격으로 되어 있고, 정작 400년 기록에는 살별 즉 혜성이 나타난 사실과 왕이 탄 말이 슬피 운 것을 기록하는 등 은유적으로 나라에 좋지 않은 일이 일어난 것을 표현하였다. 그리고 신라의 변고가 왜의 침입뿐 아니라 말갈도 있음을 기록하였다. 말갈은 신라 초기부터 북쪽에 있어 신라는 물론 백제를 공격하였고 심지어 고구려 졸본성 가까이에도 있었던 것으로 기록하고 있다. 이 말갈이 신라를 공격한 시기는 395년으로 주류 강단 사학계의 비정대로라면 한반도에서 백제와 신라 그리고 고구려가 강력한 세력으로 상호 간 전쟁을 치렀던 시기인데 이때 말갈이 경상도에 있었던 신라를 공격한다는 것은 상상을 초월하는 일이다.

더군다나 말갈은 신라는 물론 백제 초기부터 침범하였으며, 심지어 백제의 경우 말기 즉 무령왕 시기까지 단독 내지는 고구려와 같이 백제를 침입하였다. 물론 이에 대하여 주류 강단 사학계는 또다시 변명할 것이다. 이 말갈은 말갈 세력이 아니라 고구려의 사주를 받은 소위 용병으로 고구려에 편입된 세력이라고 할 것이다. 하지만 당시는 신라가 고구려의 종속국 신세로써 왜와 백제의 침입을 받은 신라가 고구려에 구원을 요청하면 고구려가 구원해 주는 시기였는데 고구려가 말갈을 동원하여 신라를 공격한다는 것은 있을 수 없다. 또한 신라 초기 경상에 머무르고 있었던 신라를 말갈이 침범한다는 것은 충청도와 강원도 지방 등 한반도 남한 전체에 말갈이 있어야 가능하다.

그러나 말갈은 졸본성 가까이에도 있었던 것으로 기록에 나온다. 그렇다면 한반도 전체에 말갈이 존재하고 있어야 가능하다. 심지어 말갈은 이보다 뒷 시기인 백제 무령왕 3년, 6년, 7년, 503~7년에 백제를 침범하는가 하면, 921년 신라(경명왕 5)까지 침범하였다. 특히 신라 자비마립간 11년(468)에는 나물이사금 40년(395) 말갈이 침범한 실직을 똑같이 침범하였고, 무열왕 5년(658)에는 신라 초기 말갈과의 경계로써 신라가 개척한 하슬라 땅에 있었던 실직을 북진으로 삼았다. 북진의『주례』에 나와 있듯이 주나라 시기에 정하였던 북진 의무려산 즉 지금의 산서성 태행산맥에 설치한 것이다. 물론 이 북진과 신라의 북진은 다르다. 신라의 북진은 신라의 북쪽 경계로써의 북진이다. 이 북진인 실직은 앞에서 입증하여 살펴보았듯이 하슬라 지역에 있었다.

【사료259】『삼국사기(三國史記)』卷第五 新羅本紀 第五 태종(太宗) 무열왕(武烈王) 5년 3월

하슬라를 주로 삼다 (658년 03월(음))

〔5년(658)〕 3월에 왕이 하슬라(何瑟羅)의 땅이 말갈(靺鞨)에 맞닿아 있으므로 사람들이 편안치 못하다고 여겨, 경(京)을 폐지하여 주(州)로 삼고 도독(都督)을 두어 지키게 하였다. 또 실직(悉直)을 북진(北鎭)으로 삼았다.

물론 이 하슬라 지역과 마찬가지로 말갈, 실직을 모두 한반도 동해안에 비정하고 있다. 하지만 이곳은 한반도가 아니다. 이곳은 소위 삼국시대 초기부터 산동성에서 삼국의 이웃에 있었던 남갈(남말갈)이다. 이에 대하여는 이 글 전부가 입증하고 있고 이 입증은 사서의 기록에 의하여 증명되는 사항이다. 더군다나 말갈은 주류 강단 사학계의 비정대로 한반도 북부 길림성 등에 있었던 것이 아니라 산서성 대동시의 흑수하, 태백산을 근거지로 북갈이 있었고 산동성에는 이와 같이 백제와 신라를 괴롭힌 남갈이 있었다. 이곳은 한반도가 될 수 없다. 이곳 산동성에서만 가능하다.

앞에서 확인하였듯이 북말갈은 당시 장성인 지금의 하북성 북부인 하북성 보정시 서북쪽에 그쳐 있었던 곳의 북쪽인 산서성 대동시에 있었던 부여 동쪽인 산서성 대동시 천진현 흑수하(Heishui River, 黑水河)에 있었던 흑수말갈에서

【사료68】『삼국지(三國志)』〈위서〉「동이전」부여(夫餘)

夫餘는 長城의 북쪽에 있는데, 玄菟에서 천 리 떨어져 있다. 남쪽은 高句驪와, 동쪽은 挹婁와, 서쪽은 鮮卑와 접해 있고, 북쪽에는 弱水가 있다. [국토의 면적은] 방 2천 리가 되며, 戶數는 8만이다.

【사료94】『삼국유사』권 제1 제1 기이(紀異第一) 말갈(靺鞨)과 발해(渤海)

≪지장도≫에서는 "흑수는 만리장성 북쪽에 있고, 옥저는 만리장성 남쪽에 있다."고 하였다.

동남으로 10일을 가면 있는 월희말갈 등 4부가

> **【사료223】『신당서(新唐書)』北狄列傳 黑水靺鞨**
>
> 당초 黑水[靺鞨]의 서북쪽에는 思慕部가 있는데, 더 북으로 10일을 가면 郡利部가 있고, 동북으로 10日 가면 窟設部가 있다. [窟設은] 屈設이라고도 부른다. 조금 동남으로 10日을 가면 莫曳皆部가 있고, 또 拂涅 · 虞婁 · 越喜 · 鐵利등의 部가 있다.
> 그 땅은 南으로는 渤海에 이르고, 北과 東은 바다에 닿아 있으며, 西로는 室韋에 이른다. 南北은 2천 리이고, 동서는 1천 리에 뻗쳐 있다. 拂涅(불열) · 鐵利(철리) · 虞婁(우루) · 越喜(월희)는 때때로 中國과 통하였으나, 郡利 · 屈設 · 莫曳皆는 스스로 통할 수가 없었다.

산동성 신라와 접해 있는 위치인

> **【사료224】『구당서(舊唐書)』北狄列傳 渤海靺鞨**
>
> 其地在營州之東二千里, 南與新羅相接. 越憙靺鞨東北至黑水靺鞨, (南與新羅相接越憙靺鞨東北至黑水靺鞨冊府卷九五九作「南與新羅相接, 西接越憙靺鞨, 東北至黑水靺鞨.」)
> 그 땅은 營州 동쪽 2천 리 밖에 있으며, 남쪽은 新羅와 서로 접하고 있다. 越憙靺鞨에서 동북으로는 黑水靺鞨에 이르는데, (남쪽으로 신라와 월희말갈이 서로 함께 접하고 동북으로는 흑수말갈에 이르렀다. 책부원귀 권959에는 남으로는 신라와 접하고, 서로는 월희말갈과 접하고, 동북으로는 흑수말갈에 이르렀다고 되어 있다.)

이곳 산동성에 있는 말갈이 남말갈이다. 바로 이들이

> **【사료94】『삼국유사』권 제1 제1 기이(紀異第一) 말갈(靺鞨)과 발해(渤海)**
>
> 또 ≪동명기(東明記)≫에 이르기를, "졸본성(卒本城)은 땅이 말갈 (혹은 이르기를 "지금의 동진(東眞)이다."라고도 한다.)에 연접하고 있다."라고 하였다. (신

> 라(羅) 제6대 지마왕(祗摩王) 14년(을축(乙丑))에는 말갈군사가 북쪽 국경으로 크게 몰려와서 대령책(大嶺柵)을 습격하고 니하(泥河)를 건넜다.
>
> [신]라(羅) 사람들이 이르기를 "북쪽에는 말갈이 있고 남쪽에는 왜인이 있고 서쪽에는 백제가 있으니 이것들이 나라에 해악이다."라고 하였고 또 "말갈의 땅은 아슬라주(阿瑟羅州)에 접하였다."라고 하였다.

산동성 고구려 졸본성 가까이에 있으면서 남쪽의 백제와 신라를 괴롭힌 것이 명백히 입증된다.

## ▌삼국의 말갈 관련 기록은 삼국이 한반도에 있지 않음을 입증한다.

이렇듯이 비문상의 고구려와 신라 관련 기록은 비록 햇수에 차이가 있고 기록을 은유적으로 표현하기도 했지만 이는 비문이 선조왕인 광개토대왕의 업적을 비문에 새기면서 여러 가지 사건이 일어난 것을 어느 한 해에 같이 새기거나 반면에 오히려 사서의 기록이 자기들 입장에서 쓴 관계로 고구려의 도움을 받지 않은 것으로 기록하거나 사실 그대로 적지 않고 은유적으로 나쁜 일이 일어난 것만을 암시하는 식으로 기록하는 등의 새김상과 기록상의 문제가 있을 뿐 사건의 발생은 비문과 기록이 같은 것으로 판단할 수 있다. 그럼에도 이 비문이 백제와 신라가 고구려의 신민이거나 조공을 바치는 것으로 기록하였다는 것을 빌미 삼아 전체 지문이 고구려가 자기 위상을 높이려는 욕망에 의하여 있지도 않은 일을 과장되게 기록한 것이라는 일본인 학자들의 주장을 그대로 받아들여 비문 전체를 부정하는 것은 도저히 묵과할 수 없다.

> 광개토대왕 비문과 사서의 기록을 비교해 보아도 전부 맞는 것으로 고구려의 욕망에 의하여 과장된 내용을 비문에 새겼다는 일본인 학자의 주장을 그대로 설파하는 소위 '젊은 역사학자 모임' 일원들의 주장은 일고의 가치가 없는 것으로 철회되어야 한다.

이 주장을 한 일본인 학자들은 광개토대왕 비문상의 신묘년조를 사실로 받아들여 그들의 '임나일본부설'을 확실한 것으로 펼치고 있던 마당에 바로 한 해 전인 1972년 재일 사학자 이진희 교수가 이 신묘년조를 조작한 것이라는 주장을 내놓음에 따라 그동안 횡행하던 '임나일본부설'이 타격을 받아 위기를 맞이하자 이를 타개하고자 이를 회피하는 차원에서 이러한 비문 신빙성 의문 주장을 내놓았다. 그럼으로써 전체 비문 의문성을 제기하여 조작설을 잠재우고자 하였다.

한편 신라는 광개토대왕 시기 및 이후 18대 실성이사금(402~417년), 19대 눌지마립간(417~458년) 시기에는 단 한 번 403년 백제와의 싸움이 있었을 뿐 454년 고구려의 신라 공격이 있기 전까지는 전혀 고구려와 백제와의 싸움은 없이 단지 왜와의 싸움과 이후의 말갈과의 싸움만 있었을 뿐이다. 참고로 신라 실성이사금 당시의 사건을 확인해 보자.

■ [도표27] 신라 실성이사금 활동 사항

원년 2월 실성이사금이 즉위하다.(AD402년)
원년 3월 나물왕의 아들 미사흔을 왜에 볼모로 보내다.
2년 1월 미사품을 서불한으로 삼다.
2년 7월(403년) 백제가 변경을 침입하다.(백제 아신왕 12년)
3년 2월 시조 묘를 배알하다.
4년 4월 퇴각하는 왜병을 매복하여 물리치다.
5년 7월 누리가 곡식을 해치다.
5년 10월 서울에 지진이 일어나다.
5년 11월 얼음이 얼지 않다.
6년 3월 왜인이 동쪽 변경을 침범하다.
6년 6월 왜인이 남쪽 변경을 침범하다.
7년 2월 대마도의 왜인 군영을 정벌하려다 그만두다.
11년 복호를 고구려에 볼모로 보내다.
12년 8월 낭산에서 구름이 일어나다.
12년 평양주에 큰 다리를 만들다.
14년 7월 혈성 들판에서 사열하고 금성 남문에서 활쏘기를 구경하다.
14년 8월 왜인과 풍도에서 싸워 이기다.
15년 3월 동해 바닷가에서 큰 물고기를 잡다.
15년 5월 토함산이 무너지고 샘물이 솟아오르다.
16년 5월 실성이사금이 죽다.(AD417년)

따라서 고구려와 백제와도 399년 이후 469년까지 70년 동안은 다툼 기록이 없다. 그야말로 403년 이후 454년까지 50년 동안은 소위 삼국은 평화로운 시절을 보냈다. 이 시기는 삼국의 옆에 있었던 선비족 국가는 후연(384~407년)과 북연(407~436년) 그리고 북위(386~534년) 시기이다. 고구려는 전연과 339년부터 백제와 싸우면서도 고구려의 영역과 이곳 현토군과 요동군을 두고 싸움을 계속하다가 370년 전연이 멸망하고 후연이 들어선 다음에는,

- 후연이 고구려의 신성과 남소성을 빼앗다 (399년 02월(음)) 광개토대왕 9년
- 후연 숙군성을 공격하다 (401년(음)) 광개토대왕 11년
- 후연을 침략하다 (403년 11월(음)) 광개토대왕 13년
- 후연이 요동성 공격에 실패하다 (404년 01월(음)) 광개토대왕 14년
- 후연이 목저성을 공격해 왔으나 패배하다 (405년 12월(음)) 광개토대왕 15년
- 후연 멸망, 북연 건국 : 407년
- 광개토대왕 사망 : 412년

405년 전쟁 기록을 끝으로 후연 그리고 북위와도 전쟁 없이 선비족과의 66년 전쟁은 끝났다. 이후 북연(407~436년)의 초대 왕의 고구려인 등극 등 고구려 종속화와 북위(386~534년)의 권력 주체 2개의 세력 중 한 세력인 고구려 세력으로 말미암아 친고구려 정책과 고구려에 대한 종속화로 고구려는 선비족과의 다툼은 일단락되고 선비족의 북위 세력에서 고구려 세력과 또 다른 세력이었던 우문선비족이 주축이 되어 북위를 나누어 세운 서위 및 북주 세력의 무천진 출신 관롱 집단 세력이 권력을 잡아 이후 북조 및 남조를 통일한 채 세운 수나라와 당나라와의 본격적인 싸움이 598년(영양왕 9) 고구려의 선제공격으로 시작되기 전 193년 동안은 고구려의 전성 시대였다.

> 200년 가까이 중국의 동북부 지역인 산서성, 하북성, 산동성 지역은 고구려 전성 시대였다.

한편 사서기록은 고구려와 백제의 싸움을 단지 고구려와 백제의 싸움으로만 기록하고 있다. 백제의 요서 지방 진출 전 단계인 근초고왕(346~375년) 시기의 30년 기록 중 20년 기록(347년 1월~366년 3월)이 아

예 누락되었다. 이는 거의 유일하게 상세히 백제의 요서 진출을 기록하고 있는 중국 정사『남제서』의 원본 기록이 15줄 324자에 걸쳐 완전 삭제된 역사상 유례없는 사실과 그 맥을 같이한다. 중국사서와 역사는 백제의 요서 진출을 상당히 강하게 없애려, 부정하려 노력하였다. 그리고 백제가 요서 진출 시기에

【사료135】『선화봉사고려도경(宣化奉使高麗圖經)』「시봉편」

강제 건원(AD 343~344년) 초에 모용외의 아들 모용황이 군사를 거느리고 쳐들어가 (고구려를) 크게 격파시켰는데, 뒤에 백제에 멸망되었다.

요서 지역에 있었던 전연을 공격하여 결국 전연이 370년 멸망하게 되는 기록도 없는 등 백제의 요서 진출 관련 기사가 전혀 없이 단지 백제와 고구려의 전쟁으로만 기록하고 있다. 과연 주류 강단 사학계의 비정대로라면 아무리 고구려가 영역을 넓히려고 하였다고 하여도 아무 일 없었던 서쪽의 전연과의 심각한 전쟁에 시달리고 있는 가운데 굳이 남쪽에 있는 백제를 369년(치양 전투) 공격할 상황이 아니었다. 무슨 이유가 있었다. 물론 주류 강단 사학계는 근초고왕 시기 이전 백제 책계왕 시기인 286년 황해도에 있었던 대방왕의 구원 요청에 응하는 등 고구려의 원한을 사는 한편, 기록에는 없지만 근초고왕 시기 들어서서 서울 지방에 있었던 고구려가 예전의 대방 영역과 북쪽으로 확장하려는 의도가 있어 이를 제지하려고 한 것이라고 설명할지 모르지만 이는 억지 주장이다.

【사료136】『삼국사기(三國史記)』권 제18 고구려본기 제6 고국양왕(故國壤王) 二年夏六月

요동군과 현도군을 점령하다 (385년 06월(음))

> 2년(385) 여름 6월에 왕이 병력 4만 명을 내어 요동을 습격하였다. 이에 앞서 연왕 모용수가 대방왕 모용좌에게 명하여 용성(龍城)을 지키게 하였다. 모용좌가 아군이 요동을 습격하였다는 것을 듣고 사마(司馬) 학경(郝景)을 보내 병력을 이끌고 가서 구하게 하였다. 아군이 이를 쳐서 패배시키고, 마침내 요동과 현도를 빼앗고, 남녀 1만 명을 포로로 잡아 돌아왔다.

당시 대방왕은 모용선비족 일파를 일컫는 것이어서 이는 주류 강단 사학계의 비정대로라도 요하 서쪽이어서 한반도에 해당이 안 되는 것으로 이는 실제로는 백제가 진출한 요서 지역이자 공손씨가 낙랑군 남쪽에 설치하였다는 대방군이 조조의 위나라와 고구려의 연합 공격에 의하여 공손씨 세력이 소멸되는 238년 이후 이곳을 점령한 전연이 대방군 땅을 차지하고 대방왕을 자처하였다. 따라서 주류 강단 사학계의 비정대로라 하더라도 대방군이 없어진 이후에 황해도 대방군을 고구려가 침범하자 백제가 도와줌으로써 고구려의 원한을 샀다는 것은 있을 수 없다. 대방군이 공손씨 세력 소멸과 함께 없어진 사실은 다른 기록에 의하여도 확인된다.

또한 위와 같이 책계왕 시기에 고구려가 대방을 공격하자 백제에 구원을 요청하여 백제가 도와준 대방은 앞에서 확인한 바와 같이 대방고지 즉 백제가 건국된 산동성 지역의 대방 지역에 백제가 위성국을 세웠는데 이를 고구려가 침범하였다. 즉 이곳은 하북성 대방군 지역이 아니고 산동성 대방고지이다. 그러므로 이를 없어진 황해도의 대방군에 비정하는 것은 역사 인식 왜곡에 의한 것이거나 역사 지식 부족에 의한다.

> 고구려의 대방 공격은 주류 강단 사학계의 비정대로 한반도 황해도 대방군에 대한 공격이 아니다. 대방군은 이미 공손씨 세력 소멸과 함께 없어졌다. 이 대방은 하북성 대방군과 달리 산동성 대방고지의 백제 위성국가였다.
> 따라서 이 대방 관련 기록은 한반도가 아님을 증거하고 있다.

한편 앞에서 확인하였듯이 백제 책계왕 시기의 대방에 대한 고구려 침입 시 대방과 가까운 곳에 위치한 것으로 기록되어 있는 아차성은 광개토대왕 비문에도 나오고 개로왕 사망 위치, 온달 활동 지역 등 여러 곳에 나오고 있는 바와 같이 한반도가 아니다.

고구려가 백제를 공격한 이유는 고구려가 하북성 요동 지방을 두고 선비모용씨의 전연과 다투는 와중에 이곳 인근 즉 하북성 요서 지방에 진출하고자 하여 고구려의 부용국이었던 부여를 346년에 공격하는 등 산동성에서 하북성으로 북상하자 위기감에 공격하였다. 이후 사서의 기록대로 고구려의 침략에 의한 치양의 고구려 패배(369년) 및 패하의 고구려 패배 전투(「고구려전」에는 기록 없음)(371년)에 연이은 백제의 반대 공격인 평양성 침략 전투(371년)에 이은 고구려의 세 번째 침략인 수곡성 전투(375년) 이후 북쪽 경계 침입(376년) 이후 백제는 또다시 고구려의 평양성을 공격하였다(377년 10월). 이후 다시 고구려가 연달아 침입하였고(377년 11월, 386년 8월), 다시 백제가 고구려의 남쪽 변경과 고구려 도압성을 공격하였다.(389년 9월, 390년 9월) 이러한 시기에도 계속 말갈과의 전쟁이 일어났다.

이후 광개토대왕 시기를 맞이하였다. 이러한 백제와 고구려와의 전쟁 와중에 백제는 요서 지방에 있었던 모용선비족의 전연을 공격하여 결국 전연은 370년 멸망하게 되었다. 물론 중국사서는 전연이 전적으로 전진에 멸망당하는 것으로 기록하였고, 『삼국사기』는 이에 대한 기록이 없을뿐더러 이전의 요서 진출 시도 시기인 근초고왕 20년 기록 (347년 1월~366년 3월)이 아예 누락되었다. 이는 전형적인 중국사서의 백제의 요서 지방 즉 하북성 호타하 북부 지방 진출 기록 삭제 조작인 중국 정사 『남제서』 기록 삭제 등을 『삼국사기』가 이어받은 것이다. 이러한 시기 즉 백제가 요서에 진출하는 시기에는 백제가 사실은 고구려의 남평양성인 산동성의 졸본성인 고구려 평양성을 공격하는 등

■ [도표25] 고구려 천도 사실

- 여러 중국사서가 각각 기록한 주몽이 처음 도읍한 흘승골성, 흘두골성, 비류곡 홀본서성산으로 고구려는 이곳에서 나라를 건국하였다가
- 3년 제2대 유리왕 22년에 초기 도읍지 인근의 국내(위나암성, 불이성)로 천도하였다.(평양~국내성 간 17개의 역, 북조 경내, 어느 곳인지 알 수 없다.)
- 209년에는 산상왕 13년 환도성으로 옮기고
- 247년 동천왕 21년 평양으로 천도하였고,
- 342년 고국원왕 12년 환도산성으로 천도하였고,
- 343년 고국원왕 13년 평양성 동쪽 (동)황성(『삼국사기』 상 : 고려 서경의 동쪽 목멱산-옳고 틀림 알 수 없다.)으로 옮겼고,
- 427년 장수왕 15년 평양성으로 천도하였다.
- 586년 평원왕 28년 평양 장안성(『삼국사기』 상 : 평양성과 장안성이 동일 여부와, 서로 멀리 떨어진 것인지, 가까운 것인지 알 수 없다.),
- 668년 보장왕 27년 나당연합군에 의한 패전 즈음에 요령성 요양 등 다른 곳으로 옮긴 후 나라의 종언을 고한다.

고구려와의 싸움에서 우위에 서는 것은 당시 고구려가 전연(337~370년) 및 후연(384~407년)과의 싸움에 시달리고 있는 와중에 강력해진 백제와의 싸움이 벅찼기 때문이다. 그리고 앞에서 살펴본 바와 같이 실제로 고구려가 요동을 점령한 사이에 백제가 요서를 점령하는 사태가 발생하자 모용선비족인 후연(384~407)과의 싸움은 물론 이 사이에 끼어든 백제와 치열한 다툼이 벌어졌다. 특히 이 시기인 근초고왕 시기에는 고구려

의 수도 평양성(산동성 졸본성)이 함락되고 왕이 전사하는 등 고구려가 열세에 서게 되었다.

## 광개토대왕 시기 이전의 백제와 고구려의 전쟁은 백제의 요서 진출에 의한다.

여러 중국사서의 기록대로라면 고구려가 요동을 점령할 때 백제가 요서에 진출한 시기는 구체적으로 언제인지 앞에서 입증하였듯이 고국양왕 2년 385년 11월 이해 6월에 차지한 요동군과 현토군을 전연에 다시 빼앗긴 이후, 광개토대왕 4년 1월 404년 후연(384~407년)이 고구려의 요동성을 공격 이전인 그 사이이다. 404년에는 이전에 빼앗겼던 요동성이 고구려의 것이 되어 이를 후연이 공격한 것에서 알 수 있다. 이 요동성을 고구려가 다시 차지한 사실도 기록상에 없다. 이것이 중국사서의 실상이다. 마찬가지로 백제가 이 사이에 요서를 점령한 사실도 사서기록에 일체 없는데, 이 시기는 백제의 침류왕(384~385년), 진사왕(385~392년), 아신왕(392~405년) 시기로 이 시기 후 고구려와의 싸움이 당분간 없게 된다.

고구려는 요동을, 백제는 요서를 차지한 채, 인근에 있었던 선비족은 후연(384~407년) 및 북연(407~436년) 그리고 북위(386~534년) 시대로 북연과의 전쟁도 끝나고 고구려의 소위 부용국 수준이었던 북연과 고구려 세력이 권력의 한 축을 잡은 채 고구려를 우대하였던 북위와는 전쟁 없이 서로의 위치를 인정한 채 정착하게 된다. 하지만 본 필자의 여러 사서기록에 의한 판단에 의하면, 백제가 요서 진출한 시기는 고구려의 요동성 완전 점령 시기가 아니라 그 이전 즉 근초고왕 활동 기록이 삭제된 347~366년 사이이다. 따라서 산동 고구려가 요동군이 아닌 요동에 고구려가 일찍이 진출하였을 때 백제는 요서에 진출하였다.

> 백제의 산둥성에서 북상하여 하북성 요서 지역 진출 시기는
> 근초고왕 시기이다.

이 시기는 이곳 요서 용성을 도읍으로 하고 있다가 353년에 남쪽인 업 즉 지금의 한단시로 천도한 후 공세를 강화한 전연의 공세에 눌려 고구려는 도읍인 환도성이 함락되고 미천왕의 시신을 탈취당하는 등의 수모를 겪고 있던 고국원왕 시기였다. 이 시기에 백제는 346년 요서 진출에 방해가 되는 요서의 북쪽에 있었던 부여를 공격하는 한편, 후방인 본국을 단속하려고 근초고왕은 신라와 366년 화친을 강화한 후 요서 진출을 본격적으로 하였다.

이것이 고구려에 또 다른 위협이 되어 그렇지 않아도 전연과의 싸움에 힘듦에도 백제를 침략하여 369년 치양 전투를 벌였으나 패한 채 백제의 진출을 막지 못하였다. 이에 백제는 요서 진출을 가속화하여 공세를 취하여 353년 전연을 수도였던 요서인 용성에서 업으로 옮기게 함으로써 백제가 이 용성 지역 즉 소위 요서 진평 지역인 곳으로 당나라 시기의 유성 북평 사이의 지역이자 요나라 시기의 금주, 영원, 광녕 일대인 이곳을 차지하였다. 이후 370년에는 아예 전연을 공격하여 실질적으로 멸망시켰다.

> **【사료531】**『삼국사기(三國史記)』권 제24 백제본기 제2 근초고왕(近肖古王) 24년 11월
>
> 한수 남쪽에서 군사를 사열하면서 황색 깃발을 사용하다 (369년 11월(음))
>
> 〔24년(369)〕 겨울 11월에 한수(漢水)의 남쪽에서 크게 사열하였는데, 깃발은 모두 누런색을 썼다.(註 001)

> 註 001
> 한수(漢水)의 남쪽에서 … 깃발은 모두 누런색을 썼다 : 오행사상에서 누런색은 사방의 중앙을 뜻하여, 중국에서는 전통적으로 황제를 나타내는 색으로 인식하였다. 이에 근초고왕이 고구려와의 싸움에서 대승한 것을 계기로 백제국의 황제임을 국내외에 나타낸 것이라는 설(藤間生大, 114쪽), 기존 독립적인 부병의 군대가 중앙군으로 편입된 것을 의미한다는 설(李道學, 285쪽) 등이 있다.
> 〈참고문헌〉
> 藤間生大, 1968, 『倭の五王』, 岩波書店
> 李道學, 1990, 「漢城 後期의 百濟 王權과 支配體制의 整備」, 『百濟論叢』 2, 百濟文化開發研究院

당시 백제는 전연의 이전 수도 용성에 진입하면서 요서 진출을 완성하고 위의 사서기록과 같이 황제국을 선포하였다. 이에 대하여 주류 강단 사학계는 백제가 고구려에 대한 싸움에서의 커다란 승리에 따라 황제국을 표방하였다고 하였지만 단순히 같은 민족인 고구려에 대한 우위에 따라 황제국 과시를 했을 가능성은 없다. 고구려를 압박하였던 이민족인 선비족 전연을 격파하여 요서까지 진출하자 강대국인 황제국을 과시하였던 것이 맞는다.

이 사항에 대하여 중국사서는 이러한 백제의 역사를 말살하기 위하여 백제의 요서 진출 관련 기록이 상세히 담겨 있는 『남제서』를 아예 삭제하는 한편, 근초고왕 시기인 347~366년간의 기록을 삭제함은 물론 전연이 멸망한 것도 전진에 의한 것으로 조작하여 기록하였고 『삼국사기』는 이를 그대로 따랐다. 이러한 백제는 전연을 대체하여 요서에 진출한 채 요서 진출의 위협이 되는 고구려의 평양성을 이듬해인 371년 공격하여 고국원왕을 전사하게 하였다. 여기서의 평양성은 다른 기록인 『삼국사기』와 『삼국유사』에 의하여 남평양이고, 이 남평양은 고구려의 첫 도읍지인 졸본성으로 당시 백제가 있었던 산서성 태안시 비성시의 북쪽인 산동성 덕주시 평원현으로 요서 지방으로 가는 길목이다.

> 사서기록상 백제가 공격한 평양성은 고구려 수도 하북성 평양성이 아니라 고구려 남평양이자 하평양인 산동성 평양성인 졸본성이다.

이후 고구려는 그동안 치열하게 당시 요동 지방을 두고 다투어 왔던 선비족인 전연이 백제의 공격에 멸망하고 이어 일어난 후연과 한동안 싸우다가 고국양왕 시기에 완전히 장악한 후 405년 후연의 목저성 공격을 끝으로 후연을 부용국으로 거느림으로써 이들과의 다툼은 끝낸 채 백제와의 본격적인 싸움이 벌어졌다. 이후 광개토대왕 시기를 전후하여 백제에 대한 공세를 강화하고자 백제 근초고왕 시기에 요서 진출을 하려고 백제가 화친을 맺었던 신라와 392년 화친을 맺었다. 이 백제는 신라 남쪽에 있었던 왜와 연합하여 왜로 하여금 신라를 공격하게 하자 고구려의 광개토대왕은 신라를 왜로부터 구원하는 한편, 백제에 대한 공세를 강화하여 굴복시키고 이후 지속적인 공세가 이어져 드디어 475년 장수왕 시기에 한성 지역을 장악하기에 이르렀다.

그러나 백제는 수도를 남쪽의 웅천(웅진)으로 옮기면서도 요서 지역에 대한 지배를 계속하여 결국 396년 산서성 대동시로 수도를 옮겨 그 남쪽인 요서로 세력을 확장하려는 북위의 침공을 488년부터 498년 동안 다섯 차례에 걸쳐 받았으나 물리친 채 이곳을 지키고, 다시 무령왕 시기에는 말갈의 단독 공격과 말갈과 연합한 고구려의 침입을 받았으나 역시 지켜내고 국력을 강화하여 '갱위강국(而更爲強國)' 즉 다시 강국이 되었음을 통보할 정도로 되었다. 이후 중국사서들은 이 시기에 남한으로 옮겼다고 하지만 백제의 요서 진출 시기도 제대로 기록하지 못한 바와 같이 이러한 시기도 제대로 기록하지 않은 것이 확실하다.

왜냐하면 이러한 동성왕 및 무령왕 시기의 요서 지방에서의 강한 활동은 물론 이후 시기에도 백제의 초기 활동 지역인 산동성에서의 역사적 활동 기록이 멸망 시까지 나타나고 있기 때문이다. 따라서 중국사서상의 동성왕 내지는 무령왕 시기의 남한(南韓)으로의 옮김 기록은 잘못된 기록으로 확인된다. 이 중국사서상의 백제가 옮겼다고 기록한 남한(南韓)의 경우 한반도의 한(韓)의 남쪽이 아니라 원래 백제가 탄생한 마한과 그리고 진한, 변한이 있었던 중국 대륙 산동성 지역이다. 따라서 한(韓)의 남(南)쪽이라는 기록은 백제가 한성 지역에서 남쪽인 웅진(웅천) 지역으로 옮긴 것을 말한다. 그런데 그 시기가 『삼국사기』에는 고구려가 한성 지역을 함락시킨 475년으로 되어 있는데 반하여 중국사서는 이보다 뒷 시기로 이곳 요서 지방에서 여전히 활발한 활동을 하고 있던 동성왕 시기(재위:479~501년) 내지는 무령왕 시기(재위:501~523년)로 기록하는 역사 인식 오류를 보이고 있다.

이 같은 중국사서상의 백제가 남한(南韓)으로 옮겼다는 기록을 한반도 남한으로 비정하지 않는 이유는 이후에도 계속하여 백제는 산동성과 하북성 요서 지역에서의 초기 백제 지역에서의 더욱 활발한 활동이 『삼국사기』상에 기록되어 있기 때문이다. 따라서 중국사서의 남한(南韓) 지역으로 옮겼다는 기록은 한반도 내에서 옮긴 것도 아니고, 대륙에서 한반도로 옮긴 것도 아니고, 그 시기도 사서기록상의 동성왕 내지는 무령왕 시기도 아니다. 이는 대륙 내 산동성 지방인 마한(韓)의 한성 지방에서 남쪽의 웅천(진) 지방 (南韓)으로 옮긴 것이며, 그 시기도 이에 앞선 475년 개로왕 (고구려 장수왕) 시기이다.

이러한 백제의 요서 진출 시기는 사실상 무의미하다. 왜냐하면 백제는 근초고왕 이전인 초기부터 이곳 요서 지방을 활동 지역으로 하고 있었던 것으로 확인되기 때문이다. 이에 대하여는 앞에서 확인하여 설명하였지만 백제는 산동성 지역에서 건국되어 근초고왕 시기에 이곳 요서 지역에 진출한 것이 아니라 원체부터 이곳에 진출 내지는 활동 영역으로 한 것이 역사적 사실로 드러난다. 그렇다면 백제의 요서 진출은 사실이 아니라 원래부터 이곳을 그 영역으로 하고 있었고 중국사서는 나중의 상황만을 기록한 것이 된다. 즉 고구려가 요동에 진출하자 백제가 요서에 진출하였다고 기록하였다. 그렇다면 이 기록 즉 고구려가 요동에 진출한 것도 사실상 나중이 아니라 백제 초기부터 진출하였고 그러자 이때 백제도 요서에 진출한 것으로 백제의 요서 진출 역시 초기부터 이루어진 것으로 역사를 정립해야 한다.

## 중국사서상 백제가 옮겼다는 남한(南韓) 지방은 한반도 남한이 아니라 산동성 삼한(마한)의 남쪽인 남한(南韓)이다.

한편 살펴보던 바를 계속 이어가면 패수는 백제의 북쪽 경계에 있다고 하였고, 근초고왕 때에 고구려의 두 번째 침입 시의 강인 패하가 이 시기 즉 광개토대왕 시기에는 패수로 변하였다. 백제가 고구려가 침입하여 승리를 거둔 것을 보복하고자 하였던 패수와 같이 기록된 여기서의 한수는 백제가 처음 도읍을 정한 곳에 있었고, 한산성은 이전의 근초고왕이 고구려 평양성을 공격(371년)하고 고국원왕을 전사시킨 후 같은 해에 도읍을 옮긴 곳이다.

한편 진을 쳤다는 청목령은 백제 온조왕 10년(BC9) 말갈의 침입 시 청목산, 고구려 동천왕 20년(246) 관구검 침입 후 신하에게 식읍으로 준 청목곡, 백제 근초고왕 28년(373) 성을 쌓은 곳이고, 진사왕 2년(386) 백제가 관방을 쌓은 곳이다. 그리고 이후 백제 개로왕 15년(469) 목책을 설치하고 북한산성의 병졸들로 지키게 한 곳이다. 따라서 원래는 고구려의 영역이었다가 백제의 영역이 된 곳으로 초기 말갈의 침입이 있었던 곳이다.

이와 같은 활동과 고구려와 백제의 위치로 보면 이곳은 한반도가 아니다. 앞에서 살펴본 대로 이 패하는 백제의 초기 도읍지 한성의 북쪽에 있는 백제의 초기 강역의 북쪽 경계이자 근초고왕 때와 광개토대왕 때 고구려와 전쟁을 벌인 패하와 패수로 고구려 광개토대왕 및 백제의 아신왕 이후는 패수로 변한 후 다시 소위 통일신라시대에는 패강으로 변한다. 이러한 모든 사항에 맞는 위치의 강은 산동성 도해하로 이 강은 졸본성이 있는 산동성 덕주시 평원현 남쪽을 흐르는데 하남성의 복양시에서 갈라져 나와 황하 북쪽을 황하와 같은 흐름 방향으로 동북쪽으로 흘러 백제의 건국지인 산동성 태안시 비성시 북쪽을 지나 고구려 졸본성으로 비정되는 산동성 덕주시 평원현 남쪽을 지나 신라의 건국지로 비정되는 산동성 빈주시 북쪽도 지나고 있다.

따라서 이 강은 백제 온조왕의 북쪽 경계 강이 되기도 하고 고구려와 백제의 경계 강이기도 하고 신라의 북쪽이자 발해의 남쪽 경계 강이기도 했다. 그리하여 소위 통일신라의 발해와의 북쪽 경계로 주류 강단 사학계가 지금의 대동강으로 비정하였다. 같은 강인 백제 초기 강역상의 강과 근초고왕 시기의 고구려와의 싸움이 있었던 패하는 예성강으로 비정하는 한편, 광개토대왕 시기의 백제와의 싸움 장소였던 패수 역시 예성강으로 비정하였으나 같은 강이 다른 명칭으로 바뀐 패강은 대동강으로 비정하는 모순을 보이고 있다.

> 사서기록상의 고구려, 백제, 신라 관련 패수, 패하, 패강은 같은 강으로 이 세 나라를 같이 다른 두 강과 흐르는 산동성 강이다. 이러한 강이어야 사서기록에 부합된다. 이러한 강은 한반도와 다른 곳에는 없다.
> 이러한 강을 주류 강단 사학계는 다른 것으로 한 채 한반도에 비정하고 있다.

> **【사료250】**『삼국사기(三國史記)』卷第八 新羅本紀 第八 성덕왕(聖德王) 三十四年
>
> 당 현종이 패강 이남의 땅을 주다 (735년 (음))
>
> 김의충(金義忠)이 돌아가는 편에 패강(浿江)(註 217) 이남의 땅을 주었다.
>
> **註 217**
> 여기서의 浿江은 大同江을 말한다. 張九齡이 지은《全唐文》권284 張九齡篇《勅新羅王金興光書》에 의하면, 성덕왕 34년의 사은사 金思蘭을 통하여 패강 지역 賜與를 요청하였는데 그 결과 당이 浿江 이남 땅의 신라 영유권을 정식으로 인정하였다. 이러한 조치는 당이 신라를 통하여 발해를 견제하기 위함이었다. 그 후 신라는 宣德王 3년에 이곳에 패강진을 설치하여 신라 北邊守備의 중심지로 삼았다.(정구복 외,《역주 삼국사기》3 주석편(상), 한국정신문화연구원, 277쪽)

하지만 이에 대하여는 앞에서 비판하여 설명하였지만 이 패강은 원래 백제의 북쪽 경계이자 중국사서가 착오로 기록하였던 원래 고구려 도읍지인 졸본성의 남쪽에 있었던 패수로 명칭만이 패하, 패수, 패강으로 변한 것이나 모두 같은 강으로 같은 곳에 있었다. 이러해야 모든 사서기록과 맞는다.

앞에서 자세히 살펴본 바 있듯이 주류 강단 사학계는 백제의 패하와 패수는 예성강, 신라의 패강과 사서기록상의 고구려 도읍 평양성 남쪽에 있다는 패수 그리고 한나라와 고조선 경계이자 위만이 동쪽으로 건너간 강이자 위만조선과 한나라와의 싸움 장소였던 패수를 모두 한반도 평양 그리고 이곳의 대동강으로 같이 비정하고 있다. 이렇게 대동강으로 비정하는 신라의 패강과 나중의 패수를 주류 강단 사학계가 비정하는 가장 주된 이유는 다른 이유도 있지만 일제 식민사학자들이 완성한 '낙랑군 평양설'에 의한 것이고 이것에 가장 큰 근거로 삼는 것이 『삼국사기』의 다음 기록이다.

【사료52】『삼국사기(三國史記)』「잡지 지리」 '고구려' '평양성과 장안성'

"평양성(平壤城)은 지금[고려]의 서경(西京)과 같으며, 그리고 패수(浿水)(註 035)는 곧 대동강(大同江)이다. 어찌 이를 알 수 있는가?

(1) "《당서(唐書)》에서 이르기를 "평양성(平壤城)은 한(漢)의 낙랑군(樂浪郡)으로 산굽이를 따라 외성을 둘렀고, 남으로 패수(浿水)가 근처에 있다."라 하였으며,"

(2) "또한 《지(志)》에서 이르기를 "등주(登州)에서 동북으로 바닷길을 가서, 남으로 해안에 연하여, 패강(浿江) 입구의 초도(椒島)를 지나면, 신라의 서북에 닿을 수 있다."라 하였다."

(3) "수양제(隋煬帝)의 동방 정벌 조서에서 이르기를 "창해(滄海) 방면 군대는 선박이 천 리에 달하는데, 높직한 돛은 번개같이 나아가고, 커다란 군함은 구름처럼 날아 패강(浿江)을 횡단하여 멀리 평양(平壤)에 이르렀다."라 하였으니,

이렇게 말하는 것으로써 지금[고려]의 대동강(大同江)이 패수(浿水)인 것은 명백하며, 곧 서경(西京)이 평양(平壤)이었던 것 또한 가히 알 수 있다."

註 035
패수(浿水)에 대한 기록은 여러 사서에서 전한다. 먼저 《사기(史記)》에서는 한(漢)이 요동고새(遼東古塞)를 수리하고 패수(浿水)에 이르러 경계로 삼았으며, 위만(衛滿)이 동쪽으로 도망하여 새(塞)를 나와 패수(浿水)를 건너 왕험(王險)에 도읍하였다고 전한다. 이는 당시의 패수(浿水) 위치를 가늠케 해주는데, 이 기록에 따라 패수(浿水)를 요하(遼河) 또는 그 지류로 보는 견해, 압록강(鴨綠江)으로 보는 견해, 청천강(淸川江)으로 보는 견해 등이 제기되었다. 《신당서(新唐書)》에서는 패수(浿水)가 평양성 남쪽에 있다

고 하였으니, 여기서의 패수(浿水)는 대동강(大同江)을 가리킨다고 볼 수 있다. 또한《고려사(高麗史)》에서 백제 시조가 북으로 패강(浿江)을 경계로 삼았고, 당(唐) 황제가 패강(浿江) 서쪽 포구(西浦)에 정박하여 엽전을 깔고 내려 송악군(松岳郡)에 이르렀다고 하였으니, 여기서의 패강(浿江)은 예성강을 가리킨다고 볼 수 있다.(정구복 외,《역주 삼국사기》4 주석편(하), 한국정신문화연구원, 358~359쪽) 이처럼 사서에 기록된 패수(浿水)에 대해서는 여러 견해가 존재하며, 또한 사서마다 각기 다른 강을 패수(浿水)로 지칭하고 있어 논란이 있다. 그러나 여기서는《당서(唐書)》의 기록을 인용하여 평양 남쪽에 위치한 강이라 하였으니, 여기서의 패수(浿水)는 지금의 대동강(大同江)을 말하는 것이라 볼 수 있다(역주 이승호).

즉『삼국사기』편찬자들의 역사 인식 및 지식의 부족과 혼란으로(물론 이 부족과 혼란은『삼국사기』가 주로 인용한 중국사서에 의한 것이지만) 중국사서가 그것도『삼국사기』편찬자들에게 가장 큰 영향을 미쳤던『당서』에서

【사료31】『구당서(舊唐書)』「동이열전 고구려」

"平壤城에 都邑하였으니, 곧 漢 樂浪郡의 옛 땅이다."

고구려 평양성을 낙랑군과 연결시키고(물론 이 연결은 맞는다. 고구려는 산동성 졸본 지역에서 국내 지역, 고국원의 환도성을 거쳐 이곳 하북성 낙랑군 지역의 패수 동쪽에 있었던 왕험성 자리인 평양성으로 옮겼다.) 이렇게 연결시킨 다음 낙랑군에 있다는 ①패수(즉 왕험성 서쪽, 고구려 평양성 서쪽에 있는 패수)를

【사료26】『신당서(新唐書)』「동이열전 고구려」

"平壤城으로 長安城이라고도 부르는데, 漢代의 樂浪郡으로 長安에서 5천 리 밖에 있다. 山의 굴곡을 따라 外城을 쌓았으며, 남쪽은 浿水와 연해 있다."

이 기록과 같이 하북성 고구려 평양성 남단에 있는 것으로 착오하여 기재하였다.(1) 여기에 또 다른 착오를 범한 것은 중국사서가

【사료30】『신당서(新唐書)』「가탐도리기」

"(안동도호부에서) 동남쪽으로 평양성(平壤城)까지 800리이고,~, ~패강구(貝江口)와 초도(椒島)를 지나면 신라(新羅)의 서북쪽에 있는 장구진(長口鎭)에 도달한다."

【사료29】『요사』「지리지」

2. 동경도
해주 남해군
해주(海州) 남해군(南海軍)이 설치되었으며 절도를 두었다. 본래 옥저국(沃沮國) 지역이며 고구려 때 비사성(沙卑城)으로 당나라 이세적이 공격하였던 곳이다. 발해는 남경남해부(南京南海府)로 불렀다.
암연현(巖淵縣) 동쪽으로 신라와 경계하고 있다. 옛날 평양성이 현 서남쪽에 있다. 동북쪽 120리에 해주가 있다.

이와 같이 대부분 고구려 산동성 졸본성을 고구려 하북성 평양성으로 착오하여 기재한 것에 의하여 이를 착각한 채 이곳 산동성 고구려 졸본성 남단에 있는 ②패수 즉 백제의 패하이자 신라를 패강을 하북성 고구려 평양성에 있는 것으로 착각한 채(2) 드디어 이를 원래의 위치인 하북성에서 요령성 요하를 고구려 평양성과 낙랑군으로 왜곡 인식하여 옮긴 채 여기에 있었던 대동강을 그 2개의 패수①, ② 모두로 보았다. 이후 고려 및 조선시대 유학자들과 일제 식민 사학자들에 의하여 이 '요령성 요하=평양성/낙랑군', '대동강=패수'를 '한반도 평양=평양성/낙랑군', '대동강=대동강-패수'로 왜곡하여 옮긴 채 비정하게 되었다.

그래서 이것이 '낙랑군=한반도 평양설', '고구려 평양성=한반도 평

양'이 완성되기도 하고 역으로 이의 근거가 되었다. 그러나 앞에서 [패수에 대하여]에서 입증하여 확인하였지만 패수① 즉 『사기』「조선열전」, 『한서』「조선전」상의 한나라가 위만조선과의 경계로 삼았다가 나중에 낙랑군을 설치하고 그 동쪽 즉 위만조선의 왕험성 서쪽에 있었던 패수와, 패수② 즉 『신당서』「고구려전」 등 중국사서상에 고구려 평양성 남쪽에 있다는 패수 즉 사실상 산동성 고구려 평양성(하평양, 남평양)인 졸본성 남단에 있었던 패수와는 다르다. 그런데도 (3)과 같이 중국사서 특히 『구당서』 및 『신당서』상에 고구려와 수나라, 당나라 간의 전쟁 기록에서 사실상 산동성 고구려 졸본성을 평양성으로 착오 기재한 채 이곳의 남단 패수인 패강을 통하여 공격한 것을 하북성 고구려 평양성을 공격한 것으로 착각하여 기록함으로써 더욱 하북성 고구려 평양성 남단에 패수가 있는 것으로 착각하게 되었다.

이 수나라 공격상의 평양과 패수를 위와 같이 최종 왜곡한 결과에 따라 주류 강단 사학계는 당연히 그들의 논리인 '낙랑군 평양설' 및 '고구려 수도 평양설'에 의하여 지금의 한반도 평양과 대동강으로 비정하고 있고, 이를 비판하는 비주류 강단 사학계와 재야 민족 사학계에서는 제1차로 왜곡된 요령성 요하로 보고 있으면서도 대동강이라는 기록 등으로 인하여 확실하게 주류 강단 사학계의 한반도 평양과 대동강 비정을 비판하지 못하고 있다.

> 착오와 왜곡에 의하여 산동성 고구려 평양성 남단 패수, 패하, 패강을 하북성 고구려 평양성으로 하고, 여기에 낙랑군 고구려 평양설에 의하여 한반도 평양, 대동강으로 왜곡 비정하게 되었다.

하지만 이 수나라의 고구려 평양성 공격 기록은 분명히 하북성 고구려 평양성이 아니라 산동성 졸본성이고 이 평양성은 『신당서』「가탐도리기」와 『요사』「지리지」가 기록하고 있는 산동성 평양성이다. 이 평양성은 백제 근초고왕이 고구려 고국원왕을 전사케 한 평양성으로 이를 『삼국사기』와 『삼국유사』는 남평양, 광개토대왕 비문은 하평양으로 기록하였다.

또한 이 패강은 이 졸본성 남단을 흐르는 패수이자, 패하이자, 패강으로 이 강이 바로 백제 비류와 온조가 고구려를 떠나면서 건넌 패수와 대수상의 패수이고, 이는 백제의 초기 북쪽 경계인 패하이자, 백제 근초고왕 때에 고구려와 전투를 벌인 강으로 동일하다. 또한 광개토대왕 시기에 백제가 고구려 광개토대왕의 침입을 받아 패한 후(395년 8월), 이 패수 전투 보복차 한수와 한산령에 머물다 그만두는 (395년 11월) 강이다. 이러한 역사적 인식과 사실을 모르거나 고의로 그동안의 『신당서』 등을 비롯한 모든 중국사서, 『삼국사기』를 비롯한 고려와 조선시대 유학자들, 일제 식민 사학자들, 현재 주류 강단 사학계들은 이를 잘못 비정하였다.

그리하여 현재 주류 강단 사학계는 위의 해설 註 035에서 스스로 실토하였듯이 하나로써 같은 강인 패수(패하, 패강)를 여러 곳에 각각 비정하는 주장에 의하여 혼돈을 일으키면서도 어쩔 수 없이 한 곳 한반도 평양과 대동강으로 비정하고 있다. 그러면서도 같은 강인 백제 비류와 온조가 건넌 패수, 대수 중의 패수와 백제의 초기 북쪽 경계인 패하는 황해도 예성강으로 비정하는데 반하여 근초고왕의 고구려와의 전투 패하는 비정하지 못하고, 같은 강인 수나라의 고구려 공격 시의 패강은 평안도 대동강으로 비정하는가 하면 나중의 소위 통일신라시대의 패강은 또 다른 황해도의 재령강으로 비정하고, 결국 고구려 평양성 남단에 있다는 패수를 비롯하여 『신당서』「가탐도리기」상의 패강은 한반도 평양의 대동강으로 비정하고 있다. 이 같은 비정은 모든 사항을 한반도에 비정함으로써 발행하는 것으로 어느 한 강에 비정을 못 하거니와 그렇게 할 경우 각 사항이 전부 맞지 않는다. 여기에 맞는 강은 패수, 패하, 패강 관련 기록상의 백제와 관련 있는 한편 백제의 도읍인 한산과 가까이 있고, 이 한산은 신라의 패강과 가까이 있는 등 백제, 고구려, 신라를 두루 흐르는 강이어야 가능하다.

> 사서기록상 고구려 평양성 남단에 있다는 패수는 사실은 산동성 고구려 평양성인 졸본성 남단의 패수이다. 이는 한반도 평양의 대동강이 아니라 백제 비류와 온조가 건넌 강이자 백제의 북쪽 경계 패하인 강이자, 백제 근초고왕이 고구려와 전투한 패하이자 수나라가 고구려를 공격한 패강이자, 나중에 소위 통일신라시대에 당나라가 이 강 이남을 신라 땅으로 인정해 준 강이고, 나중에 백제 한산 주민을 이주시키거나 축성하게 한 패강으로 모두 같은 강이다.

이와 같이 혼란스럽고 기록마다 달리하는 비정은 본 필자 앞에서 지적하고 살펴보았듯이 고대 지명의 니하, 하슬라, 죽령과 남옥저, 니하와 우산성, 아차(단)성, 독산, 구천(구원), 임유관, 마수산(책), 패강, 한성 등 수없이 많다. 원래의 위치에 비정을 하지 않다 보니 이러한 일이 발생한다. 이 패하, 패강, 패수의 경우에도 그 현상이 여실히 드러나고 있다.

하지만 분명한 것은 비록 『삼국사기』가 인식 부족 및 중국사서의 왜곡의 영향을 받아 고구려 평양성 등 우리 고대사의 영역을 중국사서의 기록 그대로 하북성에 있는 기록을 인용하면서도 이를 요령성 요양으로 비정하고 여기에 대동강이 있는 것으로 하였음에도 이를 한반도 평양으로 옮기고 대동강 역시 당시 서경 즉 요양에 있는 것을 옮겨진 평양과 함께 한반도 평양의 강으로 옮겨진 채 이를 고구려 평양성 그리고 한나라 낙랑군 그리고 위만조선의 왕험성으로 비정하는 것은 심각한 역사왜곡이자 조작이다. 『삼국사기』도 한반도 평양이 아니라 요령성 요양으로 비정하였고 당시 중국사서도 비록 조작하였지만 마찬가지이고 조작 전 모든 중국사서의 기록은 그리고 이를 인용하거나 원래 있었던 『구삼국사』나 전래되어 내려온 우리 고유 사서에 의하면 고구려 등 소위 삼국의 역사는 하북성, 산서성, 산동성에서 이루어진 것으로 되어 있었다. 이것을 입증하는 것이 『삼국사기』의 소위 삼국의 기록이고 기록상의 지명 들이다. 대표적인 것이 말갈, 2개의 낙랑, 왜, 부여, 옥저 등 모든 기록이 그것들이다.

원래 고구려 첫 도읍지인 졸본성의 남단에 있었던 패수는 고구려 산동성 평양성인 졸본성과 같은 지역에 위치한 백제의 북쪽 강역이었던 패하이며, 이곳에 근초고왕 시기에 이 졸본 지역에서 북상하여 하북성에 진출한 고구려가 하북성의 요서 진출을 진행하던 백제를 견제하고자 연이은 두 번째 공격을 하였던 근초고왕 시기의 패하인데 이때는 요서에 진출하던 백제가 강력한 시기로 결국 그 결과로 평양성이 두 번이나 공격당하여 고구려왕이 전사하기까지 하였다. 나중에 광개토대왕 시기에는 강력해진 고구려가 이번에는 요서 지역에 진출한 백제를 견제하고자 백제의 원래 근거지인 후방 즉 백제의 북쪽이자 고구려의 남쪽을 공격하여 석현성 등 10개 성과 관미성을 함락시켰으며(391년), 이에 대응한 백제의 관미성 탈환 공격(392년)을 막아내는가 하면 백제가 침략해 와 수곡성에서 막아내는가(393년) 하면 드디어 백제가 공격한 패수에서의 싸움도 백제가 패배하게 된다. 그러자 백제는 이 전투의 패배를 보복하고자 다시 공격하였으나 싸우기도 전에 사정상 되돌아왔다. 이후에 백제는 전열을 가다듬고 왜와의 연합을 도모하고자 우호 관계를 맺고 태자 전지를 볼모로 보내는 한편, 전열을 정비하여 군대를 사열하고 군대를 재편하여 고구려 정벌(397년)을 시도하거나 전력을 강화하였으나 더 이상 고구려를 공격하지 않고 대신 신라를 공격(402년)하였다.

반면 고구려 역시 백제의 침입이 더 이상 없자 백제와의 전쟁은 그만두고 후연과의 마지막 공방전을 치렀다. 신라는 392년에 고구려의 도움 없이 단독으로 금성을 포위한 왜를 공격하여 독산까지 추격하여 물리친 것으로 기록되어 있고, 백제의 공격(402년)을 받은 이후에 백제의 사주 내지는 지시를 받은 왜의 공격에 계속 시달리게 되었다. 한편 이에 대하여 광개토대왕 비문은 391년 신묘년조에 백제와 임나가라를 공격하였고, 396년 백제를 공격하여 관미성·아단성 등 수많은 성을 함락시켰으며, 400년 5만 병력을 파견하여 왜가 가득한 신라를 구원하여 임나가라까지 추격하여 섬멸하였다. 이후 404년 대방계에 침입한 왜, 407년 또다시 5만 병력 파견 전투, 410년 동부여 정벌 기사를 담고 있다. 이와 같은 상황에서 광개토대왕 시기의 패수가 백제 온조왕 시기의 북쪽 영역상의 패하 그리고 근초고왕 시기의 고구려가 공격한 패하와 같은 강으로 백제의 영역 북쪽이자 고구려의 남쪽에 위치한 사실을 입증하는 사항은 백제가 고구려를 공격하여 전투를 벌인 패수 전쟁의 패함에 보복하고자 백제가 출진하였으나 그만둔 사건의 기록에서 나타난 '한수 건너 청목령 아래 진을 치고', '군대를 돌려 한산성에서 군사를 위로한' 이곳 한수는 백제 온조왕의 도읍지 관련 지명이고, 청목령 역시 앞에서 살펴본 바와 같이 원래는 백제 온조왕, 고구려 동천왕 시기 등에 기록된 곳으로 고구려의 영역이었다가 백제의 영역이 된 곳으로 초기 말갈의 침입이 있었던 곳이다.

그리고 한산성은 원래 하남 위례성에 도읍하였던 백제가 근초고왕 시기에 고구려 평양성을 공격하여 고국원왕을 전사시키고 난 후에 천도하였다. 따라서 이 패수는 분명 백제 온조왕 시기와 근초고왕 시기의 패하가 분명하다. 그리고 앞에서 여러 차례 살펴보았듯이 『삼국사기』상에 기록된 대로 『당서』상의 고구려 평양성 남단에 있다는 패수와 수나라 양제의 동방정벌 조서상과 『신당서』「가탐도리기」상의 패강인 고구려 최초 도읍지인 졸본성의 패수를 같이 보아 이를 『삼국사기』 편찬 당시의 서경이었던 요령성 요양에 있었던 평양의 대동강으로 본 여기서의 수나라 양제의 동방정벌 조서상과 『신당서』「가탐도리기」상의 패강과 고구려 최초 도읍지인 졸본성의 패수는 같은 것으로 이는 온조왕 시기의 패하와 근초고왕 시기의 패하 그리고 광개토대왕 시기의 패수와 모두 동일하다. 따라서 『삼국사기』상에서 『삼국사기』 편찬자들이 고구려 남단 평양성과 졸본성의 패수와 졸본성 패수를 혼돈하여 동일하게 보아 이를 요령성 요령의 평양성 대동강으로 본 이것을 주류 강단 사학자들이 한반도 평양과 이 평양의 대동강으로 비정하고,

【사료250】『삼국사기(三國史記)』 卷第八 新羅本紀 第八 성덕왕(聖德王) 三十四年

당 현종이 패강 이남의 땅을 주다 (735년 (음))

김의충(金義忠)이 돌아가는 편에 패강(浿江) 이남의 땅을 주었다.

이 기록상의 패강을 한반도 평양의 대동강으로 보아 고구려 도읍인 평양의 패수와 신라의 패강을 같이 보는 한편 이 구절을 신라의 북방 경계 즉 발해와의 경계로 비정한 것은 역사 조작이라고 앞에서도 밝혔듯이 이 신라의 패강 역시 앞의 패하, 패수인 백제의 북방 경계이자 고구려 졸본성의 패수이자 신라의 발해와의 북방 경계인 패강과 동일한 것으로 이는 한반도에 있었던 것이 아니라 졸본성이 있었던 『삼국사기』 기록상의 요나라 의주 경계지역으로 현토군 경계지역인 산동성 덕주시 평원현의 남쪽에 걸쳐 흐르는 강인 도해하(Tuhai

River, 徒駭河)이다. 이 강은 엄리대수인 마협하 그리고 한수인 황하와 마찬가지로 그 흐름 방향이 같아 하남성의 복양시에서 갈라져 나와 황하 북쪽을 황하와 같은 흐름 방향인 동북쪽으로 흘러 백제의 건국지인 산동성 태안시 비성시 북쪽을 지나 고구려 졸본성으로 비정되는 산동성 덕주시 평원현 남쪽을 지나 신라의 건국지로 비정되는 산동성 빈주시 북쪽도 지나고 있다.

따라서 이 강은 백제 온조왕의 북쪽 경계 강이 되기도 하고 고구려와 백제의 경계 강이기도 하고 신라의 북쪽이자 발해의 남쪽 경계 강이기도 했다. 당현종은 수당전쟁과 나당연합군에 의하여 고구려와 백제가 멸망하고 난 다음에 사서의 기록대로 고구려와 백제 땅을 발해와 나눈 다음, 이 패강 위의 하북성 땅도 처음에는 신라가 가지고 있다가 발해에 넘겨준 다음에 원래의 신라 영역인 패강 이남의 땅을 차지하자 명목상 당나라 현종이 이 땅을 신라에 하사한 것처럼 외교상 격식을 갖추었고 이를 기록하였다.

한편 이 패강은 앞에서도 살펴보고 입증하였지만, 신라 선덕왕 시기(782년)에는 예전의 백제 한산주 백성을 이곳 패강진으로 옮기는가 하면, 헌덕왕 시기(826년)에는 한산의 주민 1만 명을 패강장성을 축성하게 하였다. 그리고 이곳은 헌덕왕 시기(822년)에는 김헌창이 반란을 일으키기 전에 청주 도독이 되었는데(816년), 이 청주는 철원성과 가까워 궁예가 이 청주 사람을 철원성에 옮겨 수도로 삼은 곳이기도 하다. 이 철원성 인근에는 송악이 있어 고려 태조 왕건이 궁예를 이어 이곳에 고려의 도읍을 정하고 고려를 개국하였다.

따라서 궁예의 철원성, 왕건의 송악 역시 한반도가 아닌 이곳에 있었다. 이러한 것을 모든 우리 역사 사항과 마찬가지로 후대에 한반도로 옮겨 기록하고 이에 비정하고 있다. 이러한 과정은 본 필자가 앞에서 입증하여 설명하였다. 이 패수이자 패하이자 패강인 산동성 도해하는 백제의 도읍 하남위례성 북쪽의 한수인 황하와 고구려 주몽이 부여를 탈출하면서 건너고 백제 비류와 온조가 고구려를 떠나면서 건넌 대수인 마협하와 같이 흐르고 있다.

이곳은 한반도가 아니다. 이 모든 것이 모두 맞는 곳은 여러 가지 사항을 한가지로 비정 못 하거나 맞지 않게 한반도로 비정하는 것에서 확인할 수 있듯이 한반도에는 없다. 이곳은 중국사서상의 마한, 진한, 변한의 땅 남쪽에 왜가 육지로 접해 있는 곳, 『삼국사기』와 『삼국유사』상에 백제 동쪽, 신라 서쪽에 낙랑이 있고, 북쪽에 말갈이 있어 수시로 괴롭히는 이곳은 한반도가 아니라 세 강이 같이 흐르는 산동성이다.

> 사서기록상 패수, 패하, 패강은 같은 강으로 산동성 고구려, 백제, 신라를 함께 흐르는 강인 지금의 산동성 도해하이다. 이 강은 백제의 도읍 하남위례성 북쪽의 한수인 황하와 고구려 주몽이 부여를 탈출하면서 건너고 백제 비류와 온조가 고구려를 떠나면서 건넌 대수인 마협하와 같이 흐르고 있다.

이러한 사항에서 알 수 있는 것은 고구려, 백제, 신라가 한반도가 아닌 산동성에서 개국하였으며 이후 고구려는 한반도와 하북성으로 진출하고 옮겼는가 하면 백제 역시 한반도와 하북성 요서 지방으로 진출하였고 신라는 이곳을 근거지로 먼저 한반도에 진출하고 있다가 나당 연합군에 의하여 고구려와 백제가 멸망하자 한반도에서는 원래 신라의 영역이었던 한반도 동부로부터 만주 길림성 지방에서 고구려와 백제의 영역이었던 요하 동쪽 지방까지 차지하였고 이곳 산동성과 하북성 그리고 산서성에서의 고구려와 백제 영역을 차지하였다가 한반도에서는 발해에 요하를 경계로 그 서쪽 지방을 이곳 대륙에서는 당시의 마자수이자 압록수였던 호타하 북부 지방은 발해에 상실하고 그 이남만을 차지한 채 이 땅 즉 발해 대비 통일신라의 영역인 대륙에서의 호타하 이남 지방으로부터 동쪽으로 대능하, 난하, 요동반도를 거쳐 해안지방과 요하를 기준으로 동쪽 지방과 한반도 전체를 그 영역으로 한 채 고려에 물려주고 고려는 초기에는 이곳을 영역으로 가지고 있다가 원나라 간섭기에 모두 상실한 채 만주 지방에서도 철령시를 중심으로 설치한 쌍성총관부와 그 동남부의 동녕부라는 직할령까지 내어주다가 공민왕 때에 이를 전부 수복한 후 조선에 그대로 물려주게 된다.

따라서 조선 초기 그리고 말기까지 조선의 영역은 비록 여진족으로 인하여 제대로 관리되지 않았고 청나라 건국 이후에는 명목상으로만 관리하였지만 서쪽은 지금의 압록강을 넘어 압록강 단동시와 요령성 심양시 사이의 연산관과 봉황산 사이를 국경 완충지대로 삼고 이곳을 경계로 삼았고, 동쪽은 두만강 북쪽 700리 선춘령까지를 그 영역으로 삼았다. 심지어 조선 말 편찬된 각종 지도에는 요동반도 동쪽으로부터는 우리 조선의 영역으로 그려져 있었다. 이러한 역사의 시작은 산동성에 있었던 패하와 패수 그리고 패강이다. 이러한 역사를 모두 한반도로 구겨 넣어 고구려의 최대 영역은 요하 동쪽까지로, 백제의 요서 진출은 부정하고, 소위 통일신라의 영역은 한반도 대동강 원산만 이남으로, 고려의 영역은 압록강 함흥만 이남으로, 조선의 영역은 압록강 두만강 이남으로 한정하고 있다.

이렇게 정한 것은 명백히 일제 강점기 조선사편수회의 일제 식민 사학자들과 촉탁으로 보좌했던 이병도 등에 의한 것이 명백히 밝혀졌다. 그 근거는 같은 명칭의 위치를 사서의 기록상 사정이 다름마다 달리 비정하는 역사학상 있을 수 없는 허구의 조작에 의해서이다. 이 글의 비정이 허구의 비정이라고 판단된다면 이는 일제 식민 사학자들이 저질러 놓은 전혀 근거 없는 허구의 비정을 신뢰한다는 것을 의미한다. 본 필자의 비정은 사서의 기록에 의하여 어쩔 수 없이 비정하였을 뿐이다.

> 산동성 고구려, 백제, 신라 지역은 소위 통일신라를 거쳐 고려에까지 이어졌지만 결국 원나라 시기에 상실하고 모든 지명이 한반도로 이동되게 되었다.

지금까지 비문상의 395년조 및 이 연조에 같이 담겨 있는 '신묘년조'에 대한 해석을 하고자 비려 즉 부여에 대한 바른 인식 그리고 광개토대왕이 비려를 정벌하면서 거친 부산(富山)에 대한 해석 그리고 백제와 신라가 어디에 위치해 있었는가를 확인하였다. 이 확인한 바에 의하여 '신묘년조'에 대한 바른 해석을 지금부터 하도록 하겠다. 신묘년조가 그동안 논란이 되어온 이유는 과연 왜가 현해탄을 넘어와 한반도에 있었던 신라와 백제를 제압하고 신민으로 삼아 『일본서기』의 내용처럼 '임나일본부'를 설치하였는가이다.

물론 조작설과 『일본서기』의 허구성 그리고 당시 왜의 능력과 상대적인 한반도 국가의 능력상 불가능한 것으로 한 논리가 우위 주장이 되어 있다. 그러나 전후 우리나라 상황과 마찬가지로 과거 청산이 안 된 일본의 우익화 현상으로 비문의 회의적 주장 우위에도 불구하고 한반도 남부를 일정 기간 점령하였다는 의식은 계속 일본에도 남아 있고, 현재 우리나라에도 공식적으로는 임나일본부설을 부정하면서 속으로는 말초적으로 임나가 가야라는 임나일본부설의 전제 조건을 그대로 인정하여 임나를 한반도 남부에 비정하는 추세가 늘어가고 있다. 이러한 공공연한 주장과 국립중앙박물관 역사 전시를 하는 상황에 이른 까닭에 여전히 이 광개토대왕 비문은 '임나일본부설'의 주요 근거가 되고 다른 것 즉 여러 상황이 신묘년조의 해석을 부정적으로 입증함에도 불구하고 이 비문 전체를 무시하고 신묘년조만 근거로 내세우는 일본식 역사 해석이 그대로 남아 있고 또한 이를 추종하는 국내 학자가 있는 한 이 신묘년조에 대한 논란은 사라지지 않을 것이다.

그래서 본 필자가 앞에서 주장한 대로 '신묘년조' 논란은 당시 상황과 비문 전체의 상황을 들어 무시하는 것이 맞고 이에 따라야 한다. 하지만 이보다 더 효과가 있는 것은 아니다라고 무시할 수 있는 결정적 사실 관계가 있다. 그것의 첫 번째는 지금까지 논란의 전제 조건은 당연하게도 고구려, 백제, 신라의 위치가 한반도이고 왜의 위치는 일본열도라는 사실이다. 하지만 지금까지 이 글이 사료의 근거에 의하여 역사 그대로 비정한 대로 고구려, 백제, 신라 그리고 왜의 위치가 한반도 및 일본열도가 아니고 하북성, 산동성이라면 '신묘년조'에 대한 논란이 필요 없다. '신묘년조' 사건이 일어난 곳은 한반도가 아니라 산동성 지방이었다. 그리고 두 번째 결정적 사실은 당시 왜와 관계이다. 전적으로 일방적인 관계이다. 결코 '신묘년조' 왜곡 해석과 같이 동등하거나 왜가 신라나 백제를 침입하여 신민으로 삼을 처지가 못 된다. 마지막 세 번째 결정적 사실은 이러한 해석이 가능하게 한 비문의 전체적인 상황에 의하면 왜는 단독적이나 독립적으로 활동하거나 이에 의하여 신라를 침입한 것이 아니라 백제의 사주 내지는 속국에 대한 징병에 의하여 백제에 부용되어 활동하였다는 점이다. 이러한 엄연한 결정한 사실에 의하면 종래의 신묘년조 해석은 전혀 무의미하다. 이전에는 이러한 기본적인 사실을 무시하고 일본인 학자들의 전통적인 역사왜곡 해석 방법인 전체 사실을 고의로 내버린 채 작은 사실에 매달려 그것만을 따져서 결국 더 중요하거나 확실한 진실인 전체적인 사실을 부정하는 것에 의하였다. 이렇게 생성된 것이 '신묘년조' 논란이다. 그러나 위의 세 가지 사실에 의하면 이는 절대 무의미하다. 이에 지난날의 많은 학자들의 과오가 너무나 실망스럽다. 물론 이는 지금의 주류 강단 사학계에도 해당된다.

> **광개토대왕 비문상의 신묘년조의 무대는 한반도가 아니라 중국 산동성이다. 따라서 그동안의 논란은 종식된다.**

신라 건국 후 초기부터 동쪽의 낙랑국과 함께 신라의 인근인 남쪽에 있어 신라를 이웃처럼 쳐들어와 괴롭히는가 하면 비문상에도 있고 『삼국사기』 및 『삼국유사』 기록에도 있듯이 수도 금성을 에워싸고 신라 안에 그득히 있던 왜와 동맹국인 백제가 우위에 있던 근초고왕 시기에는 어쩔 수 없이 있다가, 고구려가 절대 우위에 섰던 광개토대왕 시기에 물리치려 고구려에 요청하여 왜에 대한 정벌이 이루어졌다. 당시 광개토대왕 시기에는 당연히 소위 삼국과 왜가 사서의 기록대로 산동성에 있었기 때문에 이곳에서 이루어졌다.

이러한 관계 즉 왜가 수시로 신라를 괴롭힌 사서의 기록을 근거로 드는 한편 실제 일본열도에서의 한반도 국가의 일본열도 진출 후 분국을 세워 장악한 근거를 들어 북한의 김석형 교수를 비롯한 재야 민족 사학계 연구자들이 이 신묘년조의 고구려가 정벌한 백제와 신라 그리고 임나가라와 왜 등은 모두 일본열도에 있었던 한반도 국가의 분국이라는 주장이 설득력 있게 주장되어 일본 학계가 초토화된 역사가 있다. 이 분국설 주장에 의하면 한반도 국가가 일본열도에 들어가 규슈 각지에 고구려, 백제, 신라 그리고 임나가라 등을 세웠는데 혼슈 본섬에 있었던 왜 세력이 규슈 섬의 백제 분국의 사주를 받아 규슈 섬의 신라에 쳐들어와 제압하려 하자 한반도 본국의 고구려가 일본열도에 진출하여 신라 분국을 세우는 한편 고구려 분국을 강화시키고 결국 기마 문화를 만들었다는 논리이다.

하지만 이 역시 소위 삼국 및 왜의 위치가 한반도 및 일본열도에 있었다는 전제 조건에 의한다. 단지 왜가 신라 가까이에 있는 상황과 일본열도의 한반도 국가의 진출 상황에 근거한 주장이다. 왜가 육지에 가까이 있다는 상황에 대하여 어떤 주장은 이 왜는 일본열도에서 한반도로 상륙했거나 일본열도 내에서의 왜가 아니라 신라 옆에 있었던 가야 세력으로 가야를 왜로 불렀거나 왜 세력이 가야 세력과 같이하여 다 같이 왜라고 불렀다는 주장도 제기되었다. 이 주장에 의하면 가야가 공식적으로 신라에 멸망한 이후에는 왜의 침입이 역사 기록상에 나타나지 않는다는 점을 근거 중의 하나로 들고 있다.

그래서 나중에 살펴볼 임나가라를 '임나가라 종발성'으로 해석하여 이곳을 가야 지방의 한곳으로 비정하는 주장이 있게 되었다. 하지만 분명히 소위 삼국과 왜는 한반도와 일본열도뿐만 아니라 산동성에 있었고 여기서 활동하였으므로 이 신묘년조 사건은 이곳에서 일어난 것이라는 점은 사서의 기록이 증명해 준다. 이에 대하여는 앞에서 이 글 전체를 통하여 입증하여 왔으며 앞으로도 계속 이 비문 해석을 통하여 입증해 나갈 예정이다. 지금까지도 이 비문상의 395년조에 대한 해석을 통하여 '신묘년조'의 사건이 이곳에서 발생한 것을 입증하여 왔다. 결론적으로 신묘년조의 핵심이 되는 왜의 정체와 왜가 건넜다는 바다[海]에서 왜는 일본열도의 왜가 아니고 산동성의 신라 남쪽에 육지로 접해 있다는 왜라는 사실과 왜가 건넜다는 바다[海]를 설사 변조하지 않았다 하더라도 이 바다[海]는 한반도의 현해탄 바다가 아니라 중국사서『후한서』및『삼국지』「한」전상의 마한, 진한, 변한의 남쪽에 육지로 붙어 있어 진한의 신라를 수시로 괴롭혔던 왜가 산동성의 신라와 왜의 경계에 있었던 바다로 칭할 수 있는 큰 하천이라는 사실이다.

이러한 왜가 이러한 바다 즉 하천을 건너 신라를 침범하였다. 이렇게 해석하는 것이 모든 논란을 종식시키는 제대로 된 해석이다. 이 해석이 우리 고대사의 모든 사서기록을 충족시킨다. 이에 의하여 신묘년조 논란이 종식됨은 물론 '임나일본부'의 유일한 조작된 근거인

'광개토대왕 비문'상의 신묘년조 증거가 사라짐으로써 '임나일본부'설도 종식된다.

> 광개토대왕 비문상의 신묘년조 기록상의 왜는 중국사서상의 신라 남쪽에 육지로 접해 있어 수시로 괴롭히던 산동성의 왜이고 이 왜가 신라를 공격하고자 건넌 바다는 한반도 바다인 현해탄이 아니라 신라와 왜가 있었던 산동성의 큰 하천, 호수이다. 이로써 신묘년조 논란이 종식됨은 물론 '임나일본부'의 유일한 조작된 근거인 '광개토대왕 비문'상의 신묘년조 증거가 사라짐으로써 '임나일본부'설도 종식된다.

이로써 광개토대왕 비문의 395년조와 '신묘년조'에 대한 해석은 거의 전부하여 왔다.

## [양평도에 대하여]

 이 부문에 대한 마지막으로 주류 강단 사학계가 해석하기를 광개토대왕이 비려 즉 거란을 정벌하고 돌아오는 길에 경과하였다는 양평도에 대하여 살펴보기로 한다. 이 양평에 대하여는 이 글에서 많은 지면을 할애하여 중요하게 다루어 입증하였다. 양평은 연장성의 동쪽 끝이자 한나라 요동성의 치소이자 공손씨의 요동국 치소이자 선비모용씨의 나라인 삼연의 수도 용성의 인근이자 고구려 요동성이자 고구려 멸망 후 당나라가 설치한 두 번째 안동도호부 치소이다.

 이 양평을 주류 강단 사학계는 현재 요령성 요양으로 비정하여 이 모든 것을 요령성으로 조작 이동시켰다. 하지만 많은 이 위치 비정이 조작 오류 중에 다른 여러 사항에 의하여 이의 조작성을 입증하고 있지만 대표적으로 연나라 장성 위에 세운 진나라 장성이 요양까지 오지 않은 것이 결정적이고 공손씨의 활동 지역이 이곳이라는 것은 중국사서와 역사가 용납하지 않으며 선비모용씨 나라인 삼연의 수도 용성이 인근이라는 사실은 용납되지 않는 명백한 사실이다. 또한 【사료21】『수경주』「대요수」, 「소요수」 사서기록상 소요수가 이곳을 지나고 대요수가 이곳 서쪽을 흘러 지금도 그 이름이 남아 있는 하북성 형수시 안평현(당시 서안평, 북안평, 안시현)에서 바다인 지금의 호타하로 들어가는 양평현 이곳은 하북성 석가장시 행당현이다.

 광개토대왕은 거란의 기록인 『요사』 기록에 있는 거란의 본거지인 황수하가 지금도 그 이름이 남아 있는 이 행당현 북부인 산서성 삭주시의 산음현에 지금도 황수하(Huangshui River, 黃水河) 인근의 거란 본거지를 당시 고구려의 수도인 평양성이 있는 하북성 보정시 만성구에서 북쪽으로 출발하여 정벌을 끝내고 돌아오면서 남쪽으로 내려와 양평도를 경과한 후 동으로 갔다가 북으로 평양성에 돌아갔다.

이 기록과 당시 고구려, 거란, 양평 상황이 맞아떨어진다. 이 양평도는 수나라의 고구려 침입 시 일어난 살수대첩 전에 수나라가 대대적으로 고구려를 공격하기 위해서 하북성 여러 경로 즉 부여도, 낙랑도, 요동도, 옥저도, 현도도, 양평도, 갈석도, 수성도, 증지도를 거쳐 압록수 서쪽에 모여 하북성 고구려 평양성을 공격하였던 그 양평도이다.

이 경로명들은 주류 강단 사학계는 그동안의 왜곡에 의하여 이를 요령성 요하 동쪽의 고구려를 공격하기 위하여 요하 서쪽이나 그 이전의 하북성 지역명이라고 변명하고 있다. 하지만 이 경로는 한군데에 있는 명칭이다. 더군다나 주류 강단 사학계의 비정대로라면 당시 고구려 평양성은 한반도 평양이다. 한반도 평양을 공격하기 위하여 머나먼 하북성에서부터 여러 갈래로 나누어 공격해 오는 것은 도저히 있을 수 없는 일이다. 한군데로 집결하여 오다가 고구려 국경인 요하 인근에서 여러 경로로 바꾸는 것이 상례이다. 그런데 그 경로명들은 왜곡된 사항에 의하여 요령성 인근으로 변하였지만 왜곡이 이루어지지 않아 하북성으로 비정되는 것도 있다. 그리고 왜곡된 것에 의하면 도저히 맞지 않는 것도 있다. 이들 부여도, 낙랑도, 요동도, 옥저도, 현도도, 양평도, 갈석도, 수성도, 증지도에 대하여 주류 강단 사학계는 이 기록에 대하여 수성도와 증지도에만 해설하여 비정하였지만 나머지에 대하여는 비정이 없다. 너무나 당연한 것이기에 하지 않았거나 아니면 도저히 그들의 통상적인 비정에 의하면 중구난방(衆口難防)으로 도저히 맞지 않으니 슬쩍 넘어갔다. 이에 대한 비정을 아래 도표와 같이 살펴보면,

■ **[도표28] 수나라 고구려 공격 루트 비정**(612년 6월, 고구려 영양왕 23년)

| 구분 | 공격 루트 | 주류 강단 비정 | 통상적 주류 강단 비정 | 본 필자 비정 | 비고 |
|---|---|---|---|---|---|
| 1 | 부여도 | 없음 | 길림성 장춘시 | 산서성 대동시 | |
| 2 | 낙랑도 | | 평안도 평양 | 하북성 정주시 | |
| 3 | 요동도 | | 요령성 요양 | 하북성 심택현 | |
| 4 | 옥저도 | | 함경도 두만강 이남 | 하북성 석가장시 북부 | 동옥저 |
| 5 | 현도도 | | 요령성 혼하강 | 하북성 석가장시 북부 | |
| 6 | 양평도 | | 요령성 요양 | 하북성 행당현 | |
| 7 | 갈석도 | | - (하북성 진황도시) | 하북성 정정현 | |
| 8 | 수성도 | 황해도 수안 | 황해도 수안 | 하북성 보정시 수성진 | 이병도 |
| 9 | 증지도 | 평안도 안주 | 평안도 안주 (낙랑군 소속현 증지현) | 하북성 정수시 인근 | |

　그동안의 주류 강단 사학계의 비정에 의하면 도저히 맞지 않는다. 하지만 본 필자의 이 글에서의 비정에 의하면 한 군데 즉 사서의 기록대로 이 루트, 경로로 가기 전에 집결한 압록수 서쪽 즉 하북성 석가장시의 당시 압록수이자 마자수였던 호타하 인근에 모여 여기서 동북쪽 450리에 있었던 하북성 보정시 만성구에 있었던 고구려 평양성을 공격하기 위하여 여러 갈래로 나누어 공격한 것이 입증된다. 주류 강단 사학계의 그동안의 비정에 의한다면 요령성 요하 동쪽은 물론 만주 북부, 두만강 유역, 한반도 평양 및 그 이남 등 각지로 맞지 않게 흩어져 공격한 것이 된다. 이는 있을 수 없다. 더군다나 집결하여 이 경로들로 공격하기 전에 이루어진 수군 공격(수나라 내호아 장군)은 이미 실패한 뒤이다(물론 이 수군 공격은 하북성 고구려 평양성 공격이 아니라 산동성 고구려 평양성인 졸본성 공격이다.). 그러므로 수군에 의하여 한반도 평양 내지는 평양 이남인 황해도에 갈 수도 없고 갈 필요도 없다. 도대체 육군 공격로가 하북성에서부터 요령성, 길림성 그리고 한반도로 흩어져 있을 수 있다는 것인가. 이는 전쟁 공격로상으로는 도저히 있을 수

없다. 하지만 본 필자의 각 사서의 올바른 비정에 의하면 이는 너무나도 당연한 공격로이다. 이 사항에 의하여도 수나라의 고구려 공격은 한반도가 아니라 하북성임을 증명하며, 더군다나 양평도 즉 광개토대왕 비문상의 양평도 역시 한반도가 아니라 하북성임을 입증한다. 또한 그동안의 모든 고대사 관련 주류 강단 사학계의 비정이 모두 허위인 것으로 밝혀진다.

이는 앞에서 살펴본 바와 같이 이 비문상에 이 비려 즉 북부여를 정벌하고 오는 길에 경과한 양평도와는 다르게 정벌하러 가기 위하여 경과한 지역인 부산(富山)에 대하여 이미 살펴본 바와 같이 공손씨 세력과 관련 있는 양평성인 하북성 석가장시 행당현 인근으로 이곳 북쪽과 이곳 북쪽에 있는 부여가 산서성 대동시 영구현 남쪽 사이에 있어 고구려 광개토대왕이 정벌하고자 하는 부여가 있는 이곳 북쪽인 산서성 대동시 영구현에 있었다는 사실과 더불어 오는 길에 들른 이곳은 바로 이 부산의 남쪽인 양평도인 것이 확인된다.

이로써 광개토대왕의 비려 정벌이 한반도 북부 요령성 요하 동쪽에 있었던 고구려가 요하 건너 서북쪽의 거란을 정벌한 것이 아니라 고구려가 있었던 하북성에서 서북쪽인 산서성 삭주시 산음현 일대 거란의 본거지가 있었던 사서기록상의 황수하가 있는 곳에 있었던 거란을 공격한 것이 입증된다. 따라서 주류 강단 사학계의 고구려 및 부여, 양평, 부산 등의 비정도 모두 왜곡된 것으로 바로잡아야 한다.

> 광개토대왕 비문상의 비려 즉 거란을 정벌하고 돌아오는 길에 경과하였다는 양평도는 가는 길에 들렀던 부산과 함께 공손씨 세력이 활동하였던 양평인 하북성 석가장시 행당현 서북쪽 인근으로 이는 고구려가 이 서북쪽인 거란을 정벌하는 사항과 일치한다.

다음 비문에 대하여 살펴보면,

【사료63】『광개토대왕 비문』

以六年丙申, 王躬率□軍, 討伐殘國. 軍□□首, 攻取寧八城, 臼模盧城, 各模盧城, 幹利城, □□城, 閣(關)彌城, 牟盧城, 彌沙城, □舍 城, 阿旦城, 古利城, □利城, 雜珍城, 奧利城, 勾牟城, 古模耶羅城, 頁□□, □□城, □而耶羅城, 城, 於利城, □□城, 豆奴城, 沸□, □利城, 彌鄒城, 也利城, 太山韓城, 掃加城, 敦拔城, □□□城, 婁賣城, 散那城, 那旦城, 細城, 牟婁城, 于婁城, 蘇灰城, 燕婁城, 析支利城, 巖門□城, 林城, □□□, □□□, □利城, 就鄒城, □拔城, 古牟婁城, 閏奴城, 貫奴城, 穰城, 曾□城, □□盧城, 仇天城, □□□□, □其國城.

육년 병신(396)에 왕이 몸소 □군을 이끌고, 잔국을 쳤다. 군이 □□하여, 영팔성, 구모노성, 각모노성, 간저리성, □□성, 각(관)미성, 모노성, 미사성, □사조성, 아단성, 고리성, □리성, 잡진성, 오리성, 구모성, 고막야라성, 혈□□, □□성, □이야라성, 전성, 어리성, □□성, 두노성, 비□, □리성, 미추성, 야리성, 태산한성, 소가성, 돈발성, □□□성, 누매성, 산나성, 나단성, 세성, 모루성, 우루성, 소회성, 연루성, 석지리성, 암문□성, 림성, □□□, □□□, □리성, 취추성, □발성, 고모루성, 윤노성, 관노성, 삼양성, 증□성, □□노성, 구천성, □□□□를 공취하고, 나라의 국성을 □하였다.

## [관미성에 대하여]

여기에 나오는 각미성 내지는 관미성으로 새겨져 있는 이곳에 대하여 그동안 논란이 많았다. 각미성이 아니라 관미성이란 것은 이미 이론이 없이 인정되었다. 왜냐하면 명백히 이 시기에 관미성 공격이 기록되어 있기 때문이다. 그러나 논란이 되어온 것은 이곳의 위치 비정에 따라 광개토대왕이 백제를 공격함에 따른 백제의 위치를 알 수 있기 때문이고 그 성의 성격상 특이한 기록에 의해서이다. 물론 주류 강단 사학계는 그들이 비정에 따라 그리고 이에 대한 사서의 기록에 의하여 이곳을

【사료532】『삼국사기(三國史記)』권 제18 고구려본기 제6 광개토왕(廣開土王)

백제 관미성을 빼앗다 (391년 10월(음))

겨울 10월에 백제 관미성(關彌城)(註 083)을 공격하여 함락시켰다.(註 084) 그 성은 사면이 가파른 절벽으로 바닷물이 둘러싸고 있어 왕이 군사를 일곱 길로 나누어 20일을 공격하여 함락시켰다.

註 083
광개토왕릉비에 永樂 6년(396)에 광개토왕에 의하여 정벌된 백제의 城 중에 關彌城이 보여(水谷悌二郞 釋文) 양자가 같은 곳이라 보는 견해가 있다(武田幸男,《高句麗史と東アジア》, 岩波書店, 동경, 1989, 171쪽). 비문의 이 부분은 과거에 '閣彌城'으로 읽어 왔던 것인데 역시 '關彌城'의 同名異表記로 보기도 했다(이병도,《한국고대사연구》, 박영사, 1976, 379쪽). 양자를 같은 곳으로 볼 경우《삼국사기》에는 391년에 정벌한 것으로, 비문에는 396년에 정벌한 것으로 되어 있어 양 기록 간에 시간적 불일치를 보이는데 이는 비문이 광개토왕의 업적을 종합적으로 정리하는 방식을 취하며 쓰였을

것임을 생각할 때 백제 방면의 정벌이 일단락된 396년조에서 쓰게 된 것이 아닐까 여겨진다. 또 본문에서 '關彌城'의 '彌'는 중종 임신간본에는 '미'('方爾')로 되어 있으나 '彌'가 옳다. 《삼국사기》권25 백제본기 진사왕 8년조, 아신왕 2년조에서도 역시 '彌'라 하였다. 관미성의 현재 위치에 대하여는 경기도 喬桐島설(이병도), 開城 부근설(武田幸男), 파주군 交河面 烏頭山城설(윤일녕, 「관미성위치고」) 등이 있다.

註 084
《삼국사기》권25 진사왕 8년조에 같은 내용이 보인다. 관미성은 백제의 북방 要害處로 백제는 이곳을 회복하려 하였으나 실패하였다. 《삼국사기》권25 백제본기 아신왕 2년조에 "秋八月 王謂(眞)武曰 關彌城者我北鄙之襟要也 今爲高句麗所有 此寡人之所痛惜 而卿之所宜用心而雪恥也 遂謀將兵一萬伐高句麗南鄙 武身先士卒以冒矢石 意復石峴等五城 先圍 關彌城 麗人城固守 武以糧道不繼 引而歸"라 하여 그 내용을 전한다.

【사료533】『삼국사기(三國史記)』권 제25 백제본기 제3 진사왕(辰斯王) 8년 10월

고구려에게 관미성을 빼앗기다 (392년 10월(음))

〔8년(392)〕겨울 10월에 고구려가 관미성(註 001)을 쳐서 빼앗았다.(註 002)

註 001
관미성(關彌城) : 관미성의 위치는 본서 권18 고구려본기6 광개토왕 즉위년(391) 10월조의 "사면이 가파르고 바닷물이 주변을 둘러쌌다"는 구절이 참조된다. 이에 대해서는 경기도 파주 오두산성(金正浩, 『대동지지(大東地志)』권3 交河 城池 오두성조; 尹日寧, 126~131쪽), 예성강 중류 남안으로 추정되는 관미령에 축조된 성(朴時亨, 174~175쪽), 강화 교동도의 화개산성(李丙燾, 380쪽), 강화도 하음산성(申采浩, 1982; 윤명철, 174쪽), 황해도 개풍군 백마산 부근으로 보는 설(손영종, 297쪽) 등이 있다. 이 중 오두산성으로 보는 설이 지형 묘사 및 당시 상황과 일치하여 대체로 받아들여지고 있다.

〈참고문헌〉
朴時亨, 1966, 『廣開土王陵碑』, 사회과학출판사
李丙燾, 1977, 『譯註 三國史記』, 乙酉文化社
申采浩, 1982, 『朝鮮上古史』, 螢雪出版社
손영종, 1986, 「광개토왕릉비를 통하여 본 고구려의 령역」, 『력사과학』 2, 과학백과사전출판사
尹日寧, 1990, 「關彌城 位置考-廣開土王碑文, 三國史記, 大東地志를 바탕으로-」, 『北岳史論』 2, 國民大學校 國史學科
윤명철, 2003, 『고구려 해양사연구』, 사계절

註 002
겨울 10월에 … 빼앗았다 : 본서 권18 고구려본기6 광개토왕 즉위년 (391)조에는 고구려군이 일곱 방향[道]으로 나누어 관미성을 공격하여 20일 만에 함락시켰다고 하여 보다 상세하게 나온다. 관미성이 함락된 시기는 본 기사에 진사왕 8년(392)으로 나오나 고구려본기에는 광개토왕 원년(391)으로 나와 1년의 차이가 난다. 이는 즉위년 칭원법과 유년 칭원법의 차이에서 비롯된 것으로 보이며, 동일한 기사이다. 「광개토왕릉비」에는 관미성이 광개토왕이 영락(永樂) 6년(396)에 백제를 쳐서 함락시킨 58성 중의 하나로 나와 본 기사와 5년의 차이가 있다. 이러한 차이는 「광개토왕릉비」에서 광개토왕의 백제 정복을 영락 6년(396)조에 일괄적으로 기록한 것에서 빚어진 것으로 생각된다. 광개토왕의 정벌을 정당화시키기 위해 즉위년인 신묘년(391) 기사가 전치구로 강조되는 것과 일맥상통한다고 생각된다(武田幸男, 271~273쪽; 李基東, 49~52쪽).
〈참고문헌〉
武田幸男, 1979, 「高句麗廣開土王紀の對外關係記事」, 『三上次男博士頌壽記念東洋史考古學論集』, 朋友書店
李基東, 1986, 「廣開土王陵碑文에 보이는 百濟關係 記事의 檢討」, 『百濟研究』 17

> **【사료534】**『삼국사기(三國史記)』권 제25 백제본기 제3 아신왕(阿莘王) 2년 8월
>
> 진무가 석현성 등을 되찾기 위해 출전하다 (393년 08월(음))
>
> 〔2년(393)〕 가을 8월에 왕이 진무(眞武)에게 말하기를, "관미성(關彌城)은 우리나라 북쪽 변경의 요충지이다. 지금 고구려의 소유가 되었으니, 이는 과인이 분하고 애석하게 여기는 것이다. 경은 마땅히 마음을 써서 치욕을 갚아야 할 것이다."라고 하였다. 드디어 군사 10,000명을 거느리고 고구려의 남쪽 변경을 칠 것을 도모하였다. 진무는 몸소 군사보다 앞장서서 화살과 돌을 무릅쓰고 석현성(石峴城) 등 다섯 성을 되찾으려고 먼저 관미성을 포위했는데, 고구려 사람들이 성문을 닫고 굳게 지켰다. 진무는 군량의 수송로가 이어지지 않자 여의치 않자 〔군사를〕 이끌고 돌아왔다.

위의 해설과 같이 그동안은 이병도가 비정한 강화도 옆의 교동도 등으로 비정하여 왔다. 그 이유는 사면이 가파른 절벽으로 바다로 둘러싸여 있다는 기록 때문이다. 그러나 이후 지금까지는 고구려 광개토대왕 시기 백제와의 전쟁 상황이 패수 전투 등 예성강 인근에서의 전투로 비정하고 있기 때문에 예성강을 넘어 파주 오두산성으로 비정하고 있다. 물론 이는 사서기록상 391년 고구려가 백제의 석현성 등 10개 성을 취하고 난 후의 관미성 전투로 비정하기 때문에 10개 성을 예성강 인근으로 비정하여 그다음의 관미성은 그 남쪽인 파주 지방이 맞고 여기가 또한 경사가 가파르고 서쪽은 임진강, 남쪽은 한강으로 이어져 있는 한편 결정적으로 김정호의 『대동지지』에 오두산성이 백제의 관미성이라고 기록되어 있기 때문이다. 한마디로 후대에 이르러 모든 지명이 한반도로 왜곡 비정된 이후의 근거 없는 비정에 의한 것으로 그 근거가 빈약하다. 이병도의 강화도 교동도에 비정한 것을 주류 강단 사학계가 이곳 오두산성으로 비정하는 이유는 어쩔 수 없기 때문이다. 즉 다음의 기록 때문이다.

> 【사료535】『삼국사기(三國史記)』권 제25 백제본기 제3 진사왕(辰斯王) 3년 9월
>
> 관미령에서 말갈과 전투를 벌이다 (387년 09월(음))
>
> 〔3년(387)〕 가을 9월에 말갈(靺鞨)과 관미령(關彌嶺)(註 001)에서 싸웠으나 이기지 못하였다.
>
> 註 001
> 관미령(關彌嶺) : 명칭으로 미루어 관미성과 연관되는 고개이다. 관미성은 파주 오두산성으로 보는 것이 일반적이다.

즉 말갈과 관련이 있다는 기록 때문이다. 말갈은 기마 민족이므로 육지에서 싸우는 종족으로 강화도나 교동도 인근에 연관시키는 것이 맞지 않기 때문이고, 위의 10성을 예성강에 비정하였기 때문에 어쩔 수 없이 이곳 오두산성에 비정하였다. 그러나 이것은 고구려와 백제를 한반도로 비정한 연후에만 가능하다. 그리고 말갈을 한반도 중부 및 중북부는 물론이고 중남부를 거쳐 경상도 신라까지 수시로 공격할 수 있게 한반도 거의 전역을 말갈이 휘젓고 돌아다니는 것으로 비정해야 가능하다. 말갈은 졸본은 물론 백제와 신라 북쪽에 있어 수시로 괴롭힌 것으로 기록되어 있다. 그리고 이와 아울러 낙랑도 수시로 신라와 백제를 침공하는데 특히 신라는 거의 제집 안방을 드나들 정도의 위치에 있었다. 그것도 신라 동쪽에. 그리고 이 신라 남쪽에는 왜가 있어 낙랑과 마찬가지로 수시로 신라를 침입하여 수도 금성을 함락시키고 있다.

이곳은 한반도가 아니다. 더군다나 말갈의 위치를 한반도 북부의 고구려 동쪽 흑룡강성 흑룡강 일대로 비정하고 이를 주축으로 나라를 세운 발해도 이곳으로 비정하지만 말갈은 지금도 그 명칭이 남아 있는 산서성을 근거지로 하고 있었으며 발해도 한반도 인근이 아니라 지금

도 그 이름이 쓰이는 발해만 인근 즉 당시의 발해인 천진만 인근에 있었던 것을 조작하여 한반도 인근으로 옮겨 놓았다. 관미령의 백제와 말갈 기사(387년)와 이후 실직의 신라와 말갈 기사(395년)는

【사료536】『삼국사기(三國史記)』권 제3 신라본기 제3 나물(奈勿) 이사금(尼師今) 40년 8월

말갈이 침입하자 이를 쳐부수다 (395년 08월(음))

40년(395) 가을 8월에 말갈(靺鞨)이 북쪽 변경을 침범하였다. 군사를 내어 그들을 실직(悉直)(註 002)의 들판에서 크게 쳐부쉈다.

註 001
말갈(靺鞨): 일반적으로 6~10세기 만주 동부 지역에 거주한 퉁구스계 종족에 대한 지칭이다. 중국 역사서에 '말갈(靺鞨)'이란 종족 명은 『북제서(北齊書)』무성제기(武成帝紀) 청하(河淸) 2년(563)조에 처음 나온다. 본서 본기에는 말갈이 초기부터 신라 말까지 지속적으로 등장하고 있는데, 6세기 이후의 말갈은 중국 역사서에 보이는 것과 동일한 존재로 볼 수 있지만, 초기 기사의 말갈에 대해서는 논란이 있다. 이에 대해서는 본서 권1 신라본기1 지마이사금 14년(125) 정월조 기사의 주석 참조.
(註 001 : ~ 이 문제에 대해서 일찍이 정약용(丁若鏞)은 이들의 실체가 동예('東沃沮의 濊人, 漢史의 不耐濊'라고 함)이며 남북국 시기에 신라인들이 북도(北道)를 말갈이라고 하는 것이 익숙해져서 옛 기록의 북쪽에서 침입하는 자들을 모두 말갈로 기록했다고 하는 위말갈설(僞靺鞨說)을 제시하였다(丁若鏞,「靺鞨考」).
많은 연구자들이 이것을 받아들이면서 발전시키고 있는데, 예컨대 동예 외에 영서 지역에도 예족이 거주했으며 본서에 보이는 말갈은 영서예라고 보는 견해도 제시되었다(文安植, 1998).
초기 기사의 '말갈'은 애초 사료에 '예맥(濊貊)'으로 표기되었던 종족이 후대 사서 편찬 시 일괄적으로 '말갈'로 개필된 결과로 파악하기도 한다 (강종훈, 2011).

> 한편 말갈의 다원적 계통론을 주장하는 논자들은 본서에서 이른 시기의 예계 종족을 말갈로 표현한 것은 실제로 이들이 6세기 이후에 말갈로 지칭되었기 때문이라고 이해하기도 하였다.)
>
> 註 002
> 실직(悉直): 현재의 삼척(三陟). 본서 권35, 잡지4 지리2에 삼척군(三陟郡)은 본래 실직국(悉直國)이었는데 파사왕(婆娑王) 때 항복해 왔으며 경덕왕(景德王)이 이름을 고쳤고 고려 때까지 그대로 썼다고 되어 있다. 이 지명은 현재까지도 이어지고 있으며 그 중심지는 죽서루(竹西樓) 동쪽의 성내동 일대였다. 그 북쪽 1리에는 진산(鎭山)인 갈야산(葛夜山)이 있는데(『신증동국여지승람』 권44, 삼척도호부 산천), **여기에는 신라 고분군인 갈야산 고분군이 위치한다**(李漢祥, 2003, 「동해안지역 5~6세기대 신라분묘 확산양상」, 『嶺南考古學』 32).

같은 시기이므로 같은 말갈이고 같은 지역이다. 그러므로 당연히 주류 강단 사학계의 비정에 의하더라도 백제의 북쪽이자 신라의 북쪽에 비정될 수밖에 없다. 그러나 말갈과 고구려, 백제, 신라 관련 전체 기사를 확인하여도 그렇고 본 필자가 앞에서 많은 사항에 대하여 입증하여 설명하였지만 여기서는 관련 사항 즉 광개토대왕 비문 관련 사항인 관미령과 관련한 말갈 그리고 같은 시기의 말갈과 관련한 사항만 확인하여도 주류 강단 사학계의 한반도 비정은 허망한 것이 된다.

즉 백제와 신라를 침범한 말갈은 백제와 신라 초기부터 말까지 계속 이어진다. 먼저 이 사항도 주류 강단 사학계의 한반도 비정대로라면 있을 수 없는 사항이다. 즉 말갈이 있다는 한반도 백제와 신라의 북부는 고구려와 백제 그리고 신라의 각축장이다. 다른 존재가 있을 수 없다. 더군다나 말기까지 심지어 소위 통일신라 시기까지 백제와 신라를 괴롭힌다.

이는 한반도에서 있을 수 없는 상황이다. 이러한 말갈에 대하여 위와 같이 같은 말갈 그리고 백제와 관련된 관미령은 파주에, 같은 말갈 그리고 신라와 관련된 실직은 삼척에 비정하였다. 그렇다면 말갈은 한반도 중부에 고루 분포되어 있었던 것이 된다. 하지만 사서기록 상에 이 백제와 신라를 괴롭힌 말갈은 고구려 졸본성 가까이에 있었다. 도저히 맞지 않는다. 하지만 산동성 3개의 강 사이에서 같이 활동한 삼국 활동에 의하면 이곳이 맞는다.

> 광개토대왕이 공략한 관미성을 주류 강단 사학계는 강화도 교동도나 파주 오두산성으로 비정하고 있다. 하지만 관미성은 말갈과 관련된 관미령으로 이곳은 한반도가 아니다.

이렇게 광범위하게 말갈이 있다는 것도 문제이지만 광개토대왕 비문상에 이 관미령인 관미성과 함께 공략한 아단성은 이미 확인한 바와 같이 아차성이다. 이에 대하여는 항상 그러듯이 한반도 곳곳에 기록을 맞추는 데 급급하게 비정하여 놓고 있다.

■ [도표17] 아차(단)성 비정

| 구분 | 출처 | 성 | 내용 | 주류 강단 비정 | 원래 위치 |
|---|---|---|---|---|---|
| 1 | 삼국사기 AD286 | 아차성 | 고구려가 대방공격 백제 구원 | 서울 광진구 아차산성 | 죽령 서쪽 (신라 서북쪽/ 백제 동북쪽/ 옛 고구려 영역) (산서성 덕주시 임읍현) |
| 2 | 광개토대왕 비문 AD396 | 아단성 | 백제 공격 | | |
| 3 | 삼국사기 AD475 | 아차성 | 개로왕 살해 | | |
| 4 | 삼국사기 AD590 | 아단성 | 온달 전사 | 충북 단양 죽령 | |
| 5 | 삼국사기 지리지 | 아단성 | 이름 있으나 위치 모름 | | |

대표적으로는 서울, 충북 단양이다. 그렇다면 말갈은 파주, 삼척, 단양 등 한반도에 있었던 것이 된다. 이것이 가능하다는 말인가. 더

군다나 이 아단성은 온달 장군이 남옥저 죽령 서쪽에 있다고 하였다.

그런데 주류 강단 사학계는 남옥저를 함경도 함흥평야에 비정하고 있다. 또한 죽령은 이 기록 즉 남옥저와 관련한 기록만은 함경도 황초령으로 비정하고 있다. 그러면서 다른 기록상의 죽령은 충청~경상 사이의 고개로 비정하는 등 제대로 한곳에 비정하지 않고 기록에 맞추어 비정하고 있다.

그런데 남옥저는 신라가 개척한 땅이다. 신라가 함경도나 충청~경상 사이 지방도 개척하였다. 맞지 않는다. 주류 강단 사학계가 비정하는 한반도는 모든 기록과 일치하지 않는다. 하지만 산동성에서는 모든 것이 맞아진다. 이러한 말갈에 대하여 주류 강단 사학계는 일정한 정리가 없이 정하지 못한 채 여러 가지이다. 특히 초기는 물론 백제와 신라를 괴롭히는 말갈에 대하여는 강단 사학계의 위의 2개의 **註 001**과 같이 한마디로 표현하면 제대로 정하지 못한다. 이에는 중요한 단 하나의 이유가 있다. 그것은 모든 관련 사항 즉 말갈과 관련된 사항인 고구려, 신라, 백제를 한반도에 각각 배치하여 놓은 것이 각 말갈의 기록과 도저히 맞지 않기 때문이다. 물론 이뿐만 아니라 모든 것이 전부 그렇다. 일정하게 비정할 수가 없고 그저 기록에 맞추어 그때그때 비정하고 있다.

물론 전부 틀리다. 그렇다면 일정한 지명은 이렇게 각각 비정하여 모면할 수 있지만 공통적인 사항 즉 여러 지명과 고구려, 백제, 신라에 대한 여러 기록과 함께 기록된 말갈의 경우 일정하게 정할 수가 없다. 그래서 고대사에 전혀 무지하거나 인식이 없거나 왜곡 인식을 가진 정약용에 기대고 있다. 이 모든 것을 국민은 알고나 있을까. 주류 강단 사학계의 모든 한반도 비정은 사서기록에 맞지 않는다. 본 필자가 고구려, 백제, 신라 등이 한반도에 있지 않고 산동성에 있다고 주장하는 단 하나의 이유는 모든 기록이 한반도에 맞지 않고 산동성에만 맞기 때문이다. 한반도에는 일정하게 각 기록에 모두 맞지 않고 각 기록마다 달리 함으로써 결국 맞지 않는 모든 것이 산동성에는 모두 맞기 때문이다.

정약용에 의하여 말갈은 결국 동예 세력이라고 한 것을 따르는 주류 강단 사학계의 이론에 대하여 반론하자면 많은 지면을 할애하여 충분히 할 수 있다. 하지만 다른 많은 사항에 의하여 지면이 이미 할애된 관계로 할 수가 없다. 하지만 이에 대하여는 신라의 말갈과 발해와의 경계인 하슬라 및 니하의 주류 강단 사학계의 동해안 강릉 및 혼란된 비정, '예'에 대한 주류 강단 사학계의 한반도 동해안 강릉 지방의 동예 비정에 의하여도 충분히 입증되었거니와 원래의 말갈에 대한 본 필자의 입증 사항인 북갈의 원래 위치인 산서성, 남갈의 산동성 위치 입증에 의하여 충분히 설명되었다고 확신한다.

이와 같이 입증하여 설명한 바와 같이 결국 정약용의 역사 인식과 지식 부족에 의한 말갈의 예로의 비정 그리고 이 예의 동예로 하여 한반도 강원도 강릉 지방으로 비정한 것과 이를 그대로 따른 채 이론을 발전시켰지만 결국은 그대로 추종하는 주류 강단 사학계의 수준을 가히 짐작할 만하다.

그러나 이 수준은 '낙랑군 평양설'이라는 교리에 따라 모든 한국사를 한반도로 귀착시키는 것을 벗어나지 못하는 것이 아니라 벗어나지 않는 것에 따른 어쩔 수 없는 것에 의한 참담한 결과에 불과하다. 한반도에 비정한 것에 어긋나는 연구나 주장을 하면 절대 안 되기 때문이다. 그러나 모든 것이 한반도에는 맞지 않는다. 그러므로 어떤 빌미를 만들어 그것에 기대어 벗어나지 않은 채 살만 붙여 자기들 논문의 내용과 주장한 것에 족하여야 한다. 이에 대하여는 이 글에서 앞의 사항에 의하여 입증하여 설명한 대로 말갈을 한반도 동예로 비정한 채 강원도 강릉에 비정하는 것은,

- 앞에서 [예와 예맥에 대하여] 살펴본 대로 사서『후한서』및『삼국지』기록상에 '예'에 대한 중국사서의 제대로 된 인식이 없어 예맥과 혼돈하여「동옥저전」에는 예맥을 동옥저 남쪽에 두었으나,「예전」에서는 예를 옥저 남쪽이자 진한 북쪽에 있다고 하였으나,「한전」에서는 진한의 북쪽에 예맥이 있다고 하였다. 이에 대하여 주류 강단 사학계는 물론이고 이를 비판하는 비주류 강단 사학계조차 올바른 인식이 없어 제대로 주류 강단 사학계를 비판하지 못하고 있다. 물론 주류 강단 사학계는 '낙랑군 평양설'에 얽매어 다르게 인식하는 것이 불가능할 뿐 아니라 한반도에서의 비정에 의하면 당연히 원래의 기록을 왜곡한 상태대로 정약용의 이론을 추종하여 동예로 보아 한반도 강원도 강릉으로 볼 수밖에 없다. 하지만 앞에서 설명한 대로 이는 한반도에서는 적용이 불가능한 원래의 위치인 삼한이 위치한 산동성과 그 위의 하북성에서 가능하다. 즉「동옥저전」상의 예맥이 동옥저 남쪽에 있는 것은 맞는 기록이다. 이 기록은 물론 동옥저와 고구려의 위치가 동서로 서로 바뀐 채 잘못 기록되어 동옥저 남쪽 내지는 북옥저 서쪽에 예맥 즉 선비가 있는 것은 맞는다. 그리고 다음의「예전」상의 옥저 남쪽이자 진한 북쪽에 있다는 예도 맞는 기록이다. 이는 바로 신라 족속인 예이다. 이 예가 산동성의 남옥저 남쪽이자 신라의 진한 북쪽에 있는 것이 맞는다. 그러나 문제는「한전」이다. 여기서는 앞의「예전」상에 옥저의 남쪽이자 진한의 북쪽에는 예가 있다고 하였는데, 여기서는 예맥이 있다고 하였다. 정약용과 주류 강단 사학계는 이「한전」만을 즉 마한, 진한, 변한의 삼한을 한반도에 묶어 비정한 관계로 이 기록만을 가진 채, 다른「동옥저전」,「예전」을 무시하고 예와 예맥을 동일시하는 한편 이 예와 예맥을 진한 즉 신라 북쪽이자 사서기록상의 바다(동해)의 서쪽인 동해안 강릉 지방으로 비정하였다. 여기에 한몫한 것이 신라와 말갈 및 발해와의 경계인 하슬라와 니하를 이곳에 비정하게끔『삼국사

기』가 한몫하였다. 하지만 예맥은 선비를, 예는 예족인 신라를 말한다. 따라서 「한전」상의 옥저와 예맥은 산동성의 진한이므로 이 진한의 북쪽은 「예전」상과 마찬가지로 예가 있어야 한다. 그리고 옥저는 「동옥저전」상의 하북성의 동옥저 내지는 북옥저가 아니라 이 옥저가 낙랑(땅, 지역)과 함께 산동성으로 내려온 남옥저이다. 이 산동성에 남옥저, 예, 신라가 있었다. 남옥저 지방은 죽령이 있는 곳으로 예족이 산동성으로 내려와 신라를 건국한 후 신라가 초기에 개척한 땅으로 이곳을 하북성의 고구려 동천왕 시기(245년)에 빼앗겨 동천왕이 위나라 관구검에게 쫓기어 도망왔던(246년) 땅이었다. 이후 551년 백제와 연합하여 백제가 고구려 평양성인 남평양성 졸본성을 공격하여 한성 지방을 되찾을 때 다시 되찾음으로써 고구려가 천리장성을 쌓고 연고권을 주장하게 되었다가 다시 이번에는(655년) 백제와 연합한 고구려에 다시 빼앗기자 나당연합군을 결성하게 되는 오랫동안 고구려와의 연고권 싸움의 대상이 되는 땅이다. 이곳은 한반도가 될 수 없다. 이러한 지역을 예맥(선비족)과 예(신라족)를 같이 보는 것도 문제이고 이를 한반도 동해안 강릉 지방으로 본 것도 문제이다.

- 이러한 예 내지는 예맥을 강릉으로 비정하게 된 중요한 원인은 물론 역사 인식 부재이지만 항상 그렇듯이 '낙랑군 평양성'에 의한 '한반도 고착화'이다. 한반도에 비정할 수밖에 없으니 한반도로 비정하는 데 이용한 잘못된 것 즉 여기서는 「한전」상의 기록대로 동쪽 바다이자 진한인 신라의 북쪽에 둘 수밖에 없다. 여기에 한몫한 것이 앞에서 언급하고 자세히 입증하여 설명하였듯이 신라와 말갈 및 발해와의 경계인 하슬라 지역을 『삼국사기』가 왜곡하여 한반도 명주 땅 즉 지금의 강릉 땅으로 비정한 관계로 일제 식민 사학자 이병도가 이를 따져보지도 않고 그대로 이용하여 여기에 비정한 것에 의한다. 하지만 하슬라는 신라가 북소경으로 삼는가(639년) 하면 소위 통일신라

시기(721년)에는 긴 성을 쌓는 북쪽 경계이다. 그리고 같이 있는 니하는 말갈이 습격하는가 하면 고구려와 말갈이 신라를 침범하자 백제가 구원해 준(482년) 곳이다. 이러한 곳은 주류 강단 사학계가 비정하는 한반도 강릉 지방이 될 수 없다. 왜냐하면 이러한 사항과 더불어 관련된 니하와 우산성에 대한 주류 강단 사학계의 비정은 도저히 하슬라를 강릉에 비정할 수 없다.

이러한 예와 예맥을 같이 보고 한반도 강릉에 비정한 것도 문제이지만 말갈을 이들과 같이 보는 것도 문제이다. 예와 예맥을 말갈과 연결시키는 것은 도저히 있을 수 없는 사항이다. 예맥은 분명히 선비족으로 주류 강단 사학계가 왜곡하여 비정하는 관계로 우리 고대사의 지표가 된다는 『후한서』 및 『삼국지』상의 기록에 의하더라도 그 위치상 나중의 같은 기록의 「부여전」 기록과 같이 예맥은 그 위치상으로도 선비족이고, 예는 맥족인 부여족, 고구려, 백제와 구별되는 신라 족속이다. 그러므로 예와 예맥을 같이 본 채 이를 말갈로 본 것은 위의 사항과 같이 신라 북쪽에 예가 있는데 이 신라의 북쪽 경계가 말갈과 발해의 국경이 하슬하 지역이라는 기록에 의하여 예는 동해안 그리고 말갈이 신라 북쪽에 있다는 것을 연관시켜 강릉 지방에 비정하였다. 하지만 이러한 비정에 대한 기초적 사항인 하슬라, 니하, 우산성 그리고 남옥저, 죽령 그리고 관련 사항이자 광개토대왕 비문상에 말갈과 관련된 관미령인 관미성과 같이 공력한 아단성에 대한 주류 강단 사학계의 비정에 의하면 도저히 일정한 한반도에 적용할 수 없다. 더군다나 주류 강단 사학계의 비정대로라면 한반도에서 백제와 신라 그리고 고구려가 강력한 세력으로 상호 간 전쟁을 치렀던 시기로 고구려가 버티고 있는데 고구려의 속국으로 고구려의 지원을 받고 고구려가 원조해 주는 상대방인 경상도에 있었던 신라를 공격한(395년) 말갈이 있는 곳, 백제 무령왕 시기 및 신라 무열왕 시기까지 신라 초기부터 신라 북쪽에 있어 말갈과의 경계지역인 땅에서 계속 공격한 말갈이 있는 곳은 한반도일 수가 없다. 더군다나 앞에서 입증하여 설명하였듯이 말갈은 중국 측과 일제 식민사학에 의하여 조작하여 옮겨진 한반도 북부 북만주 흑룡강성의 만주가 아니라 지금도 그 이름이 남아 있는 하북성 북부 산서성 대동시 천진현 흑수하(Heishui River, 黑水河)를 근거지로 하는 흑수말갈과 산서성 대동시 영구현 태백산(Taibai Mountain, 太白山)을 근거지로 하는 백산말갈이 말갈족의 주요 세력이다. 이곳에서 활동하였던 말갈이 어떻게 머나먼 동쪽으로 옮겨질 수 있는가. 앞에서 입증하여 설명하였듯이 이러한 말갈이 낙랑과 옥저와 함께 남쪽인 산동성으로 내려와 남(말)갈이 되어 백제와 신라를 괴롭혔다. 신라를 괴롭힌 말갈 그리고 북쪽의 말갈, 한반도에서의 신라 북쪽 경계인 하슬라의 강릉 비정 등에 의하여 결국 사서기록상의 신라와 백제를 괴롭힌 말갈을 예와 예맥으로 연결시켰으나 여러 다른 사항 즉 본 필자가 제시한 한반도에서는 맞지 않는다. 그리고 하북성에서 남하한 산동성의 말갈을 생각할 수 없기에 이 말갈을 그저 맞지도 않는 예족을 잘못 부른 것으로 해버렸다. 이는 있을 수 없다. 그럼에도 불구하고 주류 강단 사학계는 이후에도 이러한 비학문적이고 불가능한 비정을 그대로 따른 채 이에 한정된 연구와 논리만을 내놓고 있다.

> 신라와 백제를 초기부터 말기까지 괴롭힌 말갈을 예와 예맥과 동일시하여 한반도 동해안 강릉 지방으로 비정하는 것은 말갈과 관련된 수많은 사항에 의하여 그리고 이들에 대한 도저히 비정할 수 없는 주류 강단 사학계의 비정에 의하여 한반도가 아니다. 이 말갈은 산동성에 있었던 남갈(남말갈)이다.

광개토대왕 비문상에 광개토대왕이 공략한 관미성인 관미령과 관

련된 말갈이 같은 시기에 공략한 신라의 북쪽 경계에 있던 실직은 이보다 뒤의 시기인

---

**【사료259】**『삼국사기(三國史記)』卷第五 新羅本紀 第五 태종(太宗) 무열왕(武烈王) 5년 3월

하슬라를 주로 삼다 (658년 03월(음))

〔5년(658)〕 3월에 왕이 하슬라(何瑟羅)의 땅이 말갈(靺鞨)(註 002)에 맞닿아 있으므로 사람들이 편안치 못하다고 여겨, 경(京)을 폐지하여 주(州)로 삼고 도독(都督)을 두어 지키게 하였다. 또 실직(悉直)(註 005)을 북진(北鎭)(註 006)으로 삼았다.

註 002
말갈(靺鞨): 동해안 지역에 거주하던 예족을 가리킨다. 자세한 내용은 본서 권제1 신라본기제1 지마이사금 14년(125) 봄 정월조 참조.

註 005
실직(悉直): 강원도 삼척시로 비정된다. 선덕왕(善德王) 8년(639) 하슬라(何瑟羅)에 북소경(北小京)을 설치하면서 하슬라에 주둔하던 정군단을 실직(悉直)으로 옮겼고, 북소경을 폐지하면서 정군단을 다시 하슬라로 옮긴 것으로 보인다. 본서 권제40 잡지제9 직관하(下) 무관조에 태종무열왕 5년(658)에 실직성을 혁파하고 하서정(河西停)을 두었다고 전하는 것을 통해 이러한 사실을 확인할 수 있다.

註 006
북진(北鎭): 고구려와 말갈 세력을 방어하기 위한 군진(軍鎭)이다. 같은 해 실직에 주둔하던 정(停)군단을 강릉으로 옮기면서 실직 지역에 북진을 둔 것으로 이해된다. 중대의 진(鎭)은 하대의 군진(軍鎭)이 일정 지역의 사회·경제적 통제를 위한 행정업무를 관장하던 것과 달리 전형적인 군사시설이었다고 보는 견해가 있다(한준수, 2009, 「신라 中·下代 鎭·道·府의 설치와 체제 정비」, 『한국학논총』 31).

이때까지도 관리하고 있었고, 백제와는 주로 강단 사학계의 비정대로라면 공주까지 내려간 무령왕 시기까지 내려간 백제를 공격하는 말갈이 있는 곳은 한반도가 아니다. 주류 강단 사학계는 이 실직과 북진이 하슬라 땅과 같이 기록되어 있으므로 하슬라 지역을 동해안 강릉 지방으로 왜곡 비정하고 있기 때문에 실직과 북진 역시 이곳으로 비정하고 있다.

하지만 실직은 신라 초기(102, 104년)부터 신라가 그 영역으로 가지고 있었던 곳이자, 450년 이곳에서 사냥을 하던 고구려 장수를 신라 하슬라 성주가 죽였던 곳이고, 468년 고구려와 말갈이 습격하여 빼앗은 지역이나 다시 이곳에 신라가 실직주를 설치(505년)한 곳이다.

같은 지역의 하슬라주를 북소경으로 삼았고, (639년) 위와 같이 658년 하슬라 북소경을 주로 삼고, 실직을 북진으로 삼았다. 한편 북진은 중국의 『주례』에 나와 있듯이 주나라 시기에 정하였던 북진 의무려산 즉 지금의 산서성 태행산맥에 설치하였다. 물론 이 북진과 신라의 북진은 다르다. 신라의 북진은 신라의 북쪽 경계로써의 북진이다. 이 북진과 같은 지역에 있는 하슬라를 한반도 동해안 강릉 지역으로 비정한 관계로 주류 강단 사학계는 북진의 실직도 이곳으로 비정하고 있다.

하지만 앞에서 하슬라에 대하여 확인하였듯이 신라가 초기부터 개척한 니하가 있는 땅으로 산동성 신라의 북쪽 경계인 지금의 산동성 덕주시 낙릉시 인근이다. 신라의 북쪽 경계로 주요 지역인데 한반도 강릉은 도저히 북쪽 중요 지역이 될 수도 없고 이곳 강릉 내지는 삼척 지방은 신라가 초기에 개척할 수 있는 곳도 아니고, 고구려가 450년경에 침범할 장소도 아니고 더군다나 말갈은 당시 한반도에 있을 수 없다.

이들은 산서성 및 하북성에 있었던 말갈이 낙랑 이동에 따른 옥저와 같이 산동성에 내려와 백제와 신라 초기 이들을 괴롭혔던 남갈(남말갈)이다. 따라서 이 관미성 즉 관미령도 한반도에 있었던 그것도 강화도 교동도나 파주 오두산성이 아니다. 이곳을 비정하는 또 다른 단서가 있다. 비문상에 이 관미성을 공격하면서 같이 공략한 성으로 되어 있는 아단성이다. 이 아단성에 대하여는 앞에서 자세히 설명하여 입증하였다. 이곳은 고구려 장수왕이 개로왕을 살해한 아차성과 같은 곳이다. 이 아차성 내지는 아단성은 온달 관련 기록에 의하여 죽령 서쪽 지역으로 이곳은 신라가 건국한 산동성 남옥저 땅이다. 이곳은 백제 초기

---

**【사료321】**『삼국사기(三國史記)』권 제24 백제본기 제2 책계왕(責稽王) 원년

**대방이 고구려의 공격을 받고 구원을 요청하다** (286년 (음))

〔원년(286)〕 고구려가 대방(帶方)을 치자 대방이 우리에게 구원을 요청하였다. 이에 앞서 왕이 대방왕(註 001)의 딸 보과(寶菓)에게 장가들어 부인으로 삼았으므로 말하기를, "대방과 우리는 장인과 사위의 나라이니 그 요청에 응하지 않을 수 없다"라고 하였다. 마침내 군사를 내어 구하니 고구려가 원망하였다. 왕은 그들이 쳐들어와 노략질할까 염려하여 아차성(阿且城)(註 002)과 사성(蛇城)(註 003)을 수리하며 대비하였다.

註 001
대방왕 : 대방태수를 잘못 쓴 것으로 보인다. 이와 달리 대방국을 대방군에 소속된 작은 나라를 가리키는 것이라는 견해(孫晉泰, 1979), 낙랑 남부 지역의 호족이던 장씨(張氏)가 세운 나라라는 견해(申采浩, 1972) 등이 있다.
〈참고문헌〉
申采浩, 1972, 『朝鮮史研究』, 乙酉文化社
孫晉泰, 1979, 『韓國民族史槪論』, 乙酉文化社

註 002
아차성(阿且城) : 서울특별시 광진구와 경기도 구리시 사이에 위치한 아차산에 쌓은 산성으로 추정한다.

> 註 003
> 사성(蛇城) : 본 기사와 본서 권25 백제본기3 개로왕 21년(475)조에만 나오는 이름으로 '배암드리'로 읽어 '바람드리(風納)'인 지금의 풍납동토성에 비정하는 견해(李丙燾, 1939), 하남시 미사리 구산토성이라는 견해(方東仁, 1974), 성벽 평면이 구불구불한 모습의 서울 강남구 삼성동토성이라는 견해(李道學, 280쪽) 등이 있다. 하남의 구산토성은 실재를 확인할 수 없다.
> 〈참고문헌〉
> 李丙燾, 1939, 「廣州風納里土城과 百濟의 蛇城」, 『震檀學報』 10
> 方東仁, 1974, 「風納里土城의 歷史地理的 檢討」, 『白山學報』 16
> 李道學, 1995, 『百濟古代國家研究』, 一志社

고구려가 대방을 침입하였을 때 대방이 백제에 구원을 요청하여 도와주고 이웃에 있던 성이다. 이 대방(왕)을 주류 강단 사학계는 낙랑군의 남쪽인 한반도 황해도에 있었던 한나라의 대방군이라고 해석하고 있지만 이렇게 해석하더라도 중간에 낙랑군이 있는데 고구려가 침범할 수 있다는 것도 사리에 맞지 않으며, 이곳 인근에 있는 아차성이 나중에는 서울 강 건너 아차산성에 있다고 하는 것도 맞지 않는다. 광개토대왕이 나중에 장수왕이 백제의 도읍 북쪽에서 백제 개로왕을 죽인 이곳까지 공격하였거나 주류 강단 사학계의 아차(단)성의 다른 비정인 충북 단양의 온달산성 지역까지 공격하면서 도읍인 서울의 한성 지역을 그대로 놔두었다는 것은 사리에 맞지 않는다.

더군다나 대방군을 낙랑군 남쪽에 설치한 공손씨 정권은 238년(고구려 동천왕 12)에 고구려와 위나라 사마의의 협공에 의하여 『수경주』 「소요수」조에 명백히 기재되어 있듯이 한나라 군현인 현토군 인근에 있던 소요수 즉 하북성 석가장시 서북부에서 참수되어 그 정권이 이미 끝나 있었다. 이 대방왕은 사서기록상 주류 강단 사학계의 비정과는 달리 대방고지 즉 백제가 건국된 산동성 지역의 대방 지역에 백제가 위성국을 세웠는데 이를 고구려가 침범하였다. 즉 이곳은 하북성 대방군 지역이 아니고 산동성 대방고지이다. 그러므로 이를 없어진 황해도의 대방군에 비정하는 것은 역사 인식 왜곡에 의한 것이거나 역사 지식 부족에 의한다.

이는 같은 지역으로 기록된 아차성과 사성의 비정에 의하여도 입증된다. 아차성에 대하여는 이미 여러 차례 살펴보았고 사성에 대하여는 앞으로 백제의 멸망 관련 사실을 설명하면서 확인하고자 한다.

> 【사료136】『삼국사기(三國史記)』 권 제18 고구려본기 제6 고국양왕(故國壤王) 二年夏六月
>
> **요동군과 현도군을 점령하다** (385년 06월(음))
>
> 2년(385) 여름 6월에 왕이 병력 4만 명을 내어 요동을 습격하였다. 이에 앞서 연왕 모용수가 대방왕 모용좌에게 명하여 용성(龍城)을 지키게 하였다. 모용좌가 아군이 요동을 습격하였다는 것을 듣고 사마(司馬)학경(郝景)을 보내 병력을 이끌고 가서 구하게 하였다. 아군이 이를 쳐서 패배시키고, 마침내 요동과 현도를 빼앗고, 남녀 1만 명을 포로로 잡아 돌아왔다.

또한 대방이 한반도의 대방군이 아니라는 사실은 위의 기록에 의하여도 입증된다. 그것은 대방(왕)이 모용선비족에게 부여된 것임을 알려주고 있다. 이럴 경우 이 대방은 한반도가 아니라 주류 강단 사학계의 비정대로라 하더라도 요령성 요하 서쪽이다. 한반도가 아니다. 더군다나 당시 모용선비족은 왜곡되어 옮겨진 요령성이 아니라 그들의 수도인 용성이 있었던 하북성 석가장시 정정현 인근에서 활동하였다. 이는 백제가 진출한 요서 지역이자 공손씨가 낙랑군 남쪽에 설치하였다는 대방군이 조조의 위나라와 고구려의 연합 공격에 의하여 공손씨 세력이 소멸되는 238년 이후 이곳을 점령한 전연이 대방군 땅을 차지하고 대방왕을 자처하였다. 따라서 대방군이 공손씨 세력 소멸과 함께 없어졌는데도 주류 강단 사학계는 314년 고구려가 공략하였다는 대방군을 원래의 대방군으로 하는 것은 도저히 역사학자 집단이라고 할 수 없다.

대방군이 공손씨 세력 소멸과 함께 없어진 사실은 다른 기록에 의하여도 얼마든지 확인된다. 따라서 이 대방과 같이 기록된 것에 의하여도 아차성 즉 아단성은 한반도가 아니다. 더군다나 이곳은 고구려 연개소문 시기에 신라와 영역 연고권 다툼이 있어 천리장성 축조 원인이 되는 죽령 지방은 신라의 건국지로 사서기록에 나오는 남옥저 지방이다. 이곳에는 말갈과 낙랑국 그리고 왜가 수시로 침범하여 백제와 신라를 괴롭히는 곳이다. 이 아차성 내지는 아단성을 주류 강단 사학계는 서울의 아차산성 내지는 충북 단양의 온달산성으로 비정하고 있지만 이 명확한 것을 어느 한곳으로 비정하지 못하거니와 명확히 한반도에 있는 것을 『삼국사기』는 "**【사료85】『삼국사기(三國史記)』권 제37 잡지 제6 지리(地理)四 백제(百濟) 삼국의 이름만 있고 그 위치가 상세치 않은 곳**"으로 분류하여 한반도에 없음을 나타내고 있다.

또한 사서기록상에 아단성 내지는 아차성 동쪽에 있는 곳으로 기록된 죽령은 아차성과 다른 곳인 충북과 경북의 중간에 있는 죽령으로 비정하고 있는 형편이다. 그런데 이 죽령은 신라 초기에 왜의 사신이 오던 것과 관련 있고 고구려 동천왕이 관구검의 침범을 피하여 도피한 곳이다.

이곳은 충청도와 경상도 경계일 수가 없다. 이곳에 대해서는 앞에서 자세히 살펴보아 입증하였듯이 원래 신라가 건국된 남옥저 땅으로 당시 신라의 북쪽이자 고구려의 남쪽 그리고 백제 아차(단)성의 동쪽에 있는 곳으로 동천왕이 도주한 것으로 보면 고구려가 차지하였다가 이 시기 이전 즉 551년 고구려의 10군(성) 탈환 시 고구려가 수나라와 전쟁 중에 백제와 신라가 연합하여 백제가 당시 백제 동북쪽에 있었던 평양성 즉 남평양인 졸본성을 공격하여 함락하자 신라가 이곳 신라의 북쪽으로 고구려에 상실하였던 죽령 땅을 차지하자 이후 이곳을 경계로 631년에 장성을 쌓기 시작하고 642년에 김춘추 방문 시 이의 반환을 조건으로 내세웠고, 644년에는 이를 탈환하고자 신라에 공격을 하는데 이를 당나라가 중재하고자 하였으나 계속 공격하는 것임을 알 수 있다. 이후 이 지역은 고구려의 회복 노력에 의하여 고구려 연개소문 시 이번에는 고구려가 백제와의 연합에 의하여 655년에 신라의 이곳 33성(30~57성) 탈취 시에 다시 회복하여 신라가 당나라와 연합하여 고구려와 백제를 공격하게 되는 계기가 된 지역으로 소위 삼국 역사에 있어서 중요한 지역이다.

그런데도 이곳을 한반도 충청도와 경상도 경계지방으로 비정하거나 동천왕 도피처에 있어서는 함경도 지방으로 비정하는 주류 강단사학계의 한반도에서의 조작된 비정은 아차(단)성과의 동서 위치 관계로 인하여 여지없이 무너진다. 함경도 지방이나 충청도와 경상도 지방이나 이 같은 모든 사실을 부합시켜 줄 수 없다. 이곳은 고구려와 신라의 영유권 변경 대상 지역이 아니다.

마찬가지로 이 죽령 서쪽에 있는 아차(단)성을 한반도 서울 한강 북쪽이나 충청 경상도 지방으로 비정하는 것은 그 자체 비정으로도 그렇고 동서 위치 관계에 있는 죽령과의 관계에서도 맞지 않는다. 서울 아차(단)성의 동쪽 아니 충북 단양의 동쪽은 해당 시기에 고구려와 신라의 영유권 교체 지역이 아니었다. 2개만이 맞지 않는 것이 아니고 관련된 평양성(남평양) 등을 비롯한 모든 사항과 맞지 않는다. 모든 것이 맞지 않는다. 따라서 광개토대왕의 백제 정벌 관미성을 비롯한 아단성 등 수십 개 성 정벌은 한반도에서 이루어진 것이 아니고 고구려와 백제가 있었던 하북성과 산동성에서 이루어졌다.

> 따라서 이 말갈과 관련된 광개토대왕이 정벌한 관미성은 같이 정벌한 아단성(아차성)과 함께 한반도 주류 강단 사학계가 제대로 비정을 못 하듯이 한반도가 아니고 산동성이다. 이는 말갈과 관련된 실직, 아차성과 관련된 대방에 의하여도 입증된다.

더군다나 백제가 있었던 산동성 태안시 비성시 인근에 있는 사면이 바다로 둘러싼 성이라면 산동성 요성시에 있는 요성시 동창부구(聊城市东昌府区)의 환성호수(Huanchenghu, 环城湖) 내의 현재 중국 '천하제일루' 관광지로 되어 있는 광악루 인근의 요성노성으로 비정된다.

이 요성노성은 사면이 거의 호수로 둘러싼 지형으로 이전 백제 당시에는 험난한 성이었을 가능성이 있다. 누누이 강조하여 설명하지만 중국사 서상의 고대 기록 중 바다로 표기된 것은 반드시 바다가 아니고 거의 큰 하천이나 호수를 의미한다. 더군다나 여러 정황상 관미성은 바다에 있었던 성이 아니라 내륙의 호수나 강에 있었다.

> 광개토대왕 비문상에 공격하여 함락시킨 백제 관미성은 주류 강단 사학계의 비정대로 강화도 교동도나 파주 오두산성이 아니고 산동성 태안시 비성시이다.

따라서 이곳은 북쪽으로는 하북성 중심지인 석가장시, 동쪽으로는 중원인 안양시와 낙양시 그리고 시안시(장안시)로 가는 요충지이다. 그래서 이곳을 힘들여 광개토대왕이 차지하였고 백제는 이곳을 탈환하려고 하였다. 그리고 이곳 동쪽은 아차성(아단성)이 있고 이곳 동쪽으로는 남옥저 땅으로 신라가 있다. 이곳 아차성(아단성)에서

【사료152】『삼국사기(三國史記)』권 제25 백제본기 제3 개로왕(蓋鹵王) 21년 9월

### 한성이 함락되고 개로왕이 살해되다 (475년 09월(음))

21년(475) 가을 9월에 고구려왕 거련(巨璉)이 군사 30,000명을 이끌고 와서 왕도인 한성(漢城)을 포위하였다. 왕이 성문을 닫고 나가 싸우지 못하니 고구려 사람들이 군사를 네 길로 나누어 협공하고, 또한 바람을 타고 불을 놓아 성문을 불태웠다. 사람들의 마음이 매우 두려워하여 나가서 항복하려는 자들도 있었다. 왕은 군색하여 어찌할 바를 몰라 수십 명의 기병을 거느리고 문을 나가 서쪽으로 달아나니 고구려 사람이 추격하여 왕을 해쳤다.

이보다 앞서 고구려 장수왕(長壽王)이 몰래 백제를 도모하려고 백제에서 첩자 노릇을 할 만한 사람을 구하였다. 이때 승려 도림(道琳)은 욱리하(郁里河)(註 009)에서 큰 돌을 가져다 덧널[槨]을 만들어 아버지의 뼈를 묻고, 강을 따라 둑을 쌓았는데 사성(蛇城)(註 011)의 동쪽에서부터 숭산(崇山)(註 012)의 북쪽에 이르렀다. 이 때문에 창고가 텅 비고 백성들이 곤궁해지니 나라의 위태로움이 알을 쌓아놓은 것보다 심하였다.

문주는 이에 목협만치(木劦滿致)(註 015)・조미걸취(祖彌桀取) (목협과 조미는 모두 복성(複姓)인데, 『수서(隋書)』에서는 목협(木劦)을 두 개의 성이라고 하였다. 어느 쪽이 옳은지 알 수 없다.)와 함께 남쪽으로 갔다.

북성(北城)(註 026)을 공격하여 7일 만에 빼앗고 옮겨서 남성(南城)(註 027)을 공격하니 성안에서는 위태롭고 두려워하였다.(註 028) 왕이 나가서 도망하자 고구려 장수인 걸루 등이 왕을 보고 말에서 내려 절한 다음에 왕의 얼굴을 향해 세 번 침을 뱉고는 그 죄를 나열한 다음 포박하여 아차성(阿且城)(註 029) 아래로 보내 죽였다. 재증걸루와 고이만년은 본래 백제 사람이었는데, 죄를 짓고 고구려로 도망했었다.

註 009
욱리하(郁里河) : 지금의 한강을 말한다. 이외에도 한강, 한수라는 표기도 보인다. 「광개토왕릉비」에는 '아리수(阿利水)'로 되어 있다.

註 011

사성(蛇城) : 본서 권23 백제본기1 책계왕 즉위년(286)조에 사성을 수리한 기사가 나오므로 본 성의 조축 시기는 백제 초기로 보는 것이 타당하다. 사성은 본서의 내용처럼 제방으로 보이기 때문에 한강의 홍수를 방지하기 위한 목적 혹은 당시 고구려에 대한 방어용 성곽(孔錫龜, 1993), 나성으로 보는 견해(余昊奎, 9~10쪽)가 있다. 사성의 위치에 대해서는 '蛇'의 훈 '뱀'과 풍납동의 '풍납'이 본래는 '바람들이'인데 이것이 '배암들이'로 음이 전환된 것으로 보아 풍납토성으로 비정하는 견해(李丙燾, 498~506쪽)가 있다. 그러나 풍납토성의 발굴 결과가 제시되면서 이 견해는 성립하기 어렵게 되었다. 이외에 사성의 위치를 경기도 하남시 미사동의 龜山토성으로 보는 견해(方東仁, 67~69쪽)가 제기되었지만 이 역시 백제 시가지를 벗어나 있기 때문에 성립하기 어렵다. 서울시 강남구 삼성동토성으로 보는 견해(李道學, 280~285쪽)는 사성을 축조한 목적을 고려하면 도성 관련 유적 가운데 가장 서쪽에 위치하여 이러한 조건을 충족시켜 준다.

〈참고문헌〉

方東仁, 1974, 「納里土城의 歷史地理的 檢討」, 『白山學報』 16
李丙燾, 1976, 「百濟의 蛇城에 대하여」, 『韓國古代史研究』, 博英社
孔錫龜, 1993, 「百濟城郭의 類型과 築造技法」, 『大田의 城郭』, 大田直轄市
李道學, 1995, 『百濟古代國家研究』, 一志社
余昊奎, 2002, 「漢城時代 百濟의 都城制와 防禦體系」, 『百濟研究』 36

註 012

숭산(崇山) : 본서 권37 지리4 삼국유명미상지분(三國有名未詳地分)에 실려 있다. 현재의 경기도 하남시 창우동 동남방의 검단산(黔丹山)에 비정하는 견해(李丙燾, 393쪽)와 이성산성으로 보는 견해(鄭求福 外, 721쪽 주 147)가 있다.

〈참고문헌〉

李丙燾, 1977, 『譯註 三國史記』, 乙酉文化社
鄭求福 外, 1997, 『譯註 三國史記』 3 주석편(상), 한국정신문화연구원

註 015

목협만치(木劦滿致) : 백제 개로왕 때 활약한 귀족인 목씨 가문으로 문주왕

의 측근이다. 목협만치는 구이신왕대 국정을 농단한 목만치(木滿致)와 동일한 인물로 보는 견해(김현구 외, 177~178쪽)와 다른 인물로 보는 견해(盧重國, 139쪽)가 있다. 또한 목협만치가 웅진 천도 후 왜국으로 건너가 소아씨(蘇我氏)의 시조가 되었다고 본 견해(門脇禎二, 52~54쪽)도 있다. 목협만치는 웅진 천도 후 기록에 보이지 않고, 해구가 전횡을 하였기 때문에 실각하였다고 보인다.

〈참고문헌〉
門脇禎二, 1987, 『飛鳥―その古代史と風土』, 日本放送出版協會
盧重國, 1988, 『百濟政治史研究』, 一潮閣
김현구 외, 2002, 『일본서기 한국관계기사연구(1)』, 일지사

註 026

북성(北城) : 이병도는 북성은 한수 이북의 구위례성(舊慰禮城), 남성은 한성(하남위례성)으로 보았다(李丙燾, 491쪽). 북한 학계는 고구려군이 먼저 북한성(오늘날의 서울)을 공격하여 함락시킨 다음 남한성(경기도 광주 지방)을 공격한 것으로 보고 있다(사회과학원 력사연구소, 151쪽). 그러나 최근 발굴 성과를 고려하면 북쪽에 있는 풍납토성이 북성, 남쪽에 있는 몽촌토성을 남성으로 보고, 양자를 합하여 한성이라 보는 견해(金起燮, 59쪽)가 일반적으로 받아들여진다.

〈참고문헌〉
李丙燾, 1976, 「百濟의 蛇城에 대하여」, 『韓國古代史研究』, 博英社
金起燮, 1990, 「百濟前期 都城에 關한 一考察」, 『淸溪史學』 7, 청계사학회
사회과학원 력사연구소, 1991, 『조선전사3-고구려사』

註 027

남성(南城) : 남쪽에 위치한 몽촌토성을 지칭한다. 몽촌토성은 1980년대 발굴을 하여(서울大學校 博物館, 1987; 1988; 1989) 왕성임이 밝혀졌으며, 최근 다시 발굴이 재개되어 백제와 고구려, 신라의 유적이 중첩되는 중요한 거점이었음이 확인(한성백제박물관, 2016a; 2016b)되고 있다.

〈참고문헌〉
서울大學校 博物館, 1987, 『夢村土城-東北地區發掘報告書』

서울大學校 博物館, 1988, 『夢村土城-東南地區發掘報告書』
서울大學校 博物館, 1989, 『夢村土城-西南地區發掘報告書』
한성백제박물관, 2016a, 『夢村土城Ⅰ-한성백제박물관 유적조사보고1』
한성백제박물관, 2016b, 『夢村土城Ⅱ-한성백제박물관 유적조사보고2』

註 028
북성(北城)을 … 두려워하였다 : 『일본서기(日本書紀)』 권14 웅략기(雄略紀) 20년(476)에는 고구려가 대성(大城)을 공격하였고, 이후 왕성(王城)이 함락되었다고 전한다. 이런 순서를 적용하면 북성인 풍납토성이 대성, 남성인 몽촌토성이 왕성이라 할 수 있다(金起燮, 60~65쪽; 朴淳發, 174쪽). 실제 개로왕이 남성에 있다 피난 가려 했다는 점에서 나름 일리가 있다. 하지만 최근 풍납토성의 발굴 결과 유적의 규모와 양에서 압도하여 평상시에 거주한 왕성으로 보아야 하며, 몽촌토성은 구릉에 위치하기 때문에 고구려와의 전쟁이 불가피해지면서 피난 왕성으로 축조되었을 가능성이 크다. 왕성이 북성과 남성의 2중으로 이루어졌으며, 이 중 대성은 커다란 성이라는 의미이기 때문에 왕성의 이칭으로 볼 수 있는 것이다(鄭載潤, 292~293쪽).
〈참고문헌〉
金起燮, 1990, 「百濟前期 都城에 關한 一考察」, 『淸溪史學』 7, 청계사학회
朴淳發, 2001, 『漢城百濟의 誕生』, 서경문화사
鄭載潤, 2003, 「475년 漢城戰鬪의 軍事戰略과 戰爭史的 意味」, 『軍史』 50

註 029
아차성(阿且城) : 서울특별시 광진구 중곡동의 아차산성을 말한다. 본서 권24 백제본기2 책계왕 즉위년(286)조 참조.

당연히 주류 강단 사학계는 백제의 도읍인 한성으로 비정되는 현재 한강 남쪽에 거의 붙어 있는 풍납토성과 몽촌토성으로 비정하고 개로왕이 살해된 아차성은 한강 맞은편 북쪽 아차산성으로 비유하고 있다. 한강 남쪽의 궁궐에 있던 개로왕이 북쪽 강 건너에서 잡혀 살해당하는 상황은 이해할 수가 없다.

■[그림68] 주류 강단 사학계의 고구려 백제 한성 함락 공격 경로

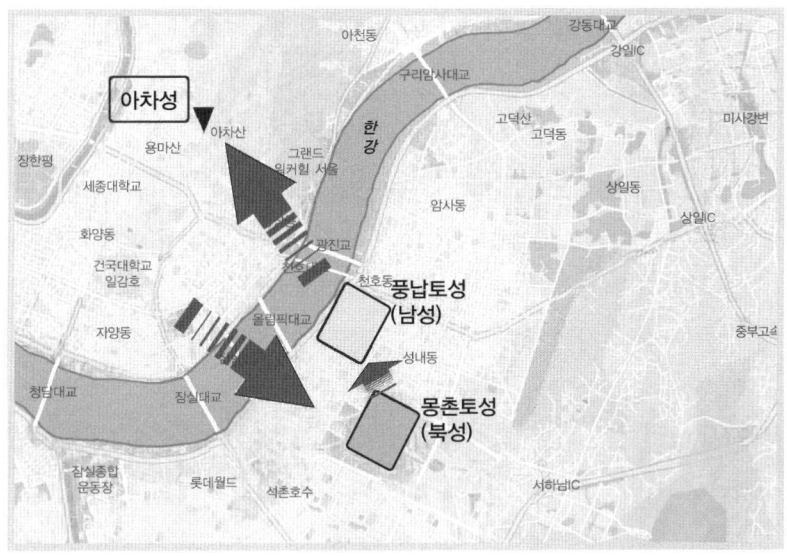

■[그림69] 고구려 백제 한성 함락 공격 경로

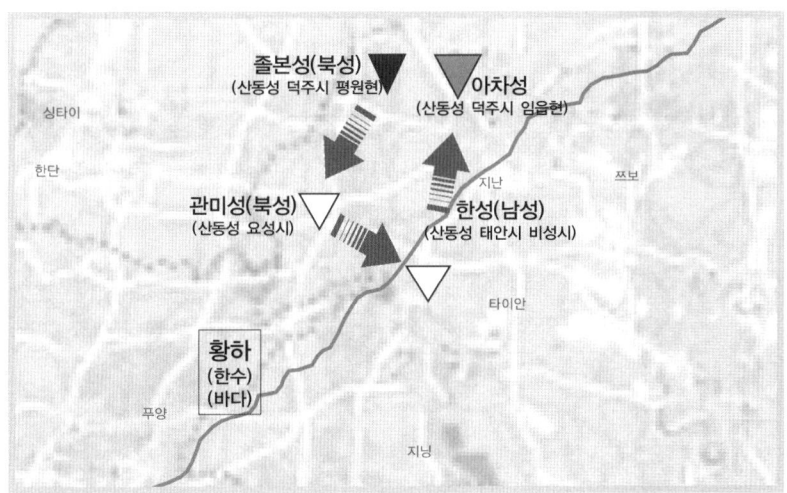

## [백제 한성 함락과 관련한 사실에 의하여 그 위치를 조명하면]

　더군다나 백제의 왕성에는 북성과 남성이 있는데 북성을 7일 만에 함락시키고 그다음에 남성을 공격하자 개로왕이 도망하다가 잡혔다는 것인데, 당시 서울에는 지금까지 한강 건너 북성 흔적을 발견할 수 없으며 한강 남쪽에 같이 있는 풍납토성과 몽촌토성 2개의 성 중에서 주류 강단 사학계는 이러한 기록으로 인하여 약간 북쪽에 있다고 하지만 사실상 가까운 동북쪽에 있는 풍납토성을 북성으로 보고, 남쪽에 있다고 하지만 사실상 서남쪽에 있는 몽촌토성을 남성으로 비정하고 있다. 하지만 고구려와의 관계에서 그 위치상 풍납토성을 고구려의 방어 차원에서의 북성으로 볼 수 없거니와 몽촌토성에서 오히려 방어 목책이 발견되고 풍납토성에서 거주 흔적이 발견되는 등 그 역할이 역으로 도치된 것이 확실하다. 더군다나 이들은 서로 거의 붙어 있어 북성을 7일간 따로 공격하고 그다음에 남성을 공격할 필요가 전혀 없다.

　그리고 사서기록상으로는 개로왕이 남성 공격 시 탈출하여 사로잡혔는데 주류 강단 사학계의 아차성 비정대로라면 개로왕이 강을 건너 적군이 있는 고구려 땅으로 도피한 것이 되는데 이는 있을 수 없는 일이다. 그렇다고 굳이 도망친 개로왕을 사로잡아 강을 건너 북쪽인 아차성에서 일개 장수들이 왕을 죽이지는 않는다. 강을 건너 옮겼다면 고구려 왕에게 데려갔을 것이다. 신라에 구원을 요청한 만큼 넓은 평야를 거쳐 남쪽인 경기도 남쪽으로 도피하는 것이 당연하다. 여기는 개로왕이 사망한 고구려가 함락시킨 백제의 도읍지 한성이 절대 아니다.

> 개로왕을 죽인 아차성 위치와 북성 남성이 있는 백제 한성에는 한반도 풍납토성과 몽촌토성은 맞지 않는다.
> 백제 한성은 이곳이 아니다. 이러한 사실은 아차성과 사성, 욱리하 등 여러 사실에 의하여 입증된다.

백제의 수도 한성 내지는 하남 위례성의 경우 이 위치가 아니라 백제 초기 기록으로 한성 내지는 한산성과 하남 위례성으로 황하인 한수를 경계로 그 남쪽의 산동성 태안시 비성시에 있는 남성과 한수 북쪽의 산동성 요성시에 있는 북성이다. 다음 기록을 보자.

---

【사료85】『삼국사기(三國史記)』권 제37 잡지 제6 지리(地理)四 백제(百濟)

삼국의 이름만 있고 그 위치가 상세치 않은 곳

위례성(慰禮城), 마수성(馬首城), 병산책(瓶山柵), 독산책(禿山柵), 구천책(狗川柵), 구원(狗原), 주양성(走壤城), 부현(斧峴), 대부현(大斧峴)

---

백제의 초기 도읍지와 관련한 온조왕 기록에서 위례성을 비롯한 많은 지명을 『삼국사기』 편찬자들조차 모르고 있다. 이와 같이 백제의 초기 도읍지 및 천도에 관한 기록이 애매모호하게 기술되어 있는 데다가 백제 관련 기록이 부실한 탓으로 백제의 초기 도읍지와 관련하여 많은 논란이 있어 왔다. 이와 관련한 글을 쓰려면 논문 몇 편도 모자랄 정도라서 여기서 전부 소개하고 설명한다는 것은 무리이다. 따라서 가장 중요한 사항만 짚어보고 이에 대한 바른 비정을 하여 올바른 역사를 정립하고자 한다. 가장 큰 논란은 고려 및 조선에 이르러 실학자들 그리고 일제 식민사학을 거쳐 현재의 주류 강단 사학계의 가장 큰 논란은 하북 위례성과 하남 위례성 존재 여부 및 위치 비정이고 이에 더하여 근초고왕 시기의 천도지인 한산의 위치이다.

물론 식민사학과 주류 강단 사학계에서도 하북에서 하남으로의 천도가 이루어지지 않은 것으로 보는 주장도 있었다. 이러한 논란 가운데 미추홀은 인천 등지로 정해져 있고, 개로왕 이후 웅진의 공주 천도 그리고 성왕의 사비 부여 천도는 정해져 있다.

이에 반하여 주류 강단 사학을 비판하는 재야 민족 사학계의 이에 대한 논란은 상당히 복잡하지만 대략적인 논란 사항은 비류백제와 온조백제 즉 십제와의 별도 출발 및 결합 과정에서의 역사 혼합 그리고 왕조 혼합 등의 문제와 온조백제의 한반도 중부 지방 정착과 비류백제의 한반도 중남부 지방 정착 및 이후 일본열도 진출이다. 이것과 관련하여 광개토대왕 정벌도 한반도 중부 지방의 한성 백제 정벌과 한반도 중남부 지방의 비류백제 정벌에 이은 일본열도 정벌 사항이 연결된다. 하지만 역시 개로왕 이후 공주와 부여 천도는 마찬가지로 수용하고 있는 편이다.

물론 일부 다른 주장으로는 비류백제의 중국 본토 정착 및 건국과 이와는 별도로 온조백제의 한반도 정착 및 건국설도 있다. 이 주장도 나중에는 합쳐지게 되어 2개의 역사가 하나로 합쳐지는 관계로 왕조 교체 등이 혼란스럽게 되어버렸다는 주장이 포함된다. 물론 이와 비슷한 주장은 일제 식민 사학자들에 의하여 제기되기도 하였지만 더 이상의 논란은 여기서는 생략하기로 한다.

이와 같은 논란 중에 본 필자가 역사 기록에 맞는 논리를 제공하겠지만 이러한 가운데 주로 주류 강단 사학계의 주장을 비판하면서 논리를 전개하고자 한다. 이와 같이 논란이 많은 것은 당연한 것으로 사실을 파악하는 데 유일한 근거인 사서기록이 애매하게 기록되어 있는데다가 부족하고 또한 더욱 어렵게 만든 것이 원래의 위치에서 벗어난 곳에서 이를 비정하려다 보니 맞지 않아 더욱 논란을 부추기는 것이었다. 이것이 바로 한반도 고착화이고 왜곡된 비정에 의한다. 즉 한수,

한산, 한강 등을 현재 서울의 것으로 비정하려다 보니 맞지 않았다. 참고로 서울의 한강은 신라의 진흥왕 시기에도 한수나 한강이라 하지 않고 남천이라고 하였음이 진흥왕순수비에 새겨져 있다.

대신 진흥왕 관련 기록상의 북한산순수비와 연관시킨 북한산 관련 기록은 서울의 북한산이 아닌 산동성에 있는 백제의 북한산이다. 『삼국사기』상의 한성, 한수, 한강, 한산, 북한산 등 한자와 관련된 기록은 전부 한반도의 서울의 것이 아니라 백제의 도읍지인 산동성의 것이라고 인식하여야 한다. 그렇게 인식하고 사서의 기록을 보고 맞추면 모든 것이 맞아떨어진다.

본 필자도 이에 대하여 부정적인 인식을 하였었다. 그렇게 하다 보니 모든 것이 맞지 않는다. 주류 강단 사학계가 현재 많은 사서기록상의 명칭의 위치를 한곳에 비정하지 못하고 여기저기에 비정하는 것이 수없이 많다. 이것은 혼란을 자인하는 원인이 된다. 모든 기록을 소화시킬 수 있는 위치가 맞는 위치이다. 그러므로 이들 모두의 위치는 한반도가 아니다.

그럼 살펴보기로 하자. 먼저 살펴보기 전에 기존의 서울에 비정한 선입관을 그대로 가지고 있되 새로운 제시를 무조건 배격하지 말고 기존의 것과 비교할 수 있도록 일단 수용하여야 한다. 그리고 기존의 것과 비교하여 보아야 한다. 그리고 새로운 것을 배격하든지 받아들이든지 하여야 한다.

> 백제 한성의 서울 여부를 살펴보기 전에 먼저 기존의 서울에 비정한 선입관을 그대로 가지고 있되 새로운 제시를 무조건 배격하지 말고 기존의 것과 비교할 수 있도록 일단 수용하여야 한다. 그리고 기존의 것과 비교하여 보아야 한다.
> 그리고 새로운 것을 배격하든지 받아들이든지 하라.

기존 주류 강단 사학계는 백제의 초기 도읍지와 관련하여 나중에

【사료102】『삼국사기(三國史記)』 卷第二十三 百濟本紀 第一 시조 온조왕(溫祚王) 13년 5월

하남위례성으로 천도할 계획을 세우다 (기원전 6년 05월)

〔13년(B.C. 6)〕 여름 5월에 왕이 신하들에게 다음과 같이 말하였다. "우리나라의 동쪽에는 낙랑(樂浪)이 있고, 북쪽에는 말갈(靺鞨)이 있어 번갈아 우리 강역을 침공하므로 편안한 날이 적다. 하물며 요사이 요망한 징조가 자주 나타나고, 국모(國母)께서 돌아가셨다. 형세가 스스로 편안치가 않으니, 장차 반드시 도읍을 옮겨야겠다. 내가 어제 순행을 나가 한수의 남쪽을 보니, 땅이 기름지므로 마땅히 그곳에 도읍을 정하여 오래도록 편안한 계책을 도모해야 하겠다."

【사료245】『삼국사기(三國史記)』 권 제23 백제본기 제1 시조 온조왕(溫祚王) 13년 7월

하남위례성으로 백성을 이주시키다 (기원전 6년 07월)

〔13년(B.C.6)〕 가을 7월에 한산(漢山) 아래로 나아가 목책을 세우고, 위례성(慰禮城)의 민호(民戶)들을 옮겼다.

【사료119】『삼국사기(三國史記)』 卷第二十三 百濟本紀 第一 시조 온조왕(溫祚王) 13년

13년 8월 : 마한에 도읍을 옮긴다고 알리고 강역을 정하다 (기원전 6년 08월)

〔13년(B.C. 6)〕 8월에 마한(馬韓)에 사신을 보내 도읍을 옮긴다는 것[遷都]을 알리고, 마침내 강역을 구획하여 정하였다. 북쪽으로는 패하(浿河)에 이르고, 남쪽은 웅천(熊川)을 경계로 삼으며, 서쪽으로는 큰 바다에 닿고, 동쪽으로는 주양(走壤)에 이르렀다.

【사료538】『삼국사기(三國史記)』권 제23 백제본기 제1 시조 온조왕(溫祚王) 13년 9월

성과 대궐을 쌓다 (기원전 6년 09월)

〔13년(B.C. 6)〕 9월에 성과 대궐을 쌓았다.

【사료539】『삼국사기(三國史記)』권 제23 백제본기 제1 시조 온조왕(溫祚王) 14년 1월

도읍을 옮기다 (기원전 5년 01월)

14년(B.C. 5) 봄 정월에 도읍을 옮겼다.

　　온조왕 시기에 천도한 것만을 주로 인식하여 하남 위례성으로 천도하였으므로 이전에는 하북에 있었을 것이라고 판단하여 서울의 강북에서 그 하북 위례성을 찾으려고 노력하였다. 하지만 이것은 잘못된 판단이다. 그래서 위의 기록처럼 중간 제목을 "하남 위례성으로 ~" 하였다. 하지만 이는 근거 없는 제멋대로의 제목 붙임이다. 이는 하북에서 하남으로라는 전제가 깔린 것이다. 더군다나 이는 한반도의 서울 지역에 비정한 것을 전제로 하였다. 이에는 함정이 있고 역사왜곡과 조작이 있다. 이를 비판하여 주류 강단 사학계의 비정의 잘못을 지적한 사실이 없다. 이에 본 필자가 이를 시행하여 주류 강단 사학계의 한반도 비정의 잘못된 수많은 아니 전부 중의 하나를 지적하고자 한다. 주류 강단 사학계의 비정이 하북에서 하남이라면 무슨 근거로 하북에서 하남인가. 제시해 보라. 우선 처음의 도읍지를 보자.

【사료285】『삼국사기(三國史記)』 권 제23 백제본기 제1 시조 온조왕(溫祚王) 원년

주몽이 북부여에 있을 때 낳은 아들이 와서 태자가 되자, 비류와 온조는 태자에게 받아들여지지 않을까 두려워하여, 마침내 오간(烏干)·마려(馬黎) 등 10명의 신하와 더불어 남쪽으로 갔는데 백성들이 따르는 자가 많았다. 〔그들은〕 드디어 한산(漢山)에 이르러 부아악(負兒嶽)에 올라가 살 만한 곳을 바라보았다. 비류가 바닷가에 살고자 하니 10명의 신하가 간언하기를, "생각건대 이곳 강 남쪽의 땅은 북쪽으로는 한수(漢水)를 띠처럼 두르고 있고, 동쪽으로는 높은 산을 의지하였으며, 남쪽으로는 비옥한 벌판을 바라보고, 서쪽으로는 큰 바다에 막혀 있습니다. 이렇게 하늘이 내려준 험준함과 지세의 이점은 얻기 어려운 형세이니, 이곳에 도읍을 세우는 것이 〔또한〕 좋지 않겠습니까?"라고 하였다.
〔그러나〕 비류는 듣지 않고 그 백성들을 나누어 미추홀(彌鄒忽)로 돌아가 살았다. 온조는 강 남쪽의 위례성(慰禮城)에 도읍을 정하고, 10명의 신하를 보좌로 삼아 나라 이름을 십제(十濟)라 하였다. 이때가 전한(前漢)성제(成帝) 홍가(鴻嘉) 3년(B.C.18)이었다.
비류는 미추홀의 땅이 습하고 물이 짜서 편안히 살 수가 없었다. 위례성으로 돌아와서 보니,

강 남쪽이라고 하였다. 이미 첫 도읍지를 강 남쪽 즉 하남에 세웠다. 첫 번째부터 하남 위례성이다. 그러면 그다음의 천도 계획과 천도지는 어디인가. 이곳은 기록 그대로 위례성의 민호를 옮긴 한산 아래이다. 하남 그대로에서 이웃의 한산이다. 그래서 문제이다. 본 필자가 앞에서 언급하였듯이 원래의 위치에서는 이 기록 그대로 인정되어 그 위치를 비정할 수 있는데도 불구하고 맞지 않는 위치에 이 기록을 맞추려다 보니 하북 위례성을 찾았다. 무슨 말인고 하니 서울에서 하남 위례성이 한강 아래의 강동구 지방이다 보니 여기에서 다시 한산을 찾아 원래의 하남 위례성을 찾다 보니 안 되어 한산이 있는 하북을 찾아 강

북으로 가게 되었다. 즉 현재의 한강과 서울에서는 하남에 한산이 없다. 만약 하남에 한산이 있었다면 이곳을 비정하였을 것이기 때문이다. 물론 이 기록을 '하' 즉 강의 북쪽에 있는 산(한산)에 올라 강(한수, 한강)과 함께 남쪽인 하남을 바라본다고 해석할 수도 있다.

그러나 이는 강 남쪽에 있는 하남의 산(한산)에 올라 강(한수, 한강)과 함께 남쪽인 하남을 염두에 두고 이야기한 것으로 해석하여야 맞는다. 왜냐하면 위의 온조왕 원년조에 의하면 뒤의 구절인 강 남쪽의 위례성에 도읍을 정하였다고 하여 강과 위례성 사이의 산을 거론하지 않았다. 따라서 강과 위례성 사이에 산이 없는 것으로 해석될 수도 있다.

하지만 온조왕 13년조를 보면, 새로운 천도지는 13년 5월의 한수 남쪽이자, 13년 7월의 한산 아래로 14년 1월(BC 5)에 천도한 곳이다. 그러면 분명히 한수 남쪽에 있는 한산 아래에 도읍을 옮겼다. 즉, 한수 남쪽에 한산이 있다.

> 주류 강단 사학계는 백제의 도읍지를 조작하여 한반도 한강 아래에 비정하였다. 원래의 위치에는 한수 남쪽에 한산이 있고 이 아래에 두 번째 도읍이 있었다. 첫 도읍지도 마찬가지이다.
> 한반도 한강의 한성은 한수 남쪽에 한산이 없다.
> 산동성 한수, 한강, 한산 지역에는 한수 남쪽에 한산이 있다.

따라서 첫 도읍지 역시 한수 남쪽에 도읍을 정하였다고 하였으니 이곳도 한수 남쪽에 한산이 있다. 그래서 처음 도읍지는 당연히 강(한수, 한강) 남쪽인 위례성 즉 하남 위례성이고, 14년에도 한수 남쪽의 한산 아래로 옮겼다. 둘 다 한수 아래에 있다. 그리고 이 한수 남쪽에 한산이 있다. 즉 첫 번째 도읍지는 한수 이남은 확실하므로 한수 이남에, 두 번째 도읍지는 한수 이남 한산 아래임이 확실하므로 둘 다 한수 이남이 맞는 것이고, 한수 이남에 한산이 있는 것이 맞는다. 단지 첫 번째 도읍지 해석을 한산에 올라가서 한수를 바라본 것으로 하여 한산 아래 한수가 있고 그 이남에 도읍지가 있는 것으로 잘못 해석한 것뿐이다. 즉 두 번째 도읍 위치에 의하여 첫 번째 도읍의 위치가 확인되고 후대의 해석이 잘못되었음이 입증된다.

이 해석의 잘못은 한반도 서울에 비정하는 선입견 때문이다. 문제는 이러한 한반도 서울 비정에 의한 선입견 해석에 의하지 않으면 본 필자와 같은 해석이 당연한데도 이를 회피한 채 하지 않았던 것에 있다.

그리고 이러한 사실을 숨기고 자기들의 논리에 의한 비정에 집착한 것이 더 큰 문제이다. 이것만으로도 충분히 입증되지만 이는 이후의 두 가지 사항으로 더욱 입증된다. 한산 아래로 천도한 14년 1월 이후인

【사료540】『삼국사기(三國史記)』권 제23 백제본기 제1 시조 온조왕(溫祚王) 14년 7월

한강 서북쪽에 성을 쌓고 주민을 이주시키다 (기원전 5년 07월)

〔14년(B.C. 5)〕 가을 7월에 한강(漢江) 서북쪽에 성을 쌓고, 한성(漢城)의 백성들을 〔그곳에〕 나누어 살게 하였다.

【사료541】『삼국사기(三國史記)』권 제23 백제본기 제1 시조 온조왕(溫祚王) 15년 1월

궁궐을 새로 쌓다 (기원전 4년 01월)

15년(B.C. 4) 봄 정월에 궁실을 새롭게 지었는데 검소하되 누추하지 않고, 화려하되 사치스럽지 않았다.

7월에 강의 서북쪽에 성을 쌓고 원래의 강 남쪽의 한성 백성을 옮겼다. 이곳에 천도하였는지 이후인 15년 1월에 궁실을 새롭게 쌓은 것이 한강 서북쪽의 한성 백성을 옮긴 곳인지, 아니면 원래의 강 남쪽인 한성 내지는 위례성에 쌓았는지 여부는 불분명하다. 하지만 분명히 새로 강의 서북쪽에 성을 쌓고 한성의 백성을 옮긴 것으로 보아 이 이전에는 강의 남쪽에 있었음이 확실하다. 이전에 있던 곳은 온조왕 원년의 강의 남쪽과 14년 1월의 한수 및 한산 아래이다. 따라서 한산은 한강 남쪽에 있는 것이 맞는다. 그리고 이곳 강의 서북쪽에 성을 쌓고 한성 백성을 옮긴 곳에 천도 여부는 15년 1월에 궁실을 새롭게 쌓은 것이 이곳이 아니고 천도도 하지 않는 것으로 판단된다.

왜냐하면 이는 한수 아래에 한산과 위례성이 있다는 것에 대한 두 번째 입증 사항이다.

【사료314】『삼국사기(三國史記)』卷第三十七 雜志 第六 지리(地理)四 백제(百濟)

《고전기(古典記)》를 살피건대 동명왕의 셋째 아들인 온조가 전한 홍가 3년 계묘년에 졸본부여(卒本扶餘)에서 위례성(慰禮城)에 이르러 도읍을 정하고 왕이라 칭하였다. 389년이 지나 13세 근초고왕에 이르러 고구려 남평양(註 247)을 취하고 한성에 도읍했다.(取高句麗南平壤, 都漢城.) 105년이 지나 22세 문주왕이 도읍을 웅천으로 옮겼다. 63년이 지나고 26세 성왕이 도읍을 소부리로 옮기고 국호를 남부여로 하였다. 31세 의자왕에 이름에 122년이 지나고 당 현경(顯慶) 5년에 이르러 의자왕 재위 20년 때에 신라 유신(金庾信)과 당(唐)의 소정방(蘇定方)이 함께 토벌해 평정하였다.

註 247
지금의 서울특별시의 강북 중심 지역이다(정구복 외,《역주 삼국사기》4 주석편(하), 한국정신문화연구원, 1997, 375쪽).

【사료315】『삼국유사』卷 第二 제2 기이(紀異第二) 남부여(南扶餘) 전백제(前百濟)

≪고전기(古典記)≫를 살펴보면 이러하다.

"동명왕(東明王)의 셋째 아들 온조는 전한 홍가 3년 계유(서기전 18)에 졸본 부여로부터 위례성(慰禮城)에 이르러 도읍을 세우고 왕이라고 칭하였다. 14년 병진(丙辰)에 도읍을 한산(漢山) (지금의 광주(廣州))으로 옮겨 389년을 지냈으며, 13대 근초고왕(近肖古王) 때인 함안(咸安) 원년(371년)에 이르러 고구려의 남평양(南平壤)을 빼앗아 도읍을 북한성(北漢城) (지금의 양주(楊州))으로 옮겨 105년을 지냈다. 22대 문주왕(文周王)이 즉위하여 원휘(元徽) 3년 을묘(475년)에는 도읍을 웅천(熊川) (지금의 공주(公州))으로 옮겨 63년을 지내고, 26대 성왕(聖王) 때에 도읍을 소부리(所夫里)로 옮기고 나라 이름을 남부여(南扶餘)라 하여 31대 의자왕(義慈王)에 이르기까지 120년을 지냈다.

【사료497】『삼국사기(三國史記)』권 제24 백제본기 제2 근초고왕(近肖古王) 26년

도읍을 한산으로 옮기다 (371년 (음))

〔26년(371)〕도읍을 한산(漢山)으로 옮겼다.(註 001)

註 001
도읍을 한산(漢山)으로 옮겼다 : 앞의 문구와 연결하여 "왕이 군사를 이끌고 물러나[王引軍退] 도읍인 한산으로 왔다[移都漢山]"고 해석하는 견해(千寬宇, 1976)도 있으나, 평양성을 공격한 군사들의 퇴각과 도읍을 옮겼다는 기록으로 나누어 해석하는 것이 보통이다.『삼국유사(三國遺事)』권1 왕력편에는 이때 "북한산으로 도읍을 옮겼다[移都北漢山]"는 기록이 있으므로 근초고왕이 고구려를 더욱 압박하기 위해 지금의 북한산성으로 도읍을 옮긴 것이라는 해석(李道學, 32쪽)도 있다. 그러나 지금의 북한산성에서는 아직 백제 때의 성곽 흔적이 발견되지 않았다. 이에 학계는 대개 본 기사의 한산을 남한산으로 해석하고 고구려의 반격에 대비해 도

> 읍을 잠시 산성으로 옮긴 것이라고 하거나(李丙燾, 375쪽), 기존의 하남 위례성을 왕성으로 한 도읍 체제에서 평지의 북성과 산지의 남성을 연계한 한성 도읍 체제로의 변화를 나타낸 것이라고 해석한다.
> 〈참고문헌〉
> 千寬宇, 1976, 「三韓의 國家形成(下)」, 『韓國學報』 3, 一志社
> 李丙燾, 1977, 『國譯 三國史記』, 乙酉文化社
> 李道學, 1992, 「百濟 漢城時期의 都城制에 관한 檢討」, 『韓國上古史學報』 9

앞에서 확인하였듯이 백제의 근초고왕이 고구려의 고국원왕을 전사케 한 전쟁의 공격 장소인 평양성이 고구려 수도 평양성이 아니고 남평양이라는 사실을 밝혀준 것은 위의 두 사서기록이다. 그리고 이에 의하여 관련 전쟁이 치러진 패수가 이곳 남평양인 졸본성 즉 산동성의 것이라는 사실을 알려준 것도 이 기록이다. 이에 의하여 근초고왕이 고구려 평양성인 남평양을 공격하고 도읍을 옮긴 곳이 『삼국사기』는 '한성'이라고 하였지만, 『삼국유사』는 '북한성'이라고 하였다. 물론 이에는 두 가지 논란 사항이 발생한다.

하나는① 이 사서기록 중에 무엇이 맞는지 여부와 다른 하나는② '북한성'에 대한 해석 여부이다. 물론 이는 상호 간의 해명과 연관된다.

①어느 기록이 맞는지 여부이다. 이는 두 가지에 의하여 해명된다.

즉 하나는 근초고왕 위의 천도 사실 즉 온조왕 시기의 13년 7월의 한수 남쪽 한산 아래 도읍 이전 이후부터 근초고왕의 천도 사실 사이에 천도 사실 여부이다. 이 천도 사실이 없다면 근초고왕의 어디로의 천도 사실이 북한성이 신빙성이 있고, 있다면 북한성의 신빙성이 없고 한성의 신빙성이 있게 된다. 즉 이전에 천도 없이 계속 한수 남쪽 한산 아래에 있었다면 북한 즉 한수 내지는 한산 북쪽으로의 천도가 있었을 가능성이 커지는 대신 그전에도 만약 천도 혹은 한수 북쪽이나 한산 북쪽의 천도 사실이 있다면 새로이 천도하는 근초고왕의 경우 다시 원래의 위치인 한수 남쪽 한산 아래인 한성으로의 천도가 있었을 가능성이 크다.

②북한성에 대한 해석이다. 이는 앞에서 ①과 같이 살펴본 대로 이전의 천도 여부에 따라 신빙성이 달라지고, 이 '북한성'에 대한 해석도 달라질 수 있다.

그러면 살펴보기로 하자.

이에 대하여는 앞에서 살펴본 대로 처음 도읍지에서 한수 남쪽 한산 아래 천도한 온조왕 14년 1월 이후인 7월에 강의 서북쪽에 성을 쌓고, 원래의 강 남쪽의 한성 백성을 옮겼지만 천도하지 않은 근거를 근초고왕 시기에 천도한 사실을 거론한 것과 같이 비록 성을 쌓았지만 근초고왕 시기에 천도한 것에 의하면 그리고 한수 이남에서 강의 서북쪽인 북한성으로 옮기지 않고 근초고왕 시기에야 미리 쌓아놓은 이곳 북한성에 근초고왕 시기에 옮긴 것으로 보는 한편 근초고왕 시기에 천도한 곳은 강의 서북쪽인 북한성이라는 것이 신빙성이 있다. 따라서 북한성은 한산의 북쪽만이 아니라 한산 북쪽에 있는 한수 서북쪽에 성을 쌓았다는 온조왕 14년 7월상의 곳에 당시에는 천도를 하지 않았고 나중에 근초고왕이 천도한 것으로 판단된다.

물론 본 필자도 이 사실에 대하여 회의감이 들고 의심이 들었고 나중인 475년 고구려 장수왕의 백제 한성 공격 시 남성과 한수 이남의 성으로 비정되는 한성을 공격하기에 앞서 북성을 공격하였다는 사실에 의하여 이때 도읍이 남성인 하남성이었다면 그리고 근초고왕 시기에 북한성으로 옮기었으면 이 사이 즉 근초고왕 시기와 개로왕 시기 사이에 다시 하남 한성으로 천도하였다는 것인데 이에 대한 기록이 없으므로 아예 근초고왕 시기에 천도한 것이 아니라는 생각도 들었다. 하지만 위에서 살펴본 바가 더욱 신빙성이 있어 근초고왕의 북한성 천도 사실을 신뢰하게 되었다.

  따라서 이후의 개로왕 북성, 남성 사실은 그사이에 천도 사실을 사서기록이 누락하였거나 아니면 개로왕 시기에 북성인 북한성을 그대로 도읍으로 하고 있다가 이것이 위험 내지는 함락되자 남성인 하남위례성으로 도피한 채 여기서 개로왕이 패한 것이든지 두 가지 사항 중에 하나이다. 즉 사서기록상 한성은 이 북성과 남성을 모두 포함한 것으로 하남성에 북성과 남성이 있어 이를 통틀어 한성이라고 하였거나 아니면 북한성을 북성, 남한성을 남성이라고 한 채 이를 통틀어 한성이라고 하였거나 둘 중의 하나이다.

  하지만 이 둘 중 어느 것이든지 주류 강단 사학계의 비정에 의한 한반도 서울 강남 동북쪽의 풍납토성과 이곳의 서남쪽인 몽촌토성은 당시 전쟁 상황 즉 **"북성(北城)을 공격하여 7일 만에 빼앗고 옮겨서 남성(南城)을 공격하니"**에 의하면 이 두 성은 너무 가까워 모두 해당되지 않거니와 이 인근에서 비교적 멀리 떨어진 왕성을 찾을 수 없기에 전혀 해당이 안 된다. 이 한 가지 사실에만 의하더라도 주류 강단 사학계의 한반도 서울에의 한성 비정은 맞지 않는다.

  그럼 백제의 한성 함락 사실을 살펴봄으로써 백제의 한성 위치를 확인하기 위하여 백제 천도 사실을 살펴보기 전에 백제의 첫 도읍지인 한성 및 이 한성이 함락되기까지의 과정을 살펴보기로 한다. 지금까지 살펴본 바와 같이 하남 위례성의 위치가 한산 남쪽에 한수 그리고 그 남쪽에 위례성이 있었는지 아니면 한수 남쪽에 한산 그리고 그 남쪽에 하남 위례성이 있었는지를 살펴보기 위하여 근초고왕 시기의 천도 여부와 천도하였다는 북한성에 대하여 살펴보았다. 그러면 이를 바탕으로 첫 도읍지인 하남 위례성과 근초고왕의 천도지인 북한성 이전까지의 도읍 그리고 근초고왕 북한성부터 살펴보고자 하는 개로왕 시기의 한성까지를 확인해 보도록 한다.

위에서 확인한 바대로 사서기록상의 하남 위례성은 분명히 한수 남쪽에 한산이 있고, 이 한산 아래에 위례성이 있다. 그리고 근초고왕의 천도지인 북한성은 한강 서북쪽이다. 따라서 이는 주류 강단 사학계가 비정하는 한반도의 한강 이남은 맞지 않는다. 이곳에는 산이 없다. 즉 한강 아래 한산이 있고 이곳 아래에 위례성이 있어야 맞기 때문이다. 그래서 주류 강단 사학계는 첫 번째 도읍지에서 첫 번째로 온조왕 13년(BC 6)에 천도한 한산 아래의 도읍지를 옮긴 것에 대하여 유난히 '하남 위례성'이라고 강조한다. 한산성이라고 하지 않는다. 물론 한수의 남쪽이자 한산 아래이므로 같이 하남은 맞는다. 하지만 첫 도읍지는 하남 위례성으로, 두 번째 도읍지이자 첫 번째 천도지인 이곳은 한산성이라고 하여야 맞는다.

■ [도표29] 백제 천도 사실

1. 첫 도읍지(온조왕 원년, BC18년) : [삼국사기]한수(한강) 남쪽 위례성/[삼국유사]위례성(사천(虵川))
2. 첫 천도지(온조왕 14년, BC5년) : [삼국사기]한수 남쪽, 한산 아래/[삼국유사]한산
3. 두 번째 천도지(근초고왕 26년, AD371년) : [삼국사기]한성/[삼국유사]북한성, 북포산(北浦山)(북한산)
4. 세 번째 천도지(문주왕 원년, AD475년) : [삼국사기]웅진/[삼국유사]웅천
5. 네 번째 천도지(성왕 16년, AD538년) : [삼국사기]사비(소부리), 고성진(古省津)/[삼국유사]사차(泗沘)

그러면서도 그동안 우리나라 사람들은 잘 모르는 사실이지만 예전의 이병도를 비롯하여 이에 대하여 고민이 많았다. 한수 남쪽에 한산이 있으면 모든 것이 맞는데 이병도를 비롯한 일제 식민 사학자가 정한 한반도 한강 이남은 한강 이남에 한산이 없다. 물론 이를 추종하는 주류 강단 사학계도 마찬가지이다. 그래서 이병도의 경우 원래는 한강

이북에 처음 도읍하였다가 강남으로 천도하였다고 하거나 아예 한강 이남에 도읍하였다가 같은 한강 이남의 강동구 동쪽의 산을 찾아 이곳에 도읍한 것으로 하여 이병도는 강북에서 후자의 경우 강동구 동쪽의 이성산이나 검단산, 남한산 등을 백제 도읍지로 상정하기도 하였다. 그러나 모두 맞지 않는다. 이는 모두 서울 한강 남쪽을 백제 도읍지로 비정하였기 때문에 발생하였다. 원래의 맞는 곳인 강 남쪽에 산이 있고 이 산 아래에 도읍지가 있는 곳에 비정하였으면 이러한 일이 발생하지 않는다. 이것을 따지려는 것이 바로 이 글이다.

주류 강단 사학계가 비정하는 서울 한강 이남은 사서기록과 맞지 않는다. 이러한 잘못은 사서기록상 첫 도읍지인 하남 위례성은 물론 첫 천도지이자 두 번째 도읍지인 한산성은 주류 강단 사학계가 비정하는 한반도 서울의 한강과 위치와 같이 한산 남쪽에 한수가 있고 여기 아래에 (하남)위례성이 있는 것이 아니다. 원래의 위치인 사서기록 상에는 한수 남쪽에 한산이 있고 그 아래에 첫 도읍지인 하남 위례성과 두 번째 도읍인 한산성이 있다. 따라서 이곳 서울은 백제의 첫 도읍지 하남 위례성과 한산성의 위치가 될 수 없다. 그리고 한반도 서울 한강 위치 비정에 또 다른 걸림돌이 동쪽의 높은 산이다. 그리고 다음의 서쪽의 큰 바다이다.

그래서 차라리 예전에는 백제의 도읍을 고려 및 조선시대 학자들은 충남 천안시 직산으로 비정하기도 하였다 이는 『삼국유사』의 기록을 따름이다. 한편 정약용은 한강 유역설, 일제 사학자들은 남한산성, 해방 이후에는 경기도 하남시 춘궁동 일대가 대세론이었으나 7, 80년대 한강 이남 지역에 대한 조사 결과에 의하여 풍납·몽촌토성으로 비정하는 등 도저히 한반도 내지는 중부 지방에서는 사서기록과 맞는 곳을 확정할 수 없었다. 특히 근초고왕이 천도한 도읍인 한강 서북쪽을 한산으로 한 채 동쪽의 이성산성 즉 이성산이 있는 이곳으로 비정하기도 하였다. 하지만 이성산은 그리 높지 않은 산인 데다가 발굴 결과 6세기 이후 신라가 축성한 것으로 확인되었다. 이외에도,

- 사실 왕성 즉 백제의 초기 도읍지로 비정되는 몽촌토성 내지는 풍납토성은 주위에 산이 없어 도읍을 처음 정할 당시 말갈과 낙랑이 수시로 쳐들어오는 것에 방비를 할 수 없는 데다가 한강의 범람으로 침수 피해가 수시로 있어 당시에 도읍으로는 적당하지 않았다.
- 그리고 장수왕의 한성 침략 시 북성과 남성이 있다고 하였는데 몽촌토성(남성)과 풍납토성(북성)은 그 위치상 남성과 북성이 아니다. 즉 이들은 방위상 서남쪽 내지는 동남쪽에 있다.
- 사서기록상 북성을 공격하고 남성을 공격하였다고 하였는데 북성이 방어성이라면 남성은 본성 즉 왕성이어야 한다. 하지만 모든 발굴 결과 및 지형에 의하면 남성인 몽촌토성이 방어성이지 북성인 풍납토성이 될 수 없다.
- 설사 무리하게 남성과 북성으로 비정한다면 장수왕 공격 시 북성을 7일 만에 함락시켰고 남성을 공격하였다고 하였는데 몽촌토성과 풍납토성은 거의 같이 있어 동시에 공격 대상이지 별도로 공격할 필요가 없는 것으로 북성과 남성으로 부합되지 않다.
- 또한 서쪽으로 큰 바다에 막혀 있다는 기록을 한반도 서울 지방에 비정함에 따라 이를 서해안 인천 지방으로 비정한 채 역시 바다 – 짠 곳으로 갔다는 인식변화와 함께 비류가 간 미추홀을 이곳으로 비정하고 있으나 이 글에서 여러 차례 강조하여 입증하였듯이 중국사서 기록상의 바다[海]는 지금 개념의 바다가 아니라 큰 하천(강)이나 호수, 수로 등을 일컫는다. 따라서 이 기록상의 바다는 『후한서』 및 『삼국지』의 「한」전 등 기록상의 바다와 같

이 바다가 아닌 큰 호수이다.
- 더군다나 비록 각종 아파트나 주택에 의하여 발굴되지 못하였지만 왕성으로 비정하는 풍납토성(북성)에는 확실한 왕궁 유적·유물이 없다.
- 그동안 비정한 한반도에는 사서기록에 맞는 곳이 없다. 더군다나 『삼국사기』 기록상 첫 도읍지를 위례성이라고 기록하고 있으나 정작 **"삼국의 이름만 있고 그 위치가 상세치 않은 곳"**으로 '위례성(慰禮城)'을 기록하고 있어 한반도에서 찾을 수 없는 한반도가 아님을 간접적으로 증거하고 있다.

## 백제의 첫 도읍지 하남 위례성의 한반도 한강 이남 비정은 모든 것이 사서기록과 맞지 않는다.

이러한 잘못된 한반도로의 인식과 비정에 의하여 역시 마찬가지로 두 번째 천도이자 세 번째 도읍인 근초고왕의 사서기록상의 '한산'에 대하여도 이곳 한반도 서울 강남 지방의 인식에서 벗어나지 못한 채 위의 해당 기록상의 '註 001'과 같이 서울 한강 북쪽의 북한산성으로 옮겼다고 하거나 이병도에 의하여 도읍을 강남으로 그대로 한 채 잠시 도읍을 강동구 동쪽의 남한산으로 옮겼다고 하거나 도읍 체제를 세워 평지의 북성, 산지의 남성 체제로 하였다는 소위 변명 이론을 내놓기에 이르렀다. 하지만 분명히 이전에 첫 번째 천도를 한 직후인 1년 후인 온조왕 14년(BC 5)에 미리 한강 서북쪽에 성을 쌓았다고 하였거니와 비록 『삼국사기』에는 '한산' 내지는 '한성'이라고 하였으나 『삼국유사』에는 '북한성'이라고 하였다.

따라서 근초고왕의 '한산'은 '북한성'으로 한강 서북쪽에 있다고 해석하는 것이 맞는다. 그러나 이렇게 해석됨에도 불구하고 주류 강단 사학계가 한반도로 비정한 한강 인근에는 사서기록에 맞는 유적이 전혀 없기 때문에 설정도 못 하거니와 사서기록에도 맞지 않으므로 그냥 잘못된 주장으로만 끝난 채 국민들은 모르게 한 채 두 번째 한수 남쪽이자 한산 아래의 도읍지에 대하여 유난히 '하남 위례성'으로 어쩔 수 없이 비정한 채 첫 도읍지를 하북 위례성으로 비정한다든지 세 번째 도읍지인 근초고왕의 '한산', '한성', '북한성'을 이것저것 따질 것 없이 기존의 한반도 비정에만 따른 채 찾을 수 없는 이곳저곳을 헤매고 다녔다.

한마디로 사서기록과 맞게 한수 남쪽에 한산이 있는 곳에 백제의 도읍지를 비정하면 아무런 문제가 없다. 이곳은 한반도가 아니다. 주류 강단 사학계에 의한 우리 고대사 비정상 어쩔 수 없이 백제는 이곳에 도읍을 하여야 한다. 물론 이에는 『삼국사기』「지리지」, 『삼국유사』를 비롯한 『조선왕조실록』「지리지」상 우리 고대사의 위치를 한반도로 옮겨 비정한 것을 그대로 따른 것에 의하기도 한다. 하지만 본 필자와 같이 모든 사서기록을 따져 당연히 이의 왜곡을 밝혀내어 원래의 위치에 맞게 비정하여야 한다. 그래야 모든 사서기록에 맞게 된다. 따라서 근초고왕의 천도지 역시 한강 서북쪽에서 찾아야 함에도 찾지 못한 채 결국 개로왕 시기의 한성 함락 시점 기록상의 북성과 남성에 대한 대처도 못 하게 되었다.

주류 강단 사학계는 이제라도 솔직히 털어놓아야 하고 그래서 기존의 식민사학 추종을 종식하고 원래의 맞는 곳에 비정한 채 한반도 비정을 그만두어야 한다. 그렇지 않다면 지금이라도 적어도 논란의 회피가 조금이라도 있을 첫 도읍지이자 두 번째 도읍지로써 첫 천도지인 하남 위례성과 한수 남쪽이자 한산 아래 도읍지는 그만두고서라도 이곳에 천도한 지 6개월 후인 온조왕 14년 7월(BC 5)에 한강 서북쪽에 성을 쌓은 곳이 어디인지 찾아내어 밝혀야 한다.

그리고 설사 이 쌓은 성과 근초고왕이 천도한 곳과 연결은 못 시키더라도 근초고왕이 천도한 '한산', '한성', '북한성'이 어디인지 명백한 문헌학적 근거 자료와 고고학적 유적·유물에 의하여 밝혀야 한다.

> 주류 강단 사학계는 백제 하남 위례성의 실상 즉 한수 남쪽에 한산이 있어야 함에도 이를 은닉하거나 배척한 채 맞지 않는 한반도 서울 한강 이남에 비정하였다.
> 이제라도 밝히거나 맞는 곳에 비정하여야 한다.

그러나 절대 못 한다. 이곳 서울의 한강 유역에는 이러한 곳이 없다. 왜냐하면 원래의 맞는 위치는 한반도가 아니기 때문이다.

이에 대하여는 본 필자가 언급하였듯이 원래의 맞는 위치에 사서기록을 맞추면 백제 시조 비류와 온조가 고구려를 떠날 때 건넌 강인 패수와 대수 중의 대수가 고구려 추모대왕이 부여를 탈출할 때 건넌 강인 대수(엄리대수)이고, 패수는 이 대수의 남쪽에 같은 방향으로 나란히 흐르는 백제의 북쪽 경계가 된 패하이자 고구려의 산동성 졸본성 남단을 흐르는 패수로 백제와 고구려가 다툰 패수이자 동쪽으로 흘러 신라의 패강이 되는 강이고, 백제의 도읍인 하남 위례성의 한수이자 한강인 동시에 북쪽 고구려와 남쪽 백제의 경계인 소해인 황하가 이 대수, 패수의 남쪽을 나란히 흐르는 이곳은 산동성이다. 이 한수, 한강인 황하 남쪽에 한산이 있어 사서의 기록상 한수 남쪽에 한산이 있어 이곳에 도읍을 정할 수 있는 곳이 이곳이다.

서울의 하남에는 한수 남쪽에 한산이 없지만 산동성 태안시 비성시에는 하남 즉 황하 남쪽에 한산이라고 할 수 있는 산이 있다. 그러면 이 위치가 기록과 맞는지 살펴보자.

그곳에 대하여 『삼국사기』는 강 남쪽으로 북쪽은 한수, 동쪽으로는 높은 산, 남쪽은 벌판, 서쪽으로는 큰 바다라고 하였다. 한반도 서울은 북쪽은 한수 즉 한강, 남쪽은 벌판, 서쪽은 멀리 떨어진 서해 바다가 있다. 하지만 동쪽에는 멀리 작은 산인 이성산, 검단산, 남한산 등이 있지만 큰 산은 없다. 이에 반하여 산동성 태안시 비성시에는 북쪽에는 한수 즉 황하, 남쪽은 벌판, 동쪽은 커다란 태산이 있고, 서쪽으로는 큰 호수인 동평호가 있다. 이미 언급하였지만 고대 사서 특히 하북성과 산동성 관련 사서에서는 바다가 지금의 바다가 아니라 큰 호수나 강을 바다로 표현하였다. 그것의 가장 좋은 예가 황하와 호타이다. 갈석산과 관련하여 기록한 바다의 해(海)를 하(河)라고 하거나, 갈석에 올라 바다를 바라본 그 바다가 바로 호타하라는 강이다. 마찬가지로 여기 백제의 도읍지와 관련한 서쪽의 바다는 바다가 아니라 큰 호수인 동평호이다. 예전에는 이 동평호와 남쪽의 나중에 백제의 천도지인 웅진(웅천)에 있는 커다란 호수 4개가 1개의 연결된 호수로 있는 남사호가 서로 연결되어 아주 큰 호수였을 가능성이 크다. 이것을 당시 중국사서에서 큰 바다로 기록하였다. 당시 중국인들은 현재 의미의 바다 지방은 동이족 등이 차지하고 있어서 제대로 바다를 모른 채 내륙에 있는 큰 호수와 강을 바다로 알고 기록하였다.

> 사서기록상 첫 도읍지인 하남 위례성은 강 남쪽의 땅은 북쪽으로는 한수(漢水)를 띠처럼 두르고 있고, 동쪽으로는 높은 산을 의지하였으며, 남쪽으로는 비옥한 벌판을 바라보고, 서쪽으로는 큰 바다에 막혀 있다고 하였다. 서울은 강 남쪽에 산도 없고 동쪽에 큰 산도 없다.
> 그리고 서쪽에 바다가 있다고 하였는데 이 바다는 지금 개념의 바다가 아니라 기록상 큰 호수나 하천이다.

마찬가지로 이 기록에서 바다를 현재의 바다로 인식하여 비류가 간 곳이 땅이 습하고 물이 짜다고 하여 지금의 바닷가로 기록하였고 이에 따라 현재도 이를 바다로 인식하여 서울의 서쪽인 인천 앞바다로 여기고 이에 인천을 미추홀이라고 하였다. 하지만 비류가 간 곳은 한반도 서해 바닷가가 아니고 분명히 이후인 온조왕 14년 7월에 성을 쌓고 한성 백성을 이주시켰지만 천도를 하지 않다가 이후인 근초고왕 26년(371)에 옮긴 '한산', '한성', '북한성'으로 나중에 광개토대왕이 392년 10월에 20일 만에 빼앗은 **"사면이 가파른 절벽이며 바닷물로 둘러싸여 있다."**는 『삼국사기』「고구려본기」와 광개토대왕 비문상의 광개토대왕 6년 병신년상의 관미성이다.

## 백제 비류가 간 사서기록상의 바닷가 미추홀은 지금 개념의 바다가 아니라 큰 호수였다.

이곳은 사면이 바다라는 호수로 둘러싸인 성이 있는 산동성 요성시에 있는 요성시 동창부구(聊城市东昌府区)의 환성호수(Huanchenghu, 环城湖) 내의 현재 중국 '천하제일루' 관광지로 되어 있는 광악루 인근의 요성노성이다. 이곳이 바로 백제의 첫 도읍지인 한성과 한수 한산이 있는 산동성 태안시 비성시의 서북쪽이다. 그러므로 이곳은 미추홀이자, 온조왕 시기에 한강 서북쪽에 성을 쌓은 곳이자, 근초고왕 시기에 두 번째 천도한 '한산', '한성', '북한성'이자 나중에 광개토대왕이 20일 만에 함락한 관미성이자, 이후 개로왕 시기에 한성 함락 시 7일 만에 함락당한 북성이다.

여기서 문제가 되는 것이 있다. 즉 근초고왕 시기에 이곳으로 천도하였다면 이후 개로왕 시기에는 어느 곳에 도읍을 하고 있었는지 여부이다. 이와 더불어 북성과 남성의 위치와 성격 문제이다. 근초고왕 시기의 천도 사실을 기정사실로 한 채 논한다면 개로왕 시기 사이에 천도 여부가 관건이 된다. 만약 천도하였다면 기록이 있어야 하는데 기록이 있으면 당연히 문제가 안 되겠지만 없다면 천도 사실이 없었을 가능성 더 크고 그렇다면 개로왕 시기에 그 도읍은 원래 북성에 있다가 고구려 장수왕의 공격에 7일간 버티다가 다시 남성으로 옮겨 여기에서 다시 싸우다가 도피하여 전사한 것일 가능성이 크거나 아예 기정사실로 한 채 전제 조건이었던 근초고왕 시기의 천도 사실이 없이 아예 온조왕 시기의 한수 이남 한산 아래로 첫 번째 천도한 이후 이 근초고왕 시기의 '한산', '한성', '북한성'이 이곳 한강 서북쪽의 미추홀이자 관미성이자 북성으로 천도하지 아니하고 원래의 위치 인근으로 도읍하였을 가능성 크다. 그러나 근초고왕 시기 천도 이후 개로왕 시기까지 기록상 천도 사실이 없다.

그렇다면 기정사실로 한 전제 조건인 근초고왕 시기의 천도는 이 한강 서북쪽에 천도한 것을 사실로 한 채 주류 강단 사학계도 북성을 풍납토성, 남성을 몽촌토성으로 잘못 왜곡하여 비정한 채 백제의 수도 방어 체제를 북성과 남성 체제로 해석하였듯이 본 필자도 북성을 미추홀, 관미성, 근초고왕 천도지인 '한산', '한성', '북한성'으로 하고, 남성을 원래의 첫 도읍지인 하남 위례성과 함께 두 번째 도읍지이면서 첫 번째 천도지인 한수 남쪽이자 한산 아래의 한산성 즉 한성을 같이 한 2성 체제로 한 채 근초고왕 시기의 북성 천도 이후 개로왕 시기까지 왕들과 도읍을 이 2개의 성을 오고 간 것으로 비정한다. 따라서 근초고왕 시기 천도 이후부터 개로왕 시기의 북성 및 남성 즉 한성의 함락 시까지 이 2성을 수도 한성으로 한 채 도읍으로 하고 있었다.

이에 대하여 주류 강단 사학계는 비정을 하지 않거나 못 하였지만 위의 온조왕 기록에 의하면 사실상 백제는 온조왕 14년 1월(BC5)에 도읍을 옮기기 전인 13년 9월(BC6)에 성과 대궐을 쌓은 후 옮겼으면서도 수도를 옮긴 6개월 후인 바로 그해 7월에 옮긴 수도 말고 별도의 장소인 한강 서북쪽에 성을 쌓고 도읍의 백성을 옮기는 한편, 이후인 15년 1월

(BC4)에 "검소하되 누추하지 않고, 화려하되 사치스럽지 않았다."는 궁실을 새롭게 지었다. 도읍 외에 별도의 장소에 천도하지 않는 궁실을 또 지었다. 이는 2개의 궁실을 가진 2성의 도읍 체제를 만든 것이 확실하다. 이것이 개로왕 시기의 기록상의 북성과 남성에서의 북성이다. 그곳은 이전의 미추홀인 바, 이곳에 근초고왕이 옮긴 것을 도읍을 옮긴 것으로 하는가 하면 여기는 또 하나의 도읍 성으로 중요한 성인 관미성이되어 광개토대왕의 표적이 되었다가 나중에 다시 탈환한 채 계속하여 2성 체제의 도읍 성인 북성이 되어 개로왕 시기를 맞이한다. 이곳은 한강 서북쪽에 성을 쌓은 곳이다. 주류 강단 사학계의 한강 이남의 풍납토성과 몽촌토성은 모두 한강 남쪽이다. 한강 서북쪽의 성이나 궁실을 주류 강단 사학계는 한반도 서울에서 찾아내어야 한다.

> 백제는 초기부터 도읍을 2성 체제로 운영하여 제2의 도읍성으로 천도하는가 하면 미추홀, 관미성, 한성의 북성으로 이어진다.

이곳 호수가 있는 미추홀을 사서기록상의 바다로 비정하는 이유는 통상적으로 이 글에서 여러 차례 입증하여 설명하였지만 중국사서가 바다로 기록한 것은 실상 강이나, 큰 호수, 수로라는 것은 너무나 당연히 확인되는 사항으로 우리 고대사 규명에 어쩌면 가장 중요한 역사 인식이다. 이것만이라도 바로잡으면 삼한의 위치는 물론 수당전쟁, 수당전쟁 시 평양 공격, 당나라의 백제 침공, 발해의 당나라 등주 공격 등에 대한 바른 해석에 의하여 우리 고대사의 위치가 한반도가 아닌 원래의 위치인 하북성과 산동성으로 바르게 해석될 수 있다.

주류 강단 사학계가 미추홀을 한반도 서해 바닷가 인천으로 비정한 이유는 물론 이전부터 왜곡 인식된 채 쓰인 『삼국유사』상의 한반도 왜곡 비정 기록인 "미추홀은 인주(仁州)이고, 위례는 지금의 직산(稷山)이다."를 여러 사서의 한반도 왜곡 비정에 의하기도 하고 가장 기본적인 사서인『삼국사기』상의 미추홀 기록인 "(백제의) 서쪽으로는 큰 바다가 가로 놓여 있어서, "바닷가에 살기를 바라니", "땅이 습하고 물이 짜서 편안히 살 수가 없었다."라는 바다로 인식하는 기록에 의한 채 백제의 위치를 다른 모든 것과 같이 한반도로 비정한 관계로 서울의 한성에서 서쪽 바다는 인천이라는 해석에 의하여 바다 및 인천으로 비정하였다. 즉 한반도 비정에 의한다. 하지만 이 자체도 왜곡에 의한 비정이 우선적 설정에 의한 것으로 잘못이지만 이에 따라 이루어진 관미성에 대한 주류 강단 사학계의 이병도의 강화도 교동도, 연천 등의 비정은 도저히 사서기록과 맞지 않을 뿐 아니라 이외에도 맞는 곳을 한반도에서는 찾을 수 없거니와 여러 아니 모든 사항에 맞는 백제의 산동성 위치 비정에 따라 이곳 산동성 요성시의 '요성노성'이 맞게 비정된다. 물론 이것도 우선적 설정에 따른 것이라고 할 수 있지만 중국사서 기록상의 바다의 기록 특징을 보면 사서기록상 바다로 기록되어 있기에 후대의 기록이 이를 바탕으로 바다를 연상케 하는 기록 즉 물이 짜다는 등의 기록이 이루어져 마침내 바다로 최종 표현된 것으로 확인된다. 따라서 원래는 바다로 흔히 표현되는 방식대로 바다로 표현된 호수의 성이 맞는 비정이다.

비류의 미추홀의 바다는 바다가 아니라 호수를 바다로 기록한 것으로 미추홀은 백제의 2성 체제의 도읍의 한성 북성으로 호숫가에 있는 성으로 백제의 한성의 남성 서북쪽인 산동성 요성시 동창부구(聊城市东昌府区)의 환성호수(Huanchenghu, 环城湖) 내의 요성노성이다.

이러한 백제 및 백제의 도읍과 백제의 또 다른 성 등의 산동성 비정은 다른 모든 사항이 그렇듯이 이 글 전체가 입증하였듯이 이를 증명하지만 가장 근접한 증거로 앞에서 제시한 온조왕 시기의 관련 사항을 나열한 것만을 보자. 말갈이 수시로 괴롭힌다. 이 말갈은 남옥저와 같이 북옥저 즉 원래의 말갈 주요 부족인 흑수말갈과 백산말갈의 근거지인 지금도 그 지명이 남아 있는 산서성 대동시 천진현 흑수하(Heishui River, 黑水河)이다. 그리고 가장 남쪽에 있었다는 속말말갈이 있었다는 곳은 태백산으로 지금도 그 지명이 남아 있는 산서성 대동시 영구현 태백산(Taibai Mountain, 太白山)인 이곳에서 옥저와 같이 남쪽으로 내려와 신라가 건국한 남옥저 땅의 북부에 흩어져 살던 남말갈이다. 즉 앞에서 살펴본 사서기록대로 산서성의 북말갈(북갈)인 흑수말갈에서 동남으로 10일 가는 산동성에 고구려 졸본성 가까이 있으면서 남쪽의 백제와 신라를 수시로 괴롭힌 월희말갈 등 4부인 남말갈(남갈)이 있다. 한반도 북부 먼 북쪽인 흑룡강성 흑룡강 인근이 말갈의 주요 근거지라고 하고 이 말갈이 남쪽에 고구려와 낙랑군과 대방군이 버티고 있는데도 불구하고 그리고 동쪽에는 동예가 버티고 있는데 이들과는 전혀 다툼이나 교류 기록도 없이 한반도 중북부 전체를 장악하여 경상도에 있는 신라까지 괴롭히고 고구려의 졸본성 가까이에도 있다는 것은 있을 수 없는 일이다. 더군다나 이때 신라 동쪽에 낙랑이 있고 그 남쪽에 왜가 있고 이 낙랑이 신라는 물론 백제를 수시로 괴롭히고 백제 북쪽에는 또 다른 낙랑군이 있어 백제를 괴롭히는 이곳은 한반도일 수가 없다.

반면에 이러한 백제 온조왕 기사 및 신라의 기록 그리고 고구려의 기록에 부합되는 곳은 하북성, 산동성, 산서성밖에는 없다. 이에 대하여 지금까지 밝혀왔고 앞으로도 밝힐 것이며 여기서는 백제의 도읍지와 천도지와 관련하여 밝히고자 한다. 이와 같은 백제의 도읍 2성 체제하에서 미추홀이었던 한강 서북쪽인 이곳에 온조왕 시기에 성을 쌓고 궁실을 만들고 근초고왕 시기에 고구려 평양성인 산동성 고구려 졸본성을 공격하여 고구려 고국원왕을 전사케 한 후 자신감을 찾은 후 요서 지방 진출 교두보를 삼고자 이곳으로 도읍(거처)을 옮겼다가(북한성) 이후 이곳은 관미성으로 불린 채 광개토대왕의 표적이 되어 20일 만에 함락된 후 다시 북성이 된 채 개로왕 시기에 장수왕의 표적이 되어 7일 만에 함락된다. 즉 장수왕이 산동성 요성시의 한성의 북성인 관미성을 공격한 다음 여기를 함락하고 산동성 비성시의 한성의 남성인 하남 위례성을 공격하였다. 즉 북성은 한성으로 또한 관미성이자 백제 온조왕 때부터 2성 도읍 체제로 사서의 기록대로 궁실과 성을 쌓아 관리해 온 곳이며, 남성은 같은 한성으로 첫 번째 천도지이자 두 번째 도읍인 한산성이다. 이에 대하여는 앞으로 자세히 추가 설명하여 입증하고자 한다.

## [광개토대왕 비문상의 아리수와 사서상의 욱리하, 사성에 대하여]

더군다나 고구려의 한성 함락 기사에 나와 있는 개로왕의 사치 행각 기사상의 욱리하와 사성에 대하여 주류 강단 사학계는 욱리하를 비문상의 아리수와 같이 지금의 한강으로 비정하고, 사성을 풍납토성 등 인근의 성으로 비정하고 있다. 이러한 욱리하와 아리수의 한강 비정은 그 위치를 한반도의 한강으로 비정한 것이 잘못이지만 다음의 주류 강단 사학계의 해설과 같이

【사료285】『삼국사기(三國史記)』 권 제23 백제본기 제1 시조 온조왕(溫祚王) 원년

백제가 건국되고 온조왕이 즉위하다 (기원전 18년)

온조는 강 남쪽의 위례성(慰禮城)(註 014)에 도읍을 정하고,

註 014
강 남쪽의 위례성(慰禮城) : 이곳에서는 첫 도읍지를 하남의 위례성이라 하였는데, 온조왕 13년(BC 6)에서는 하북에 있다가 후에 하남으로 옮긴 것으로 나온다. 처음부터 하남에 자리를 잡았다고 보는 하남위례성설(李弘稙, 321~327쪽)과 하북에서 하남으로 이동했다고 보는 설(李丙燾, 1976, 491~797쪽; 노중국, 72~73쪽)이 있다. 후자에 따른다면 이곳에 나오는 위례성은 백제가 한수 북쪽에서 한수 남쪽으로 이도(移都)한 후의 도읍지로, 고유명사 '하남위례성'으로 보는 견해도 있다. 위례성 명칭의 의미에 대해서는 ① '우리' 또는 '울타리'라는 견해(丁若鏞, 「我邦疆域考-慰禮考-」, 『與猶堂全書』 6輯 3冊), ② 한강의 별칭인 아리수·욱리하의 아리·욱리가 '크다'는 의미를 가지고 있으므로 여기에서 유래했다는 견해(都守熙, 1991), ③ 왕성 내지 대성을 뜻하며 왕을 의미하는 어라하(於羅瑕)에서 유래한 것으로 보

는 견해(李炳銑, 199쪽) 등이 있다. 한수 남쪽의 위례성의 위치에 대해서는 그동안 많은 논의가 있었다. 본서 권37 지리4에는 위례성이 '삼국의 이름은 있으나 위치를 알 수 없는 지명(三國有名未詳地分)'으로 나오는데, 『삼국유사(三國遺事)』 권1 왕력편에는 "위례성에 도읍하였는데 사천(蛇川)이라고도 한다. 지금의 직산(稷山)이다"라고 기록되어 있어 고려·조선시대의 학자들은 충남 천안시 직산으로 비정해 왔다. 그러나 정약용은 고증학적인 방법론을 도입하여 위례성=직산설을 부정하고 한강 유역설을 주장하였다. 일제 강점기의 일본인 학자들은 본서 초기 기사를 부정하고 근초고왕대부터 실질적인 역사가 시작된다고 보아 위례성과 한산을 모두 남한산성에 비정하거나, 광주·남한산성 등으로 비정하였다. 해방 이후에도 하남위례성의 위치에 대해서는 경기도 하남시 춘궁동 일대설(李丙燾, 1977, 352쪽)이 대세를 이루었다. 그러나 1970, 80년대에 들어 서울 지역에 대한 고고학 발굴이 이루어지면서 한강 남쪽의 백제 유적들이 주목받게 되었고, 풍납토성과 몽촌토성이 하남위례성으로 지목되기도 하였다. 하남위례성을 몽촌토성으로 비정하는 견해가 많이 나오게 된 것은 1983년 몽촌토성의 발굴이 시작되면서부터였다. 1985년 하남위례성을 몽촌토성으로 비정하는 견해가 적극 제기되었다(崔夢龍, 1985). 그런데 1997년부터 풍납토성 내부와 성벽에 대한 발굴조사가 이루어져 성벽 내부의 제의 시설 등이 확인되면서 풍납토성이 하남위례성일 가능성이 높아졌다(權五榮, 2001; 李亨求, 2001). 2011년 동성벽에 대한 발굴조사에서 성벽이 너비 43m, 높이 11m(증축 시 13.3m), 둘레 3.5km의 거대한 토성이었고, 연인원 1,380,000명 이상이 투입되었음이 밝혀짐에 따라(국립문화재연구소, 2014) 현재는 하남위례성의 위치에 대해 춘궁동 일대설이나 몽촌토성설보다는 풍납토성설이 주를 이룬다고 할 수 있다.

〈참고문헌〉

李弘稙, 1971, 「百濟 建國說話에 대한 再檢討」, 『韓國古代史의 硏究』, 新丘文化社

李丙燾, 1976, 『韓國古代史硏究』, 博英社

李丙燾, 1977, 『國譯 三國史記』, 乙酉文化社

李炳銑, 1982, 『韓國古代國名地名硏究』, 螢雪出版社

崔夢龍, 1985, 「漢城時代 百濟의 都邑地와 領域」, 『震檀學報』 60

都守熙, 1991,「百濟의 國號에 관한 몇 問題」,『百濟研究』22
權五榮, 2001,「풍납토성 경당지구 발굴조사 성과」,『風納土城의 發掘과 그 成果(한밭大學校 開校 第74週年記念 學術發表大會 論文集)』
李亨求, 2001,「서울 풍납동 백제왕성의 역사적 인식」,『風納土城의 發掘과 그 成果(한밭大學校 開校 第74週年記念 學術發表大會 論文集)』
국립문화재연구소, 2014,『풍납토성 XVI -성벽의 축조공법 및 연대 규명을 위한 학제 간 융합연구』
노중국, 2018,『백제정치사』, 일조각

나중의 백제 개로왕이 이곳 욱리하에서 큰 돌을 가져와 고구려의 대방 공격 시 백제가 아차성과 함께 수리하여 공격에 대비한 성으로 동쪽으로부터 둑을 쌓은 사서기록에 의하여 이 욱리하를 아차성 등과 연계하여 개로왕 시기의 한성 북쪽에 있었던 한강으로 비정한 것은 맞는다. 물론 이는 한반도가 아니라 이 기록상에 나와 있듯이 하북성 낙랑의 남쪽으로써의 산동성 대방으로 백제의 도읍 자리인 대방고지인 이곳 산동성 백제의 땅에 있었던 백제의 도읍지인 하남 위례성 북쪽에 있었던 한강이 맞는다. 이 한강은 위의 해설과 같이 개로왕 시기에 백제 기록상에 욱리하로도 불리고 고구려 광개토대왕 비문상에 아리수로도 불렸다. 이 한강, 욱리하, 아리수는 당연히 백제의 첫 도읍지인 하남 위례성이 있었던 산동성 태안시 비성시 북쪽에 있었던 지금의 황하이다.

백제의 하남 위례성 북쪽에 있는 한강(한수)은 백제 개로왕 기록상의 욱리하이자 광개토대왕 비문상의 아리수로 지금의 산동성 황하이다.

이곳에 사성이 있었고 이곳 동쪽에 아차(단)성이 있었고 다시 이 동쪽에 남옥저 죽령 지역이 있었고 이곳 남쪽에 신라가 있었다. 욱리하, 아리수, 한수(한강) 남쪽에 백제가 있고 이곳 동북쪽에 신라가 있는 곳은 한반도일 수가 없고 산동성에서의 황하와 여기에 있었던 백제와 신라만이 가능하다. 더군다나 이 황하와 나란히 흐른 패수, 패하, 패강이 백제, 고구려, 신라를 같이 흐르는 곳은 한반도일 수 없고 산동성에서만 가능하다. 다른 수많은 여러 사항에서도 마찬가지이다. 또한 여기서의 사성의 경우에도 이미 앞에서 아차성 관련 기록으로 확인하였듯이 백제 책계왕 원년 286년 대방왕에 대한 고구려의 침입에 대방왕의 요청에 의거, 같이 공격하여 물리친 후 고구려의 보복 공격에 대비하여 아차성과 함께 방비를 준비한 성이 바로 사성이다.

【사료321】『삼국사기(三國史記)』권 제24 백제본기 제2 책계왕(責稽王) 원년

대방이 고구려의 공격을 받고 구원을 요청하다 (286년 (음))

〔원년(286)〕고구려가 대방(帶方)을 치자 대방이 우리에게 구원을 요청하였다. 이에 앞서 왕이 대방왕의 딸 보과(寶菓)에게 장가들어 부인으로 삼았으므로 말하기를, "대방과 우리는 장인과 사위의 나라이니 그 요청에 응하지 않을 수 없다"라고 하였다. 마침내 군사를 내어 구하니 고구려가 원망하였다. 왕은 그들이 쳐들어와 노략질할까 염려하여 아차성(阿且城)과 사성(蛇城)을 수리하며 대비하였다.

그리고 개로왕 시기에 이곳 동쪽으로부터 둑을 쌓고자 욱리하 즉 한강의 돌을 가져온 한강 인근에 있었던 성이었다. 이들에 의하면 대방 고지이자 백제의 한강이자 신라가 건국한 지역의 북쪽인 남옥저 죽령 지방이다. 주류 강단 사학계의 한반도 비정에 의하면 대방은 황해도, 백제 한강은 서울 지방, 남옥저 죽령 지방은 함경도 함흥평야 및 경상도와 충청도 사이의 고개 등으로 도저히 맞지 않는다. 대방은 황해도

에 있었던 것인데 고구려가 중간에 있는 낙랑을 경유하여 대방을 공격하였다는 것도 상식에 어긋나고, 고구려의 공격에 대비하여 준비한 성이 아차산성과 풍납토성 이웃의 성이라는 것도 상식에 어긋난다.

　대비하려면 왕성과 좀 멀리 떨어진 군사 요충지에 하는 것이 당연하다. 왕성 가까이 비정한 주류 강단 사학계의 비정은 잘못되었다. 하지만 산동성에서는 대방고지는 백제의 탄생지이자 고구려의 첫 도읍지인 백제의 동북쪽이자 고구려의 동쪽이자 신라의 서북쪽으로 일정하게 맞는다. 더군다나 이러한 것을 증명하는 사항은 사성이 위치해 있는 것으로 확인되는 것으로 사서기록상의 [신라의 서쪽 국경인 호로하와 칠중성에 대하여]에서 살펴보았듯이,

- 고구려 장수왕 2년(414) : 겨울 10월에 왕이 사천(蛇川)의 들판에서 사냥을 하다가 흰 노루를 잡았다.

- 고구려 보장왕 21년(662) : 방효태(龐孝泰)가 사수(蛇水) 가에서 개소문과 싸워 전군이 죽고 〔그는〕 아들 13명과 함께 모두 전사하였다. 소정방이 평양을 포위하고 있었는데 마침 큰 눈이 내려 포위를 풀고 물러났다.

- 신라 문무왕 8년(668) : 왕이 한성주(漢城州)로 행차하여 ~ 문영(文穎) 등이 사천(蛇川)의 들판에서 고구려 군대(남건)를 만나 맞서 싸워 크게 무찔렀다.

　주류 강단 사학계의 비정에 의하면 사천의 고구려 한반도 평양, 백제의 한성인 서울 지방, 사성의 황해도, 서울 지방 등 도저히 맞지를 않는 것이 증명됨과 동시에 산동성에서의 일정한 지역 비정이 입증된다.

　이 사수(사천)과 사성은 백제의 도읍인 한수인 황하의 동북쪽이자 고구려 평양성인 산동성 졸본성의 남쪽이자 신라가 건국된 남옥저 죽령 서쪽 지방이 맞는다. 특히 사천은 백제의 한성 북쪽을 흐르는

한강 인근에 있으면서 한강(한수)과 패수와 마찬가지로 백제 한성 북쪽과 고구려 평양성인 졸본성 남쪽 그리고 신라의 남옥저 죽령 지방을 같이 흐르는 강이다.

> 비문상의 욱리하, 아리수와 같이 기록된 사성은 기록상의 사수, 사천, 평양, 한성주, 대방고지, 아차성 등에 의하여 고구려, 백제, 신라가 같이 있는 산동성 지역임이 확인된다.

 이와 같이 광개토대왕 비문상의 관미성과 아단성에 의하여 비문상의 396년 백제의 광개토대왕 정벌 기사의 내용 및 위치를 확인하였다. 즉 관미성은 물론 아단성에 의하여 이곳과 함께 기록된 사천과 사성에 의하여 이곳이 한성 북쪽의 한강인 욱리하, 아리수 인근에 있었던 것으로 확인된다. 이로써 아단성이 대방, 온달, 개로왕 살해와 관련이 있는 한편, 사성이 아단성과 같이 대방, 개로왕의 욱리하와 관계가 있는 것으로 또한 사성이 위치한 사수(사천)에 의하여 이곳이 한성 위의 한강인 한수 북쪽이자 고구려 평양성의 남쪽인 것으로 확인되어 이 아단성의 동쪽에 있는 남옥저, 죽령 지방이 신라 북쪽에 있으면서 신라가 초기에 개척한 땅으로 이곳 남옥저 유민들이 귀순하자 백제가 이를 한산 서쪽에 안치하였다는 사실과 백제, 고구려와 늦게까지 영유권 다툼이 일어난 곳으로 고구려 천리장성 축성의 원인이 되고 결국 나당연합군 결성 원인이 되어 나중에 고구려와 백제가 나당연합군에 멸망되는 계기가 되는 곳이다.
 이로써 이곳은 한수, 한강 인근에 있는 지역으로 대방 땅과 인접해 있고 이곳 인근에 있어 말갈의 침입을 받는 하슬라, 니하 인근에 있는 등 산동성 백제 하남 위례성 그리고 신라의 북쪽 경계로 결국 광개토대왕의 공격을 받는 산동성 지역임이 입증된다. 이곳 서쪽인 한강, 한수, 욱리하, 아리수 남쪽에 백제 하남 위례성이 있었고, 이곳 동북쪽에는 고구려 산동성 졸본성이 있었으며 다시 동쪽으로는 신라가 있음이 또한 입증된다. 이 대목에서 확인한 개로왕 관련 기사에서 한성 함락 후 개로왕의 아들인 문주왕이 같이 남하한 장소로 주류 강단 사학계가 한반도 공주로 비정하고 있는 웅진과 그리고 같이 남하한 것으로 기록되어 있는 목협만치에 대하여는 다음에 자세히 설명하도록 하겠다.

그러면 다음 비문 내용을 살펴보자.

【사료63】『광개토대왕 비문』

殘不服義, 敢出百戰, 王威赫怒, 渡阿利水, 遣刺迫城. □□歸穴□便圍城, 而殘主困逼, 獻出男女生口一千人, 細布千匹, 王自誓, 從今以後, 永爲奴客. 太王恩赦□迷之愆, 錄其後順之誠. 於是得五十八城村七百, 將殘主弟幷大臣十人, 旋師還都.

잔이 의로써 복종을 하지 않고, 감히 나와서 전투를 할려고 하니, 왕이 위엄과 노여움으로 아리수를 건너, 자박성에 파견하였다. □□□□ 성을 둘러싸자, 잔주가 괴롭고 핍박을 받아 남녀 일천 명과, 세포 천 필을 바치며, 무릎을 꿇고 스스로 맹세하길 이제부터 따르겠습니다 하니 영원히 노비나 손님으로 간주하였다.
태왕께서 은혜로써 □하고 미혹한 허물을 용서하니, 그 후로 정성으로 따름을 기록한다. 오십팔 성과 칠백 촌을 얻고, 잔주의 아우와 대신 열 명과 함께 서울로 돌아왔다.

## [광개토대왕 비문상의 아리수에 대하여]

여기서는 특별히 살펴볼 것은 없고 해석할 것도 없지만 단지 앞에서 욱리하와 함께 현재 서울 한강으로 비정하는 아리수만이 살펴볼 대상이다. 앞서 설명한 대로 욱리하와 아리수가 지금의 한강이라는 주류 강단 사학계의 비정은 잘못이나 사서기록이 입증하여 주듯이 앞에서 입증하여 설명하였듯이 이는 한반도가 아니라 앞에서 사서기록상의 욱리하와 사성, 사수(사천)에 대하여 살펴보았듯이 이는 글자만 똑같은 한반도 한강이 아니라 산동성 고구려 평양성인 졸본성인 대방고지로 백제의 도읍 자리인 이곳 산동성 백제의 땅에 있었던 백제의 도읍지 북쪽에 있었던 한강이 맞는다. 이 한강은 위의 해설과 같이 개로왕 시기에 백제 기록상에 욱리하로도 불렸다.

이 한강, 한수, 욱리하, 아리수는 당연히 백제의 첫 도읍지인 하남 위례성이 있었던 산동성 태안시 비성시 북쪽에 있었던 지금의 황하이다. 이 아리수를 한반도 서울의 한강으로 비정하는 것은 오로지 아무런 근거 없이 백제의 도읍인 한성을 서울에 비정함에 따라 이를 한강에 비정한 것에 지나지 않는다. 만약 백제의 도읍이 서울로 비정되는 한성이 아니고 다른 곳이라면 이 비정도 달라질 수 있는 것일 만큼 근거가 없다.

먼저 아리수에 대하여 살펴보면 가장 유력한 설은 백제의 초기 도읍지로 기록되어 있는 위례성 관련성이다. 위례성은 한자로 옮긴 표현이다. 옮기기 전의 원래 위례의 발음은 아리와 같은 것으로 추정한다.

그리고 욱리하의 경우 중국 『사기』 「오제본기」 '제요'조에 나오는 욱이, 즉 해가 뜨는 곳의 오랑캐라는 뜻인데 이 욱이의 위치는 청주이다. 청주는 여러 곳에 설치되었지만 기본적으로 앞에서 설명하였듯이 기주와 청주를 나누어 설치한 것으로 청주는 태행산맥 동쪽 즉 지금의 하북성과 산동성 지역이 청주의 시초이다.

그러므로 욱리하는 하북성과 산동성에 있었던 지역의 하천이다. 더군다나 한강의 북쪽인 북한산에서 발견된 소위 진흥왕순수비 북한산비에 의하면 '南川軍主(남천군주)' 글귀가 확인된 바 그리고 이와 관련하여 진흥왕이 북한산을 순수한 진흥왕 16년 10월(555)과 북한산주를 폐하고 순수비상의 남천주를 설치한 진흥왕 29년 10월(568) 기록 등에 의하여 한강으로 비정되는 하천을 순수비가 설치된 550년대에는 남천이라고 부른 것에서 알 수 있듯이 한반도의 지금 한강은 아리수나 한강으로 불린 사실이 사서에도 없고 실제도 없다.

백제 건국 시기와 백제와 관련된 한강이나 한수, 한산 등은 한반도에 있다는 사고 자체는 없어져야 한다. 백제는 한반도에서 건국되지 않은 것이 사서의 기록에 의하여 절대 입증된다. 이 백제의 도읍 및 천도 사항에 대하여는 곧이어 자세히 설명하여 입증하고자 한다.

> 한반도의 지금 한강은 아리수나 한강으로 불린 사실이 사서에도 없고 실제에도 없다. 백제 건국 시기와 백제와 관련된 한강이나 한수, 한산 등이 한반도에 있다는 사고 자체가 없어져야 한다.

다음 비문은,

【사료63】『광개토대왕 비문』

八年戊戌, 教遣偏師, 觀帛(愼土谷, 因便抄得莫口羅城加太羅谷, 男女三百餘人. 自此以來, 朝貢論事. 九年己亥, 百殘違誓與倭和通, 王巡下平穰. 而新羅遣使白王云, 倭人滿其國境, 潰破城池, 以奴客爲民, 歸王請命. 太王恩慈, 矜其忠誠, 口5)遣使還告以口計.

> 팔년 무술(398)에 편사를 파견하여 백신토곡을 살피게 하여, 막□라성과 가태라곡을 노략질하여, 남녀 팔백여 명을 얻었다. 스스로 이에 와서 조공하고, 일을 묻게 되었다. 구년 을해(399)에 백잔이 맹세를 어기고, 왜와 통한 후 한 무리가 되자, 왕이 하평양으로 순수하였다. 신라가 사신 백왕을 보내어 말하길, "왜인이 나라의 지경에 가득하여 성과 못이 부서지고 깨져 백성이 노비로 되니, 왕께서 돌아와 목숨을 구해 주십시오." 하였다. 태왕이 은혜롭고 자애로워 그 충성스런 정성을 불쌍히 여기어, 사신을 파견하여 □□로써 돌아올 것을 알렸다.

두 가지 사항이 분석되겠다.

①한 가지는 하평양과 관련된 백제의 천도 사항들이고,

②다른 한 가지는 왜인이 신라 가득히 들어선 것에 대한 사항이다.

우선 하평양에 대하여 주류 강단 사학계는 당연히 고구려를 한반도 북부로 비정한데다가 당연히 이 시기는 장수왕이 한반도 평양으로 천도하기 전이니 소위 '젊은 역사학자 모임' 일원의 주장대로 고구려는 당시 길림성 집안시에 위치한 국내성 지역에 머무르고 있다고 하고 있다. 더군다나 지금의 평양은 장수왕이 천도할 유일한 평양이므로 이곳 평양 남쪽을 하평양이라고 할 수밖에 없다. 그러나 당시 서울에는 그들이 잘못 비정하여 설정한 한성이 있으므로 평양과 한성 중간에 하평양이 있어야만 한다. 그래서 그들은 이 하평양을 서울의 한강 남쪽에 있어야만 하는 백제 도읍인 한성 북쪽인 강북 중심 구역으로 비정하고 있다.

서울의 강북 중심지가 하평양이라니 이 무슨 한심하고 도저히 학문적이라고 할 수 없는 비정이란 말인가. 이 사실은 역사를 전혀 모르는 시민이 들어도 고개를 갸우뚱할 것이다. 평양을 비롯한 고구려의 수도 및 천도 사실에 대하여는 살펴보았고, 비문상에 기록된 하평양에 대하여는 같은 것인 남평양에 대하여는 여러 차례 자세히 살펴보았다. 여기서는 이 비문상의 하평양이 사서기록상의 남평양과 관련성 등에 대하여 살펴보고 사서기록상에 남평양을 공격한 후에 이루어진 백제의 천도 사실 및 도읍에 대하여도 살펴보도록 하겠다. 물론 이 백제 및 백제의 도읍 및 천도 사실은 사서기록상 고구려 하평양 즉 남평양과 깊은 연관이 있다. 그것은 백제의 도읍이었던 한성지방의 변천 과정 및 위치와 관련 있다.

## [하평양(남평양)에 대하여]

백제와 관련된 고구려 평양 관련 기록 즉 백제와 같은 지방인 산동성에 있었던 사서기록상 고구려 평양성은 산동성 졸본성이다. 이에 대하여는 앞에서 확인하였듯이 주류 강단 사학계는 이들에 대한 비정으로 우선 사서기록상에 분명히 기록되어 있는 고구려 장수왕 이전에 이루어진

- 고구려 동천왕 21년(247)(선인왕검의 땅인 평양성)
- 고구려 고국원왕 13년(343)(평양 동황성)

에 대하여는 ①길림성 집안시로 비정하는가 하면

- 백제 근초고왕 26년(371) 평양성 (공격 고구려 고국원왕 전사)

  (『삼국사기』「지리지」 및 『삼국유사』상 남평양으로 기록)

- 『신당서』「동이열전 고구려」상의 고구려 3경 중 한성

에 대하여는 ②한반도 황해도 재령시로 비정하는가 하면

- 백제 근구수왕 3년(377) 평양성 (공격)
  고구려 장수왕 15년(427) 평양성 천도

에 대하여는 ③한반도 평양으로 비정하는가 하면

- 백제 근초고왕 26년(371) 평양성 (공격 고구려 고국원왕 전사)

  (『삼국사기』 지리지 및 『삼국유사』상 남평양으로 기록)

- 광개토대왕 비문상의 하평양 순시(399년)
- 551년 백제와 신라가 연합하여 고구려를 공격하여 백제 한성 및 신라의 남옥저 죽령 지방 탈환 시 백제의 고구려 평양성 선제공격 시 평양성

에 대한 남평양 내지는 하평양에 대하여는 이병도의 비정을 따라 한반도 서울의 ④북한산성으로 비정하고 있다.

물론 이러한 비정은 원래 맞지 않는 한반도에 비정함으로써 여기저기 제대로 비정하지 못하거나 설사 비정하였다 하더라도 모두 사서기록에 전혀 맞지 않는다.

위의 여러 평양 관련 사항 중 고구려 도읍인 하북성 평양성은 천도사항인 고구려 동천왕, 고국원왕, 장수왕 사항만 해당되고 나머지는 사서기록상 특히 중국사서 기록상에 평양성으로 기록되어 있으나 산동성 졸본성으로 『삼국사기』의 경우 「본기」가 아닌 「지리지」와 『삼국유사』상에 551년 사항만이 남평양으로 기록되어 이곳이 산동성 졸본성이라는 사실과 이곳을 평양성으로 기록하고 있음을 확인할 수 있다.

그러나 『삼국사기』 「본기」의 경우 551년 사항이 고구려, 백제, 신라 모두 해당되는 것임에도 불구하고 정작 중요한 「백제본기」에는 기록이 아예 없는 한편, 있는 기록인 「고구려본기」와 「신라본기」에는 백제가 현재 이 글에서 논하고자 하는 중요한 사항인 백제가 고구려 평양성 즉 졸본성을 선제공격한 사항이 전혀 없는 한편, 이 전쟁의 결과로 백제는 475년 백제 개로왕(고구려 장수왕) 시기에 빼앗긴 한성 지역을 되찾은 사실과 신라는 245년 신라 조분이사금(고구려 동천왕) 시기에 빼앗긴 남옥저, 죽령 지방을 되찾은 사실이 기록되지 않았다.

이는 『일본서기』상의 백제 한성 탈환, 고구려 평양 공격 기록, 『삼국사기』 「열전 거칠부」상의 백제 평양 선제공격 및 신라 죽령 탈환,

『삼국사기』「지리지」와 『삼국유사』상의 남평양 기록에 의하여 겨우 확실한 역사적 사건이 확인된다. 그리고 이곳 남평양이자 광개토대왕 비문상의 하평양인 산동성 졸본성을 중국사서가 평양성이라고 기록한 것을 확실하게 입증해 준 것이 『신당서』「가탐도리기」와 『요사』「지리지」라는 것은 이미 이 글에서 여러 차례 확인하였다.

551년 사건은 상당히 고구려, 백제, 신라에 있어서 중요한 사건이다. 또한 이는 위치 비정은 물론 평양과 관련된 천도 사항 그리고 고구려, 백제의 멸망과도 관련 있는 사건이다. 이에 대하여 살펴보기로 한다.

551년 사건은 『삼국사기』「본기」 즉 「백제본기」는 없고 「고구려본기」 및 「신라본기」에 의하면 신라가 단독으로 고구려를 공격하여 고구려 10군(성)을 빼앗은 것으로만 알게 된다. 백제와의 연합 공격도 백제가 공격한 장소도 그리고 빼앗은 10군(성)이 어디인지 그리고 새로 빼앗은 것인지 이전에 빼앗긴 땅을 다시 탈환한 것인지도 모른다. 그리고 백제는 전혀 관계없는 사항으로 파악된다. 그런데 「거칠부 열전」에 의하여 백제와의 연합 공격에 의한 것임도 알게 되고, 백제가 평양을 공격한 것도 알게 되고, 빼앗은 고구려 10군(성)이 죽령 인근 지방이라는 사실도 알게 된다. 그런데 『삼국사기』(거칠부 열전)에 의해서는 이 백제가 먼저 공격한 평양이 당연히 고구려 수도 평양성인 지금의 평양인 것으로 알게 된다. 그러나 이것뿐이다. 신라만 죽령 지방을 차지한 것으로 알게 된다. 그런데 이미 확인하였듯이 『삼국사기』「지리지 백제」와 『삼국유사』「남부여, 전백제」 기록에 의하면 근초고왕이 고구려를 공격한 평양이 남평양으로 기록되어 있는 데다가 주류 강단 사학계가 비정한 한반도 상황에 의하면 웅진인 공주로 내려간 백제가 당시에 막강한 고구려 도읍인 평안도 평양을 공격한 사실이 불가능한데다가 더욱더 이 사건을 기록한 『일본서기』에 의하여 고구려에 대한 백제와 신라의 연합 공격으로 신라가 죽령 지역 10군(성)을 차지한 것뿐만 아니라 백제가 475년 고구려에 빼앗겼던 한성 지방을 되찾은 것을 알 수 있게 되었다.

이러한 관계로 이병도는 이 평양을 남평양으로 비정한 채 그 위치도 백제가 되찾은 한성 근처의 북쪽인 서울의 북한산성이라고 비정한 것임을 알 수 있다. 그러나 이병도가 백제가 공격한 고구려 평양성을 북한산성으로 비정한 까닭은 다른 데에 있다.

그것은 이 고구려에 대한 연합 공격으로 되찾은 죽령 지방은 온달과의 관계에 의하여 아단(차)성과 관련 있는데 이 아단(차)성 관련 사건 중 이곳에서 한성에 도읍하였던 개로왕이 장수왕에게 죽임을 당했다. 그래서 더욱 이 서울의 한강 인근에 고구려 평양성 즉 남평양성을 비정하였다. 결국 그들의 논리 안에서 충실하였다. 그러나 그들의 논리는 하나만 알고 둘은 모르는 단순한 논리이고 비학문적 논리이다. 즉 하나에만 충실한 채 다른 사항은 고려하지 않는다. 그 논리와 그 논리에의 충실은 잘못된 논리이다. 이렇게 잘못된 논리에 의하여 비정을 잘못하면 다른 여러 가지가 관련되어 있어 문제가 발생한다. 이렇게 탄생한 것이 그들이 이러한 논리에 의하여 정립한 우리 고대사이다. 그러므로 절대 맞지 않는다. 그것을 이 글에서 입증하는 것뿐이다. 그런데 도저히 이해가 안 되는 것은 이러한 말도 안 되는 잘못된 논리에 의하여 정립된 우리 고대사가 해방 후 78년이 지나도록 수많은 역사 전문가인 박사와 교수들에 의하여도 본 필자의 이 글에서처럼 밝혀지지 않고 그대로 존속하고 있다는 사실이다. 이는 세계 역사학상 아이러니요 불가사의하다. 이병도의 아차성(아단성)으로 인한 남평양의 한반도 서울의 북한산성 비정과 마찬가지로.

이 죽령은 온달이 신라에 빼앗긴 땅을 탈환하고자 애쓰다가 죽은 아차성인 아단성의 동쪽으로 신라가 초기에 개척하였다가 고구려에 빼앗긴 땅이다. 이곳은 이후 연개소문이 김춘추의 연합 제의를 조건으로 내세웠던 땅이다. 이곳은 또한 신라를 상대로 서쪽이 아닌 동쪽으로 쌓은 고구려 천리장성의 축조 원인이 된 땅이다.

이곳은 이후 소위 통일신라를 거쳐 고려로 그대로 전달되어 여기에 소위 강동 6주(8성)를 설치하고 천리관성을 설치하는 지역이다. 이곳에 있는 아차성에 의하여 이곳은 고구려가 대방왕을 공격하였을 때 백제가 도와준 위치이다. 그리고 이 아차성과 같이 있는 사성은 이곳이 있는 사수(사천)에 의하여 백제 도읍인 한성의 북쪽에 있었던 한강 인근에 있었던 것으로 사천은 백제의 한성 북쪽을 흐르는 한강 인근에 있으면서 한강(한수)과 패수와 마찬가지로 백제 한성 북쪽과 고구려 평양성인 졸본성 남쪽 그리고 신라의 남옥저 죽령 지방을 같이 흐르는 강이다.

이곳은 절대 한반도가 될 수 없다. 그래서 이러한 여러 가지를 감안하면 한반도에는 함부로 비정할 자리가 없다. 그래서 계산적으로 북한산성으로 비정하였다. 그러나 제자리에 비정하지 않으면 결국 문제가 된다. 여기서 이 세 번(①371년 백제 근초고왕, ②377년 백제 근구수왕, ③551년)의 백제의 고구려 평양성에 대한 공격에 있어서 세 번째(③551년) 평양성에 대하여 이병도가 남평양으로 해석한 채 현재 서울의 강북 지방으로 비정하여 주류 강단 사학계가 추종하는 이 평양성을 비롯하여 앞선 두 번의 평양성에 대하여 살펴보기로 한다.

주류 강단 사학계는 두 번의 평양성 공격 중 ②뒤의 평양성에 대하여는 평안도 평양, ①앞의 평양성 공격에 대하여는 **註 001 평양성(平壤城) : 이때의 평양성 위치에 대해 북한에서는 황해도 재령군의 장수산성 인근이라는 견해**(채희국, 47쪽; 손영종, 174~187쪽)**가 주류이다.**으로 해석하고 있다. 그런데 이 시기의 고구려 평양성은 427년 그들이 한반도 평양으로 인정하는 장수왕 평양 이전인,

■ [도표25] 고구려 천도 사실

- 여러 중국사서가 각각 기록한 주몽이 처음 도읍한 홀승골성, 흘두골성, 비류곡 홀본서성산으로 고구려는 이곳에서 나라를 건국하였다가
- 3년 제2대 유리왕 22년에 초기 도읍지 인근의 국내(위나암성, 불이성)로 천도하였다.(평양~국내성 간 17개의 역, 북조 경내, 어느 곳인지 알 수 없다.)
- 209년에는 산상왕 13년 환도성으로 옮기고,
- 247년 동천왕 21년 평양으로 천도하였고,
- 342년 고국원왕 12년 환도성(『삼국유사』「왕력」:안시성)으로 천도하였고,
- 343년 고국원왕 13년 평양성 (동쪽) (동)황성(『삼국사기』상 : 고려 서경의 동쪽 목멱산 가운데–옳고 틀림 알 수 없다.)으로 옮겼고,
- 427년 장수왕 15년 평양성으로 천도하였다.
- 586년 평원왕 28년 평양 장안성(『삼국사기』상 : 평양성과 장안성의 동일 여부와 서로 멀리 떨어진 것인지, 가까운 것인지 알 수 없다.),
- 668년 보장왕 27년 나당연합군에 의한 패전 즈음에 요령성 요양 등 다른 곳으로 옮긴 후 나라의 종언을 고한다.

247년 동천왕, 343년 고국원왕의 평양은 길림성 집안시로 비정하고 있다. 그런데도 ①371년 백제 근초고왕의 평양은 황해도 재령, ②377년 백제 근구수왕의 평양은 한반도 평양으로 비정하고 있다. 그리고 ③551년 백제의 평양(남평양) 공격은 남평양으로 보아 서울의 북한산성으로 비정하고 있다. 물론 ①사항은 『삼국사기』「지리지 백제」와 『삼국유사』「남부여, 전백제」 기록에 의하여 평양이 아닌 남평양으로 확인되었다. 그런데도 이때 남평양은 황해도 재령, ③551년의 남평양은 북한산성이다. 같은 남평양인데 다르게 하였다. 물론 고구려가 427년 장수왕 시기에 남쪽으로 내려와 평안도 평양으로 천도한 까닭에 이전에는 황해도 재령에 있던 남평양이 같이 남하하여 ③551년 당시에는 북한산성으로 내려와 있었던 것으로 비정한 것으로 파악된다.

그리고 ②377년은 남평양으로 확인도 안 되는 데다가 당시의 고구

려 평양성은 길림성 집안시인데 왜 평안도 평양이라는 것인가. 더군다나 비슷한 시기의 근초고왕 평양은 남평양으로 밝혀져 황해도 재령으로 비정하였으면서 말이다. 도대체 맞지 않는다.

이렇게 맞지 않는 비정은 원래의 위치에 비정하지 않았기 때문이다. 고구려는 산동성 졸본성에 있다가 북상하여 우선 하북성 국내주 지역(위나암성, 불이성)에 있다가 고국원 지역인 환도성으로 옮겼다가 하북성 선인왕검의 땅인 하북성 보정시 만성구에 위치한 평양성으로 247년 동천왕이 천도한 이후 고국원왕 시기에 환도성인 현재 호타하 북부 하북성 형수시 안평현 북쪽으로 옮겼다가 다시 평양성으로 온 이후 계속하여 이 지역에 있었다. 장수왕이 새삼스레 이곳 평양성에 온 것이 아니다. 그런데 주류 강단 사학계는 장수왕 시기 이전의 두 번의 평양성은 길림성 집안시에서 벗어나지 않았다고 한다.

지금의 평양에 천도한 것은 장수왕 시기의 천도라는 논리를 해치지 않으려는 주류 강단 사학계의 묵시적 약속에 의한 것으로 한반도 평양에 비정하지 않는다. 왜냐하면 두 번의 평양성 중 첫 번째 평양성은 247년으로 주류 강단 사학계가 당시까지도 한나라 군현인 낙랑군이 평안도 평양에 있는 것으로 하여야 하기 때문이다. 물론 두 번째 평양인 343년은 앞의 것 때문에 같이 묻어갔다. 당시 고구려 수도 천도지로써의 평양성은 당연히 하북성 평양성이다. 하지만 백제와 신라가 고구려를 공격한 평양성, 그들의 빼앗긴 땅을 다시 찾을 때 고구려를 공격할 때 공격한 평양성은 공격한 백제와 신라 그리고 공격을 당한 고구려가 같이 위치한 산동성 졸본성으로 『삼국사기』 「지리지 백제」와 『삼국유사』 「남부여, 전백제」 기록에 의하여 평양이 아닌 남평양이다. 이에 대한 남평양 내지는 졸본성이 아닌 단지 평양성 기록 사실과 그 위치는 앞에서 확인하였듯이 『신당서』 「가탐도리기」와 『요사』 「지리지」 기록이 이곳 산동성 같은 위치에 신라가 위치함을 입증해 주고 있다.

【사료30】『신당서(新唐書)』「가탐도리기」

영주에서 출발하여 안동도호부로 가는 길

또한 (연군성으로부터 동쪽으로) 여라수착(汝羅守捉)을 지나서 요수(遼水)를 건너면 옛날 한국(漢)의 양평성(襄平城)이었던 안동도호부(安東都護府)에 이르기까지 500리이다. (안동도호부에서) 동남쪽으로 평양성(平壤城)까지 800리이고, (안동도호부에서) 서남쪽으로 도리해구(都里海口)까지 600리이며, (안동도호부에서) 서쪽으로 옛 중곽현(中郭縣)이었던 건안성(建安城)까지 300리이며, (안동도호부에서) 남쪽으로 압록강(鴨淥江) 북쪽에 있는 옛 안평현(安平縣)이었던 박작성(泊汋城)까지 700리이다.

【사료29】『요사』「지리지」

2. 동경도
해주 남해군
②요주(耀州)에는 자사를 두었다. 본래 발해의 초주(椒州)이며 옛 현은 초산(椒山)·초령(貂嶺)·사천(澌泉)·첨산(尖山)·암연(巖淵) 등 다섯인데 모두 폐지되었다. 호구수는 700이며 해주(海州)에 예속되었다. 동북쪽 200리에 해주가 있다. 관할 현은 하나이다.
암연현(巖淵縣) 동쪽으로 신라와 경계하고 있다. 옛날 평양성이 현 서남쪽에 있다. 동북쪽 120리에 해주가 있다.

한편 551년 신라가 다시 탈환한 죽령 지방은 남옥저와 연관된다. 남옥저는 신라가 초기에 개척한 땅으로 이곳 남쪽에 신라가 건국되었다. 이 남옥저 죽령 지방은 이후에도 고구려와 신라의 심각한 영유권 다툼의 장소가 되어 고구려가 이때 빼앗긴 후 이것을 되찾으려고 여기에 천리장성을 설치하는가 하면, 고구려가 백제와 연합하여 신라로부터 655년 되찾음으로써 신라가 당나라와 연합하는 계기를 만들어 결국 고구려와 백제는 멸망하게 된다. 이 남옥저에 대하여 주류 강단 사학계는 그들의 논리상 어쩔 수 없이 옥저의 비정지인 두만강 하류 이남으로 비정하고 있다.

이에 의하면 신라가 두만강 하류 지방을 초기에 개척하였다는 것이다. 주류 강단 사학계의 비정과 맞지 않는 사항이다. 스스로 모순이 있는 사항이다. 그리고 이렇게 이곳에 비정한다면 이 남옥저 땅에 있는 죽령 지방도 이에 비정하여야 그들의 논리가 맞게 된다. 그러나 이 죽령 지방은 사건에 따라 달리 비정한다. 그래서 결국 이번에는 이 죽령 지방을 다르게 비정하는 다른 여러 죽령과 다르게 한강 상류 지역으로 비정하고 있다. 이 바탕 위에 위의 그들의 논리 범위 안에서 가능한 것과 함께 이 사건에 의하여 공격한 평양을 남평양으로 하여 서울의 북한산성으로 비정하였다. 그러나 주류 강단 사학계는 이것이 잘못되었고 바로잡을 수 있는 단서가 있음에도 그들의 교리 때문에 어찌할 수 없어 한다. 이미 확인한 바와 같이 『일본서기』상에서 위의 세 번째 평양성 공격 시(551년) 신라와 함께 고구려를 공격하여 한성을 먼저 차지한 다음 이어서 평양을 공격하였다고 기록한 것을

【사료316】『일본서기(日本書紀)』 권 19 天國排開廣庭天皇 欽明天皇 12년 (551년 (음))

百濟 聖明王이 高麗에게 빼앗긴 故地를 회복함 (551년 (음))

이해 백제 聖明王이 몸소 군사 및 두 나라의 병사를 거느리고(두 나라는 新羅任那를 말한다.) 高麗를 정벌하여 漢城의 땅을 차지하였다.(註 001) 또 진군하여 平壤(註 002)을 토벌하였는데, 무릇 옛 땅 6군을 회복하였다.(註 003)

註 001
이해에 ~ 차지하였다 : 『三國史記』 권 44, 居柒夫傳에는 성왕 29년(551, 신라 진흥왕 12)에 백제와 신라의 연합군이 먼저 平壤을 쳐부수고 竹嶺 이

> 북 高峴 이남 10郡의 땅을 차지하였다고 하였는데, 이때 백제도 漢江 하류의 옛 영토를 빼앗았던 것으로 보인다.
>
> 註 002
> 平壤 : 南平壤 곧 北漢城으로 추측된다.『三國史記』권37, 地理志 백제조에 인용된 古典記에는 "至十三世近肖古王 取高句麗南平壤 都漢城 ……"이라 하여 漢城과 南平壤이 같음을 보여주고 있어, 본 기사와 차이가 있다. 그러나 여기에서 聖王이 한성을 쳐부수고 진군하였다는 평양은 南平壤일 것으로 추측된다.
>
> 註 003
> 무릇 옛 땅 6군을 회복하였다 :『三國史記』권44, 居柒夫傳에도 이와 동일한 사건으로 보이는 기사가 보인다. 성왕 29년에 백제와 신라의 연합군이 고구려를 공격하였는데, 백제는 먼저 平壤을 쳐부쉈고, 신라는 竹嶺 이북 高峴 이남 10郡의 땅을 차지하였다고 하였다. 백제는 이때의 羅濟同盟으로 말미암아 漢江 하류의 옛 영토를 되찾았던 것으로 보인다.

알려주었다.『일본서기』는 일본국의 역사책이 아니다. 아니 당시 왜의 역사책이 아니다. 고구려, 신라, 백제의 분국이 세워진 열도의 역사이자 이들의 본국인 백제의 역사이다. 그런데도 이에서 벗어나 이러한 역사밖에 없는 것을 독자적인 일본국의 역사서로 만들자니 왜곡과 조작이 이루어진 역사책이다. 그렇지만 본국의 세세한 사건 기록은 왜곡되어 기록되거나 누락된『삼국사기』보다 일부 정확한 면이 있어『삼국사기』를 보완해 주는 역할을 하고 있다. 이 기록은 백제의 한성은 475년 고구려 장수왕에 의하여 함락된 것을 이제야 되찾았음을 말한다. 76년 만의 탈환이다. 그런데 2년 후에 신라가 나제동맹을 깨고 백제가 되찾은 한성 땅을 가로채고 이곳에 신주를 설치하였다.

【사료317】『삼국사기(三國史記)』권 제26 백제본기 제4 성왕(聖王) 31년 가을 7월

신라가 동북 변경을 획득하여 신주를 설치하다 (553년 07월(음))

31년 가을 7월에 신라가 동북 변경을 빼앗아 신주(新州)를 설치하였다.

【사료318】『삼국사기(三國史記)』권 제4 신라본기 제4 진흥왕(眞興王) 14년 7월

신주를 설치하다 (553년 07월(음))

〔14년(553)〕가을 7월에 백제 동북 변경을 빼앗아(註 001) 신주(新州)를 설치하고,(註 002) 아찬(阿飡) 무력(武力)을 군주(軍主)로 삼았다.

註 001
백제 동북 변경을 빼앗아: 552년 무렵에 고구려는 국내적으로 귀족들의 내분으로, 남과 북에서는 각각 신라·백제연합군과 북제(北齊) 및 돌궐의 압박을 받아서 내우외환(內憂外患)의 위기에 봉착하였다. 고구려는 한편으로 귀족연립정권을 수립하고, 다른 한편으로 신라에 동맹을 제의하여 위기를 수습하려고 하였는데, 신라 진흥왕이 고구려의 제의를 받아들여 552년에 고구려와 신라 사이에 동맹이 체결되었다(노태돈, 395~435쪽). 그리고 553년에 신라는 고구려의 지원을 받아 백제가 차지한 한강 하류 지역을 차지할 수 있었던 것으로 보인다. 『일본서기(日本書紀)』권19 흠명천황(欽明天皇) 13년(552)조에 "이해에 백제가 한성(漢城: 한강 이남의 서울과 경기도 광주·하남 지역)과 평양(平壤: 한강 이북의 서울)을 버렸다."라고 전하는데, 종래에 이 기록을 주목하여 신라가 한강 하류 지역을 공격한다는 사실을 미리 알고 백제가 스스로 한성과 평양 지역에서 군사를 철수함으로써 신라가 한강 하류 지역에 무혈입성(無血入城)하였다는 견해를 제기하기도 하였다(주보돈).
〈참고문헌〉
노태돈, 1999, 『고구려사 연구』, 사계절

주보돈, 2006,「5~6세기 중엽 高句麗와 新羅의 관계-신라의 漢江流域 진출과 관련하여-」,『北方史論叢』11, 고구려연구재단

註 002
신주(新州)를 설치하고: 신라가 553년 7월에 경기도와 충북 북부, 강원도 영서 지역을 영역으로 하여 설치한 지방통치조직이다.『일본서기(日本書紀)』권19 흠명천황(欽明天皇) 12년(551)조에 "백제 성명왕(聖明王: 성왕)이 백제군과 두 나라(신라·가야)의 군사를 이끌고 고려(고구려)를 정벌하여 한성(漢城: 한강 이남의 서울과 경기도 광주시·하남시)을 먼저 차지한 다음, 이어서 평양(平壤: 한강 이북의 서울)을 공략하고 무릇 6군(郡)의 고지(故地)를 수복(收復)하였다."라고 전하는데, 신주는 신라가 차지한 10군과 백제가 차지한 6군을 망라한 영역이었다고 볼 수 있다. 백제가 차지한 6군에 대해서는 한산군(漢山郡: 한강 이남의 서울과 경기도 광주시·하남시)·북한산군(北漢山郡: 한강 이북의 서울)·매홀군(買忽郡: 경기도 수원시)·율진군(栗津郡: 경기도 과천시)·주부토군(主夫吐郡: 인천광역시 계산동·임학동 일대)·마홀군(馬忽郡: 경기도 포천군 군내면)으로 보는 견해(전덕재, 2009), 북한산군, 한산군, 율진군, 주부토군, 매홀군, 당성군(경기도 화성시 남양동), 술천군(경기도 여주시 금사면), 개차산군(경기도 안성시 죽산면) 가운데 6군으로 보는 견해(임기환), 북한산군, 한산군(한주), 율진군, 주부토군, 술천군, 개차산군으로 보는 견해(서영일, 231~235쪽), 북한산군, 한산군, 율진군, 주부토군, 당성군, 백성군(경기도 안성시) 개차산군 가운데 6개군으로 보는 견해(여호규), 교하군(경기도 파주시 탄현면), 내소군(경기도 양주시), 마홀군, 개성군, 송악군, 우봉군으로 보는 견해(노중국), 북한산군, 교하군, 내소군, 마홀군, 철성군(철원군), 부여군(강원도 철원군 김화읍)으로 보는 견해(張彰恩) 등이 제기되었다. 어느 견해를 따르든 간에 신주는 충북 북부 지역과 임진강 이남의 경기도, 강원도 영서 지역을 망라하였다고 볼 수 있을 것이다. 한편 선덕왕 6년(637)에 신주를 분할하여 우수주와 한산주(漢山州)를 설치하였다는 견해도 제기되었다(전덕재, 2001).

〈참고문헌〉
서영일, 1999,『신라 육상 교통로 연구』, 학연문화사
전덕재, 2001,「신라 중고기 州의 성격 변화와 軍主」,『역사와 현실』40
임기환, 2002,「고구려·신라의 한강유역 경영과 서울」,『서울학연구』18

> 노중국, 2006, 「5~6세기 고구려와 백제의 관계: 고구려의 한강유역 점령과 상실을 중심으로」, 『北方史論叢』 11, 고구려연구재단
> 전덕재, 2009, 「신라의 한강유역 진출과 지배방식」, 『鄕土서울』 73
> 張彰恩, 2011, 「6세기 중반 한강 유역 쟁탈전과 管山城 戰鬪」, 『震檀學報』 111
> 여호규, 2013, 「5세기 후반~6세기 중엽 高句麗와 百濟의 국경 변천」, 『백제문화』 48

물론 주류 강단 사학계는 이곳을 한반도 중류 한강 유역이라고 정하여 왔고 이를 학교에서 배워왔다. 나제동맹에 의하여 한강 유역을 되찾았으나 신라가 그것을 깨고 한강 유역을 가로챘다고 정해 놓은 것이 지금까지 이어지고 있다.

이렇게 되고 난 후 백제 성왕은 이곳을 되찾으려고 신라를 공격하다가 관산성 즉 지금의 충청도 옥천 전투에서 목숨을 잃게 된 것으로 하고 있다. 하지만 이는 역사 조작이다. 이에 대하여는 잠시 후에 비판하여 설명하고 새로이 비정하겠고 우선 평양성에 대하여 설명을 이어가자면, 이러한 주류 강단 사학계의 비정은 앞에서 설명한 대로 잘못된 비정에 의한 어쩔 수 없는 근거 없는 잘못된 비정이다. 단지 이 평양성은 고구려 수도인 평양성이 아니라 앞에서 본 필자가 여러 차례 설명하였듯이 많은 중국사서가 착각하여 오류를 범한 채 기록하고 있는 졸본성 즉 고구려 첫 번째 도읍지인 졸본성으로 산동성 덕주시에 위치한 옛 평양성이다.

이것을 알 수 있는 사항이 신라의 고구려 10군 점령 시 즉 백제의 평양성 공격에 의하여 차지한 땅이 죽령 땅이라는 사실은 같이 공격한 평양성이 이 근방에 있음을 알 수 있어 이 근방은 바로 죽령이 있는 남옥저 땅 인근으로 고구려 산동성 평양성 지역인 산동성 덕주시 인근이다.

> 백제 근초고왕이 고구려 고국원왕을 전사하게 한 평양성은
> 사서상의 남평양이자 광개토대왕 비문상의 하평양인 고구려
> 산동성 평양성인 졸본성이다.
> 이를 자신들의 논리로 인하여 그들의 논리상의 한반도 평양으로
> 비정하지 못한 채 이곳저곳에 비정하고 있다.

　백제가 빼앗긴 한성 땅을 되찾고자 역시 신라 땅이었던 죽령 땅을 고구려에 빼앗기고 이를 되찾으려는 신라와 연합하여 백제는 한성 땅을, 신라는 죽령 땅을 되찾은 것이 이 사건임을 알 수 있다. 이러한 사실을 뒷받침해 주는 것이 『일본서기』 기록이다. 『삼국사기』의 기록에 의하면 백제의 평양성 공격과 신라의 10군 점령이 별개로 이루어진 것으로 되어 있어 별개의 장소 즉 평양성과 죽령이 각각 다른 곳에 위치해 있음을 무시하지 못하거나 같은 곳에 위치함을 장담할 수 없게 기록한 것에 비하여 『일본서기』 기록은 백제의 입장에서 한성을 빼앗고 연이어 평양성을 공격한 것으로 되어 있어 인근에 있다는 것을 확신할 수 있게 기록된 것에 의하여 알 수 있다. 그리고 『일본서기』 기록이 없었다면 고구려 10군 점령이 백제의 한성 재탈환과 관련이 있다는 사실을 몰랐을 것이다. 이로써 백제는 개로왕 시기에 잃었던 한성을 되찾았다. 하지만 이내 신라에 탈취당한 채 이를 되찾으려다가 성왕까지 죽게 된다.

　이와 같이 백제의 평양성 공격은 당시의 고구려 수도 평양성이 아니라 백제와 신라 사이인 산동성 덕주시에 있었던 고구려 첫 번째 도읍지인 졸본성으로 옛 평양성이다. 이러한 졸본성을 평양성으로 착오하여 기록한 사서가 앞에서 여러 차례 설명한 『신당서』 「가탐도리기」, 『요사』 「지리지 동경도」 그리고 『당서』, 『통전』 등의 고구려 평양성 남단 패수 기록이다. 이 백제의 한성 지역과 죽령 지역은 이후 642년 고구려

연개소문 시에 김춘추가 연합 제의코자 고구려를 방문하였을 때 반환 요구 조건으로 내세웠던 곳이고, 나중에 655년 고구려와 백제가 신라의 33성(30~57성)을 재탈환하자 신라가 당나라와 연합하여 백제와 고구려를 공격하여 결국 산동성 고구려 평양성인 남평양인 졸본성과 하북성 평양성이 함락된다. 이에 따라 고구려 평양성인 남평양인 졸본성은 이웃에 있었던 신라가 차지하고, 하북성 고구려 평양성은 당나라가 차지하여 안동도호부를 설치하였다가 옮기는 한편 나중에 발해가 차지하게 된다.

일부 주류 강단 사학계의 한반도 평양의 '낙랑군 평양설'을 비판하는 재야 민족 사학계의 일부 주장으로는 한반도 평양은 낙랑군 평양도 아니고 고구려 수도 평양도 아니라고 한다. 그러면서 한반도 평양은 중국사서『신당서』및『통전』등 기록상의 3경 체제상의 한성이라고 주장하면서 그 증거로 1913년 발굴된 평양성 석각 제4석으로 현재 북한 평양조선중앙역사박물관이 소장하고 있는 명문상

■ 평양성 석각 제4석

丙戌十二月中漢城下後 ? 小兄文達節自此西北行步之

병술년(506) 12월에 한성 하후부의 소형 문달이 여기서부터 서북 방향을 걸쳤다(걸쳐 축성하였다).

으로 되어 있는 것에 의하여 한반도 평양을 한성으로 불렀지 평양은 아니라고 주장하고 있다. 하지만 이미 언급한 것처럼 한성은 한산, 한수, 한강과 더불어 백제의 고유 명칭이다. 이곳은 백제가 처음 도읍한 산동성 태안시 비성시의 명칭이다. 그리고 졸본성은 고구려 수도 평양성인 하북성 보정시에 있는 남쪽의 하평양, 남평양이다. 당시

평주 지방인 지금의 하북성 보정시 지역에 평양이라는 수도를 두고 있던 상황에서 하평양 즉 남쪽 평양이면서 고구려 수도와 연관이 있던 곳은 당연히 그들의 첫 도읍지인 졸본성이었다.

하북성에서 주로 활동하였던 당시의 한반도 평양을 하평양이라고 할 수 없다. 그리고 한성, 한수, 한산, 한강 등은 백제가 탄생하여 활동한 산동성 지역을 가리킨다. 물론 현재 주류 강단 사학계에 의하여 형성된 통설과 상식으로는 백제가 탄생하고 활동한 주요 지역은 한반도 한강 이남이다. 하지만 고조선, 부여 그리고 고구려가 하북성에서 생성되고 활동하였다면 여기서 파생된 백제는 당연히 이곳 하북성 내지는 산동성에 있는 것이 당연하다. 더군다나 한반도 평양을 광개토대왕 비문상의 하평양으로 설정하는 자체가 고구려가 한반도 북부에 있었다는 것을 인정하고 그 전제하에 의해서만 가능하다. 더군다나

【사료28】『원사』「지리지」 요양등처행중서성 동녕로

동녕로(東寧路). 본래 고구려(高句驪) 평양성(平壤城)으로 또한 장안성(長安城)이라고도 하였다. 한(漢)이 조선(朝鮮)을 멸하고 낙랑(樂浪)・현토군(玄菟郡)을 설치하였는데, 이것이 낙랑 지역이었다. 진(晉) 의희(義熙) 연간 후반에 그 왕 고련(高璉)이 처음으로 평양성(平壤城)에 머물렀다[居]. 당(唐)이 고려(高麗)를 정벌할 때 평양(平壤)을 공략하여 그 나라가 동쪽으로 옮겨 압록수(鴨綠水)의 동남쪽 1,000여 리 되는 데에 있었는데, 평양의 옛터가 아니었다. 왕건(王建)에 이르러 평양이 서경(西京)이 되었다. 원(元) 지원(至元) 6년(1269)에 이연령(李延齡)・최탄(崔坦)・현원열(玄元烈) 등이 부주현진(府州縣鎭) 60개 성(城)을 가지고 와서 귀부하였다. 〈지원〉 8년(1271)에 서경을 고쳐 동녕부(東寧府)라고 하였다.

이 사서기록에 의거 고구려가 나당전쟁 시 잠시 수도를 옮겼다가 멸망한 곳은 한반도 평양이 아니라 요령성 요양이다. 물론 마지막에

잠시 옮긴 곳이 평양성이라고 하는 것은 이곳이 나중에 고려 서경이라는 기록에 의해서이다. 이 고려 서경 역시 주류 강단 사학계는 한반도 고구려 평양성이라고 하지만 위의 기록에 의하면 고려 서경인 평양성은 이전의 고구려 평양성이 아니고 그곳에서 옮겨온 것이라고 하였기 때문에 절대 성립할 수 없다. 이에 의하여도 주류 강단 사학계의 고구려 평양성과 고려 서경의 한반도 평안도 평양 설정이 허구임이 확인된다.

그러나 이를 비판하는 재야 사학계의 한반도 평안도 평양의 한성 주장은 이미 확인한 백제의 한성 사항 그리고 위의 기록에 의하여 고려 서경인 평안도 평양의 부당성 그리고 재야 사학계의 요령성 요양의 서경 주장에 의하면 맞지 않는 잘못된 설정이다. 그러면 마지막에 옮긴 곳이 과연 고려 서경의 요령성 요양인지 여부는 추가 연구가 필요하다. 이의 설정은 단지 고려 서경이 요령성 요양이고 이에 의하여 이곳이 마지막 평양성이라는 논리이지만 이의 위치 즉 마지막 평양성이자 고려 서경이라는 위치 기록인 『원사』「지리지」와 남평양이자 하평양이자 졸본성 위치를 기록한 『신당서』「가탐도리기」 기록에 의하면 이곳은 압록수 동남쪽 1,000여 리와 800리라는 각각 기록에 의하면 단지 200리만 차이 있을 뿐, 당시 고구려 압록수가 지금의 하북성 호타하라는 것에 의하면 이는 모두 고구려 남평양이자 하평양이자 졸본성 위치 기록이다. 그러므로 고구려가 나당연합군에 쫓기어 마지막으로 옮긴 평양성으로 고려 서경은 고구려 남평양이자 하평양이자 졸본성이다. 이것이 가능성이 더 크다. 왜냐하면 이후 소위 통일신라도 이러한 산동성 신라를 이어받아 산동성에 위치하여 있었고 이후 고려도 이를 그대로 이어받아 이곳 산동성에 있었기 때문에 고려 본 도읍인 개경에서 서쪽에 있기에 서경이라고 하였기 때문에 고려 서경은 이전의 고구려 남평양이자 하평양이자 졸본성이 되고 그 동쪽인 곳에 고려 서경이 있었을 가능성이 크다. 이에 대하여는 본 필자는 결론을 내리지 못하거니와 내리지 않으련다. 이는 추가 연구를 하고자 한다.

어찌 되었든 한반도 평양은 평양도 아니고 한성도 아니고 하평양도 아니고 남평양도 아니다. 이러한 사실은 수많은 증거에 의하여 입증될 수 있다. 즉 궁예의 활동 기록에 의해서도 당시의 평양 역시 한반도 평양이 아님을 증거하고 있다.

그렇다면 평양성 석각 제4석상의 한성 관련 기록은 무엇을 의미하는 것인가. 본 필자는 이것이 한반도 평양이 한성으로 불린 증거는 아니고 산동성 백제 한성의 성곽 축조 기술자가 이곳에 와서 성곽 축성 공사를 하고 여기에 자신의 벼슬과 이름을 남기었다고 판단한다. 석각상의 날짜인 병술년에 대하여 그동안 이것을 발견한 일제 식민사학자들을 비롯하여 지금까지 566년으로 비정하고 있다. 하지만 병술년은 26, 86, 146, 206, 266, 326, 446, 506, 566등 다양하게 비정될 수 있다. 이 논란에 앞서 유념해야 할 사항은 선입견을 버려야 한다는 것이다.

즉 이것이 발견된 평양이 석각상의 표기대로 한성이었다는 것을 증명하는 것이라는 선입견을 버리고 객관적인 생각을 전제로 하여야 한다. 이 각석이 한반도 평양이 당시에 평양이 아니고 한성으로 비정될 수 있는 증거자료로 활동되거나 그렇지 않더라도 분명 한반도 평양은 수도 여부를 차치하더라도 전통적으로 고구려 땅이다. 그리고 한성은 전통적으로 백제의 수도이다. 그렇다면 고구려 땅에 백제의 도성 명칭이 있다는 것은 여러 가지로 생각할 수도 있지만 명백한 사실이 있다. 백제 한성을 고구려가 차지한 역사를 생각함이다. 고구려 장수왕이 백제 개로왕 시기에 한성을 차지하였다. 물론 『삼국사기』 「본기」상에는 한성을 침략하여 불태우고 개로왕을 살해하였다고 기록하였지 여기를 차지한 것으로 기록하지 않아 점령 여부를 모르게 하였다. 하지만 앞서 살펴본 바와 같이 551년 백제와 신라가 연합하여 백제 한성을 되찾고 연이어 고구려 평양성을 공격한 후 죽령 지역 10군을 차지한 것에 의하면 이때 한성을 재탈환하였다.

물론 이 사실에 대하여도 『삼국사기』「본기」상에는 단지 백제가 평양을 공격하여 깨뜨리는 사이에 신라가 죽령 등 10군을 빼앗은 것으로 기록하고 있다. 하지만 이 사건에 대한 『일본서기』의 기록에 의하면 백제가 한성을 되찾은 것을 알 수 있다. 그렇다면 이 재탈환 시점까지 고구려가 한성을 점령하고 있었음이 틀림없다. 그러면 고구려가 한성을 점령하고 있었던 시기에 이곳 한성의 관리를 한반도 평양으로 옮겨 당시 이곳의 축성 공사(당시 평양을 평양으로 불렀는지는 의문이며 부정적이지만 한성은 아니다.)에 동원한 이후 여기에 이전에 있었던 산동성 한성에서의 직책을 새겨 넣었다고 하는 것이 가장 합리적인 추론이라고 본 필자는 판단한다.

따라서 간지 병술년은 고구려 장수왕 한성 함락 이후 백제의 재탈환 시점 사이가 맞는다. 즉 475~551년의 사이의 병술년은 506년이다.

> 평안도 평양의 한성 석각에 의하여 재야 민족 사학계는 지금의 평양은 평양성이 아니라 한성이었다고 하면서 주류 강단 사학계의 '낙랑군 평양설' 및 '고구려 평양설'을 비판하지만 한성이 백제의 도읍지였던 것은 변함없는 사실이다.
> 따라서 평안도 평양 석각은 산동성 백제 한성 지방을 점령한 고구려가 이곳의 관리였던 사람을 한반도 평양 지역의 축성에 참여하게 하고 이가 기록을 남겼다.

그런데 이러한 지금의 평양이 평양성이 아니고 한성이라는 증거로 주장되고 설사 이러한 주장이 본 필자의 판단과 같이 사실이 아니라고 하더라도 그동안 한반도 평양이 고구려 수도 평양성도 아니고 낙랑군 치소 평양이 아니라는 주장과 함께 이 각석이 제기되어 오면서 주류 강단 사학계를 비판하여 왔는데도 비판을 받는 입장에서 이 평양이 고구려 평양성 그것도 장수왕 평양성이 맞고 이는 다시 이전의 낙랑군 평양이 맞는다는 주장을 하면 학자로서 당연히 이에 대한 반론을 학문적으로 하여 자기주장이 합리적으로 맞는다는 것이 학문의 정도이다.

이러한 평양 각석과 관련한 이 글에서 비판하고 있는 소위 '젊은 역사학자 모임' 일원에 대하여 비판하고자 한다. 소위 '젊은 역사학자 모임' 일원은 앞에서 언급한 대로

■2018. 6. 27. JTBC 차이나는 클라스 66회 기경량 (가톨릭대학교 국사학과 교수) : "고구려로 떠나는 시간여행"

에서 설명하기를 고구려는 첫 도읍지 졸본인 산골짜기에서 탄생하여 오녀산성을 도성으로 한 채 중국사서『삼국지 위지 동이전』상에 기록된 바와 같이 산골짜기 좁은 영토인 졸본은 산지가 많아 수렵도 하긴 했겠지만 가장 기본적인 농사를 짓더라도 충분히 먹고 살기가 힘들어 주변 약소국을 정복 약탈하다가 국내성으로 천도하였다고 설명하면서 이후 장수왕 시기에 한반도 평양으로 천도하였다고 하였다.

이는 현재 본 필자가 비판하고 있는 소위 '젊은 역사학자 모임' 일원의 주장과 같은 것으로 장수왕의 평양 천도 이전에는 길림성 집안 지역을 벗어나지 못했다는 기본적인 논리에 의한다. 장수왕의 천도지 평양은 건설된 계획도시였다고 설명하면서 장수왕은 안으로는 격자형으로 도로를 닦고 그 밖으로는 성벽을 둘러 도성을 보호하고 공사를 담당한 사람의 이름을 돌에 새겨 그 책임을 확실히 하기도 했는

데 그 유물이 바로 '각자상석'으로 실물이 3개 남아 있는데 그중 1개는 평양의 옥류관 근처에서 발견되었다고 하였다.

그런데 이렇게 평양성을 설명하면서도 이 평양성이 평양이 아니라는 반론의 증거인 제4석상에 기록된 '한성' 기록에 대하여는 일체 언급이 없었다. 학자라면 반대 증거도 거론하여 이를 학술적으로 반론하여 본인의 이론이 맞음을 입증하여야 하나 반대 의견에 대하여는 거론하지 않고 자신의 반대 주장만 내세우는 행태는 학문의 도리가 아니고 학자의 행태가 아니다. 이것을 거론하지 않은 이유에 대하여 본 필자는 소위 '젊은 역사학자 모임' 일원에게 공개적으로 질문한다.(주류 강단 사학계에 대한 공개 질문25)

이러한 행태는 앞에서 지적하였지만 이덕일 박사의 1차 사료 제시 허위 주장, 북한 평양의 낙랑 유적·유물 발굴 발표의 허위 주장 그리고 이 글에서 비판하는 낙랑군과 대방군 위치 비정과 관련한 일방적인 근거자료 제시 등 통상적인 행태이다. 그러면서도 이를 학문적으로 비판하는 역사 연구자들에 대하여 유사, 사이비, 파쇼 등 비학문적 비난을 하면서 정작 역사학 논리에 의하여 학문적 비판은 제대로 못 하고 있다. 이 비학문적 행태에 대하여는 이 글의 마지막에 종합적으로 기록하고자 한다.

> 학자로서 상대방을 비판하려면 상대방이 자신을 비판하는 바에 대하여 반론을 하여야 하는데도 불구하고 이를 묵살하고 종래의 자신만의 주장을 되풀이하는 것은 학자의 기본적인 도리가 아니다.

# [고구려 하북성 평주 지역 도읍 시기에 대하여]

그러면 이제부터 고구려가 요동 즉 당시 요동인 평주 지방 즉 지금의 하북성 석가장시 동북부에 자리 잡은 사서의 기록에 의하여 정확한 시기를 다시 한 번 확인하고, 앞에서 살펴본 백제가 산동성에서의 천도 기록에 이어서 이후의 천도 기록을 살펴보고 이에 대한 주류 강단 사학계의 한반도에서의 천도 비정에 대하여 비판하도록 하겠다. 앞에서 살펴본 바와 같이 고구려는 분명히 한반도 북부 요령성 환인 지방이나 집안시에서 건국되어 여기를 중심으로 있지 않았다는 사실은 모든 사서가 입증하고 있는 사실이다.

【사료33】『통감지리통석』 권 10 요동

진(晉)이 평주(平州)를 설치하였다. 후위(북위) 시기의 고구려가 그곳(晉 平州)에 도읍하였고 당(唐)이 안동도호부를 설치하였다.

【사료32】『통전(通典)』「주군(州郡)」'안동부'

진(晉)나라도 그리하였는데 평주(平州)를 겸치하였다. (군국(郡國)을 5개로 하고 주(州)의 치소를 이곳으로 하였다. 후한말에 공손탁(公孫度)은 자칭 평주목(平州牧)이라 했고 아들 공손강(康), 그 아들 공손문헌(文懿) 모두 요동을 점거하였고 동이(東夷) 9종(九種)이 모두 복종하고 따랐다. 조위(魏) 때에 동이교위(東夷校尉)를 양평(襄平)에 두었고 분할하여 요동(遼東), 창려(昌黎), 현도(玄菟), 대방(帶方), 낙랑(樂浪) 5군으로 하여 평주(平州)를 두었다가 후에 과거처럼 유주(幽州)와 합쳤다.
후위(북위)(後魏)) 때에 고구려가 그 땅에 도읍하였고 668년 이세적이 고구려를 평정했다. 1백76성(城)을 취하고 고구려를 분할하여 9도독부, 42주, 1백 현으로 만들고, 평양성(平壤城)에 안동도호부(安東都護府)를 설치하

> 여 그들을 통치하게 하였다. (현지인) 추거(酋渠)를 발탁하여 도독, 자사, 현령으로 삼았다.

> 【사료25】『통전(通典)』「변방」'동이 하 고구려'
>
> 그 후 모용보는 고구려왕 안을 평주목으로 삼아 요동 대방 2국왕으로 하였다.
> 동진 이후로 그 왕이 평양성에 살았다. (즉 한 낙랑군 왕험성이다.)

> 【사료29】『요사』「지리지」
>
> 아들 보(寶)는 고구려왕 안(安 ; 광개토왕)을 평주목(平州牧)에 임명하여 거주케 하였다.

 고구려가 주류 강단 사학계 즉 소위 '젊은 역사학자 모임' 일원들이 주장하는 바와 같이 장수왕이 지금의 평양으로 천도하기 전까지는 한반도 북부 압록강 중류 북쪽의 환인이나 졸본에서 건국되어 여기를 중심으로 있어 이곳을 벗어나지 않았다는 사실은 모든 사서가 부정하고 있다. 초기 도읍지 졸본성과 국내 지역 위나암성(불이성) 그리고 국내성, 환도성 그리고 평양성에 대하여는 『삼국사기』를 비롯한 많은 사서를 인용하여 설명하면서 그 위치를 비정하였듯이 나중에 도읍을 정한 곳은 평양성으로 그곳은 진이 설치한 평주이다.

 이곳에 도읍을 정한 것으로 기록한 사서 『통전』은 동진 이후(317~420년), 후위 시기(368~534년)에 '안' 즉 광개토대왕(391~413년)으로 기록하고 있고, 『원사』는 의희 연간(405~418년) 후반에 '고련' 즉 장수왕(413~491년)으로 기록되어 있다. 하지만 『삼국사기』 기록상으로는 평양성으로 천도한 시기를 247년으로 하고 있다. 이러한 관계로 장수왕의 평양도 평주가 아닌 한반도 평양이라고 주류 강단 사학계는 비정하고 있으므로 이 동천왕 평양도 집안시로 비정하고 있는 형편이다.

　무조건 한반도 평양도 장수왕 시기에 천도한 것으로 하고 있고, 이 시기는 더욱더 낙랑군이 이곳 평양에 있다가 313년 소위 '낙랑군 교치설'에 의하여 요서 지방으로 옮기기 전이므로 평양으로 비정할 수 없어 비정하지 않는다.

　하지만 이 시기 이전인 49년에는 고구려 모본왕이 머나먼 산서성 태원까지 공격하고 53년 55년에는 고구려 태조왕은 한의 요동 지역의 6개 현을 공격하고, 요서에 10성을 구축하는 등의 활동을 함에 배후인 평안도와 인근에 한나라의 군현인 낙랑군과 현토군이 있으면 가능한지가 의심스럽다. 이와 같이 과연 고구려가 한반도 북부에 있었는지가 객관적으로 부정되고 있다.

　그래서 이병도를 비롯하여 주류 강단 사학계는 이 모본왕의 산서성 태원 공격의 주체가 고구려임을 부정하고 있다. 이에 대하여는 상세히 그 실상을 비판하여 설명하였지만 이것은 학문이 아니고 종교적 교리이다. 무조건 따르는. 더군다나 『삼국사기』조차 졸본의 위치를 요나라 의주 경계지역이자 현토군 경계지역으로 이곳은 북진 의무려산 아래라고 기록하였다. 물론 이에 대하여도 주류 강단 사학계는 현토군을 그들이 비정해 놓은 길림성 집안시 인근의 고구려 옆에 비정하여 놓고, 중국의 역사왜곡에 의하여 북진시와 의무려산을 지금의 요령성 조양시와 요양시 사이에 왜곡 위치 변동시켜 놓은 것을 그대로 추종하여 요나라 동경을 요령성 요양으로 비정하고 있다. 하지만 이러한 왜곡 비정에 의하더라도 졸본은 이곳이지 한반도 북부의 요령성 환인이 아니다. 사서『삼국사기』기록상 고구려 최초 도읍지 졸본성은 분명히 요나라 동경의 서쪽이라고 하였다. 원래 위치인 하북성에 있는 요나라 동경을 왜곡하여 요령성 요양이라고 하더라도 고구려 졸본성은 주류 강단 사학계가 비정하는 요령성 요양의 동남쪽인 요령성 환인시가 아니고 요령성 요양의 동쪽인 요하 동쪽이다. 물론 이 기록 상의 요하는 하북성 요하인 지금의 자하이다.

더군다나 원래의 북진 의무려산은 지금의 산서성에 있는 태행산맥을 가리키는 것이 너무나도 분명한 사실이다. 이와 같이 이러한 주류 강단 사학계의 역사 조작은 이 글에서 자세히 비판하여 설명하였고 여기서는 추가로 설명하고 이와 더불어 백제의 천도 사실 비판을 하기로 하겠다.

위의 기록과 같이 후위(북위)(386~534년) 시기에 평주에 도읍하였다는 것은 다른 기록과 같이 광개토대왕(391~413년) 내지는 장수왕 시기(413~490년)에 도읍한 것으로 기록하고 있다. 하지만 이미 이전에는 동천왕 시기(247년) 및 고국원왕 시기(343년)에 평양에 도읍한 것으로 되어 있고 더군다나 동천왕 평양은 선인왕검의 땅이라고 하여 고조선의 평양성임을 밝히고 있어 이곳이 광개토대왕과 장수왕의 평양성과 동일한 곳임을 알 수 있다. 이는 중국사서의 뒤늦은 사실 기록인 것으로 이해되어야 한다. 이러한 중국사서의 불확실한 기록은 너무나도 많아 일일이 열거하지 못할 정도이다.

더군다나 고구려 천도 기록에서 확인할 수 있고 이에 대하여 본 필자가 입증하여 설명하였듯이 고구려가 평주 지역에 도읍한 것은 산동성 졸본 지방에서 북상하여 하북성으로 진출한 다음이다. 물론 이러한 도읍 하북성 평주 천도 사실과 더불어 고구려의 도읍 천도와 관련한 하북성 진출은 기록에 의하면 벌써 2대 유리왕 시기에 고구려 국내주 지역인 위나암성으로 천도한다. 이 국내주 지역은 앞에서 살펴보았듯이 하북성 석가장시 동남부 지역으로 여기도 하북성 지역이다. 이후 산상왕 시기에 환도성으로 천도하였다. 이곳은 소위 고구려 고국원 지역으로 송양의 비류국 지역의 동북쪽이다. 그리고 도읍과 관련한 것이기도 하지만 고구려의 도읍 천도와 관계없는 하북성 진출은 초기부터 이루어졌다.

[추모대왕](BC37~BC19)
- 2년 비류국이 고구려에 항복하다.(추모대왕 건국 사실에 나타남. 고국원 지역(하북성 호타하 북부 지역))
- 6년 10월 행인국을 복속시키다.(북옥저 인근)
- 10년 11월 북옥저를 멸망시키다.(동옥저 북쪽, 하북성 보정시 서쪽)

[유리명왕](BC19~AD18)
- 33년 8월 양맥과 고구려현을 복속시키다.(예맥(선비), 현토군, 하북성 태행산맥 동쪽)

[대무신왕](AD18~44)
- 9년 10월 개마국을 정벌하다.(예맥국(선비), 하북성 태행산맥 동쪽)

[태조대왕](AD53~146)
- 4년 7월 동옥저를 정벌하여 영토를 넓히다.(개마국 인근)

이와 같이 주로 태행산맥 동쪽 지방 즉 현토군과 낙랑군의 남쪽을 우선 정벌한 다음 두 현토군과 낙랑군의 동쪽 지방을 주로 정벌하였다. 이는 고구려 천도 사실과 일치한다. 즉 남쪽은 2대 유리왕 시기에 고구려 국내주 지역인 위나암성으로 천도, 이후 산상왕 시기에 환도성으로 천도하였다. 이곳은 소위 고구려 고국원 지역으로 송양의 비류국 지역 동북쪽으로 현토군과 낙랑군의 동쪽이다. 이곳에 진출한 이후 계속하여 현토군과 낙랑군을 그 동쪽과 서쪽에서 압박하였다. 이후 동천왕 시기에 천도한 평양이 장수왕이 천도한 평양성으로 이전의 위만조선 왕험성이다. 이때 이미 하북성과 평주 지역에 고구려는 진출하고 도읍을 정하였다.

따라서 한반도 북부 길림성 집안시에서 한반도 평양으로의 장수왕 평양성 천도 이전까지 길림성 집안시를 벗어나지 않은 채 왕험성 자리였다는 동천왕의 평양성 천도(247년)도 인정하지 않는 주류 강단 사학계와 소위 '젊은 역사학자 모임' 일원들의 논리는 절대적으로 '한반도 평양설'에 의한 313년 '낙랑군 교치설'에 의한 것으로 일제 식민사학 논리를 그대로 추정한 논리이다. 이에 대해서도 본 글에서 사안이 있을 때마다 지적 비판하여 기록하였거니와 이 글의 마지막에 이를 종합하여 기록하고자 한다.

> 소위 '젊은 역사학자 모임' 일원들이 주장하는 바와 같이 장수왕이 지금의 평양으로 천도하기 전까지는 한반도 북부 압록강 중류 북쪽의 환인이나 졸본에서 건국되어 여기를 중심으로 있어 이곳을 벗어나지 않았다는 사실은 모든 사서가 부정하고 있다.
> 고구려의 광개토대왕 내지는 장수왕 시기 하북성 평주 지역 도읍 기록은 중국사서 기록의 잘못으로 산동성 평양성인 졸본성에서 북상하여 하북성에 도읍한 것은 『삼국사기』 기록상에 의한 이전 시기인 유리왕, 산상왕, 동천왕 시기이다.

## [백제의 남한 지방 옮김에 대하여]

그리고 앞에서 확인하였듯이 고구려가 요동을 점령하자 백제가 요서에 진출한 시기에 대하여도 진나라 때 즉 동진시대(317~420년) 중에서 진나라 말기(양직공도)라는 등의 불확실한 많은 중국사서의 기록을 『삼국사기』 기록에 의하여 고구려가 완전히 요동을 점령한 시기는 요동군과 현토군에 대한 후연과의 쟁탈전과 관련한 기록, 즉 (고국양왕 2) 385년 06월 점령, 11월 빼앗김, 이후 기록 없음, (광개토대왕 14) 405년 후연의 고구려 요동군 침략 물리침 기록 등에 의하여 385년 고국양왕 시기와 405년 광개토대왕 시기 사이로 확정한 사실이 있다.

하지만 실제로 백제가 요서로 진출한 시기는 [백제의 요서 진출에 대하여]에서 살펴보아 확인하였듯이 많은 여러 가지 합리적인 증거에 의한 요서 진출 시기는 고구려의 요동성 완전 점령 시기가 아니라 그 이전 즉 근초고왕 활동 기록이 삭제된 347~366년 사이인 것으로 파악된다. 물론 앞에서 언급한 대로 사서기록상 횡산으로 확인되는 횡악에서의 백제 초기 활동 기록에 의하여 백제는 초기부터 요서 지방에서 활동한 것으로 파악되어 본격적인 진출 장악 시기는 나중일 수도 있으나 연고 사항이 확인된다. 고구려가 요동군과 현토군을 완전 장악한 시기의 기록은 고구려가 평주 지역에 도읍한 이후 완전히 요동 지방 즉 당시의 평주 및 그 주위 지방을 전부 장악한 시기를 말한다.

평주는 중국 요순시대의 영역이자 주나라 시기의 유주였던 지금의 하북성과 보정시와 석가장시 사이의 지방이었다. 즉 유주를 나누어 설치하였다가 결국 나중에 다시 유주와 합쳐진다. 이 영역은 북경 지방에는 전혀 못 미치는 지역이었다.

고구려가 이곳에 진출하여 완전 차지하기 전에 이미 백제는 지금의 하북성 석가장시 및 북부 지역인 요서 지방을 차지한 것을 중국사서는 그 시기를 고구려 평주 지역 도읍 천도 사실의 시기를 늦추어 기록한 것과 마찬가지로 고구려가 요동을 완전 점령한 시점으로 늦추어 기록하였다.

이에 따라 백제는 지금의 석가장시를 기준으로 그 남쪽과 북쪽을 차지하였고, 고구려는 그 동쪽 일대인 요동군, 낙랑군 일대를 차지하였다. 이 백제 서쪽 일대에 당시 전연의 뒤를 이은 후연(384~407년)과 후연의 뒤를 이은 북연(407~436년)이 있었고 이들의 서쪽과 그 북쪽과 남쪽에 북위(386~534년)가 있었다.

그런데도 백제가 차지한 요서 지방을 이들 삼연 국가가 차지한 것으로 꾸미고자 이곳에서의 백제 활동 역사를 없애고 『삼국사기』는 이에 의하여 근초고왕 시기의 20년 기록을 없애는 등의 역사왜곡을 하였다. 그런데다가 또 하나의 왜곡 사항으로 앞에서 살펴본 바와 같이 『양서』, 『남사』, 『통전』, 『만주원류고』 등 여러 중국사서의 기록에 의하여 백제는 동서 두 성 즉 대륙과 한반도에 각각 2개의 수도를 가지고 있다가 동성왕(479~501년) 시기 내지는 양나라 천감(502~519년) 시기 즉 무령왕 시기에 남한 지방으로 옮긴 것으로 기록하고 있다.

이는 요서 지방의 백제 점령 사실을 아예 없애려고 사실을 왜곡한 채 전혀 다른 사실을 기록하여 백제의 요서 진출 사실을 다른 곳으로 돌리려고 하였다. 그러나 이 남한 지방으로 옮긴 기록에 대하여 본 필자가 앞에서 확인하여 설명하였듯이 이는 백제가 한반도 남한 지방으로 옮긴 것이 아니다. 이 한반도 남한 지방으로 옮겼다는 중국사서를 한반도 남한 지방으로 옮긴 것으로 해석하는 것은 삼한(마한, 진한, 변한)은 물론 이곳에서 건국된 백제와 신라가 한반도에 있었음을 전제로 한 것으로 이 글 전체가 비판하여 비정하는 바와 같이 왜곡 조작된 역사의식이다.

더군다나 중국사서의 이 기록은 중국사서 기록상의 동성왕 내지는 무령왕 시기가 아니라 그 이전의 고구려 장수왕에 의한 백제 한성 지방 침략, 점령에 의하여 백제가 산동성 마한의 남쪽인 웅진(웅천) 지방으로 수도를 옮긴 것을 이보다 뒤늦은 시기로 기록한 것으로 백제의 요서 지방 진출 시기 늦춤과 함께 중국사서의 인식 내지는 기록의 왜곡 내지는 오류이다. 사서기록에 의하면 백제는 백제 말기까지도 한반도로 옮기지 않고 그대로 산동성 지역에서 활동하는 것으로 파악되는 것은 물론 이 백제를 무너뜨린 나당연합군이 나중에 이 지역을 두고 싸움을 하는 나당전쟁 역시 이곳에서 이루어짐이 입증된다. 이렇게 판단하는 사서기록상의 근거는

> 중국사서 기록상 백제가 동성왕 내지는 무령왕 시기에 남한 지방으로 옮긴다는 기록은 한반도 내에서도 아니고 대륙에서 한반도로 옮긴 것도 아니고 산동성 마한 지방의 남쪽 웅진(웅천)으로 도읍을 옮겼다. 모든 사서기록이 이를 증명한다.

①중국사서가 기록한 동성왕 시기 내지는 무령왕 시기에는 중국사서가 기록하고 있는 바와 같이 고구려에 격파당하지도 아니 하였고

②오히려 동성왕 시기에는 하북성에서의 북위와의 전쟁에서 승리하여 하북성 요서 지방을 지켜내고 있었고,

③무령왕 시기에는 이러한 동성왕 시기를 이어받은 채 오히려 삼연을 제압한 고구려를 여러 차례 물리치는 등 "**다시 강한 나라가 되었다**(而更爲强國)"고 양나라에 선언하는 등 고구려 우위에 서는 기간이었으며,

④이후 고구려와의 관계는 607년 백제 무왕 시기에 이루어진 고구

려의 백제에 대한 공격을 마지막으로 고구려와의 다툼은 없는 반면 신라에 대한 공격이 이루어져 고구려와 연합하여 655년(의자왕 15) 드디어 한성 지방을 포함한 신라의 33성(30~57성)을 함락시키기까지 함으로써,

⑤ 이후 고구려나 심지어 신라에도 특별히 침탈당하거나 열세에 있지 않고 우위에 선 관계로 오히려 신라가 고구려와 백제의 압박에 견디지 못하여 당나라에 연합을 제의하게 된 상황과

⑥ 더욱 중요한 사항은 동성왕의 요서 지역 활동 사항인 북위와의 전쟁은 물론 요서 지역의 임유각 기록 등 요서 지역 기록이 이 시기까지 나타나고, 초기 백제 및 신라의 북쪽에 있어 이들을 괴롭힌 말갈이 무령왕 시기까지 백제를 침범하고, 초기 왜와 낙랑과 관계있는 독산성은 말기인 의자왕 시기까지 나타나고 있다. 그리고 한성, 한수 역시 무령왕 시기까지, 웅천성에 대하여는 위덕왕 시기까지 고구려의 침공이 있었다는 사실이다. 즉 동성왕, 무령왕 이후에도 초기 백제 영역상의 지역에서의 활동 사항이 사서에 기록되고 있다는 점 등이다.

■ [도표30] 백제 말기 산동성 활동 기록

- AD503년(무령왕 3년) 말갈이 마수책 소각하고 고목성 공격해 옴(마수책은 BC11년(온조왕 8년) 마수성, 『한서』「지리지」상 요서군 유성현 마수산, AD30년(백제 다루왕 3년) 마수산, 『만주원류고』 안시성 인근의 주필산인 마수산, 『당서』상의 당나라 고구려 공격 시의 마수산)
- AD506년(무령왕 6년) 말갈이 침입 고목성 격파함
- AD507년(무령왕 7년) 고목성 남쪽에 목책을 세우고 장령성을 쌓아 말갈의 침입에 대비함
- AD507년(무령왕 7년) 고구려가 말갈과 함께 한성을 치기 위하여 횡악 아래 진을 쳐서 물리침(횡악은 AD31년 백제 다루왕 이후 현재까지 백제 활동 기록이 있음)

- AD521년(무령왕 21년) 무령왕 양나라에 갱이강국(更爲强國) 통보함
- AD523년(무령왕 23년) 무령왕이 한성으로 한수 이북 백성 징발하여 쌍현성을 쌓음
- AD523년(성왕 원년) 고구려가 패수로 공격 물리침
- AD526년(성왕 4년) 웅진성 수축 사정책 세움(웅진은 『삼국사기』「백제본기」상 문주왕 시기 한성에서 천도한 곳임. 그러나 『삼국사기』「지리지 백제」와 『삼국유사』「남부여 전 백제」편에 의하면 웅천으로 옮긴 것으로 기록됨. 웅천은 온조왕 시기 남쪽 경계로 정한 곳임)
- AD538년(성왕 16년) 도읍을 사비(소부리)로 옮기고 국호 남부여라 칭함
- AD540년(성왕 18년) 고구려 우산성 공격(우산성은 초기 및 이후 신라의 말갈과의 경계인 니하 인근에 있음. 신라의 우산성이 AD497년 고구려에 넘어감)
- AD548년(성왕 26년) 고구려가 예와 공모하여 한수 이북의 독산성을 공격해 와 신라에 구원 요청함(독산성은 백제의 영역으로 초기 낙랑국과 왜와 관계가 있는 백제의 동쪽 변경 즉 신라의 서쪽 변경으로 나중에는 신라 영역이 되어 백제 무왕과 의자왕이 공격함)
- AD553년(성왕 31년) 신라가 동북 변경을 빼앗아 신주를 설치[AD551년 나제동맹에 의하여 같이 고구려 평양(남평양, 하평양, 졸본성)을 공격하여 백제는 한성을 되찾고 신라는 죽령 지역 10군을 되찾은 다음(이 기록은 「백제본기」에 없음) 신라 진흥왕이 차지한 기록임](신주는 나중에 북한산주, 남천주가 됨)
- AD554년(성왕 32년) 성왕이 구천에서 신라 병사들에게 살해당함(이 구천이 「신라본기」에는 관산성으로 되어 있음. 구천은 온조왕 시기에 낙랑과의 관계에서 독산책과 함께 세운 구천책이고, 같은 것으로 보이는 구곡은 우두산성과 함께 백제 온조왕 시기 낙랑과 관련 있음)(또한 온조왕 시기의 대두산성은 문주왕 시기 한강 이북의 민가를 옮긴 곳임)
- AD554년(위덕왕 원년) 고구려가 웅천성 침공
- AD607년(무왕 8년) 고구려가 송산성, 석두성을 습격함
- AD636년(무왕 37년) 백제가 신라 독산성 공격(선덕왕 옥문곡)
- AD655년(의자왕 15년) 백제가 고구려 말갈과 함께 신라 30여 성 함락(이것으로 AD551년 신라와 함께 고구려의 10군을 빼앗았으나 신라가 가로챈 한성 지역을 이때 되찾았는지 여부는 『삼국사기』 기록으로는 불명확하나 『당서』 기록에 의하면 되찾은 것이 확실함)
- AD659년(의자왕 19년) 신라의 독산과 동잠을 침공

이 당시는 주류 강단 사학계의 비정대로라면 고구려는 북한 평양에 도읍을 정하였고, 신라는 551년 즈음에 백제와 소위 나제동맹을 맺어 고구려를 공격하여 백제가 서울 지방 즉 한강 지역을 되찾았으나 신라가 이를 가로채 간 시기로 삼국의 초기상의 말갈 즉 백제와 신라를 공격한 말갈이 한반도에 있을 수 없다. 물론 삼국 초기상의 말갈도 한반도에 있을 수 없는데 주류 강단 사학계는 억지로 무령왕 시기의 이 말갈을 정약용의 주장을 수용하여 예족 즉 함경도 예 세력으로 설명하고 있다.

> **註 090**
> 靺鞨이라는 명칭은 중국에서는 唐代에 와서야 나온다. 따라서 본 기사에 나오는 말갈은 唐代의 말갈이 아니라 함경도 지역에 근거를 둔 濊族을 가리키는 것으로 보아왔다.

하지만 예는 앞에서 설명한 대로 중국사서 및 당시 중국인들의 우리 민족 계열 국가에 대한 인식 부족에 의하여 잘못 기록한 것을 이후에 계속 이어진 것으로 원래 예족은 맥족인 고조선, 부여, 고구려, 백제 계열과 다른 신라족을 가리키고 이 신라족이 위치한 산동성 낙랑 지역이자 (남)옥저 지역을 가리킨다. 따라서 이는 한반도에 있었던 것이 아니라 여러 사서에 단편적으로 기록되어 입증하고 있듯이 예족 즉 신라족은 중국 본토 하서회랑 즉 중국 진나라 족속과 같이 있다가 동쪽으로 이동하여 탁수인 산서성 거마하 지방으로 와 있다가 일부 세력이 동쪽으로 이동하여 요동반도, 한반도 평양을 거쳐 경상도 지방으로 가서 신라국을 세우는 반면, 낙랑과 옥저 그리고 말갈과 함께 남쪽으로 이동하여 남옥저 죽령 지방으로 내려가 백제의 동쪽에 있었던 (최씨)낙랑국 옆에 나라를 세웠다.

중국사서는 물론이고 이후에 예와 말갈을 같이 보는 이유는 사실에 의한 것도 있고 잘못된 인식과 오류에 의한 것도 있다. 이에 대하여는 앞에서 입증하여 설명하였지만 간단히 정리하고 넘어가고자 한다.

1)예족 즉 신라족의 이동 경로를 확인하였듯이 산서성 탁수 즉 지금의 거마하 지방으로 와서 여기에서 남쪽 산동성 지방으로 내려올 때 하북성 낙랑 지역이 남쪽의 산동성 지방으로 내려올 때 여기에 있었던 동옥저와 북옥저를 형성하고 있었던 옥저와 이곳 예족인 신라족이 있었던 산서성 탁수 지역 북쪽에 있었던 말갈족도 같이 내려가 결국 남갈이 되어 남아 있던 북갈과 구분되게 됨으로써 예족과 말갈족이 같은 지역에서 또 다른 같은 지역으로 이동함으로써 같이 취급되었다. 물론 이러한 사실을 당시 중국사서 기록자들이 잘 몰랐으나 같이 있는 것을 기록한 것을 후세 사람들이 같은 것으로 판단하게끔 하였다. 신라의 위치인 예, 옥저, 진한에 대한 『후한서』 및 『삼국지』 「예」전상의 (남)옥저와 예, 진한의 위치 기록과 「고구려」전상의 고구려, 옥저, 조선의 위치 기록이 이를 입증해 준다. 그리고 말갈의 기록은 『삼국사기』 및 『삼국유사』상의 백제와 신라를 북쪽에서 괴롭히는 기록에 의하여 입증된다.

2)1)과 같은 인식이 인식 내지는 무의식적으로 전해져 결국 같은 것으로 취급하게 된 것도 있고, 중국사서 즉 『후한서』 및 『삼국지』상의 예맥과 예를 같이 보는 인식상의 오류로 같이 보고 이 사서들의 「한」전상과 같이 예맥을 예로 같이 보거나 잘못 본 인식이 그대로 이어져 결국 우리 고대사의 원래 위치인 하북성, 산동성의 모든 것이 한반도로 왜곡되어 고착화될 때 이 예맥과 예를 같이 보는 한편, 이들을 또한 말갈과 동격화한 채 이를 위 『후한서』 및 『삼국지』의 「한」전상의 기록을 한반도로 해석하여 동쪽 바다이자 진한인 신라 북쪽에 둘 수밖에 없다. 여기에다가 앞에서 자세히 입증하여 설명하였듯이 신라와 말갈 및 발

해와의 경계인 하슬라 지역을 『삼국사기』가 왜곡하여 한반도 명주 땅 즉 지금의 강릉 땅으로 비정한 관계로 일제 식민 사학자인 이병도가 이를 따져보지도 않고 그대로 이용하여 여기에 비정한 것에 의한다.

하지만 비록 『후한서』 및 『삼국지』의 「한」전상의 기록 등에 의하여 예와 예맥을 같이 보거나 혼돈하여 기록한 오류 외에는 이곳 삼한(마한, 진한, 변한)과 이들 이웃 즉 옥저, 예, 예맥, 낙랑, 대방, 부여, 고구려 등의 위치 기록은 하북성과 산동성 위치를 제대로 기록하였다. 단지 후세 학자들이 이 기록상의 일부 오류와 인식을 제대로 파악하지 못하는 한편 이 기록상의 바다[海]가 지금 개념의 바다[海]가 아니고 큰 하천(강)이나 호수, 수로임에도 이를 모두 바다로 고의 내지는 오류로 인식한 채 고의적인 '한반도 고착화'와 맞물려 한반도로 해석하거나 비정하게 됨으로써 역사 오류가 발생하는 흐름과 과정 속에 예, 예맥, 말갈의 한반도 동해안의 예의 잘못이 있다. 따라서 『후한서』 및 『삼국지』의 「동이전」 모든 기록과 『삼국사기』와 『삼국유사』의 소위 삼국의 모든 기록은 하북성과 산동성 기록이다. 더군다나 『후한서』 및 『삼국지』의 「동옥저」 및 「예」전의 기록에 의하면 '예'라는 존재 즉 하북성에서 일부 산동성으로 내려가 신라를 형성한 세력 외에 여기 하북성에 그대로 남아 있던 예 세력은 후한 말(202~220년)에 모두 고구려에 복속되어 없어진다. 이 기록은 중국사서가 일부는 남쪽으로 내려간 것과 일부 남아 있었는데 고구려에 복속되어 없어진 것으로 모두 포함하여 기록하였다. 그리고 말갈이라는 존재는 『삼국지』상의 「동옥저」 기록으로 말갈의 전신인 읍루가 동옥저 북쪽에 있는 것으로 되어 있는데 이곳은 당시의 개마대산이 있었던 지금의 태행산맥 인근이다.

물론 주류 강단 사학계는 이도 역시 한반도로 비정하고 있다. 말갈은 숙신, 읍루, 말갈로 이어지고 이는 다시 여진, 금나라로 이어지는 족속인데 『삼국지』상의 「부여」 기록으로 부여 동쪽에 말갈의 전신인 읍루가 있는데 이로 말미암아 부여를 길림성의 고구려 북쪽인 흑룡강성에 두고 있음으로 인하여 말갈이 이러한 부여의 동쪽 흑룡강성에 있게 하였다.

하지만 부여의 위치는 기록과 같이 당시 장성의 끝인 지금의 북경시 서북쪽인 산서성 대동시로 이곳 서쪽과 남쪽에 선비족이 있었던 이곳 동쪽 산서성 대동시에 인접해 있었다. 즉 말갈의 대표 족속인 흑수말갈은 산서성 대동시 천진현 흑수하(Heishui River, 黑水河)와 산서성 대동시 영구현 태백산(Taibai Mountain, 太白山)으로 지금도 그 이름이 그대로 남아 있는 흑수하와 태백산에 있었다. 이러한 말갈은 이곳 북옥저 지방에서 활동한 북말갈이 남쪽으로 옥저와 함께 내려와 남옥저 지방에서 남말갈이 되어 백제와 신라를 괴롭혔다. 이들의 본거지는 앞에서 수차례 설명하였듯이 산서성이다. 그리고 그 이후에도 나중에 금나라를 세우는 이들 말갈의 후손인 여진족의 주축이 되는 숙여진과 생여진은 이곳 남쪽의 하북성 호타하 인근이 그들의 본거지이다. 이들은 산서성, 하북성, 산동성을 벗어난 사실이 없다.

이들을 한반도 동해안이나 길림성, 흑룡강성으로 위치 비정하는 것은 단지 이들로 끝나는 것이 아니라 우리 고대사의 한반도 위치 조작과 관련이 있으므로 이러한 고려 및 조선시대 그리고 일제 강점기 조작 및 이를 그대로 추종하는 강단 사학계의 역사 비정을 제대로 파악하여 바로잡아야 한다. 그래서 본 필자가 여러 차례 강조하여 입증하여 설명하고 있다. 더군다나 이 말갈이 백제 후기(무령왕 시기)까지 백제를 침략하는 한편, 이 말갈과 관련된 지명에서 백제가 말기까지(의자왕 시기) 활동하는 곳은 한반도가 아니라 하북성과 산동성이라는 것을 입증하여 확인시키기 위해 이 말갈을 새삼스럽게 또 거론한다.

즉 앞에서 입증하여 설명하였듯이 503년(무령왕 3) 말갈이 마수책을 소각하고 고목성을 공격해 온 이 마수책이 B.C. 11년(온조왕 8) 마수성을 쌓자 낙랑태수가 항의하였던 곳이다. 이 마수산은 『한서』「지리지」상 요서군 유성현에 있다는 마수산, 30년(백제 다루왕 3) 마수산, 『만주원류고』 안시성 인근의 주필산인 마수산, 『당서』상의 당나라 고구려 공격 시의 마수산과 동일한 것으로 이를 전부 충족하는 것은 요서군 유성현이 있는 하북성 석가장시 인근이다.

한반도 동해안의 예는 이를 절대 충족시킬 수 없다. 따라서 이에 의하여 백제는 멸망할 때까지 원래의 산동성은 물론 요서 진출지인 하북성에서도 활동한 것으로 보아 말기까지 요서 진출 지역을 영역으로 확보하고 있었던 것으로 확인된다. 그러므로 백제는 한반도에 있지 않았음은 물론 중국사서 기록대로 동성왕 내지는 무령왕 시기에 대륙에서 한반도(남한 지방)로 옮겨오지도 않았다는 것이 입증된다. 이는 나중의 역사인 소위 통일신라 후의 소위 후삼국시대인 후백제의 견훤의 산동성 지역 활동 사실에 의하여도 입증된다.

> 백제를 말기까지 괴롭힌 말갈에 대하여 주류 강단 사학계는 한반도 예맥 및 예 세력으로 보아 이를 동해안으로 비정하고 있으나 말갈은 한반도에서 활동한 사실이 없다.
> 이는 우리 고대사를 한반도로 왜곡하기 위하여 같이 왜곡 이동시켰다. 이들의 활동지 및 백제의 활동 사항에 의하여 백제가 말기까지 한반도가 아니라 산동성 및 요서 진출 지역인 하북성에서 활동하였음이 입증된다.

나중에 백제를 공격한 이 말갈에 대하여 주류 강단 사학계는 고구려 부용 세력으로 고구려의 용병이라고 하기도 하는데 이는 앞에서 살펴본 대로 말갈이 신라를 공격한 많은 기록 중의 한 기록 시기인 395년인 주류 강단 사학계의 비정대로라면 한반도에서 백제와 신라 그리고 고구려가 강력한 세력으로 전쟁을 상호 간에 치렀던 시기인데 이때 말갈이 경상도에 있었던 신라를 공격한다는 것은 상상을 초월한다. 당시는 신라가 고구려의 종속국 신세로 왜와 백제의 침입을 받은 신라가 고구려에 구원을 요청하면 고구려가 구원해 주는 시기였는데 고구려가 말갈을 동원하여 신라를 공격한다는 것은 있을 수 없다.

이와 같은 사항에 의하여 위의 기록들에서 산동성 위치인 「예전」의 백제 위치를 나타내는 지명이 사서상에 기록되다가 이후 없어지고 신라 진흥왕이 553년 백제 동북 변경을 빼앗아 신주를 설치하는가 하면, 북한산을 순행한 기록(555년)이 나오고 여기에 신라가 북한산주를 설치(557년)함으로써 비로소 신라에 넘어갔다. 이후 이 땅은 다시 655년 고구려에 넘어갔지만 이미 신라와 고구려와의 관계이다. 따라서 백제가 개로왕 시기에 빼앗긴 한성을 551년 신라와 연합하여 고구려를 공격함으로써 되찾았으나 이내 신라에 넘겨주고(553년) 이를 되찾다가 성왕이 전사(554년)한 이후 백제 무왕 시기인 607년 고구려의 백제에 대한 마지막 공격 이후 655년 고구려와 함께 신라를 공격하여 신라의 33성(30~57성)을 함락한다. 이때 고구려가 신라에 551년 빼앗긴 죽령 땅을 되찾을 때 백제가 신라에 탈취당한 한성 지역을 되찾았는지는 『삼국사기』 기록에 의하면 알 수 없다. 하지만 앞에서 살펴본 대로

**【사료99】『신당서(新唐書)』東夷列傳 百濟**

○ 이듬해에(642) 高[句]麗와 連和하여 新羅를 쳐서 40여 城을 탈취하고, 군사를 보내어 수비하였다. 또 棠項城을 탈취하여 [新羅의] 朝貢길을 막고자 하였다. 新羅가 다급함을 알려 오자, 太宗은 司農丞 相里玄奬에게 詔書를 주어 보내어 화해하라고 설득하였다. 太宗이 새로 高[句]麗를 토벌한다는 소문을 듣고 그 틈을 타 新羅의 일곱 城을 탈취하였다. 얼마 후 또 십여 城을 빼앗고, 그로 인하여 조공하지 않았다.

이 기록에 의하면 백제가 신라가 가로챈 영역을 전부 다시 찾음으로써 결국 신라가 당나라에 조공하지 못하게 되었다. 여기서 조공을 못 하게 되었다는 것은 결국 백제가 신라와 당나라가 통하는 길을 막아 소통하지 못하게 되었음을 의미한다. 이 사건으로 신라는 당나라와의 연합을 제의하여 결국 나당연합군이 결성되는 계기가 된다.

주류 강단 사학계는 이 신라 진흥왕의 북한산 순행 기록과 북한산주 설치 기록을 진흥왕 순수비와 연결시켜 이곳을 한반도 현재의 서울 북한산으로 비정하고 있지만 이곳은 백제의 옛 도읍 지역인 산동성 태안시 비성시 지역의 한성에 있는 한산, 북한성 지역으로 개로왕 시기에 고구려에 잃고 있다가 신라와 연합하여 다시 찾았다가 신라 진흥왕에게 가로챔을 당하여 신라가 이곳을 차지한 것을 기록함이다. 하지만 이후 확인한 바와 같이 655년 다시 고구려와 연합하여 되찾았다. 기록 즉 607년 고구려의 백제에 대한 마지막 공격 기록 이후인,

- AD636년(무왕 37년) 백제가 신라 독산성 공격(선덕왕 옥문곡)
- AD655년(의자왕 15년) 백제가 고구려 말갈과 함께 신라 30여 성 함락 (이것으로 AD551년 신라와 함께 고구려의 10군을 빼앗았으나 신라가 가로챈 한성 지역을 이때 되찾았는지 여부는 『삼국사기』 기록으로는 불명확하나 『당서』의 기록에 의하면 되찾은 것이 확실함)
- AD659년(의자왕 19년) 신라의 독산과 동잠을 침공

에 있어서는 아직도 백제가 산동성에서 활동하고 있음을 증명하고 있다. 물론 주류 강단 사학계는 고구려와 백제 그리고 신라가 한반도에서만 활동한 것으로 역사를 정하고 있다. 그래서 백제의 천도 사실 역시 한반도 한강 유역에서 공주로 다시 사비로 가서 나라가 멸망한 것으로 하고 있다. 하지만 과연 그럴까. 만약 백제가 한반도 한강 유역에서 건국되었다면 그렇게 비정해도 된다. 물론 한반도에도 일본

열도에도 백제 분국이 있었다. 이는 중국사서가 입증하고 있다. 하지만 주류 강단 사학계는 이러한 기록을 무시한다. 그리고 지금까지 본 필자가 살펴본 모든 것이 한반도가 아님을 입증하고 있다. 모든 사서 기록이 이를 입증한다. 이러한 입증 사항에 백제의 천도 사실도 포함된다. 한성에서의 천도 사실에 대하여는 앞에서 설명하였고 여기서는 그다음 웅진 천도와 성왕의 죽음 장소에 대한 비정이다. 이 백제 천도 사실 및 성왕의 죽음 장소는 우리 역사에서 중요한 좌표이다. 이들은 우리 역사가 한반도에서 이루어졌는지 여부를 가려주는 척도이기 때문이다. 또한 이의 결과는 일제 식민사학에 의하여 이루어지고 이를 그대로 추종한 주류 강단 사학계에 의하여 우리 고대사가 왜곡 조작된 사실을 알려주는 증거이기도 하다.

앞에서 살펴본 대로 일제 식민사학에 의한 주류 강단 사학계는 백제가 한반도 지금의 한강 유역인 서울 남쪽 강남에서 건국된 후, 고구려 장수왕의 한성 공격(475년)에 의하여 개로왕이 아차성에서 살해되고 난 후 아들 문주왕에 의하여 도읍을 웅진으로 옮겼다고 정하였다. 여기서 웅진은 지금의 공주 지방으로 이곳에 천도한 것으로 하였다. 한성 즉 하남 위례성에 도읍을 정해 나라를 건국한 B.C. 18년에서 475년까지 493년 약 500년 21대 왕이 지낸 지역에서 옮겼다. 이후 공주의 웅진시대는 4대 63년, 부여의 사비시대는 6대 123년에 불과하다. 이곳 하남 위례성, 한성, 한산, 북한성을 일제 식민사학에 의한 주류 강단 사학계는 서울 한강 이남 송파구 몽촌토성과 풍납토성으로 비정하고 있다. 이를 입증하는 유적지로 인근의 서울시 송파구 석촌동 고분군과 가락동 고분군이 있다.

그러나 본 필자가 지적하였듯이 당초 백제가 처음 도읍을 정한 곳은, 『삼국사기』 기록상 **"강 남쪽의 땅은 북쪽으로는 한수(漢水)를 띠처럼 두르고 있고, 동쪽으로는 높은 산을 의지하였으며, 남쪽으로는 비**

옥한 벌판을 바라보고, 서쪽으로는 큰 바다에 막혀 있는" 곳이다. 이러한 지형을 주류 강단 사학계는 지금의 서울 강남 송파구 몽촌토성 내지는 풍납토성에 무리하게 비정하고 있다. 사서의 기록을 그들의 논리에 맞추려고 무시한 채 어쩔 수 없이 비정하고 있다. 하지만 모든 것이 사서의 기록과 맞지 않는다. 우선 이 백제의 도읍지 및 경역도 그렇지만 이후의 모든 활동 사항을 비롯하여 천도지 그리고 멸망 상황 등이 모두 맞지 않는다. 그럼에도 불구하고 주류 강단 사학계는 모든 것을 무시한 채 왜곡하여 비정하는 것도 잘못된 것인데 맞지 않는 사서기록은 은폐하여 숨긴 채 아예 그들의 비정에서 빼버리는 것은 단순히 나쁜 것이 아니라 죄악이다. 그들의 '낙랑군 평양설'에 이은 '한반도 고착화'를 위하여 이를 수행한다는 것이 더 죄악시된다. 이렇게까지 본 필자가 거론하는 것은 본 필자의 선입견이나 경도된 인식에 의한 것이 아니라 사서의 기록에 의한다.

그래서 이 글에서 밝히면서 이렇게 언급한다. 그러면 본 필자의 이러한 언급이 오히려 경도된 잘못된 인식에 의한 것인지, 아니면 본 필자의 언급이 맞는 것인지 판단해 보기 바란다. 이미 백제의 도읍지 위치에 대하여는 [백제 한성 함락과 관련한 사실에 의하여 그 위치를 조명하면] 확인한 바 있지만, 물론 주류 강단 사학계는 해석상의 문제라고 할 수도 있겠지만 실제로는 이를 의식하여 물론 오인하였지만 분명히 그들이 비정한 한강 이북이나 한강 동쪽에서 또 다른 위례성 즉 첫 도읍지 내지는 첫 천도지이자 두 번째 도읍지를 찾아 헤맨 사실이 있다. 이러한 일이 발생한 것은 한반도 한강을 한수로 비정한 채 이 이남 땅 즉 서울 지방에 잘못 즉 원래의 위치가 아닌 곳에 비정하였기 때문이다.

반면에 초기 도읍지로 비정되는 산동성 태안시 비성시의 경우 초기 도읍지 기록과 같이 북으로는 한수인 황하가 흐르고 그 남쪽으로 한산이라고 하는 산이 존재하고 있고, 동쪽으로는 큰 산인 태산이 있으며, 서쪽으로는 당시 큰 바다로 표시한 큰 호수인 지금의 산동성 태안시의 동평호가 있어 기록에 부합된다. 더군다나 나중에 강역을 정한 **"북쪽으로는 패하(浿河)에 이르고, 남쪽은 웅천(熊川)을 경계로 삼으며, 서쪽으로는 큰 바다에 닿고, 동쪽으로는 주양(走壤)에 이르렀다."**라고 한 기록과 같이 북쪽으로는 한수인 황하를 넘어 북쪽을 흐르는 패하이자 패수이자 패강인 도해하(Tuhai River, 徒駭河), 남쪽으로는 웅천인 지금의 산동성 제녕시 미산현 소재의 남사호(南四湖)(남양호/독산호/소양호/미산호)로 이루어진 바다로 표현된 이곳과 서쪽으로는 위의 첫 도읍지 기록과 같이 큰 바다로 표시한 큰 호수인 지금의 산동성 태안시의 동평호가 있어 기록에 부합된다. 더군다나 이곳은 북쪽으로는 말갈이, 동쪽으로는 낙랑이 신라의 서쪽에 함께 가까이 인접하여 있어 수시로 백제와 신라를 침략하여 괴롭힌 곳이다. 당시 말갈은 남갈로 남옥저 지방에 걸쳐 있던 족속으로써 신라 북쪽에도 있어 신라도 괴롭힌 세력이며 낙랑은 (최씨)낙랑국으로 백제 동쪽이자 신라 서쪽에 있어 마찬가지로 신라를 수시로 괴롭혔다. 낙랑이 신라만 주로 괴롭힌 것은 백제와 같은 고조선, 부여, 고구려계 맥족이므로 다른 종족 예족인 신라만 괴롭혔다. 이 신라 남쪽에는 왜 세력이 육지로 접해 있어 수시로 신라의 도성을 침범하여 괴롭힘으로써 광개토대왕 시기에 고구려에 구원을 요청하기까지 하였다. 이러한 상황이 모두 부합되는 곳은 절대 한반도 그것도 한반도 한강 남쪽일 수가 없고 이곳 산동서 태안시 비성시이다. 이러한 사실은 모든 이후의 소위 삼국의 역사적 활동 기록에 의하여 입증된다.

> 백제의 첫 도읍지 하남 위례성 등은 한반도가 아닌 산동성 태안시 비성시로 황하를 한수로 하고 그 남쪽에 한산이라는 산이 있다. 동으로는 태산이라는 큰 산과 서쪽으로는 큰 바다로 표현되어 기록된 동평호라는 큰 호수가 있으며 남쪽으로는 넓은 평야가 있어 사서기록과 일치한다. 또한 낙랑, 말갈, 왜가 육지로 가까이 인접해 있어 수시로 괴롭히는 곳은 한반도가 아닌 이곳 산동성이 된다.

더군다나 『삼국사서』 기록에 의하면 백제의 첫 도읍지를 위례성이라고 하면서도 그 위치를 한반도에서 찾을 수 없는 곳으로 기록하고 있는 한편,

---

**【사료572】**『삼국유사』 권 제1 왕력(王曆)

**백제**(百濟)

제1대 온조왕(溫祚王) (동명의 셋째이며, 다른 곳에서는 둘째라고도 한다. 계묘(癸卯)년에 즉위하여 45년을 왕위에 있었다. 위례성(慰禮城)에 도읍하였는데, 어떤 곳에서는 사천(蛇川)이라 하는데, 지금의 사산(虵山)(註 008)이다.)

**註 008**
순암수택본 · 최남선교주본 · 이병도역주본 · 이재호역주본 · 권상로역해본 · 三品彰英遺撰本에는 '虵山'이 아닌 '稷山(직산)'으로 되어 있다.

---

이와 같이 『삼국유사』는 참고한 원 사료를 그대로 인용하여 사천이라고 하면서도 이를 자신의 왜곡된 한반도 위치 이동에 의하여 한반도 충청도 직산으로 비정하고 있다. 그런데 이 백제의 도읍지인 위례성이라는 '사천' 지명은 [신라의 서쪽 국경인 호로하와 칠중성에 대하여]에 대하여 살펴보면서 당나라의 소정방 및 방효태에 의한 고구려 평양성 포위 공격에

대하여 전투에 군량미를 공급하기 위해 건넌 칠중성이 있는 칠중하를 건너간 그곳 평양성 인근 지역에서 평양성을 포위하였다는 방효태가 그의 아들들과 함께 몰살하였다는 기록상의 사수(蛇水)와 같은 강이다.

이 사천(蛇川)은 414년 장수왕이 이 사천 들판에서 사냥을 하였다고 하였다. 그리고 이 사천에 있는 것으로 확인되는 사성(蛇城)은 286년 앞에서 확인된 아차성과 함께 고구려가 대방을 공격하자 대방왕이 백제에 구원을 청한 후 고구려 공격에 대비하였다. 그리고 475년 고구려 장수왕의 백제 한성 침략 탈취 시기 전에 백제 개로왕이 강에 이 사성(蛇城)의 동쪽으로부터 강을 따라 둑을 쌓은 곳으로 기록되어 있다. 이들 기록에 의하여 파악할 수 있는 사항은,

- 칠중하와 여기에 있는 칠중성에 의하여 이 사천(사수)이 있는 고구려 평양성 인근에 있어 방효태가 전사한 이곳 평양성을 가는 도중에 이 칠중하를 건넌 곳이다. 그리고 이 칠중하는 백제의 북쪽 변경에 있어서 말갈의 침입을 받는 한편, 신라의 영역이었다가 고구려 영역이 되는 고구려에는 남쪽 신라에는 북쪽이 되어 고구려가 침략하였으며, 고구려와 백제 멸망 후에는 신라의 영역이 되어 당나라가 동쪽으로 신라를 공격하는 곳이다. 또한 이곳은 고구려 평양성을 당나라의 소정방이 패강과 마읍산을 거쳐 공격하고 신라의 김춘추가 군량미를 이 강 칠중하를 건너 전달했던 곳이다.
  사천은 사수로써 고구려 평양성 가까이 있다. 이는 장수왕이 사냥을 한 것에 의하여도 알 수 있다.
- 백제의 대방 땅 인근에 아차성과 함께 사성이 있다. 이는 개로왕 시에 이곳으로부터 둑을 쌓은 것에 의하여 알 수 있다.
- 사성과 함께 있다는 아차성은 온달이 활동한 남옥저 죽령 서쪽

에 위치함과 동시에 백제 개로왕이 한성 함락 시 살해당했던 곳이다.

이와 같은 모든 것을 종합하면 사천(蛇川), 사수(蛇水), 사성(蛇城) 지방은 백제의 도읍인 한성 지방과도 가깝고, 고구려 평양성과도 가깝고, 신라의 북쪽 땅인 남옥저 죽령 지방의 서쪽 지역과도 가까운 곳이다. 이곳은 세 나라가 가까운 그리고 도읍이 가까운 곳이다. 이곳은 남쪽으로부터 백제 위례성 북쪽을 흐르는 한수 그리고 고구려 평양성 남단을 흐르는 패수이자 백제의 북쪽 경계였던 패수이자 신라의 북쪽을 흐르는 패강 그리고 고구려 추모대왕이 부여를 탈출하면서 건넌 대수(엄리대수)이자 백제 비류와 온조가 고구려를 떠나면서 건넌 대수인 세 강이 나란히 백제 도읍 한성 북쪽을 동쪽으로 흘러 고구려 졸본성을 지나 다시 동으로 신라의 북쪽을 흐름으로써 위와 같은 사항이 모두 충족되는 곳은 산동성이다.

위의 평양성 즉 방효태가 전사한 사수(蛇水)(사천)이 있는 평양성은 한반도 평양성도 아니고 하북성 고구려 평양성도 아닌 산동성 고구려 졸본성이다. 이곳 패수가 바로 수당전쟁 시 패강으로 불린다. 이에 의하여 수당전쟁 시 기록상의 패강은 한반도 평양의 대동강도 아니고 하북성의 강도 아니고 산동성 졸본성 남단을 흐르는 패수이다. 이와 같은 것을 종합적으로 확인한 바에 의하면 『삼국유사』가 백제의 첫 도읍지로 기록한 사천(蛇川)은 이 기록이 맞게 기록한 것으로 여기는 산동성 고구려 평양성인 졸본성 인근인 것으로 산동성 한성 지역의 하남 위례성 지역임이 입증된다. 그러므로 이를 충청도 직산으로 비정하는 『삼국유사』의 한반도 위치 비정은 그야말로 일제 식민 사학자들이나 현재 이를 그대로 추종하는 주류 강단 사학계의 수준처럼 단지 백제의 이곳 직산 인근의 비정에 따른 근시안적,

비학문적 비정이다.

> 고구려 산동성 평양성인 졸본성 가까이 있고 백제의 대방 및 한성 지역, 신라의 서북쪽인 남옥저, 죽령 지방 가까이 있는 사천(蛇川)이 백제의 첫 도읍지 위례성이라는 『삼국유사』의 기록에 의하여도 위례성은 산동성에 있었음이 증명된다.

- 다음 〈제10권〉에서 계속됩니다.

## 인용 사료 목록

【사료1】『조선왕조실록』 세조실록 7권, 세조 3년 5월 26일 무자 3번째기사 1457년
【사료2】『조선왕조실록』 예종실록 7권, 예종 1년 9월 18일 무술 3번째기사 1469년
【사료3】『관자』「제78 규도 13」
【사료4】『관자』「제80 경중갑 13,20,22」
【사료5】『산해경』「제11 해내서경」
【사료6】『산해경』「제12 해내북경」
【사료7】『산해경』「제18 해내경」
【사료8】『사기』「권69 소진열전 제9」
【사료9】『염철론』「권6 벌공」편
【사료10】『후한서(後漢書)』「군국지」 1. 유주
【사료11】『사기』「조선열전」 '고조선'
【사료12】『자치통감(資治通鑑)』「권181 수기오」
【사료13】『무경총요』 10
【사료14】『흠정사고전서』「수도제강 권3」
【사료15】『무경총요』「전집 권22 연경주군 12」
【사료16】『진서』「지리지」 '평주', '유주'
【사료17】『사기』「하본기」
【사료18】『회남자』「추형훈」 고유의 주석
【사료19】『염철론』「험고」
【사료20】『산해경』「해내동경」
【사료21】『수경주』「대요수」,「소요수」
【사료22】『한서』「지리지」 1. 유주
【사료23】『삼국지(三國志)』〈위서〉「동이전」'고구려전'
【사료24】『후한서(後漢書)』「동이열전」'고구려전'
【사료25】『통전(通典)』「변방」'동이 하 고구려'
【사료26】『신당서(新唐書)』「동이열전 고구려」
【사료27】『고려사』「세가 권제15」 인종(仁宗) 4년 12월 1126년 12월 12일(음) 계유(癸酉)
【사료28】『원사』「지리지」 요양등처행중서성 동녕로
【사료29】『요사』「지리지」
【사료30】『신당서(新唐書)』「가탐도리기」
【사료31】『구당서(舊唐書)』「동이열전 고구려」
【사료32】『통전(通典)』「주군 안동부」

【사료33】『통감지리통석』 권 10 요동
【사료34】『삼국사기(三國史記)』 고구려본기 제10 보장왕(寶藏王) 二十七年秋九月
【사료35】『삼국사기(三國史記)』 고구려본기 제8 영양왕(嬰陽王) 二十三年秋七月
【사료36】『삼국사기(三國史記)』 고구려본기 제8 영양왕(嬰陽王) 二十三年夏六月
【사료37】『무경총요』 1044년 권22 압록수
【사료38】『삼국사기(三國史記)』 잡지 지리4 백제(百濟) 압록수 이북의 항복한 성
【사료39】『삼국지(三國志)』〈위서〉「동이전」東沃沮
【사료40】『삼국지(三國志)』〈위서〉「동이전」濊
【사료41】『삼국유사』卷 第一 제1 기이(紀異第一) 고구려(高句麗)
【사료42】『양서(梁書)』「동이열전」'고구려'
【사료43】『사기』「흉노열전」
【사료44】『사기』「몽염열전」
【사료45】『삼국사기(三國史記)』 고구려본기 제1 시조 동명성왕(東明聖王) 2년
【사료46】『송서(宋書)』 夷蠻列傳 高句驪
【사료47】『삼국사기(三國史記)』 卷 第二十 高句麗本紀 第八 영양왕 二十三年春二月
【사료48】『서경』〈하서〉「우공」제11장
【사료49】『회남자』「인간훈」
【사료50】『회남자』「시칙훈」
【사료51】『삼국사기(三國史記)』「잡지 지리」'고구려' '고구려 초기 도읍 홀승골성과 졸본'
【사료52】『삼국사기(三國史記)』「잡지 지리」'고구려' '평양성과 장안성'
【사료53】『고려사』지 권 제12 지리3 「동계」
【사료54】『고려사』지 권 제12 지리3 「북계」
【사료55】『삼국사기(三國史記)』 雜志 第六 지리四 백제 압록수 이북의 항복하지 않은 성
【사료56】『삼국유사』「흥법」 '순도조려'
【사료57】『후한서(後漢書)』「원소유표열전」
【사료58】『수서』「지리지」
【사료59】『삼국지(三國志)』〈위서〉'공손도, 공손강, 공손공, 공손강의 아들 공손연 열전'
【사료60】『위서』「지형지, 남영주/영주」
【사료61】『삼국사기(三國史記)』卷第十七 高句麗本紀 第五 동천왕(東川王) 20년 10월
【사료62】『삼국사기(三國史記)』권 제16 고구려본기 제4 신대왕(新大王) 5년
【사료63】『광개토대왕비문』
【사료64】『삼국지(三國志)』〈위서〉「동이전」韓
【사료65】『통전(通典)』「주군」'평주'
【사료66】『사기』「화식열전」
【사료67】『후한서(後漢書)』「동이열전(東夷列傳)」부여(夫餘)
【사료68】『삼국지(三國志)』〈위서〉「동이전」 부여(夫餘)
【사료69】『진서(晉書)』卷九十七「列傳」第六十七 東夷: 夫餘國

【사료70】『삼국유사』 권 제1 기이(紀異第一) 위만(魏滿:衛滿)조선(朝鮮)

【사료71】『한서』「조선전」'고조선'

【사료72】『염철론』「주진편」

【사료73】『염철론』「비호편」

【사료74】『한서』 권94 上「흉노전」

【사료75】『통전(通典)』「변방 북적 서략 흉노상」

【사료76】『신당서(新唐書)』「지리지」

【사료77】『삼국사기(三國史記)』 고구려본기 제3 태조대왕(太祖大王) 94년 8월

【사료78】『삼국사기(三國史記)』 고구려본기 제8 영양왕(嬰陽王) 九年夏六月

【사료79】『삼국사기(三國史記)』 백제본기 제4 동성왕(東城王) 二十二年/夏五月

【사료80】『양서(梁書)』「東夷列傳 百濟」

【사료81】『흠정만주원류고』 권9 강역2 신라 9주

【사료82】『삼국사기(三國史記)』卷第二十一 高句麗本紀 第九 보장왕 645년 05월(음)

【사료83】『삼국사기(三國史記)』 백제본기 제1 다루왕(多婁王) 3년 10월

【사료84】『흠정만주원류고』 권10 강역3 발해국경

【사료85】『삼국사기(三國史記)』 권 제37 잡지 제6 지리四 백제삼국의 이름만 있고 그 위치가 ~

【사료86】『삼국사기(三國史記)』 百濟本紀 第四 무령왕(武寧王) 三年秋九月

【사료87】『남제서(南齊書)』「東南夷列傳 高[句]麗」

【사료88】『위서(魏書)』「列傳 高句麗」

【사료89】『주서(周書)』「異域列傳 高句麗」

【사료90】『남사(南史)』「東夷列傳 高句麗」

【사료91】『북사(北史)』「列傳 高句麗」

【사료92】『수서(隋書)』「東夷列傳 高句麗」

【사료93】『원사(元史)』「外夷列傳 高麗」

【사료94】『삼국유사』 卷第一 제1 기이(紀異第一) 말갈(靺鞨)과 발해(渤海)

【사료95】『삼국사기(三國史記)』 百濟本紀 第一 시조 온조왕(溫祚王) 2년 1월

【사료96】『삼국사기(三國史記)』 지리(地理)四 고구려 멸망과 이후 상황

【사료97】『삼국사기(三國史記)』 列傳 第六 최치원(崔致遠)

【사료98】『구당서(舊唐書)』「東夷列傳 百濟」

【사료99】『신당서(新唐書)』「東夷列傳 百濟」

【사료100】『삼국사기(三國史記)』 新羅本紀 第一 유리(儒理) 이사금(尼師今) 17년 9월

【사료101】『삼국사기(三國史記)』 新羅本紀 第一 시조 혁거세(赫居世) 30년

【사료102】『삼국사기(三國史記)』 百濟本紀 第一 시조 온조왕(溫祚王) 13년 5월

【사료103】『삼국사기(三國史記)』 신라본기 제1 유리(儒理) 이사금(尼師今) 14년

【사료104】『삼국사기(三國史記)』 新羅本紀 第一 시조 혁거세(赫居世) 53년

【사료105】『삼국사기(三國史記)』 백제본기 제1 시조 온조왕(溫祚王) 43년 10월

【사료106】『삼국사기(三國史記)』 新羅本紀 第二 아달라(阿達羅) 5년 3월

【사료107】『삼국사기(三國史記)』百濟本紀 第一 溫祚王 二十七年夏四月
【사료108】『삼국사기(三國史記)』新羅本紀 第一  시조 혁거세(赫居世) 十九年春一月
【사료109】『후한서(後漢書)』「東夷列傳 韓」
【사료110】『후한서(後漢書)』「東夷列傳 濊」
【사료111】『진서(晉書)』「東夷列傳 馬韓」
【사료112】『송서(宋書)』「夷蠻列傳 百濟」
【사료113】『남제서(南齊書)』「東南夷列傳 百濟」
【사료114】『위서(魏書)』「列傳 百濟」
【사료115】『주서(周書)』「異域列傳 百濟」
【사료116】『남사(南史)』「東夷列傳 百濟」
【사료117】『북사(北史)』「列傳 百濟」
【사료118】『수서(隋書)』「東夷列傳 百濟」
【사료119】『삼국사기(三國史記)』百濟本紀 第一 시조 온조왕(溫祚王) 13년 8월
【사료120】『삼국사기(三國史記)』고구려본기 제5 동천왕(東川王) 12년
【사료121】『삼국사기(三國史記)』고구려본기 제5 동천왕(東川王) 16년
【사료122】『삼국사기(三國史記)』고구려본기 제5 동천왕(東川王) 20년
【사료123】『삼국사기(三國史記)』백제본기 제2 사반왕(沙伴王)·고이왕(古尒王)
【사료124】『삼국사기(三國史記)』新羅本紀 第二 아달라(阿達羅) 이사금(尼師今) 5년
【사료125】『수경주』「유수」
【사료126】『구당서(舊唐書)』「지리지」
【사료127】『삼국사기(三國史記)』百濟本紀 第六 의자왕(義慈王) 665년(음)
【사료128】『삼국사기(三國史記)』신라본기 제6 문무왕(文武王) 4년 2월
【사료129】『삼국사기(三國史記)』신라본기 제6 문무왕(文武王) 5년 8월
【사료130】『흠정만주원류고』권5 부족5 말갈
【사료131】『삼국사기(三國史記)』신라본기 제7 문무왕(文武王) 十一年秋七月二十六日
【사료132】『통전(通典)』邊防 一 東夷 上 百濟
【사료133】『자치통감(資治通鑑)』卷一百三十六 齊紀二 世祖武皇帝上之下
【사료134】『자치통감(資治通鑑)』卷九十七 晉紀十九 孝宗穆皇帝上之上
【사료135】『선화봉사고려도경(宣化奉使高麗圖經)』「시봉편」
【사료136】『삼국사기(三國史記)』고구려본기 제6 고국양왕(故國壤王) 二年夏六月
【사료137】『삼국사기(三國史記)』고구려본기 제6 고국양왕(故國壤王) 二年冬十一月
【사료138】『삼국사기(三國史記)』고구려본기 제6 광개토왕(廣開土王) 十四年春一月
【사료139】『삼국사기(三國史記)』백제본기 제4 동성왕(東城王) 二十二年/夏五月
【사료140】『자치통감(資治通鑑)』卷一百三十六 齊紀二 世祖武皇帝上之下
【사료141】『양직공도』「백제국사」
【사료142】『한원(翰苑)』「번이부 백제(蕃夷部 百濟)」
【사료143】『흠정만주원류고』권3 부족3 백제

【사료144】『흠정만주원류고』 권9 강역2 백제제성

【사료145】『수경주(水經注)』 권11, '역수(易水)'

【사료146】『흠정만주원류고』 권4 부족4 신라

【사료147】『삼국사기(三國史記)』 卷第三十四 雜志 第三 지리(地理)一 신라(新羅)

【사료148】『흠정만주원류고』 권9 강역2 신라

【사료149】『통전(通典)』 「변방」 '동이 상 신라'

【사료150】『삼국사기(三國史記)』 百濟本紀 第一 시조 온조왕(溫祚王) 17년

【사료151】『삼국유사』 권 제1 제1 기이(紀異第一) 낙랑국(樂浪國)

【사료152】『삼국사기(三國史記)』 백제본기 제3 개로왕(蓋鹵王) 21년 9월

【사료153】『삼국사기(三國史記)』 新羅本紀 第七 문무왕(文武王) 672년 01월(음)

【사료154】『흠정만주원류고』 권3 부족3 백제

【사료155】『삼국사기(三國史記)』 百濟本紀 第六 의자왕(義慈王) 二十年

【사료156】『삼국사기(三國史記)』 新羅本紀 第一 시조 혁거세(赫居世) 1년 4월 15일

【사료157】『삼국사기(三國史記)』 新羅本紀 第一 시조 혁거세(赫居世) 38년 봄 2월

【사료158】『삼국사기(三國史記)』 新羅本紀 第一 시조 혁거세(赫居世) 30년

【사료159】『삼국사기(三國史記)』 백제본기 제6 의자왕(義慈王) 논하여 말하다.

【사료160】『삼국유사』 卷 第一 第1 기이(紀異第一) 진한(辰韓)

【사료161】『삼국사기(三國史記)』 列傳 第一 김유신(金庾信) 상

【사료162】『진서(晉書)』 「동이열전(東夷列傳) 辰韓」

【사료163】『양서(梁書)』 「東夷列傳 新羅」

【사료164】『남사(南史)』 「東夷列傳 新羅」

【사료165】『북사(北史)』 「列傳 新羅」

【사료166】『수서(隋書)』 「東夷列傳 新羅」

【사료167】『구당서(舊唐書)』 「동이열전 신라」

【사료168】『신당서(新唐書)』 「동이열전 신라」

【사료169】『후한서(後漢書)』 「東夷列傳 東沃沮」

【사료170】『수경주(水經注)』 권12 '거마하(巨馬河)'

【사료171】『삼국사기(三國史記)』 新羅本紀 第一 시조 혁거세(赫居世) 8년

【사료172】『삼국사기(三國史記)』 신라본기 제3 나물(奈勿) 이사금(尼師今) 38년 5월

【사료173】『삼국사기(三國史記)』 백제본기 제1 시조 온조왕(溫祚王) 24년 7월

【사료174】『문헌통고』

【사료175】『삼국사기(三國史記)』 백제본기 제4 무령왕(武寧王) 二十三年夏五月

【사료176】『고려사』지 권 제10 지리1 「지리 서문」

【사료177】『고려사』 세가 권제14 예종(睿宗) 12년(1117년) 3월 6일(음)

【사료178】『고려사』 세가 권제42 공민왕(恭愍王) 19년 12월 1370년 12월 2일(음)

【사료179】『선화봉사고려도경』 권3 성읍(城邑) 영토[封境]

【사료180】『삼국유사』 제1 기이(紀異第一) 고조선(古朝鮮) 왕검조선(王儉朝鮮)

【사료181】『삼국유사』 제2 기이(紀異第二) 남부여(南扶餘) 전백제(前百濟) 북부여(北扶餘)
【사료182】『삼국유사』 卷 第一-제1 기이(紀異第一) 태종춘추공(太宗春秋公)
【사료183】『삼국사기(三國史記)』新羅本紀 第七 문무왕(文武王) 十五年春一, 二月
【사료184】『삼국사기(三國史記)』雜志 第三지리(地理)一 신라(新羅) 원 신라
【사료185】『삼국사기(三國史記)』雜志 第三지리(地理)一 신라(新羅) 이전 백제
【사료186】『삼국사기(三國史記)』雜志 第三지리(地理)一 신라(新羅) 이전 고구려
【사료187】『삼국사기(三國史記)』新羅本紀 第八 신문왕(神文王) 五年
【사료188】『삼국사기(三國史記)』新羅本紀 第九 경덕왕(景德王) 十六年冬十二月
【사료189】『삼국사기(三國史記)』잡지 제4 지리(地理)二 신라(新羅)
【사료190】『삼국사기(三國史記)』신라본기 제7 문무왕(文武王) 十三年秋九月
【사료191】『삼국사기(三國史記)』신라본기 제12 경명왕(景明王) 五年春二月
【사료192】『고려사』세가 권제1 태조(太祖) 4년 2월 921년 2월 15일(음) 임신(壬申)
【사료193】『삼국사기(三國史記)』新羅本紀 第七 문무왕(文武王) 十五年秋九月
【사료194】『고려사』권82 지 권제36 병2(兵 二) 성보 930년 미상(음)
【사료195】『한서』「지리지 연」
【사료196】『삼국사기(三國史記)』高句麗本紀 第二 대무신왕(大武神王) 15년 04월
【사료197】『삼국사기(三國史記)』高句麗本紀 第五 미천왕(美川王)
【사료198】『한서 』「열전」〈엄주오구주부서엄종왕종왕가전〉'가연지편'
【사료199】『고려사절요』권1 태조신성대왕(太祖神聖大王) 태조(太祖) 18년10월 935년 10월 미상
【사료200】『삼국사기(三國史記)』고구려본기 제2 대무신왕(大武神王) 9년 10월
【사료201】『삼국사기(三國史記)』고구려본기 제3 태조대왕(太祖大王) 4년 7월
【사료202】『삼국사기(三國史記)』고구려본기 제2 모본왕(慕本王) 2년
【사료203】『삼국사기(三國史記)』고구려본기 제1 시조 동명성왕(東明聖王) 10년 11월
【사료204】『삼국사기(三國史記)』고구려본기 제2 대무신왕(大武神王) 13년 7월
【사료205】『삼국사기(三國史記)』新羅本紀 第一 지마(祗摩) 이사금(尼師今) 14년 1월
【사료206】『삼국사기(三國史記)』고구려본기 제5 동천왕(東川王) 19년 10월
【사료207】『삼국사기(三國史記)』신라본기 제2 조분(助賁) 이사금(尼師今) 16년 10월
【사료208】『삼국사기(三國史記)』卷第四十四 列傳 第四 거칠부(居柒夫)
【사료209】『삼국사기(三國史記)』권 제45 열전 제5 온달(溫達)(AD590)
【사료210】『삼국사기(三國史記)』新羅本紀 第五 선덕왕(善德王) 11년
【사료211】『삼국사기(三國史記)』卷第四十一 列傳 第一 김유신(金庾信) 상
【사료212】『삼국사기(三國史記)』卷第四十九 列傳 第九 개소문(蓋蘇文)
【사료213】『삼국사기(三國史記)』신라본기 제5 태종(太宗) 무열왕(武烈王) 2년
【사료214】『삼국사기(三國史記)』신라본기 제12 효공왕(孝恭王) 905년 08월(음)
【사료215】『삼국사기(三國史記)』百濟本紀 第一 시조 온조왕(溫祚王)
【사료216】『삼국지(三國志)』「魏書 30 東夷傳 挹婁」
【사료217】『후한서(後漢書)』「東夷列傳 挹婁」

【사료218】『진서(晉書)』「동이열전(東夷列傳) 숙신(肅愼)」
【사료219】『위서(魏書)』「列傳 勿吉國」
【사료220】『북사(北史)』「列傳 勿吉」
【사료221】『수서(隋書)』「東夷列傳 靺鞨」
【사료222】『구당서(舊唐書)』「北狄列傳 靺鞨」
【사료223】『신당서(新唐書)』「北狄列傳 黑水靺鞨」
【사료224】『구당서(舊唐書)』「北狄列傳 渤海靺鞨」
【사료225】『신당서(新唐書)』「北狄列傳 渤海」
【사료226】『삼국사기(三國史記)』新羅本紀 第一 남해 차차웅 원년 7월
【사료227】『삼국사기(三國史記)』百濟本紀 第一 시조 온조왕 11년 4월
【사료228】『삼국사기(三國史記)』권 제40 잡지 제9 무관(武官)
【사료229】『금사(金史)』「외국열전(外國列傳) 고려(高麗)」
【사료230】『금사(金史)』「卷1 本紀1 世紀」
【사료231】『고려사절요』권8 예종(睿宗) 10년 1월(1115년 1월 미상(음)
【사료232】『고려사』列傳 권 제7 제신(諸臣) 서희 서희가 거란의 소손녕과의 외교 담판~
【사료233】『고려사절요』권2 성종(成宗) 13년 2월 소손녕이~
【사료234】『무경총요』「전집 권 22」 요방 북번지리
【사료235】『고려사』세가 권 제14 예종(睿宗)(1105-1122) 12년 3월 1117년 3월 3일(음)
【사료236】『금사(金史)』권1 본기1 세기(世紀)
【사료237】『금사(金史)』권1 본기1 세기(世紀)
【사료240】『고려사절요』권8 예종(睿宗) 10년 1월(1115년 1월 미상(음)
【사료241】『송막기문(松漠記聞)』
【사료242】『동명해사록(東溟海槎錄)』
【사료243】『삼국사기(三國史記)』권 제37 잡지 제6 지리(地理)四 고구려(高句麗)
【사료244】『삼국사기(三國史記)』신라본기 제9 선덕왕(宣德王) 四年春一月
【사료245】『삼국사기(三國史記)』백제본기 제1 시조 온조왕(溫祚王) 13년 7월
【사료246】『고려사』지 권 제12 지리3(地理 三) 서해도 평주
【사료247】『삼국사기(三國史記)』신라본기 제2 유례(儒禮) 이사금(尼師今) 9년 6월
【사료248】『삼국사기(三國史記)』신라본기 제6 문무왕(文武王) 8년 6월 22일
【사료249】『삼국사기(三國史記)』백제본기 제1 시조 온조왕(溫祚王) 37년 4월
【사료250】『삼국사기(三國史記)』新羅本紀 第八 성덕왕(聖德王) 三十四年
【사료251】『진서(晉書)』卷十四 志 第四 地理上 惠帝卽位, 改扶風國爲秦國
【사료252】『고려사』권별 보기 志 지 권제36 병2(兵 二) 성보 973년 미상
【사료253】『삼국사기(三國史記)』신라본기 제8 성덕왕(聖德王) 三十二年秋七月
【사료254】『삼국사기(三國史記)』신라본기 제10 헌덕왕(憲德王) 十八年秋七月
【사료255】『삼국사기(三國史記)』新羅本紀 第三 나물(奈勿) 이사금(尼師今) 42년 7월
【사료256】『삼국사기(三國史記)』新羅本紀 第三 눌지(訥祗) 마립간(麻立干) 34년 7월

【사료257】『삼국사기(三國史記)』 新羅本紀 第四 지증(智證) 마립간(麻立干) 13년 6월
【사료258】『삼국사기(三國史記)』 新羅本紀 第五 선덕왕(善德王) 8년 2월
【사료259】『삼국사기(三國史記)』 新羅本紀 第五 태종(太宗) 무열왕(武烈王) 5년 3월
【사료260】『삼국사기(三國史記)』 新羅本紀 第八 성덕왕(聖德王) 二十年秋七月
【사료261】『삼국사기(三國史記)』 新羅本紀 第三 자비(慈悲) 마립간(麻立干) 11년 9월
【사료262】『삼국사기(三國史記)』 新羅本紀 第一 지마(祗摩) 이사금(尼師今) 14년 7월
【사료263】『삼국사기(三國史記) 新羅本紀 第三 소지(炤知) 마립간(麻立干)
【사료264】『삼국사기(三國史記)』 新羅本紀 第三 소지(炤知) 마립간(麻立干) 3년 3월
【사료265】『삼국사기(三國史記)』 高句麗本紀 第七 문자왕(文咨王) 六年秋八月
【사료266】『삼국사기(三國史記)』 高句麗本紀 第七 안원왕(安原王) 十年秋九月
【사료267】『후한서(後漢書)』「東夷列傳 倭」
【사료268】『삼국지(三國志)』 魏書 三十 烏丸鮮卑東夷傳 第三十 倭
【사료269】『진서(晉書)』 列傳 第六十七 東夷 倭
【사료270】『송서(宋書)』 列傳 第五十七 夷蠻 東夷 倭
【사료271】『남제서(南齊書)』 列傳 第三十九 東夷 倭國
【사료272】『양서(梁書)』 列傳 第四十八 諸夷 倭
【사료273】『북사(北史)』 列傳 第八十二 倭
【사료274】『수서(隋書)』 列傳 第四十六 東夷 倭國
【사료275】『구당서(舊唐書)』列傳 第一百四十九上 東夷 倭國
【사료276】『신당서(新唐書) 列傳 第一百四十五 東夷 倭
【사료277】『삼국사기(三國史記)』百濟本紀 第一 시조 온조왕(溫祚王) 11년 7월
【사료278】『일본서기(日本書紀)』 譽田天皇 應神天皇
【사료279】『삼국사기(三國史記)』 고구려본기 제3 태조대왕(太祖大王) 59년
【사료280】『삼국사기(三國史記)』 고구려본기 제5 동천왕(東川王) 21년 2월
【사료281】『삼국사기(三國史記)』 고구려본기 제6 고국원왕(故國原王) 343년 07월(음)
【사료282】『삼국사기(三國史記)』 고구려본기 제6 광개토왕(廣開土王) 四年秋八月
【사료283】『삼국사기(三國史記)』 백제본기 제3 아신왕(阿莘王) 4년 8월
【사료284】『삼국사기(三國史記)』 백제본기 제3 아신왕(阿莘王) 4년 11월
【사료285】『삼국사기(三國史記)』 백제본기 제1시조 온조왕(溫祚王)
【사료286】『삼국사기(三國史記)』 고구려본기 제8 영양왕(嬰陽王) 二十三年夏六月
【사료287】『수서(隋書)』 卷六十四 列傳 第二十九 (來護兒)
【사료288】『삼국사기(三國史記)』 高句麗本紀 第五 미천왕(美川王) 14년 10월
【사료289】『삼국사기(三國史記)』 高句麗本紀 第三 태조대왕(太祖大王) 66년 6월
【사료290】『삼국사기(三國史記)』지리(地理)四 백제(百濟) 압록수 이북의 도망간 성
【사료291】『삼국사기(三國史記)』 高句麗本紀 第八 영류왕(榮留王) 十四年
【사료292】『삼국사기(三國史記)』 高句麗本紀 第八 영류왕(榮留王) 十四年 春二月
【사료293】『자치통감(資治通鑑)』 唐紀九 太宗文 (貞觀五年(631)) 秋, 八月)

【사료294】『삼국유사』 흥법제3(興法第三) 보장봉로 보덕이암(寶藏奉老 普德移庵)
【사료295】『삼국사기(三國史記)』 高句麗本紀 第八 영류왕(榮留王) 二十五年 春一月
【사료296】『삼국사기(三國史記)』 열전 제9 개소문(蓋蘇文) 대대로에 오르지 못하다
【사료297】『삼국사기(三國史記)』 고구려본기 제8 영류왕(榮留王) 十二年秋八月
【사료298】『삼국사기(三國史記)』 신라본기 제4 진평왕(眞平王) 51년 8월
【사료299】『삼국사기(三國史記)』 고구려본기 제8 영류왕(榮留王) 二十一年冬十月
【사료300】『삼국사기(三國史記)』 신라본기 제5 선덕왕(善德王) 7년 10월, 11월
【사료301】『삼국사기(三國史記)』 신라본기 제5 태종(太宗) 무열왕(武烈王)
【사료302】『삼국사기(三國史記)』 高句麗本紀 第十 보장왕(寶藏王) 4년 5월(음)
【사료303】『삼국사기(三國史記)』 新羅本紀 第七 문무왕(文武王) 十三年秋九月
【사료304】『구당서(舊唐書)』 列傳 第 33. 劉仁軌傳
【사료305】『삼국사기(三國史記)』 新羅本紀 第七 문무왕(文武王) 十五年春二月
【사료306】『삼국사기(三國史記)』 신라본기 제7 문무왕(文武王) 十五年秋九月
【사료307】『삼국사기(三國史記)』 百濟本紀 第一 시조 온조왕(溫祚王) 18년 10월
【사료308】『구당서(舊唐書)』 卷三十八 志 第十八 地理 一
【사료309】『고려사』 권82 지 권제36 병2(兵 二) 성보
【사료310】『삼국사기(三國史記)』 고구려본기 제10 보장왕(寶藏王) 十四年春一月
【사료311】『삼국사기(三國史記)』 백제본기 제6 의자왕(義慈王) 十五年秋八月
【사료312】『삼국사기(三國史記)』 新羅本紀 第四 진흥왕(眞興王) 12년
【사료313】『삼국사기(三國史記)』 高句麗本紀 第七 양원왕(陽原王) 七年
【사료314】『삼국사기(三國史記)』 雜志 第六 지리(地理)四 백제(百濟)
【사료315】『삼국유사』 기이제2(紀異第二) 남부여(南扶餘) 전백제(前百濟) 북부
【사료316】『일본서기(日本書紀)』 권 19 天國排開廣庭天皇 欽明天皇 12년(0551년 (음))
【사료317】『삼국사기(三國史記)』 백제본기 제4 성왕(聖王) 31년 가을 7월
【사료318】『삼국사기(三國史記)』 신라본기 제4 진흥왕(眞興王) 14년 7월
【사료319】『삼국사기(三國史記)』 高句麗本紀 第十 보장왕(寶藏王) 二十七年
【사료320】『삼국사기(三國史記)』 열전 제5 온달(溫達)
【사료321】『삼국사기(三國史記)』 백제본기 제2 책계왕(責稽王) 원년
【사료322】『삼국사기(三國史記)』 新羅本紀 第六 문무왕(文武王) 10년 3월
【사료323】『삼국사기(三國史記)』 新羅本紀 第七 문무왕(文武王) 十二年秋八月
【사료324】『삼국사기(三國史記)』 高句麗本紀 第十 보장왕(寶藏王)(677년 02월(음))
【사료325】『삼국사기(三國史記)』 高句麗本紀 第九 보장왕(寶藏王) 四年
【사료326】『삼국사기(三國史記)』 고구려본기 제10 보장왕(寶藏王) 七年秋九月
【사료327】『삼국사기(三國史記)』 고구려본기 제10 보장왕(寶藏王) 二十年秋八月
【사료328】『고려사』 권127 열전 권제40 반역(叛逆)
【사료329】『자치통감(資治通鑑)』 卷四十九 漢紀四十一 孝安皇帝
【사료330】『삼국사기(三國史記)』 고구려본기 제1 유리왕(琉璃王) 33년 8월

【사료331】『삼국사기(三國史記)』고구려본기 제3 태조대왕(太祖大王) 3년
【사료332】『삼국사기(三國史記)』고구려본기 제3 태조대왕(太祖大王) 53년 1월
【사료333】『후한서(後漢書)』卷一下 光武帝紀 第一下
【사료334】『위서(魏書)』거란전
【사료335】『삼국사기(三國史記)』고구려본기 제7 양원왕(陽原王) 七年秋九月
【사료336】『삼국사기(三國史記)』고구려본기 제8 영양왕(豐陽王) 十八年
【사료337】『고려사』세가 권제5 덕종(德宗) 2년(1033) 8월(1033년 8월 25일(음) 무오
【사료338】『고려사절요』권4 덕종경강대왕(德宗敬康大王) 덕종(德宗) 2년 8월(1033)
【사료339】『고려사』세가 권제5 덕종(德宗) 3년 3월(1034년 3월 27일(음) 정해(丁亥)
【사료340】『고려사절요』권4 덕종경강대왕(德宗敬康大王) 덕종(德宗) 3년(1034) 3월
【사료341】『고려사』정종10년 11월 1044년 11월 18일(음) 을해(乙亥)
【사료342】『고려사절요』권4 정종용혜대왕(靖宗容惠大王) 정종(靖宗) 10년 11월
【사료343】『고려사절요』권8 예종2(睿宗二) 예종(睿宗) 12년 3월
【사료344】『고려사』권82 지 권제36 병2(兵 二) 성보 1029년 미상(음)
【사료345】『고려사』권137 열전 권제50 우왕(禑王) 14년 2월
【사료346】『요사』二國外記 高麗 開泰 원년(A.D.1012; 高麗 顯…
【사료347】『고려사』세가 권제4 현종(顯宗) 6년 1월
【사료348】『고려사절요』권3 현종원문대왕(顯宗元文大王) 현종(顯宗) 6년 1월
【사료349】『고려사』세가 권제4 현종(顯宗) 6년
【사료350】『고려사절요』권3 현종원문대왕(顯宗元文大王) 현종(顯宗) 6년 미상
【사료351】『삼국사기(三國史記)』卷第十五 高句麗本紀 第三 태조대왕(太祖大王) 46년 3월
【사료352】『고려사』권82 지 권제36 병2(兵 二) 성보
【사료353】『조선왕조실록』태종실록 31권, 태종 16년 3월 25일 정사 4번째기사 1416년
【사료354】『삼국사기(三國史記)』신라본기 제6 문무왕(文武王) 2년 1월 23일
【사료355】『삼국사기(三國史記)』백제본기 제6 의자왕(義慈王)
【사료356】『삼국사기(三國史記)』신라본기 제9 선덕왕(宣德王) 三年春二月
【사료357】『삼국사기(三國史記)』신라본기 제10 헌덕왕(憲德王) 十四年春三月
【사료358】『삼국사기(三國史記)』신라본기 제5 태종(太宗) 무열왕(武烈王) 7년 6월 18일
【사료359】『삼국사기(三國史記)』열전 제2 김유신(金庾信) 중(中)
【사료360】『삼국사기(三國史記)』신라본기 제10 헌덕왕(憲德王) 八年春一月
【사료361】『삼국사기(三國史記)』열전 제10 궁예(弓裔)
【사료362】『삼국사기(三國史記)』신라본기 제12 효공왕(孝恭王) 二年秋七月
【사료363】『삼국사기(三國史記)』열전 제10 궁예(弓裔) 송악군을 도읍으로 삼다
【사료364】『삼국사기(三國史記)』신라본기 제12 효공왕(孝恭王) 七年
【사료365】『삼국사기(三國史記)』신라본기 제10 헌덕왕(憲德王) 十一年秋七月
【사료366】『고려사절요』현종(顯宗) 9년 12월 1018년 12월 10일
【사료367】『한원(翰苑)』「번이부 고려(蕃夷部 高麗)」

【사료368】『삼국사기(三國史記)』 고구려본기 제1 시조 동명성왕(東明聖王) 一年
【사료369】『고려사』 지 권제36 병2성보 의주 · 화주 · 철관에 성을 쌓다 1222년 미상(음)
【사료370】『조선왕조실록』 태조실록 1권, 총서 44번째 기사
【사료371】『고려사절요』 권3 현종(顯宗) 5년 10월 미상
【사료372】『고려사절요』 권3 현종(顯宗) 1년 11월 1010년 11월 16일
【사료373】『삼국사기(三國史記)』 권 제16 고구려본기 제4 산상왕(山上王) 21년 8월
【사료374】『사불허북국거상표(謝不許北國居上表)』
【사료375】『오대회요(五代會要)』 五代會要 卷三十 渤海
【사료376】『유취국사』
【사료377】『신오대사(新五代史)』 사이부록(四夷附錄) 발해 [渤海] 貴族의 姓은 大氏이다.
【사료378】『속일본기(續日本記)』 卷32, 寶龜 3년 2월(己卯)
【사료379】『삼국사기(三國史記)』 열전 제10 궁예(弓裔) (0901년 (음))
【사료380】『삼국사기(三國史記)』 신라본기 제12 효공왕(孝恭王) 五年
【사료381】『삼국사기(三國史記)』 열전 제10 궁예(弓裔) 궁예가 죽다.
【사료382】『삼국사기(三國史記)』 열전 제10 궁예(弓裔) 공포정치를 펴다.
【사료383】『삼국유사』 권 제1 왕력(王曆)
【사료384】『고려사』 지 권제12 지리3 「교주도」
【사료385】『고려사』 지 권제12 지리3 「서해도」
【사료386】『삼국사기(三國史記)』 열전 제10 궁예(弓裔) 양길에게
【사료387】『태평어람(太平御覽)』 목록 권 제4 주군부(제160권 주군부6 하남도하)
【사료388】『자치통감(資治通鑑)』 卷二百一十三 唐紀二十九 玄宗
【사료389】『신당서(新唐書)』 卷一百三十六 列傳 第六十一 오승자전(烏承玼(比))
【사료390】『삼국사기(三國史記)』 고구려본기 제9 보장왕(寶藏王) 三年冬十一月
【사료391】『삼국사기(三國史記)』 신라본기 제11 진성왕(眞聖王) 八年冬十月
【사료392】『삼국사기(三國史記)』 신라본기 제12 경애왕(景哀王) 三年夏四月
【사료393】『삼국사기(三國史記)』 권 제50 열전 제10 견훤(甄萱)
【사료394】『삼국사기(三國史記)』 권 제50 열전 제10 견훤(甄萱)
【사료395】『삼국유사』 권 제2 기이(紀異第二) 후백제(後百濟) 견훤(甄萱)
【사료396】『고려사』 세가 권 제1 태조(太祖) 11년 8월 928년 8월 미상(음)
【사료397】『삼국사기(三國史記)』 권 제50 열전 제10 견훤(甄萱)
【사료398】『삼국유사』 권 제2 기이(紀異第二) 후백제(後百濟) 견훤(甄萱)
【사료399】『고려사』 권2 태조(太祖) 19년 12월(936년 미상(음))
【사료400】『삼국사기(三國史記)』 권 제28 백제본기 제6 의자왕(義慈王) 二十年
【사료401】『삼국사기(三國史記)』 신라본기 제11 진성왕(眞聖王) 十一年冬十二月四日
【사료402】『송사(宋史)』 『外國列傳 定安國』
【사료403】『고려사』 권5 세가 권제5 현종(顯宗) 17년 윤5월 1026년 윤5월 19일(음) 갑자(甲子)
【사료404】『고려사』 권3 세가 권제3 성종(成宗) 14년 9월 10도를 획정하다 995년 9월 7일(음)

【사료405】『고려사절요』 권2 성종(成宗) 14년 7월
【사료406】『고려사』 권12 세가 권제12 예종(睿宗) 3년 2월 1108년 2월 27일(음) 무신(戊申)
【사료407】『고려사절요』 권7 예종(睿宗) 3년 2월 1108년 2월 미상(음)
【사료408】『고려사절요』 권7 예종(睿宗 3년 3월 1108년 3월 미상(음)
【사료409】『고려사』 권82 지 권제36 병2(兵 二) 성보 1108년 미상(음)
【사료410】『고려사』 예종 4년 2월 1109년 2월 28일(음) 계묘(癸卯), 1109년 3월 31일(양)
【사료411】『고려사』 예종 4년 7월 1109년 7월 3일(음) 병오(丙午), 1109년 8월 1일(양)
【사료412】『조선왕조실록』세종실록84권, 세종21년 3월 6일 갑인 2번째기사 1439년
【사료413】『조선왕조실록』세종실록86권, 세종21년 8월 6일 임오 2번째기사 1439년
【사료414】『조선왕조실록』세종실록155권, 地理志 咸吉道 吉州牧 慶源都護府
【사료415】『고려사』 권82 지 권제36 병2(兵 二) 성보 994년 미상(음)
【사료416】『고려사절요』 권2 성종(成宗) 13년 미상 994년 미상(음)
【사료417】『고려사』 권82 지 권제36 병2(兵 二) 성보 995년 미상(음)
【사료418】『고려사절요』 권2 성종(成宗)14년 7월 995년 7월 미상(음)
【사료419】『고려사』 권82 지 권제36 병2(兵 二) 성보 995년 미상(음) 영주에 ~성을 쌓다.
【사료420】『고려사』 권82 지 권제36 병2(兵 二) 성보 995년 미상(음) 맹주에 ~성을 쌓다.
【사료421】『고려사』 권82 지 권제36 병2(兵 二) 성보 996년 미상(음) 선주에 ~성을 쌓다.
【사료422】『고려사절요』 권2 성종(成宗) 15년 미상(음)
【사료423】『송사전(宋史筌)』「요열전(遼列傳)」
【사료424】『송사(宋史)』卷487 列傳246 外國3 高麗 宋 眞宗 大中祥符 2年 1009년 미상(음)
【사료425】『속 자치통감』卷第三十 宋紀三十
【사료426】『고려사』卷九十四 列傳 卷第七 諸臣 서희,
【사료427】『동사강목』제6하
【사료428】『고려사』권82 지 권제36 병2(兵 二) 성보 습홀과 송성에 성을 쌓다 960년 미상(음)
【사료429】『삼국유사』 제1 기이(紀異第一) 북부여(北扶餘)
【사료430】『동사강목』「안시성고(安市城考)」
【사료431】『주례(周礼)』「오좌진산(五座镇山)」
【사료432】『사기』「제태공세가」
【사료433】『태평환우기(太平寰宇記)』卷70「河北道 十九 平州」
【사료434】『명사(明史)』「지리지(地理志) 영평부(永平府)」
【사료435】『대명일통지』「영평부」
【사료436】『독사방여기요(讀史方輿紀要)』卷十七 北直八/卷十八 北直九
【사료437】『삼국사기(三國史記)』고구려본기 제6 고국원왕(故國原王) 십이년冬十월
【사료438】『진서』권124 載記 第二十四
【사료439】『수서』권61 열전26「우문술전」
【사료440】『대명일통지』권25「요동도휘사사」 고적 살수
【사료441】『조선왕조실록』세종실록154권, 지리지 평안도 안주목

【사료442】『동사강목』「살수고(薩水考)」

【사료443】『삼국사기(三國史記)』 고구려본기 제2 대무신왕(大武神王) 27년 9월

【사료444】『후한서(後漢書)』卷七十六 순리열전(循吏列傳) 第六十六「왕경(王景)」

【사료445】『삼국사기(三國史記)』 고구려본기 제7 문자왕(文咨王) 三年秋七月

【사료446】『삼국사기(三國史記)』 백제본기 제4 동성왕(東城王) 十六年秋七月

【사료447】『삼국사기(三國史記)』 신라본기 제3 소지(炤知) 마립간(麻立干) 16년 7월

【사료448】『조선왕조실록』세종실록154권, 지리지 평안도

【사료449】『고려사』 권16 세가 권제16 인종(仁宗) 12년 2월 1134년 2월 29일(음) 기유(己酉)

【사료450】『고려사』 권3 세가 권제3 성종(成宗) 9년 9월 990년 9월 7일(음) 기묘(己卯)

【사료451】『고려사절요』 권3 현종(顯宗) 10년 2월 1019년 2월 1일

【사료452】『고려사』 권82 지 권제36 병2(兵 二) 성보 1050년 미상(음)

【사료453】『고려사』 권24 세가 권제24 고종(高宗) 45년 12월 1258년 12월 14일(음) 기축(己丑)

【사료454】『조선왕조실록』세종실록 세종 지리지 함길도

【사료455】『고려사』 세가 권제26 원종(元宗) 11년 2월 1270년 2월 7일(음)

【사료456】『조선왕조실록』성종실록 134권, 성종 12년 10월 17일 무오 1번째기사 1481년

【사료457】『명사(明史)』志 第十七 地理 二 철령위(鐵嶺衛)

【사료458】『삼국사기(三國史記)』 권 제34 잡지 제3 지리(地理)一 신라(新羅)

【사료459】『수경주』「하수3」

【사료460】『후한서』권3「장제기 제3」

【사료461】『무경총요』권16 상「변방 정주로」

【사료462】『서경』〈하서〉「우공」제10장

【사료463】『東國輿地勝覽(동국여지승람)』「序文(서문)」

【사료464】『한서』〈엄주오구주부서엄종왕가전〉「가연지열전」

【사료465】『독사방여기요』「직예8 영평부」

【사료466】『수경』「패수」

【사료467】『수경주』「패수」

【사료468】『설문해자』

【사료469】『독사방여기요』1678「요동행도사」

【사료470】『삼국사기(三國史記)』 백제본기 제2 근초고왕(近肖古王) 26년

【사료471】『삼국사기(三國史記)』 백제본기 제1 시조 온조왕(溫祚王) 38년

【사료472】『후한서』「광무제 본기」

【사료473】『후한서』「배인열전」

【사료474】『상서대전』「은전 홍범조」

【사료475】『사기』「송미자세가」

【사료476】『고려사』 권63 지 권제17 예5(禮 五) 길례소사 잡사 1102년 10월 1일(음) 임자(壬子)

【사료477】『고려사』 권63 지 권제17 예5(禮 五) 길례소사 잡사 1325년 10월 미상(음)

【사료478】『고려사』 권63 지 권제17 예5(禮 五) 길례소사 잡사 1356년 6월 미상(음)

【사료479】『고려사』 권63 지 권제17 예5(禮 五) 길례소사 잡사 1371년 12월 미상(음)
【사료480】『조선왕조실록』 태조실록 1권, 태조 1년 8월 11일 경신 2번째기사 1392년 (임신)
【사료481】『조선왕조실록』 태종실록 14권, 태종 7년 10월 9일 기축 1번째기사 1407년 (정해)
【사료482】『조선왕조실록』 태종실록 23권, 태종 12년 6월 6일 기미 2번째기사 1412년 (임진)
【사료483】『조선왕조실록』 세종실록 29권, 세종 7년 9월 25일 신유 4번째기사 1425년 (을사)
【사료484】『조선왕조실록』 세종실록 35권, 세종 9년 3월 13일 신축 1번째기사 1427년
【사료485】『조선왕조실록』 세종실록 37권, 세종 9년 8월 21일 병자 3번째기사 1427년
【사료486】『조선왕조실록』 세종실록 40권, 세종 10년 6월 14일 을미 5번째기사 1428년
【사료487】『조선왕조실록』 세종실록 44권, 세종 11년 5월 7일 임자 4번째기사 1429년
【사료488】『조선왕조실록』 세종실록 45권, 세종 11년 7월 4일 무신 6번째기사 1429년
【사료489】『조선왕조실록』 세종실록 51권, 세종 13년 1월 10일 을해 5번째기사 1431년
【사료490】『조선왕조실록』 세종실록 75권, 세종 18년 12월 26일 정해 4번째기사 1436년
【사료491】『고려사』 세가 권제1 태조(太祖) 원년 9월 918년 9월 26일(음) 병신(丙申)
【사료492】『삼국사기(三國史記)』 신라본기 제12 경명왕(景明王) 三年
【사료493】『고려사』 세가 권제1 태조(太祖) 2년 1월 919년 1월 미상(음)
【사료494】『고려사』 세가 권제1 태조(太祖) 10년 12월 927년 12월 미상(음)
【사료495】『고려사』 세가 권제2 태조(太祖) 16년 3월 933년 3월 5일(음) 신사(辛巳)
【사료496】『고려사』 권71 지 권제25 악2(樂 二) 속악 서경
【사료497】『삼국사기(三國史記)』 백제본기 제2 근초고왕(近肖古王) 26년
【사료498】『고려사』 지 권제10지리1(地理 一) 양광도 남경유수관 양주
【사료499】『삼국사기(三國史記)』 잡지 제6 지리(地理)四 고구려(高句麗) '국내성'
【사료500】『조선왕조실록』 세종실록152권, 지리지 황해도 해주목
【사료501】『한서(漢書)』 卷28下 地理志 第8下
【사료502】『자치통감』 "건흥 원년(建興元年)(AD313년)"조의 4월 기사
【사료503】『삼국사기(三國史記)』 고구려본기 제5 미천왕(美川王) 15년 9월
【사료504】『삼국사기(三國史記)』 고구려본기 제10 寶藏王 668년 02월(음)
【사료505】『삼국사기(三國史記)』 신라본기 제6 문무왕(文武王) 10년 7월
【사료506】『동사강목』 부록 하권 「마자수고(馬訾水考)」[안정복(安鼎福)]
【사료507】『자치통감(資治通鑑)』 卷一百八十一 隋紀五 煬皇帝 (大業八年(612) 五月 壬午)
【사료508】『삼국사기(三國史記)』 고구려본기 제1 유리왕(琉璃王) 22년 10월
【사료509】『삼국사기(三國史記)』 고구려본기 제4 산상왕(山上王) 13년 10월
【사료510】『삼국사기(三國史記)』 고구려본기 제1 유리왕(琉璃王) 21년 3월
【사료511】『삼국사기(三國史記)』 고구려본기 제6 고국원왕(故國原王) 十二年春二月
【사료512】『삼국사기(三國史記)』 고구려본기 제6 고국원왕(故國原王) 十三年秋七月
【사료513】『삼국유사』 권 제1 왕력(王曆)
【사료514】『삼국사기(三國史記)』 고구려본기 제6 고국원왕(故國原王) 十二年秋八月
【사료515】『삼국사기(三國史記)』 고구려본기 제7 문자왕(文咨王) 三年春二月

【사료516】『삼국지(三國志)』 魏書 三十 「오환선비동이(烏丸鮮卑東夷)」 鮮卑

【사료517】『자치통감』 卷九十六 晉紀十八 顯宗成皇

【사료518】『상서대전(尙書大典)』

【사료519】『산해경(山海經)』「대황북경(大荒北經)」

【사료520】『삼국유사』 卷 第一 제1 기이(紀異第一) 동부여(東扶餘)

【사료521】『위서(魏書)』 卷七下 高祖紀 第七下 (太和十有三年(489)) 冬十月甲申

【사료522】『삼국사기(三國史記)』 고구려본기 제6 長壽王 489년 10월(음)

【사료523】『삼국사기(三國史記)』 고구려본기 제6 장수왕(長壽王) 七十二年冬十月

【사료524】『서경(書經)(상서)』 하서(夏書) 제1편 우공(禹貢)

【사료525】『산해경』「해내서경」

【사료526】『삼국사기(三國史記)』 고구려본기 제6 고국원왕(故國原王) 三十九年秋九月

【사료527】『삼국사기(三國史記)』 백제본기 제2 근초고왕(近肖古王) 24년 9월

【사료528】『삼국사기(三國史記)』 신라본기 제3 소지(炤知) 마립간(麻立干) 17년 8월

【사료529】『삼국사기(三國史記)』 신라본기 제3 나물(奈勿) 이사금(尼師今) 42년 7월

【사료530】『삼국사기(三國史記)』 신라본기 제3 나물(奈勿) 이사금(尼師今) 45년 08월/10월

【사료531】『삼국사기(三國史記)』 백제본기 제2 근초고왕(近肖古王) 24년 11월

【사료532】『삼국사기(三國史記)』 고구려본기 제6 광개토왕(廣開土王)

【사료533】『삼국사기(三國史記)』 백제본기 제3 진사왕(辰斯王) 8년 10월

【사료534】『삼국사기(三國史記)』 백제본기 제3 아신왕(阿莘王) 2년 8월

【사료535】『삼국사기(三國史記)』 백제본기 제3 진사왕(辰斯王) 3년 9월

【사료536】『삼국사기(三國史記)』 신라본기 제3 나물(奈勿) 이사금(尼師今) 40년 8월

【사료537】『삼국사기(三國史記)』 백제본기 제1 시조 온조왕(溫祚王) 원년

【사료538】『삼국사기(三國史記)』 백제본기 제1 시조 온조왕(溫祚王) 13년 9월

【사료539】『삼국사기(三國史記)』 백제본기 제1 시조 온조왕(溫祚王) 14년 1월

【사료540】『삼국사기(三國史記)』 백제본기 제1 시조 온조왕(溫祚王) 14년 7월

【사료541】『삼국사기(三國史記)』 백제본기 제1 시조 온조왕(溫祚王) 15년 1월

【사료542】『삼국사기(三國史記)』 백제본기 제2 근초고왕(近肖古王) 26년

【사료543】『삼국사기(三國史記)』 백제본기 제2 근구수왕(近仇首王) 3년 10월

【사료544】『삼국사기(三國史記)』 백제본기 제4 문주왕(文周王) 一年冬十月

【사료545】『삼국유사』 卷 第一 王曆

【사료546】『삼국사기(三國史記)』 백제본기 제4 동성왕(東城王) 十三年夏六月

【사료547】『삼국사기(三國史記)』 잡지 제6 지리(地理)四 백제(百濟)

【사료548】『삼국사기(三國史記)』 신라본기 제8 신문왕(神文王) 686년 2월(음)

【사료549】『삼국사기(三國史記)』 신라본기 제7 문무왕(文武王) 十一年春一月

【사료550】『삼국사기(三國史記)』 잡지 제5 지리(地理)三 신라(新羅)

【사료551】『삼국사기(三國史記)』 백제본기 제4 성왕(聖王) 四年冬十月

【사료552】『삼국사기(三國史記)』 백제본기 제5 위덕왕(威德王) 一年冬十月

【사료553】『삼국사기(三國史記)』 신라본기 제4 진흥왕(眞興王) 15년 7월
【사료554】『삼국사기(三國史記)』 백제본기 제4 성왕(聖王) 三十二年秋七月
【사료555】『삼국사기(三國史記)』 열전 제3 김유신(金庾信) 하
【사료556】『일본서기(日本書紀)』 권 19 天國排開廣庭天皇 欽明天皇
【사료557】『삼국유사』 기이제1(紀異第一) 진흥왕(眞興王)
【사료558】『조선왕조실록』 세종실록 149권, 지리지 충청도 청주목 옥천군
【사료559】『일본서기(日本書紀)』 권 19 天國排開廣庭天皇 欽明天皇 13년(0552년 (음))
【사료560】『삼국사기(三國史記)』 백제본기 제6 의자왕(義慈王) 二十年
【사료561】『자치통감(資治通鑑)』 卷二百 唐紀十六 高宗天皇大聖
【사료562】『책부원구(冊府元龜)』 卷九百八十六 外臣部 三十一
【사료563】『구당서(舊唐書)』 列傳 第三十三 「소정방 열전」
【사료564】『신당서(新唐書)』 卷一百一十一 列傳 第三十六「소정방 열전」
【사료565】『삼국사기(三國史記)』 고구려본기 제10 보장왕(寶藏王) 七年春一月
【사료566】『삼국사기(三國史記)』 고구려본기 제10 보장왕(寶藏王) 七年夏四月
【사료567】『삼국사기(三國史記)』 고구려본기 제10 보장왕(寶藏王) 七年秋九月
【사료568】『산해경(山海經)』 「남산경 남차이경(南次二經)」
【사료569】『삼국사기(三國史記)』 백제본기 제6 의자왕(義慈王) 十六年春三月
【사료570】『삼국사기(三國史記)』 신라본기 제3 실성(實聖) 이사금(尼師今) 4년 4월
【사료571】『삼국사기(三國史記)』 신라본기 제3 눌지(訥祗) 마립간(麻立干) 28년 4월
【사료572】『삼국사기(三國史記)』 신라본기 제2 나해(奈解) 이사금(尼師今) 14년 7월
【사료573】『삼국사기(三國史記)』 신라본기 제1 파사(婆娑) 이사금(尼師今) 8년 7월
【사료574】『삼국사기(三國史記)』 신라본기 제2 조분(助賁) 이사금(尼師今) 4년 7월
【사료575】『삼국사기(三國史記)』 신라본기 제2 첨해(沾解) 이사금(尼師今) 3년 4월
【사료576】『삼국사기(三國史記)』 열전 제5 석우로(昔于老)
【사료577】『삼국유사』 권 제1 왕력(王曆)

## 참고 자료 목록

**[단행본]**

『욕망 너머의 고대사』, 2018, 서해문집, 젊은 역사학자 모임
『처음 읽는 부여사 : 한국 고대국가의 원류 부여사 700년』, 2015, 사계절, 송호정
『총균쇠』, 2005, 문학사상, 재레드 다이아몬드 저 ; 역자 김진준
『부여기마족과 왜』, 2006, 글을 읽다, 존 카터 코벨 저 ; 역자 : 김유경
『이야기로 떠나는 가야 역사여행』, 2009, 지식산업사, 이영식
『새 천년의 가락국사 : 한 권으로 읽는 가야사』, 2009, 김해향토문화연구소, 이영식
『가야 제국사 연구』, 2016, 생각과 종이, 이영식
『초기 고구려역사 연구 : 2007년 한중 고구려역사 학술회의』, 2007, 동북아역사재단, 동북아역사재단 중국사회과학원 편
『광개토왕비의 재조명』, 2013, 동북아역사재단, 연민수 · 서영수외
『역주 일본서기 1.2.3』, 2013, 동북아역사재단, 연민수 등 지음
『(譯註) 翰苑』, 2018, 동북아역사재단, 동북아역사재단 한국고중세사연구소 엮음
『고대 한일 관계사』, 1988, 한마당, 김석형
『일본에서 조선 소국의 형성과 발전』, 1990, 평양 백과사전출판사, 조희승
『초기 조일 관계사 1-3』, 2010, 사회과학출판사, 조희승 · 김석형
『(북한학자 조희승의) 임나일본부 해부』, 2019, 말, 이덕일
『古代韓日關係와 日本書紀』, 2001, 일지사, 최재석
『고대한일관계사 연구 비판』, 2010, 경인문화사, 최재석
『고조선은 대륙의 지배자였다』, 2006, 역사의 아침, 이덕일 · 김병기
『(이덕일의) 한국 통사』, 2019, 다산초당, 이덕일
『조선사편수회 식민사관 비판1-한사군은 요동에 있었다』, 2020, 한가람역사문화연구소, 이덕일
『압록과 고려의 북계』, 2017, 인하대 고조선연구소 연구총서, 주류성 · 윤한택 · 복기대 · 남의현 외
『고구려의 평양과 그 여운』, 2018, 인하대 고조선연구소 연구총서, 주류성, 복기대 외
『동북아 대륙에서 펼쳐진 우리 고대사』, 2012, 지식산업사, 황순종
『임나일본부는 없었다』, 2016, 만권당, 황순종
『가야와 임나』, 1995, 동방미디어, 이희진
『백제사 미로찾기』, 2009, 소나무, 이희진
『임나신론(역설의 한일 고대사)』, 1995, 고려원, 김인배 · 김문배 공저
『새로쓰는 한일 고대사』, 2010, 동아일보사, 김운회
『우리가 배운 백제는 가짜다 : 부여사로 읽는 한일고대사』, 2017, 역사의 아침, 김운회

『한사군은 중국에 있었다』, 2018, 우리역사연구재단, 문성재
『한국고대사와 한중일의 역사왜곡』, 2018, 우리역사연구재단, 문성재
『임나의 인명』, 2019, 유페이퍼, 최규성
『임나의 지명』, 2019 유페이퍼, 최규성
『한단고기』, 1986, 정신세계사, 임승국
『일본의 역사는 없다』, 2000, 아세아문화사, 최성규
『거꾸로 보는 고대사』, 2010, 한겨레출판, 박노자
『고구려가 왜 북경에 있을까』, 2012, 글누림, 김호림
『고조선으로 가는 길』, 2015, 마고문화, 김봉렬
『세종실록 지리지와 고려사 지리지의 역사지리 인식』, 2006, 조선시대사학회, 조성을
『백제와 다무로였던 왜나라들 : 이제까지 감춰진 한·일 고대사의 비밀』, 2013, 글로벌콘텐츠, 김영덕
『고려사와 고려사절요의 사료적 특성』, 2019, 지식산업사, 노명호
『밝혀진 고려역사 : 통일신라의 실체』, 2019, 홍익기획출판, 한창건
『동명왕편 : 신화로 읽는 고구려의 건국 서사시』, 2019, 아카넷, 이규보 저·조현설 역해
『廣開土大碑文의 世界』, 2007, 제이앤씨, 권오엽
『桓檀古記 역주본』, 2012, 상생출판, 桂延壽 編著·안경전 역주
『흠정만주원류고』, 2018, 글모아, 남주성 역주
『광개토대왕릉비 : 동북아 시대를 맞아 우리의 광개토대왕릉비를 말한다』, 2014, 새녘, 이형구·박노희
『낙랑고고학개론』, 2014, 진인진, 중앙문화재연구원
『유라시아 역사 기행 : 한반도에서 시베리아까지, 5천 년 초원 문명을 걷다』, 2015, 민음사, 강인욱
『(고구려 평양성에서 바라보는) 초주와 해주』, 2012, 어드북스, 김진경
『고구려-발해인 칭기스 칸 1·2』, 2015, 비봉출판사, 전원철
『(한반도에) 백제는 없었다』, 2021, 시간의 물레, 오운홍
『삼국사기 바로알기』, 2022, 키메이커, 김기홍


[논문 외]

「고조선사 연구 방법론의 새로운 모색」, 2017, 인문학연구 제14호, 송호정
「집안고구려비의 성격과 고구려의 수묘제 개편」, 2014, 한국고대사학회연구 제76집, 기경량
「사이비 역사학과 역사 파시즘」, 2016, 역사비평 통권114호, 기경량
「"학문은 '닫힌 결과' 강요해선 안 돼" : '역사파시즘' 용어 제시한 기경량 강사, 대중 선동하는 사이비역사학 작심 비판 〈인터뷰〉」, 2016, 주간경향 통권1168호, 기경량
「한국 유사 역사학의 특성과 역사 왜곡의 방식」, 2018, 강원사학 제30집, 기경량
「낙랑군은 평양에 있었다」, 2017, 한올문학 통권 제161호, 기경량

「낙랑군은 평양에 있었다 : 사료 몰이해로 엉뚱한 주장하는 사이비역사가들 : 올바른 역사 연구에 전문적 훈련·지식 뒤따라야」, 2017, 한겨레21 통권1174호, 기경량
「가짜가 내세우는 '가짜' 프레임 : 2600기 무덤, 1만5천여 점 유물 등 낙랑군이 평양에 있었다는 물증을 무조건 가짜이고 조작이라 말하는 사이비역사가들의 망상」, 2017, 한겨레21 통권1175호, 기경량
「정치적인, 너무나 정치적인 광개토왕비 : 19세기 제국주의 일본이 속았다… 광개토왕비에 숨은 5세기 고구려인의 진짜 속내」, 2017, 한겨레21 통권1173호, 안정준
「광개토왕비 연구의 어제와 오늘 : 신묘년조 문제를 중심으로」, 2017, (내일을 여는)역사 제68호, 강진원
「광개토왕비문의 '安羅人戍兵'에 대한 재해석」, 2017, 동방학지 제178집, 신가영
「고조선의 이동과 강역의 변동」, 1988, 한국사시민강좌 2, 서영수
「위만조선의 형성과정과 국가적 성격」, 1996, 한국고대사연구 9, 한국고대사학회, 서영수
「관산성-새로운 동아시아 국제질서의 시작, 한강유역과 관산성」, 2019, 충청남도 역사문화연구원, 주보돈·노중국외
「임나일본부설의 허상과 가야제국」, 2016, 한국고대사학회 고대사 시민강좌 2016 하반기, 이영식
「이영식교수의 이야기 가야사 여행」, 2007, 국제신문사, 이영식
「고구려 평양의 진실」, 2016, 역사인문학강연, 복기대
「조선시대 실학자들의 역사 인식과 조선총독부 편수회의(조선사)」, 2018, 인하대학교 고조선연구소 학술회의, 윤한택
「한국사에서 단군인식- 나말 여초~조선 중기 단군인식의 전개와 우리 역사체계」, 2018, 인하대학교 고조선연구소 학술회의, 조성을
「광개토왕릉비문 '신묘년 조' 연구 고찰」, 2017, 석사학위몬문, 전희재
「廣開土好太王碑 硏究 100年. 上, 中, 下」, 1996, 高句麗硏究會
「廣開土大王 碑文 硏究」, 1987, 경남대학교 석사학위논문, 박병태
「고조선 말기 패수의 위치에 관한 제학설과 문제점」, 2017, 이찬구
「2016년 제2회 상고사 토론회」고조선과 한의 경계, 패수는 어디인가?, 2016, 동북아역사재단, 김종서·이후석·박준형·심백강
「2016년 제3회 상고사 토론회」한국 상고사의 쟁점, 고조선과 연의 경계 만번한은 어디인가?, 2016, 동북아역사재단, 심백강·박준형·이후석·김종서
「서희 6주와 고려-거란전쟁지역 재고찰」, 2017, 남주성
「고구려 동성 연구의 현황과 과제」, 2014, 고구려발해학회, 양시은

## 지도 목록

[그림1] 삼수(습수, 열수, 산수)회지 위치도
[그림2] 요동, 요수 세 가지 개념
[그림3] 고대사 평양 여섯 가지
　①하북성 위만조선 평양성
　②산동성 고구려 졸본성인 나중의 남평양인 평양성
　③고구려 천도지 하북성 평양성(=①위만조선 평양성)
　④왜곡시킨 하북성 진황도시 노룡현
　⑤왜곡시킨 위만조선 평양성 위치인 고려 서경 평양성인 요령성 요양,
　⑥왜곡시킨 위만조선 평양성이자 고구려 및 고려 서경 평양성인 지금의 한반도 평양
[그림4] 일본교과서 중국 조조 위나라 한반도 점령도(공손씨 대방군)
[그림5] 중국 및 주류 강단 사학계 왜곡 비정 압록수, 대요수, 소요수, (서)안평현
[그림6] 압록수, 대요수, 소요수, 갈석산, 태백산, 흑수하, (서)안평현
[그림7] 공손씨 양평(요동성군), 대방군, 대방고지
[그림8] 중국 및 주류 강단 사학계 연나라 위치 비정
[그림9] 연나라와 고조선 위치도
[그림10] 일본 교과서 중국 진나라 한반도 점령도(진장성)
[그림11] 일본 교과서 중국 한나라 한반도 점령도(한사군)
[그림12] 요동외요, 좌갈석/요동고새, 우갈석
[그림13] 연5군, 한2군 위치 비정도
[그림14] 임유관, 마수산, 용성, (우)갈석산 비정도
[그림15] 주류 강단 사학계 왜곡 비정(압록수, 대수, 패수, 한수, 살수)
[그림16] 압록수, 대수, 패수, 한수, 살수, 평양성 위치 비정도
[그림17] 주류 강단 사학계 고구려 최대 영토 및 사국 비정도
[그림18] 고구려, 백제, 신라 영역도
[그림19] 백제 위치 강역도(동서남북 경계)
[그림20] 백제 하남 위례성 위치도
[그림21] 낙랑 이동과 예족(신라) 이동도
[그림22] 중국의 [위치 이동, 명칭 이동] 조작(탁록, 탁수, 거용관, 갈석산, 압록수, 요수,
　　　　노룡현, 용성, 등주, 서안평)
[그림23] 주류 강단 사학계 왜곡 비정(삼국지/후한서 동이 한전)
[그림24] 삼국지/후한서 동이 한전 비정도

459

[그림25] 주류 강단 사학계 통일신라 9주 5소경
[그림26] 한주, 삭주, 명주 비정 비교도
[그림27] 남옥저, 죽령 비정 비교도
[그림28] 중국/주류 강단 사학계의 거란 및 선비 위치 비정도
[그림29] 거란, 선비 위치 비정도
[그림30] 독산 비정 비교도
[그림31] 구천 비정 비교도
[그림32] 고구려 천리장성 위치 비교도
[그림33] 아차(단)성 비정 비교도
[그림34] 안동도호부 이동 비교도
[그림35] 고려 천리장(관)성 비정 비교도
[그림36] 주류 강단 사학계와 비주류 강단 사학계(재야) 고려 국경 및 동북 9성 비교도
[그림37] 통일신라 국경선 비정 비교도
[그림38] 신당서 가탐도리기 기록에 의한 위치 비정도
[그림39] 요사 지리지상 신라 및 옛 평양성(고구려 졸본성) 비정도
[그림40] 송악 철원 비정 비교도
[그림41] 주류 강단 사학계 발해 당나라 등주, 마도산 공격 비정도
[그림42] 발해 당나라 등주, 마도산 공격 비정도
[그림43] 산서(기주, 병주, 유주/산동(청주, 영주)
[그림44] 유주와 평주
[그림45] 주류 강단 사학계 고려, 거란(요) 여진 왜곡 비정도
[그림46] 고려 영역도
[그림47] 요택 위치 비정 비교도
[그림48] 주류 강단 사학계 발해5경 위치 비정도
[그림49] 발해5경 위치 비정도
[그림50] 동북9성 위치설
[그림51] 주류 강단 사학계 서희 강동 6주 위치 비정도
[그림52] 서희 8성 위치 비정도
[그림53] 『삼국사기』상의 졸본성의 위치 및 이에 대한 주류 강단 사학계의 왜곡과 교과서 비정
[그림54] 고죽국 왜곡 이동
[그림55] 살수(청천강), 환도성, 안시성 비정도
[그림56] 주류 강단 사학계 쌍성총관부, 동녕부 조작 비정
[그림57] 쌍성총관부, 동녕부 위치 비정도
[그림58] 주류 강단 사학계 고려 5도 양계
[그림59] 고려 북계, 동계 위치도
[그림60] 후한서 동이열전 왜전 "낙랑에서 왜로 가는 길"

[그림61] 삼국지 위서 오환선비동이전 왜전 "대방에서 왜로 가는 길"
[그림62] 고구려 수도 천도(주류 강단 사학계)
[그림63] 고구려 수도 천도
[그림64] 삼연(전연, 후연, 북연) 위치 비정도
[그림65] 중국/주류 강단 사학계의 북위 위치 비정도
[그림66] 북위 위치 비정도
[그림67] 광개토대왕 비문 신묘년조 비교도
[그림68] 주류 강단 사학계의 고구려 백제 한성 함락 공격 경로
[그림69] 고구려 백제 한성 함락 공격 경로
[그림70] 주류 강단 사학계 나당연합군 백제 공격 경로
[그림71] 나당연합군 백제 공격 경로

## 도표 목록

[도표1] 본 필자의 비판 대상인 이 논문의 비판 사료 이용
[도표2] 연 5군 및 현토·낙랑군 거리 적용 (『후한서』「군국지」)
[도표3] 중국사서 지리지상 소속현 규모 변화
[도표4] 연표
[도표5] 고조선 이동설 사서기록 분석표
[도표6] 임유관(현, 궁, 임삭궁) 비정
[도표7] 마수산(책) 비정
[도표8] 고구려, 백제, 신라, 왜의 거리 수치
[도표9] 백제 온조왕 활동 사항
[도표10] 죽령, 남옥저 비정
[도표11] 안동도호부 위치 비정
[도표12] 하(아)슬라 비정
[도표13] 니하, 우산성 비정
[도표14] 독산(禿山, 獨山)『삼국사기』기록 정리표
[도표15] 구천책(狗川柵), 구천(狗川), 구원(狗原) 비정
[도표16] 남옥저, 죽령 지방 영유권 변천 과정
[도표17] 아차(단)성 비정
[도표18] 나당전쟁 관련 중국사서『신당서』순서 조작
[도표19] 나당전쟁 관련『삼국사기』명칭 조작
[도표20] 부양(부현, 대부현) 비정
[도표21] 발해 5경 비정표
[도표22] 서희의 강동 6주(8주) 비정
[도표23] 서희의 강동 6주(8주) 위치 비정
[도표24] 패수에 대한 학설
[도표25] 고구려 천도 사실
[도표26] 치양, 주양, 패수, 패하, 패강 위치 비교표
[도표27] 신라 실성이사금 활동 사항
[도표28] 수나라 고구려 공격루트 비정(AD612년 6월, 고구려 영양왕 23년)
[도표29] 백제 천도 사실
[도표30] 백제 말기 산동성 활동 기록
[도표31] 나당연합군 백제 침략 경로 위치 비정표

[도표32] 백제 항복 주체 논란 및 예씨 선조 유래
[도표33] 이영식 교수 가야 비정 비교표
[도표34] 가야와 포상8국 비교표